資治通鑑綱目

第四册

公元二五三年至公元三九八年

中国书店

（宋）朱熹　赵师渊　编撰　　　李孝国 等　注解

图书在版编目（CIP）数据

资治通鉴纲目 /（宋）朱熹，（宋）赵师渊编著．—
北京：中国书店，2021.3
ISBN 978-7-5149-2689-7

Ⅰ．①资… Ⅱ．①朱… ②赵… Ⅲ．①中国历史—古
代史—编年体 Ⅳ．① K204.3

中国版本图书馆 CIP 数据核字（2020）第 232986 号

责任编辑： 辛　迪
策划编辑： 董立平
封面设计： 肖晋兴

资治通鉴纲目

〔宋〕朱熹　赵师渊 等 / 编撰　李孝国 等 / 注解

出　版：中国书店
地　址：北京市西城区琉璃厂东街 115 号
邮　编：100050
发　行：全国新华书店经销
印　刷：运河（唐山）印务有限公司
开　本：700 mm × 1000 mm　1/16
版　次：2021 年 3 月第 1 版第 1 次印刷
印　张：252.75
字　数：3999 千字
书　号：ISBN 978-7-5149-2689-7

定　价：598.00 元（全十册）

第四册　目录

卷 十六

起癸酉汉帝禅延熙十六年，尽己亥[1]晋武帝咸宁五年凡二十七年。

癸酉十六年（公元 253 年）

魏嘉平五年。吴建兴二年。

春，正月，盗杀大将军费祎初，姜维攻魏西平[2]，获中郎郭循，以为左将军。循欲刺帝，不得近，每因上寿，且拜且前。为左右所遏，事辄不果。至是费祎与诸将大会于汉寿，欢饮沉醉，循刺杀之。祎泛爱[3]不疑，待新附[4]太过。张嶷尝与书引岑彭、来歙为戒，祎不从，故及。魏追封循为乡侯，使其子袭爵。

二月，吴诸葛恪击魏吴军还自东兴。加诸葛恪荆、扬二州牧，督中外诸军事。恪遂有轻敌之心，复欲出军，诸大臣以为数出疲劳，固谏，不听。中散大夫[5]蒋延固争，恪命扶出。因著论[6]以谕众曰："昔秦但得关西耳，尚并吞六国。今以魏比秦，土地数倍；以吴、蜀比六国，不能半也。所以能敌之者，但以操时兵众于今适尽，而后生者未长。又，司马懿阴毙[7]，而其子幼弱专国[8]，虽有智计之士，未得施用，是其厄会也。若顺众人之情，怀偷安[9]之计，以为长江之险可以传世，不论魏之终始，而以今日遂轻其后，此吾所以长叹息者也。今众人或以百姓尚贫，欲务闲息[10]，此不知虑其大危而爱其小勤者也。昔汉祖幸己自有三秦，何不闭关自娱？而数出攻楚，岂甘锋刃而忘安宁哉？每览荆邯之计，近见家叔父陈表[11]，未尝不喟然也。"众人皆心以为不可，莫敢复难。独滕

1　己亥：即公元 279 年。
2　西平：古郡名，辖今青海湟源、乐都两县间湟水流域。
3　泛爱：博爱。
4　新附：新近归附的人。
5　中散大夫：古官名，也简称中散，掌论议政事。
6　著论：撰文以阐述自己的论点。
7　阴毙：死亡。
8　专国：把持国政。
9　偷安：只贪图自己眼前或局部的安逸。
10　闲息：休息，休养生息。
11　家叔父陈表：家叔父，指诸葛亮。陈表，上出师表。

胤谓曰：“君前破强敌，天下震动。今猥以劳役之后，兴师出征，民疲力屈，远主[1]有备。若攻城不克，野掠无获[2]，是丧前劳而招后责也。且兵者大事，事以众济，众苟不悦，君独安之？”恪又不听。遂大发州郡二十万众复击魏，以滕胤为都下督，掌统[3]留事。

夏，四月，姜维伐魏，围狄道维负其才武[4]，欲诱诸羌、胡以为羽翼，谓自陇以西，可断而有。每欲大举，费祎常裁制[5]不从，与兵不过万人，曰：“丞相犹不能定中夏[6]，况吾等乎？不如保国治民，谨守社稷，如其功业，以俟能者[7]，无为侥幸，决成败于一举。若不如志，悔之无及。”及祎死，维遂将数万人伐魏，围狄道。

吴师围魏新城，不克初，诸葛恪入淮南，或曰：“宜围新城，俟救至而图之，可大获也。”恪从其计。魏司马师问于虞松曰：“今二方皆急，而诸将意沮[8]，若之何？”松曰：“昔周亚夫坚壁昌邑而吴、楚自败，事有似弱而强者，不可不察也。今恪悉其锐众，足以肆暴[9]，而坐守新城，欲以致一战耳。若攻城不拔，请战不可，师老众疲，势将自遁。诸将之不进，乃公之利也。姜维投食[10]我麦，非深根之寇。且谓我并力于东，是以径进[11]。今若使关中诸军倍道急赴，出其不意，殆将走矣。”师曰：“善。”乃使郭淮、陈泰解狄道之围，敕毌丘俭等按兵自守，以新城委吴。泰至洛门[12]，维果以粮尽引还。魏扬州牙门将[13]张特守新城，吴人攻之连月。城中兵合三千人，疾病战死者过半，而恪起土山

1　远主：远方的君主，意指敌方的君主。
2　野掠无获：在郊外掠夺没有收获。意指粮草跟不上。
3　掌统：掌管统领。
4　才武：雄才武略。
5　裁制：制止。
6　中夏：指中原地区。
7　如其功业，以俟能者：至于建功立业，那就要等有才能的人去干了。
8　意沮：情绪消极。
9　肆暴：滥施暴力，行凶。
10　投食：求食，就食。
11　径进：径直深入我方境内。
12　洛门：古地名，位于今甘肃省天水市武山县东，因其南有洛门山而得名。
13　牙门将：古官名，负责在牙门里统领士兵、指挥作战的将领。牙门，古代的一种防御工事。

急攻。城将陷，特谓吴人曰："今我无心复战也。然魏法，被攻过百日而救不至者，虽降，家不坐。自受敌以来，已九十余日矣，城虽陷，尚有不欲降者，我当还为相语[1]，条别[2]善恶，明早送名，且以我印绶去为信。"吴人听之。特乃夜撤诸屋材栅[3]，补其缺为二重[4]，明日谓曰："我但有斗死[5]耳！"吴人大怒，进攻之，不能拔。会大暑，吴军病者太半，死伤涂地[6]。恪内惟失计，恚形于色。将军朱异以军事迕恪，恪夺其兵。都尉蔡林数陈计，不用，策马奔魏。魏诸将伺[7]知其兵已疲，乃进救兵。七月，恪引去，士卒伤病，流曳顿仆[8]，哀痛嗟呼，而恪晏然自若[9]。诏召相衔，徐乃旋师[10]。由是众庶失望，而怨讟[11]兴矣。汝南太守邓艾言于司马师曰："孙权已没，大臣未附，恪不念抚恤上下以立根基，乃竞于外事，载祸而归，其亡可待也。"

　　冬，十月，吴杀其太傅诸葛恪，以孙峻为丞相恪还建业，陈兵入府，即召中书令孙嘿，厉声谓曰："卿等何敢数妄作诏？"征行[12]之后，曹所奏署令长职司，一罢更选[13]，愈治威严，多所罪责，改易宿卫，用其亲近。复严兵，欲向青、徐。孙峻因民怨众嫌，构[14]恪于吴主亮，云欲为变。遂与亮谋置酒请恪，伏兵杀之，以苇席[15]裹尸，投之石子冈[16]，并夷三族。临淮臧均表请听故吏收葬，

1　相语：相告，告知。
2　条别：区分，辨别。
3　材栅：木材和栅栏。
4　补其缺为二重：修补、加固城墙缺口，成为双重防护。
5　斗死：战斗而死。
6　涂地：漫布于地。
7　伺：侦察。
8　流曳顿仆：流曳，流落在道路上，艰难地互相扶持着行走。顿仆，困顿地倒毙于沟中。
9　晏然自若：形容在紧张状态下沉静如常。晏然，平静安定的样子。自若，不变常态。
10　诏召相衔，徐乃旋师：召他回去的诏书接连不断，他才慢慢地班师。
11　怨讟：怨恨诽谤。
12　征行：从军出征。
13　曹所奏署令长职司，一罢更选：选曹郎所奏请的各机构选任的官吏，一概不用，重新选拔。
14　构：诬陷，陷害。
15　苇席：用芦苇编称的席子。
16　石子冈：古地名，又称聚宝山，位于今江苏省南京市南，聚宝门外。

从之。初，恪少有盛名，大帝[1]深器重之，而恪父瑾常以为戚，曰："非保家之主也。"陆逊尝谓恪曰："在我前者吾必奉之同升[2]，在我下者则扶接[3]之。今君气陵其上，意蔑其下，非安德[4]之基也。"汉侍中诸葛瞻，亮之子也。恪再攻淮南，越巂太守张嶷与之书曰："太傅受寄托之重，而离少主履敌庭，恐非良计。郎君[5]宜进言于太傅，旋军务农，务行德惠，数年之后，东西并举，未为晚也。"至是果败。吴群臣共推峻为太尉，滕胤为司徒。有媚峻者言："万机宜在公族[6]。"乃表峻为丞相、大将军，都督中外诸军事，又不置御史大夫，由是士人失望。峻骄矜淫暴[7]，国人侧目。与胤虽内不洽，而外相苞容[8]，共事如前。

吴杀其南阳王和和妃张氏，恪甥[9]也。峻因此赐和死，张妃亦自杀。其妾何氏曰："若皆从死，谁当字孤[10]？"遂抚育其子皓及诸姬子德、谦、俊，皆赖以全。齐王奋闻恪诛，欲至建业观变，傅相[11]谏，奋杀之，亦坐废为庶人。

甲戌十七年（公元 254 年）

魏主曹髦正元元年。吴五凤元年。

春，二月，魏司马师杀中书令李丰及太常夏侯玄、光禄大夫张缉，遂废其后张氏初，李丰年十七八已有清名，其父恢不悦，敕使闭门断客。后司马师秉政，以丰为中书令。时太常夏侯玄有天下重名，以曹爽亲，故不得在

1　大帝：即吴大帝孙权。
2　同升：与己一同升迁。
3　扶接：扶持，帮助。
4　安德：巩固德行，安养德行。
5　郎君：汉制，二千石以上官员得任其子为郎，后来门生故吏因称长官或师门子弟为郎君。
6　公族：诸侯或君王的同族。
7　淫暴：放纵暴戾。
8　苞容：包容，容纳。苞，通"包"。
9　甥：此指外甥女。
10　字孤：抚育孤儿。
11　傅相：古称辅导国君、诸侯之官。汉诸侯国有太傅，后令诸侯王不得治国，改丞相曰相，通称傅相。

势位¹，居常怏怏。张缉以后父家居²，亦不得意，丰皆与亲善。虽为师所擢用³，而心常在玄。魏主又数独召丰语，师知其议已，诘之，不以实告。师怒，以刀镮筑杀之⁴，遂收玄、缉下廷尉，钟毓按治，云："丰等谋诛大将军，以玄代之，缉知其谋。"遂皆夷三族，并废张后。夏侯霸之入蜀也，邀玄与俱⁵，不从。及司马懿卒，中领军⁶许允谓曰："无复忧矣！"玄叹曰："此人犹能以通家⁷年少遇我，子元、子上不吾容也⁸。"及下狱，玄不肯下辞⁹，钟毓夜为作辞，流涕示之。玄视，颔之而已。及就东市，颜色不变，举动自若。后允出为镇北将军，与魏主别，涕泣歔欷。师讽有司奏其罪，徙乐浪，道死。丰弟翼，为兖州刺史，师遣使收之。翼妻荀氏曰："可及诏书未至赴吴，何为坐取死亡？左右可同赴水火者为谁？"翼思，未答，妻曰："君在大州，不知可与同死生者，虽去亦不免。"乃止，死。初，李恢与尚书仆射杜畿及东安¹⁰太守郭智善。智子冲，有内实而无外观¹¹，州里弗称¹²也。冲尝与丰俱见畿，既退，畿叹曰："孝懿¹³无子。非徒无子，殆将无家。君谋为不死也，其子足以继其业。"时人以畿为误。及丰死，而冲为郡守，卒继父业。正始中，玄及何晏、邓飏俱有盛名，欲交傅嘏，嘏不受。荀粲怪而问之，嘏曰："太初志大其量¹⁴，能合虚声而无实才。何平叔言远而情近，好辩而无诚，所谓利口覆邦国之人也。邓玄茂外要名利，内

1　势位：权势地位。
2　家居：没有就业，在家赋闲。
3　擢用：提拔任用。
4　以刀镮筑杀之：用刀把上的铁环打死了李丰。刀镮，刀头上的铁环。筑，击，打。
5　与俱：和他一起去。
6　中领军：古官名，高级军事长官，掌管禁军，主持选拔武官，监督管制诸武将。
7　通家：世交。
8　子元、子上不吾容也：司马师、司马昭容不下我。司马师字子元，司马昭字子上。
9　下辞：写供词。
10　东安：古郡名，辖今山东省沂源、新泰、新汶等市县地。
11　有内实而无外观：内秀而外表不漂亮。
12　称：称赞。
13　孝懿：李丰父亲李恢的字。此人《三国志》中称为"李义"，《通鉴》及本书称为"李恢"。
14　太初志大其量：太初，夏侯玄的字。志大其量，志向超过了自己能力所及。

无关钥[1]，贵同恶异，多言而妒前[2]。多言多衅，妒前无亲。以吾观此三人，皆将败家，远之犹恐祸及，况昵[3]之乎？"嘏又与丰不善，谓同志曰："丰饰伪而多疑，矜小智而昧[4]于权利，若任机事，其死必矣。"

夏，姜维伐魏。

秋，九月，魏司马师废其主芳为齐王，迁之河内。冬，十月，迎高贵乡公髦，立之魏主芳以李丰之死，意殊不平。安东将军司马昭镇许昌，诏召之，使击姜维。九月，昭领兵入见，芳幸平乐观以临军过[5]。左右劝因昭辞杀之，勒兵以退大将军[6]。已书诏于前，芳惧，不敢发。司马师以太后令召群臣议，以魏主荒淫无度，亵近倡优[7]，不可以承天绪[8]。群臣莫敢违。乃奏收玺绶，归藩于齐[9]。立彭城王据。芳与太后垂涕而别，乘王车，从太极殿南出，群臣送者数十人，太尉司马孚悲不自胜，余多流涕。太后曰："彭城王，季叔[10]也，今来，我当何之？高贵乡公，文皇帝长孙，明皇帝弟子，于礼，小宗[11]有后大宗之义，其详议之。"师乃更召群臣议，迎髦于元城。髦，东海定王霖之子也，时年十四。师使请玺绶迎之。太后曰："我见高贵乡公，小时识之，欲以玺绶手授之。"十月，髦至玄武馆，群臣奏请舍[12]前殿。髦以先帝旧处，避止西厢。群臣又请以法驾迎，不听。入洛阳，群臣迎拜，髦下舆[13]答拜，傧者[14]请曰："仪

1　关钥：原意为锁匙，此处用以比喻控制，约束。
2　妒前：忌恨超过自己的人。
3　昵：亲近。
4　昧：贪图。
5　临军过：检阅军队。
6　左右劝因昭辞杀之，勒兵以退大将军：左右亲信劝曹芳借司马昭觐见辞行的机会杀掉他，然后再领兵击退大将军司马师。
7　亵近倡优：亵近，亲近宠幸。倡优，古代称以音乐歌舞或杂技戏谑娱人的艺人。
8　天绪：天子的世系，皇统。
9　归藩于齐：贬为齐国的藩王。
10　季叔：叔父。
11　小宗：嫡长子一系为大宗，其余子孙为小宗。天子之位由嫡长子世袭，称大宗。余子做天子，为小宗。
12　舍：住宿。
13　舆：车辆，尤指马车。
14　傧者：接引宾客的人。

不拜。"髦曰："吾人臣也。"遂答拜。至止车门，左右曰："旧乘舆入。"髦曰："吾被征，未知所为。"遂步至太极东堂[1]见太后。其日即位，百僚皆欣欣[2]焉。

乙亥十八年（公元 255 年）

魏正元二年。吴五凤二年。

春，正月，魏扬州都督[3]毌丘俭、刺史文钦起兵讨司马师，师击败之。钦奔吴，俭走，死初，钦以骁果[4]见爱于曹爽，而俭素与夏侯玄、李丰善。至是皆不自安，俭乃以计厚待钦。俭子甸谓俭曰："大人居方岳重任，国家倾覆而晏然自守，将受四海之责矣。"于是俭矫太后诏，起兵寿春，移檄州郡以讨司马师。又遣使邀镇南将军诸葛诞，诞斩其使。俭将五六万众渡淮，至项坚守，使钦在外为游兵。师问计于河南尹王肃，肃曰："昔关羽有北向争天下之志，孙权袭取其将士家属，羽众瓦解。今淮南将士家在内州[5]，但急往御卫[6]，使不得前，必有土崩之势矣。"时师新割目瘤[7]，创甚，或谓不宜自行。肃又与尚书傅嘏、中书侍郎钟会劝师自行，师疑未决。嘏曰："淮、楚兵劲，其锋未易当。若诸将战有利钝[8]，则公事败矣。"师蹶然起曰："我请舆疾[9]而东。"以弟昭兼中领军，留镇洛阳。师又问计于光禄勋郑袤，袤曰："俭好谋而不达[10]事情，钦勇而无算。今大军出其不意，江、淮之卒锐而不能固，宜深沟高垒以挫其气，此亚夫之长策[11]也。"荆州刺史王基言于师曰："淮南之逆，非吏民思乱

1　太极东堂：太极正殿的东厢房。
2　欣欣：喜乐貌。
3　都督：古代军事长官名，领兵将帅。
4　骁果：勇猛刚毅。
5　内州：内地的州。
6　御卫：防护保卫。
7　目瘤：眼中的瘤子。
8　利钝：胜败，偏指失败。
9　舆疾：抱病登车。
10　达：对事理认识得透彻。
11　亚夫之长策：汉代周亚夫用过的妙计。

也，畏俭等迫胁，是以屯聚[1]。若大兵一临，瓦解必矣。"师从之。以基为前军，既复敕基停驻。基曰："俭等诈谋已露，众心疑沮[2]。今不张示威形[3]以副民望，而停军高垒，有似畏懦，非用兵之势也。若俭、钦略民以自益，而州郡兵家为贼所得者，更怀离心，此为措兵无用之地而成奸宄之源。吴寇因之，则淮南非国家之有矣。军宜速据南顿，南顿有大邸阁，计足四十日粮。保坚城，因积谷，先人有夺人之心，此平贼之要也。"师听之，进据濦水[4]。闰月，次濦桥，基复言曰："兵闻拙速，未睹巧久。议者多言将军持重。持重，非不行之谓也，进而不可犯耳。今以积实[5]资虏而远运军粮，甚非计也。"师犹未许。基曰："将在军，君令有所不受。彼得则利，我得亦利，是谓争地，南顿是也。"遂辄进据之。俭等亦往争，闻基先到，乃还。吴孙峻率兵袭寿春，师命诸军深壁[6]，以待东军之集。诸将请进攻项，师曰："淮南将士本无反志，俭、钦欺诱[7]，与之举事。小与持久，诈情自露，将不战而克矣。"乃遣诸葛诞自安丰[8]向寿春，胡遵出谯、宋[9]，绝其归路。俭、钦进不得斗，退恐寿春见袭，计穷不知所为。将士家皆在北，降者相属。兖州刺史邓艾将万余人趋乐嘉城[10]，俭使钦袭之。师自汝阳[11]潜兵就艾，钦猝遇之，未知所为。其子鸯，年十八，勇力绝人，谓之曰："及其未定，击之可破也。"于是分为二队，夜夹攻之。鸯率壮士先至鼓噪，军中震扰。师惊骇，病目突出，恐众知之，啮被皆破[12]。钦失期不应。会明，鸯见兵盛，乃还。钦引而东，鸯以匹马拒追骑数千，所向披靡，人莫敢逼。殿

1　屯聚：集结。
2　疑沮：恐惧沮丧。
3　张示威形：张示，张贴或张挂起来让大家看。威形，令人生畏的声势。
4　濦水：古水名，颍水进入河南省漯河市临颍县分为大、小濦水。
5　积实：谷粟财货等。
6　深壁：深垒。
7　欺诱：欺骗诱惑。
8　安丰：古县名，治所位于今河南省信阳市固始县东南。
9　宋：古县名，治所位于今安徽省阜阳市太和县北。
10　乐嘉城：古地名，位于今河南省周口市商水县东。
11　汝阳：古县名，治所位于今河南省周口市商水县西北。
12　啮被皆破：咬住被子强忍疼痛，结果把被子都咬破了。

中人尹大目，故曹氏家奴，从师行。知师目出，启¹云："钦本明公腹心，素与大目相信，乞为公追解²之。"乃乘马追钦，谓曰："君侯何苦不可复忍数日中也？"钦殊³不悟，乃更怒骂，欲射之。大目涕泣曰："世事败矣，善自努力。"俭闻钦退，恐惧夜走，寿春亦溃。孙峻进至橐皋⁴。钦以孤军无继，不能自立，遂诣峻降。俭走慎县⁵，人就杀之，传首京师。诏夷俭三族，以诸葛诞为镇东大将军，都督扬州诸军事。吴军亦还。俭孙女适刘氏，当死，以孕系廷尉。司隶主簿程咸议曰："女适人者，已产育，则成他家之母，杀之不足惩乱源，而伤孝子之恩。且男不遇罪于他族，而女婴戮于二门，非所以矜女弱⁶、均法制之大分⁷也。臣以为在室之女，可从父母之刑；既醮⁸之妇，使从夫家之戮。"魏朝从之，遂著为令。

魏大将军司马师卒。二月，师弟昭自为大将军、录尚书事师疾笃，还许昌。昭自洛阳往省⁹之，师令总统诸军而卒。中书侍郎钟会从师典知密事¹⁰，魏主髦诏敕尚书傅嘏，以东南新定，权留昭屯许昌，为内外之援，令嘏率诸军还。会与嘏谋，使嘏表¹¹上，辄与昭俱发，还屯洛水南。诏以昭为大将军、录尚书事。会由是常有自矜之色，嘏戒之曰："子志大其量¹²，而勋业¹³难为也，可不慎哉？"

秋，七月，吴孙峻杀朱公主¹⁴吴将军孙仪等谋杀孙峻，不克，死者数十

1　启：陈述。
2　追解：追赶并劝解。
3　殊：很，甚。
4　橐皋：古县名，治所位于今安徽省巢湖市西北。
5　慎县：古县名，治所位于今安徽省阜阳市颍上县西北。
6　男不遇罪于他族，而女婴戮于二门，非所以矜女弱：男子不受其他家族罪行的牵连，而女子却偏偏要受到父母家和丈夫家两个家族罪行的牵连，这不是同情怜悯弱女子的政策。
7　大分：大要。
8　既醮：已经嫁人。醮，女子嫁人。
9　省：探望，问候。
10　典知密事：掌管机密要事。
11　表：启奏，上表章给皇帝。
12　子志大其量：你的志向大于你的能力。
13　勋业：功勋和事业。
14　朱公主：吴大帝孙权幼女，名孙鲁育，下嫁左将军朱据。

人。全公主谮朱公主，云与同谋，峻遂杀之。

八月，姜维伐魏，败其兵于洮西[1]，遂围狄道，不克而还姜维复议出军，征西大将军张翼廷争，以为："国小民劳，不宜黩武[2]。"不听。维遂将数万人至枹罕，魏雍州刺史王经与战于洮西，大败，死者万计，还保狄道城。翼谓维曰："可以止矣。进或毁此大功，为蛇画足。"维大怒，遂围狄道。魏诏邓艾行[3]安西将军，与征西将军陈泰并力拒维。泰进军陇西，诸将皆曰："王经新败，蜀众大盛，今以乌合之卒当之，殆必不可。不如据险自保，观衅待敝，此计之得也。"泰曰："维轻兵深入，正欲与我争锋原野[4]，求一战之利。当高壁深垒，挫其锐气。今乃与战，使贼得计。经既破走，维若以战克之威进兵东向，据栎阳积谷之实，招纳羌、胡，东争关陇，传檄四郡，此我之所恶也。今乃以乘胜之兵挫峻城[5]之下，攻守势殊，客主不同。吾乘高据势，临其项领[6]，不战必走矣。"遂进军潜行，夜至狄道东南高山上，多举烽火，鸣鼓角。维不意救兵卒至，急攻不克，乃遁而还。泰每以一方有事，辄以虚声扰动天下，故希简上事，驿书不过六百里[7]。大将军昭曰："陈征西沉勇[8]能断，救将陷之城，而不求益兵，大将不当尔[9]耶？"

冬，吴始作太庙。

丙子**十九年**（公元256年）

魏甘露元年。吴太平元年。

---

1 洮西：洮水西岸。洮水，古水名，源出甘、青二省边境西顷山东麓，经临洮县到永靖县城附近入黄河。
2 黩武：滥用武力。
3 行：担任。
4 原野：平原旷野。
5 峻城：高而陡峭的城池。峻，高而陡峭。
6 项领：比喻要害之地。
7 希简上事，驿书不过六百里：奏事既稀少又简略，传递书信不用每日超过六百里的加急文书。
8 沉勇：沉着勇敢。
9 当尔：应该这样。

春，正月，以姜维为大将军。

夏，四月，魏司马昭始服衮冕赤舄[1]。

魏主髦视学[2]初，魏主宴群臣于东堂，与诸儒论夏少康、汉高祖优劣，以少康为优。至是幸太学，与诸儒论《书》《易》及《礼》，诸儒莫能及。常与中护军司马望、侍中王沈、散骑常侍裴秀及钟会等讲宴[3]于东堂，特加礼异[4]。魏主性急，请召欲速，以望职在外[5]，特给追锋车[6]、虎贲五人，每有集会，辄驰而至。望，孚之子也。

秋，七月，姜维伐魏，与其将邓艾战，败绩姜维自狄道还驻钟提[7]，魏人以其力竭，未能更出。安西将军邓艾曰："彼有乘胜之势，我有虚弱之实，一也；彼上下相习，我将易兵新[8]，二也；彼以船行，我以陆军，三也；狄道、陇西、南安、祁山各当有守，彼专为一，我分为四，四也；彼从南安，因食羌谷，若趋祁山，熟麦千顷，五也，贼有黠计[9]，其来必矣。"秋，维复出祁山，闻艾有备，乃回，趋南安。艾与战于段谷[10]，大破之，死者甚众，蜀人由是怨维。

八月，魏司马昭自为大都督，奏事不名，假黄钺[11]。

吴孙峻卒，以其从弟綝为侍中，辅政。

吴大司马吕岱卒始，岱亲近徐原，慷慨有才志，岱赐以巾褠[12]，与共言论。

---

1 衮冕赤舄：衮冕，衮衣和冕，帝王与上公的礼服和礼冠。赤舄，天子、诸侯所穿的鞋，赤色，重底。
2 视学：天子亲往或派有司到国学对学子进行考试。
3 讲宴：举行宴会并讲论经义。
4 特加礼异：特别加以非常礼遇。
5 望职在外：司马望在宫外任职。
6 追锋车：古代一种轻便的驿车，因车行疾速，故名。
7 钟提：古地名，位于今甘肃省定西市陇西县一带。
8 彼上下相习，我将易兵新：他们上下都很熟悉，我们更换了将领，士兵也多是新人。
9 黠计：狡黠的算计。
10 段谷：古地名，位于今甘肃省天水市东南。
11 奏事不名，假黄钺：奏事可以不称名，出师持黄钺。黄钺，以黄金为饰，古代帝王所用，后世用为仪仗。以黄钺借给大臣，即代表皇帝行使征伐之权之意，魏晋地位较高的大臣出征常加此称号。
12 巾褠：头巾和单衣，古代士人盛服。

后遂荐拔[1]，官至侍御史。原好直言，岱有得失，辄谏诤，又公论之。或以告岱，岱叹曰："是我所以贵德渊者也。"及原死，哭之甚哀，曰："德渊，岱之益友，今不幸，岱复于何所闻过乎？"卒年九十六。

　　冬，十月，吴孙綝杀大司马滕胤、将军吕据吴车骑将军吕据在江都，闻孙綝辅政，大怒，表荐滕胤为丞相。綝更以胤为大司马，出驻武昌。未行，据引兵还，约胤共废綝。綝遣从兄宪将兵逆据，而使人趣胤行。胤惧，勒兵自卫。綝表胤反，发兵攻围之。或劝胤曰："引兵至苍龙门，将士必委綝就公矣。"时夜已半，胤恃与据期，又难举兵向宫，比晓[2]，据不至，綝兵大会[3]，杀胤，夷三族。或劝据奔魏，据曰："吾耻为叛臣。"遂自杀。

　　魏以卢毓为司空魏以卢毓为司空，毓固让司隶校尉王祥，诏不许。祥至孝，继母朱氏遇之无道[4]，祥愈恭谨。朱氏子览，年数岁，每见祥被楚，辄涕泣抱持[5]母。母以非理使祥，览辄与俱。及长，娶妻，母虐使祥妻，览妻亦趋之，母为少止。祥渐有时誉[6]，母深疾之，密使酖祥。览径起取酒，祥不与，母夺而反之。后母赐祥馔，览辄先尝，母惧，遂止。汉末遭乱，隐居三十余年，不应州郡之命。母终，毁瘁，杖而后起[7]。徐州刺史吕虔檄[8]为别驾，委以州事，政化大行[9]，时人歌之曰："海、沂之康，实赖王祥；邦国不空，别驾之功。"

　　吴孙綝杀将军王惇綝负贵[10]倨傲，多行无礼。惇与峻从弟宪谋杀之，事泄，皆死。

1　荐拔：推荐提拔。
2　比晓：等到拂晓。比，及，等到。
3　大会：大规模地会合。
4　遇之无道：对待他很不好。遇，对待，款待。无道，违反常理，不近情理，与下文"非理"同。
5　抱持：抱住。
6　时誉：当时的声誉。
7　杖而后起：拄着拐杖才能站起来。
8　檄：用檄文征召。
9　政化大行：政化，政治和教化。大行，广为推行。
10　负贵：自恃地位高贵。

丁丑二十年（公元257年）

魏甘露二年。吴太平二年。

夏，四月，吴主亮始亲政吴主亮亲政事，大将军孙綝表奏[1]，多见难问[2]。又科兵[3]子弟十八以下、十五以上三千余人，选大将子弟年少有勇力者，使将之。日于苑中教习[4]，曰："吾立此军，欲与之俱长。"数出中书[5]视大帝时旧事，问左右侍臣曰："先帝数有特制[6]，今大将军问事，但令我书可耶？"尝食生梅，使黄门至中藏[7]取蜜，蜜中有鼠矢[8]，召问藏吏，藏吏叩头。亮曰："黄门从尔求蜜耶？"吏曰："向求，实不敢与。"黄门不服。亮令破鼠矢，矢中燥，因大笑谓左右曰："若矢先在蜜中，中外俱湿。今外湿里燥，必黄门所为也。"诘之，果服。左右惊悚[9]。

魏扬州都督诸葛诞起兵讨司马昭。六月，昭奉其主髦攻之，吴人救之，不克而还诞素与夏侯玄等友善。玄等死，王凌、毌丘俭相继诛灭，诞内不自安，乃倾帑振施[10]，曲赦[11]有罪以收众心，养轻侠数千人为死士。司马昭初秉政，长史贾充请遣参佐[12]慰劳四征[13]，且观其志。充至淮南，见诞论时事，因曰："洛中诸贤，皆愿禅代[14]，君以为如何？"诞厉声曰："卿非贾豫州子乎？世受魏恩，岂可以社稷输[15]人？若洛中有难，吾当死之。"充默然，还，言于昭曰："诞再在扬州，得士众心。今召之，必不来，然反疾而祸小；不召，则

1　表奏：上表奏事。
2　难问：发难质问。
3　科兵：依律征发的兵员。
4　教习：教导，教学。
5　中书：原指皇宫中的藏书，此处特指宫中记事的书。
6　特制：以手诏形式宣行的诏令。
7　中藏：中藏府的省称，内库名，主金银货物之事。
8　鼠矢：老鼠的粪便。矢，通"屎"。
9　惊悚：惊慌恐惧。
10　倾帑振施：把官府库中的财物都拿出来赈济施舍百姓。
11　曲赦：特赦。
12　参佐：部下，僚属。
13　四征：征东、征西、征南、征北四将军的合称。
14　禅代：帝位的禅让和接替。
15　输：交出，缴纳。

反迟而祸大。不如召之。"充，逵之子也。诏以诞为司空。诞遂杀扬州刺史乐
綝，敛屯田兵十余万及新附四五万人，聚谷足一年食，为闭门自守计。遣长史
吴纲将少子靓至吴，称臣请救。司马昭奉魏主髦及太后讨之。吴使将军全怿、
全端、唐咨等与文钦同救诞。六月，诏督诸军二十六万进屯丘头[1]，使将军王
基、陈骞围寿春。围未合，怿等将众因山乘险，突入城。昭敕基敛军坚壁[2]。基
累求进讨，会吴朱异率三万人屯安丰，为钦外势[3]。诏基转据北山。基曰："今
围垒转固，兵马向集[4]，当修守备以待越逸[5]，而更移兵守险，使得放纵，虽有智
者，不能善其后矣。"遂守便宜[6]，上疏，报听[7]。于是四面合围，堑垒[8]甚峻。击
钦、异，皆破走之。秋，吴孙綝大发卒出屯镬里[9]，复遣异等解寿春之围。魏人
又击破之。异走归綝，綝使异更死战。异以士卒乏食，不从。綝怒，斩异而
还。綝既不能拔出诞，而丧败士众，自戮名将，吴人咸怨。昭乃纵反间，言：
"吴救方至，大军乏食，势不能久。"诞益宽恣食[10]，俄而乏粮，外救不至。蒋班、
焦彝，诞谋主也，言于诞曰："宜及众心尚固，并力决死，攻其一面，犹有可
全。空坐守死，无为也。"诞不听，欲杀之。班、彝逾城出降。全怿兄子辉等
得罪于吴，奔魏。司马昭作辉书告怿等说："吴中怒怿等不能拔寿春城，欲尽
诛诸将家，故逃来归命。"怿等遂率其众出降。

　　姜维伐魏姜维闻魏分关中兵赴淮南，欲乘虚向秦川，率数万人出骆谷。
时长城[11]积谷多，而守兵少，魏都督司马望及邓艾进据之，以拒维。维数挑战，
不应。是时维数出兵，蜀人愁苦，谯周作《仇国论》讽之曰："或问往古[12]能

1　丘头：古地名，一名武丘，位于今河南省周口市沈丘县东南。
2　敛军坚壁：聚拢军队坚守壁垒，不与敌人交战。
3　外势：外部势力。
4　向集：向这里聚集。
5　越逸：逃跑，逃窜。
6　便宜：便宜行事之权。
7　报听：回复并采纳意见。
8　堑垒：深壕高垒的防御工事。
9　镬里：古地名，位于今安徽省合肥市辖巢湖市西北，巢湖畔。
10　恣食：肆意饮食。
11　长城：古地名，即长城戍，位于今陕西省西安市周至县西南。
12　往古：古代，古时候。

以弱胜强者，其术何如？曰：'吾闻之，处大无患者常多慢，处小有忧者常思善。多慢则生乱，思善则生治，理之常也。故周文[1]养民，以少取多；勾践恤众，以弱毙强。此其术也。'或曰：'曩者，项强汉弱，约分鸿沟，各归息民。张良以为民志既定，则难动也，率兵追羽，终毙项氏。岂必由文王之事乎？'曰：'商、周之际，王侯世尊，君臣久固。深根者难拔，据固者难迁。当此之时，虽汉祖，安能杖剑鞭马取天下乎？及秦罢侯置守[2]之后，民疲秦役[3]，天下土崩，于是豪强并争，虎裂狼分，疾搏者[4]获多，迟后者见吞。今我与彼，皆传国易世矣，既非秦末鼎沸之时，实有六国并据之势，故可为文王，难为汉祖。夫民之疲劳，则骚扰之兆生；上慢下暴，则瓦解之形起。谚曰：射幸数跌，不如审发[5]。是故智者不为小利移目，不为意似[6]改步，时可而后动，数合而后举，故汤、武之师不再战而克，诚重民劳而度时审也。如遂极武黩征[7]，不幸遇难，虽有智者，将不能谋之矣。'"

戊寅**景耀元年**（公元258年）

魏甘露三年。吴景帝孙休永安元年。

春，二月，魏司马昭拔寿春，杀诸葛诞文钦教诸葛诞决围而出，不克。复还城中，食尽，降者日众。钦欲尽出北方人省食，与吴人坚守，诞不听，由是争，恨，遂杀钦。钦子鸯逾城自归于魏，军吏请诛之，司马昭曰："钦子固应就戮[8]，然今以穷来归，且城未拔，杀之是坚城内之心也。"乃使将数百骑巡城呼曰："文钦之子犹不见杀，其余何惧？"表为将军，赐爵关内侯。城中皆喜。昭因进军，克之，斩诞，夷三族。诞麾下数百人，皆拱手为列，不降。每斩一人，

---

1 周文：即周文王。
2 罢侯置守：废弃分封的侯国，设置郡守。
3 民疲秦役：百姓被秦朝的苦役搞得疲惫不堪。
4 疾搏者：迅速搏杀的人。
5 射幸数跌，不如审发：射箭如果屡次不中，不如慎重瞄准之后再发射。
6 意似：似是而非。
7 极武黩征：竭尽武力，滥用征伐。极，竭尽。黩，滥用，频繁。
8 就戮：受戮，被杀。

辄降[1]之，卒不变，以至于尽。吴将于诠曰："大丈夫受命其主，以兵救人，既不能克，又束手于敌，吾弗取也。"乃免胄冒陈[2]而死。昭初围寿春，王基等欲急攻之，昭曰："城固众多，攻之必力屈。若有外寇，表里受敌，此危道也。今三叛相聚于孤城之中，天其或者使同就戮，吾当以全策縻之[3]。但坚守三面，若吴贼陆道而来，军粮必少，吾以轻骑绝其转输，可不战而破也。吴贼破，钦等必成擒矣。"乃命诸军按甲[4]以守之，卒不烦攻而破。议者又以淮南仍叛，吴兵家在江南，宜悉坑之。昭曰："古之用兵，全国[5]为上，戮其元恶而已。吴兵得亡还，适可示中国之大度耳。"一无所杀，分布三河近郡安处[6]之。昭欲遣诸军因衅击吴，王基谏曰："昔诸葛恪乘东关之胜，以围新城[7]，众死太半。姜维因洮西之利，轻兵深入，军覆上邽。夫大捷之后，上下轻敌。轻敌则虑难不深。今贼新败于外，又内患未弭，是修备设虑[8]之时也。"昭乃止。以基为征东将军，都督扬州诸军事。时钟会谋画居多，昭亲待[9]日隆，委以腹心之任，时人比之子房。

姜维引兵还维闻诸葛诞死而还。

夏，五月，魏司马昭自为相国，封晋公，加九锡，复辞不受。

秋，八月，魏主髦养老乞言[10]于太学以王祥为三老，郑小同为五更。

九月，吴孙綝废其主亮为会稽王。冬，十月，迎立琅邪王休。休以綝为丞相，封兄子皓为乌程侯孙綝以其主亮亲政，多所难问，称疾不朝，使弟据入宿卫，恩、干、闿分屯诸营以自固。亮恶之，阴与全公主、将军刘承谋诛之。全后父[11]尚为卫将军，亮使尚子纪语尚："严整兵马，孤当率宿

1　降：使归降。
2　免胄冒陈：免胄，脱下头盔。冒陈，突入敌阵。
3　以全策縻之：以完善的方略消耗他们。全策，完善的计策方略。縻，通"靡"，消耗。
4　按甲：按兵，屯兵。
5　全国：使敌国不战而降。
6　安处：安置，安排。
7　新城：古地名，亦称合肥新城，位于今安徽省合肥市西北。
8　修备设虑：加紧防备，设计御敌。
9　亲待：亲近优待。
10　养老乞言：古代帝王及其嫡长子对年高德劭者按时飨以酒食，并向他们求教。
11　全后父：孙亮皇后全氏的父亲。

卫临桥。"且曰："勿令卿母知,女人不晓大事,且绁妹也,邂逅[1]漏泄,误孤非小。"纪承诏以告尚。尚无远虑,以语纪母。母使人密语绁,绁夜袭尚,执之,杀刘承。比明,遂围官。亮大怒,上马、带鞬[2]、执弓欲出,曰："孤大皇帝嫡子,在位已五年,谁敢不从者?"近臣共牵止之,不得出。绁使光禄勋孟宗告太庙,废亮为会稽王,以其罪班告[3]远近。尚书桓彝不肯署名,绁怒,杀之。遂迎琅邪王休于会稽,遣会稽王亮之国。亮时年十六。杀全尚,迁全公主于豫章。绁以休未至,欲入居官中,召百官会议,皆惶怖唯唯[4]。选曹郎虞汜曰："明公擅废立之威,诚欲上安宗庙。今迎主未至,而欲入官,窃恐众听疑惑,非所以永终忠孝、扬名后世也。"绁不怿而止。十月,休至,群臣奉上玺符[5],三让[6]乃受,即日御正殿,大赦,改元。绁称"草莽臣",诣阙上印绶节钺[7],求避贤路。吴主休慰谕之,以为丞相、荆州牧。先是,丹阳守李衡数以事侵休,其妻习氏谏之,不听。休上书,得徙会稽。至是衡谓妻曰："以不用卿[8]言至此,吾欲奔魏,何如?"妻曰："逃叛求活,何面目见中国人?琅邪素好善慕名,方欲自显于天下,终不以私嫌杀君。可自诣狱,表列前失,显求[9]受罪。如此,当逆见优饶,非但直活而已[10]。"衡从之。诏遣还郡,加将军号,授以棨戟。又封故南阳王和子皓为乌程侯。

十二月,吴孙绁伏诛绁牛酒诣休,休不受。赍诣[11]张布。酒酣,出怨言曰："帝非我不立,今上礼见拒,是与凡臣无异,当复改图耳。"布以告。休衔之,恐其有变,数加赏赐。或告绁反,休执付绁,绁杀之。由是益惧,求

1　邂逅:意外,万一。
2　鞬:马上的盛弓器。
3　班告:布告。
4　惶怖唯唯:惶怖,恐惧。唯唯,恭敬的应答声。
5　玺符:印信,天子所用。
6　三让:古代帝王登位、大臣就封的谦让之礼。
7　节钺:符节和斧钺,古代授予将帅,作为加重权力的标志。
8　卿:古时夫妻或好朋友之间表示亲爱的称呼。
9　显求:公开求取。
10　当逆见优饶,非但直活而已:反而能受到更优厚的待遇,岂只是仅仅保住性命而已。
11　赍诣:送往。

出屯武昌，休许之。凡所请求，无一违者。将军魏邈说休曰："綝居外，必有变。"卫士又告綝反。休将讨之，密问于张布，布曰："左将军丁奉，虽不能吏书[1]，而计略[2]过人，能断大事。"乃召奉问计画[3]，奉曰："丞相兄弟支党甚盛，不可卒制。可因腊会有陛兵以诛之[4]。"十二月，腊会，綝称疾，休强起之，不得已而入。奉、布目左右缚而斩之，以其首令众，诸同谋者，皆赦之。放仗[5]者五千人。夷綝三族，发孙峻棺，取印绶，斫而埋之。改葬诸葛恪及胤、据等，其罹恪等事远徙者，一切召还。有乞为恪立碑者，诏曰："盛夏出军，士卒伤损，无尺寸之功，不可谓能；受托寄之任，死于竖子之手，不可谓智。"遂寝[6]。

诏汉中兵屯汉寿，守汉、乐二城[7]初，昭烈[8]定汉中，实兵诸围[9]以御外敌。敌若来攻，使不得入。其后皆承此制。及姜维用事，建议以为诸围适可御敌，不获大利，不若敛兵聚谷，退就汉、乐二城，听敌入平[10]，重关头镇守以捍之。敌攻关不克，千里运粮，自然疲乏。引退[11]之日，然后诸城并出搏之，此殄敌之术也。于是诏督汉中胡济却[12]，屯汉寿，王含守乐城，蒋斌守汉城。

己卯二年（公元259年）

魏甘露四年。吴永安二年。

1　吏书：官府的文书。
2　计略：谋略。
3　计画：计虑，谋划。古人计事必用手指画，使其事易见，故称。
4　因腊会有陛兵以诛之：乘腊祭集会之机用宿卫之兵杀掉他。陛兵，皇宫前夹殿陛而立的警卫士兵。
5　放仗：放下兵器。
6　寝：搁置，停止。
7　汉、乐二城：古地名，汉城位于今陕西省汉中市勉县东，乐城位于今陕西省汉中市城固县东。
8　昭烈：即汉昭烈皇帝刘备。
9　实兵诸围：在各个外围城中布满兵力。
10　平：平原之地。
11　引退：退兵。
12　却：后退。

春，正月，黄龙二见魏宁陵[1]井中先是，魏地井中屡有龙见，群臣以为吉祥，魏主髦曰："龙者，君德也。上不在天，下不在田，而数屈于井，非嘉兆也。"作《潜龙诗》以自讽。司马昭见而恶之。

秋，八月，陈祗卒，以董厥为尚书令，诸葛瞻为仆射祗以巧佞有宠，姜维虽位在祗上，而多处外，权任[2]不及祗。

庚辰三年（公元 260 年）

魏元帝曹奂景元元年。吴永安三年。

春，正月朔，日食。

夏，五月，魏司马昭弑其主髦于南阙[3]下，尚书王经死之魏主髦见威权日去，不胜其忿。召侍中王沈、尚书王经、散骑常侍王业，谓曰："司马昭之心，路人所知也。吾不能坐受废辱[4]，今日当与卿自出讨之。"经曰："昔鲁昭公不忍季氏，败走失国，为天下笑。今权在其门为日久矣，朝廷四方皆为之致死，不顾逆顺之理，非一日也。且宿卫寡弱，陛下何所资用[5]？而一旦如此，无乃[6]欲除疾而更深之耶？祸殆不测。"髦出怀中黄素诏[7]投地曰："行之决矣！正使[8]死何惧，况不必死耶？"于是入白太后。沈、业奔走告昭，呼经欲与俱，经不从。髦遂拔剑升辇，率殿中宿卫、苍头、官僮[9]鼓噪而出。中护军贾充入，与战南阙下，髦自用剑。众欲退，太子舍人成济问充曰："事急矣，当云何？"充曰："司马公畜养汝等，正为今日。今日之事，无所问也。"济即抽戈前刺髦，殒[10]于车下。昭闻之，大惊，自投于地。太傅孚奔往，枕之股而哭甚哀，

1　宁陵：古县名，治所位于今河南省商丘市宁陵县东南。
2　权任：权力职责。
3　南阙：宫殿南面的城楼。
4　废辱：废黜和羞辱。
5　资用：凭借。
6　无乃：岂不是。
7　黄素诏：帝王诏书，写于黄绢，故名。
8　正使：纵使，即使。
9　官僮：官府的侍役。
10　殒：死亡，坠落。

曰："杀陛下者，臣之罪也。"昭入殿中，召群臣会议。尚书仆射陈泰不至，昭使其舅尚书荀颖召之。泰曰："论者以泰方[1]舅，今舅不如泰也。"子弟逼之。乃入见昭，悲恸，昭亦对之泣曰："玄伯，卿何以处我？"泰曰："独有斩贾充，少可以谢天下耳。"昭久之曰："更思其次。"泰曰："泰言惟有进于此者，不知其次。"昭乃不复言。颖，或之子也。以太后令，罪状髦，废为庶人，葬以民礼。收王经及其家属付廷尉。经谢其母，母笑曰："人谁不死，正恐不得其所。以此并命[2]，何恨之有？"及就诛，故吏向雄哭之，哀动一市。王沈以功封安平侯。太傅孚等请以王礼葬髦，许之。昭言成济大逆不道，夷三族。

六月，**魏主奂立奂**，燕王宇之子也，本名璜，封常道乡公。司马昭迎立之，更名奂，年十五矣。

吴作浦里塘[3]吴都尉严密建议作浦里塘，群臣皆以为难，唯将军濮阳兴力主之。功费[4]不可胜数，士卒多死，民大愁怨。

吴会稽王亮自杀会稽谣言王亮当还为天子，而亮宫人告王祷祠，有恶言。吴主遂黜亮为候官侯。亮自杀。

冬，魏以王沈为豫州刺史沈初到，下教[5]曰："有能陈长吏可否，说百姓所患者，给谷五百斛[6]。言刺史得失、朝政宽猛[7]者，给谷千斛。"主簿陈廞、褚䂮入白曰："教旨[8]思闻苦言，示以劝赏[9]。窃恐拘介之士[10]或惮赏而不言，贪昧[11]之人将慕利而妄举。苟言不合宜，不加以赏，则远听者又未知当否之所在，徒见言之不用，因谓设而不行。告下之事，可小须后[12]。"沈曰："兴益于上，受

1　方：比拟，等同。
2　并命：效命，拼命。
3　浦里塘：古地名，位于今安徽省马鞍山市当涂县东南大官圩南部一带。
4　功费：工程所需的费用。
5　下教：教导属下。
6　斛：容量单位，十斗为一斛。
7　宽猛：宽大还是严厉。
8　教旨：上对下的告谕。
9　劝赏：乐于行赏。
10　拘介之士：不贪不慕、廉洁正派的人。拘，洁身自好。介，节操。
11　贪昧：贪图财利。
12　告下之事，可小须后：告示百姓之事，可以稍等一等再说。

分于下¹，斯乃君子之操，何不言之有？"翌曰："尧、舜、周公所以能致忠谏者，以其款诚之心著也。冰炭不言而冷热之质自明者，以其有实也。若好忠直，如冰炭之自然，则谔谔之言将不求而自至。若其不然，虽悬重赏，忠言未可致也。"沈乃止。

辛巳**四年**（公元 261 年）

魏景元二年。吴永安四年。

春，三月，魏遣兵迎吴降将，未行而罢魏襄阳太守胡烈言："吴将邓由等十八屯²同谋归化³，遣使送质。"诏王基部分诸军径造沮水⁴以迎之。基遗司马昭书，言由等可疑状，且曰："夷陵东西道皆险狭⁵，竹木丛蔚⁶，卒有要害，弩马不陈⁷，此事之危者。嘉平⁸以来，累有内难。当今之宜，当务镇安⁹社稷，抚宁¹⁰上下，力农务本，怀柔百姓，未宜动众以求外利。"昭从之。既而由等果不降。

冬，以董厥、诸葛瞻为将军，共平¹¹尚书事。樊建为尚书令时中常侍黄皓用事，厥、瞻皆不能矫正，士大夫多附之，唯建不与皓往来。秘书令¹²郤正久在内职，与皓比屋，周旋三十余年，澹然¹³自守，以书自娱，既不为皓所爱，亦不为所憎，故官不过六百石，而亦不罹其祸。帝弟甘陵王永憎皓，皓谮

1　兴益于上，受分于下：进言有益于上，赏赐给百姓。
2　屯：兵营。
3　归化：归顺，归附。
4　沮水：古水名，即今湖北西部长江支流沮河、沮漳河，源出保康县西南，至荆州市西注入长江。
5　险狭：险要狭窄。
6　丛蔚：茂密。
7　卒有要害，弩马不陈：如果敌人在要害之地出击，我们的弓马就不能发挥威力。要害，军事要地。
8　嘉平：魏齐王曹芳的第二个年号，存续时间为公元 249 至 254 年。
9　镇安：安定。
10　抚宁：安抚平定。
11　平：管理。
12　秘书令：古官名，典尚书奏事，以秘书丞为其佐官。
13　澹然：恬淡貌。

之，使十年不得朝见。吴使薛珝来聘，及还，吴主问汉政得失，对曰："主暗而不知其过，臣下容身以求免罪，入其朝不闻直言，经其野民皆菜色。臣闻燕雀处堂，子母相乐，突决栋焚[1]，而怡然不知祸之将及，其是之谓乎？"

鲜卑索头贡质于魏鲜卑索头部世居北荒[2]，不交南夏[3]。至可汗毛始强大，统国三十六，大姓九十九。后五世至可汗推寅，南迁大泽[4]。又七世至可汗邻，使其兄弟七人及族人乙旃氏、车焜氏分统部众为十族。邻老，以位授其子诘汾，使南迁，居匈奴故地。诘汾死，力微立，复徙居定襄之盛乐[5]，部众浸盛，诸部畏服之。至是，始遣其子沙漠汗贡于魏，因留为质。

壬午**五年**（公元 262 年）

魏景元三年。吴永安五年。

秋，八月，吴立子霤为太子。

冬，十月，姜维伐魏洮阳[6]，不克初，维将出军，车骑将军廖化曰："兵不戢，必自焚，伯约之谓也。智不出[7]敌而力少于寇，用之无厌，何以自存？"维遂伐魏，攻洮阳。邓艾与战于侯和[8]，破之。时黄皓用事，与右大将军阎宇亲善，欲废维树宇。维知之，言于帝曰："皓奸巧[9]专恣，将败国家，请杀之。"帝曰："皓，趋走小臣耳，往董允每切齿，吾尝恨之，君何足介意？"维见皓枝附叶连[10]，逊辞[11]而出。帝敕皓诣维陈谢[12]。维由是疑惧，返自洮阳，因求种麦沓

1　突决栋焚：烟囱破裂，屋栋被焚。突，烟囱。
2　北荒：北方极荒远之地。
3　不交南夏：不与南边的汉人交往。
4　大泽：大湖沼。
5　盛乐：古县名，即西汉的成乐县，治所位于今内蒙古呼和浩特市和林格尔县西北土城子乡古城。
6　洮阳：古县名，治所即今甘肃省甘南藏族自治州临潭县。
7　出：高出，超出。
8　侯和：古地名，位于今甘肃省甘南藏族自治州临潭县东南。
9　奸巧：奸诈。
10　枝附叶连：比喻上下关系紧密。
11　逊辞：言语谦恭，亦指谦恭的言辞。
12　陈谢：表示谢意。

中 [1]，不敢归成都。

吴以濮阳兴为丞相初，吴主休在会稽，兴为太守，遇之厚，而张布尝为左右督将。及即位，二人皆贵宠用事。布典官省，兴关军国，以佞巧更相表里 [2]，吴人失望。休喜读书，欲与祭酒韦昭、博士盛冲讲论。布以昭、冲切直，恐入侍言己过，固谏止之。休曰："孤欲与昭等讲习旧闻，亦何所损？君特恐其道臣下奸慝，故不欲令入耳。如此之事，孤已自备之，不须昭等然后解也。"布皇恐陈谢，且言惧妨政事。休曰："王务、学业其流各异，不相妨也。"然休恐布疑惧，卒废讲业，不使昭等入。

魏司马昭杀中散大夫嵇康康文辞壮丽，好言老、庄，而尚奇任侠，与阮籍、籍兄子咸、山涛、向秀、王戎、刘伶相友善，号"竹林七贤"。皆崇尚虚无，轻蔑礼法，纵酒昏酣 [3]，遗落世事 [4]。籍为步兵校尉，其母卒，方与人围棋，对者求止，籍留与决赌 [5]。既而饮酒二斗，举声一号，吐血数升，毁瘠骨立 [6]。居丧，饮酒无异平日。司隶何曾面质 [7] 籍于司马昭座，曰："卿，纵情背礼，败俗之人，不可长也。"因谓昭曰："公方以孝治天下，而听籍以重哀 [8] 饮酒食肉于公座，何以训人？宜摈之四裔，无令污染华夏。"昭爱籍才，常拥护之。咸素幸姑婢 [9]，姑将婢去，咸方对客，遽借客马追之，累骑而还 [10]。伶尤嗜酒，常乘鹿车 [11]，携一壶酒，使人荷锸 [12] 随之，曰："死便埋我。"当时士大夫皆以为贤，

1　沓中：古地名，位于今甘肃省甘南藏族自治州迭部县境内。
2　布典官省，兴关军国，以佞巧更相表里：张布主管宫内官署，濮阳兴主管军国之事，二人内外勾结，阿谀欺蒙。
3　昏酣：沉醉，大醉。
4　遗落世事：遗忘弃置世俗之事。
5　决赌：赌斗决出胜负。
6　毁瘠骨立：毁瘠，因居丧过哀而极度瘦弱。骨立，形容人消瘦到极点。
7　面质：当面讯问或对证。
8　重哀：此处指母丧。
9　姑婢：姑姑的婢女。
10　咸方对客，遽借客马追之，累骑而还：阮咸正在陪客，赶快借了客人的马去追，两人骑一匹马回来。
11　鹿车：古代的一种小车。
12　荷锸：扛着铁锹。锸，铁锹，掘土的工具。

争慕效之，谓之放达[1]。钟会闻康名，造之，康箕踞而锻[2]，不为之礼。会将去，康曰："何所闻而来，何所见而去？"会曰："闻所闻而来，见所见而去。"遂深衔之。涛为吏部郎，举康自代。康与涛书，自说不堪流俗[3]，而非薄[4]汤、武。昭闻而怒之。康与东平吕安亲善，安兄巽诬安不孝，康为证其不然。会因谮康："尝欲助毌丘俭，与安皆有盛名于世，而言论放荡，害时乱教，宜因此除之。"昭遂杀安及康。康尝诣隐者孙登，登曰："子才多识寡，难乎免于今之世矣[5]。"

康熙御批：阮籍辈皆崇尚虚无，蔑礼败度[6]，当时士大夫乃以为放达，争慕效之，此晋俗之敝，其所由来者远矣。

魏以钟会都督关中军事魏司马昭患姜维数北伐，官骑[7]路遗求为刺客入蜀，从事中郎荀勖曰："明公为天下宰，宜仗正义以伐违贰[8]，而以刺客除贼，非所以刑于四海也。"昭善之。遂欲大举伐汉，朝臣多以为不可，独钟会劝之。昭谕众曰："自定寿春以来，息役[9]六年，治兵缮甲[10]以拟[11]二虏。今吴地广大而下湿，攻之用力差[12]难，不如先定巴蜀。三年之后，因顺流之势，水陆并进，此灭虢取虞[13]之势也。计蜀战士九万，居守成都及备他境不下四万，然则余众不过五万。今绊姜维于沓中，使不得东顾[14]，直指骆谷，出其空虚之地以袭汉中。以刘禅之暗，而边城外破，士女内震，其亡可知也。"乃以会为镇西将军，督关中。邓艾以蜀未有衅，屡陈异议。昭使人谕之，艾乃奉命。姜维表遣

1　放达：言行不受世俗礼法的拘束。
2　锻：打铁。
3　流俗：社会上流行的风俗习惯，多含贬义。
4　非薄：非难鄙薄。
5　难乎免于今之世矣：在当今之世难免被杀。
6　蔑礼败度：轻视并败坏法度。
7　官骑：王室的骑兵。
8　违贰：背叛者，有二心的人。
9　息役：平息战事。
10　治兵缮甲：修治兵器和铠甲，比喻为战争做准备。
11　拟：打算。
12　差：略微，比较。
13　灭虢取虞：公元前655年，晋献公借道虞出师伐虢，灭虢后，又回师灭掉虞。虢、虞，周朝国名。
14　东顾：顾念东方。

左、右车骑张翼、廖化督诸军分护阳安关[1]口及阴平[2]之桥头，以防未然。黄皓信巫鬼，谓敌终不自致[3]，启帝寝其事，群臣莫知。

癸未**炎兴元年**（公元 263 年）

魏景元四年。吴永安六年。〇是岁汉亡。

春，诏立故丞相亮庙于沔阳亮初亡，所在[4]各求为立庙，朝议以礼秩不许，百姓遂因时节私祭之于道陌[5]上。至是，校尉习隆等请近其墓立一庙于沔阳，以时赐祭。其故臣、吏欲奉祠者皆至其庙，断其私祀，以崇正礼。从之。

夏，五月，吴交趾杀其太守以降魏吴交趾太守孙谞贪暴，会吴主遣使至郡，又擅调孔雀三十头送建业，民惮远役[6]，遂作乱。郡吏吕兴杀谞及使人[7]，而请吏[8]于魏，九真、日南皆应。魏以兴为将军、都督，寻为其下所杀。

秋，魏遣邓艾、钟会将兵入寇，关口[9]守将傅佥死之。姜维战败，还守剑阁[10]魏遣邓艾督三万余人自狄道趋甘松[11]、沓中以缀姜维。雍州刺史诸葛绪督三万余人自祁山趋武街[12]桥头，绝维归路。钟会统十万余众分从斜谷、骆谷、子午谷趋汉中。以卫瓘持节监军事，行镇西军司[13]。会过幽州刺史王戎，问计，戎曰："道家有言：'为而不恃[14]。'非成功难，保之难也。"或以问参相国

---

1 阳安关：古地名，又名关头、关城，位于今陕西省汉中市宁强县西北。
2 阴平：古县名，治所位于今甘肃省陇南市文县一带。
3 自致：自己找上门来。
4 所在：所至之处。
5 道陌：道路。
6 远役：到远方服役。
7 使人：佣人，奴仆。
8 请吏：请求为臣，谓愿意臣服。
9 关口：即阳安关口。
10 剑阁：即剑阁道，古道路名，位于今四川省广元市剑阁县东北大剑山与小剑山之间。
11 甘松：古地名，位于今甘肃省甘南藏族自治州迭部县一带。
12 武街：古县名，治所位于今甘肃省定西市临洮县东。
13 军司：古官名，西晋因避讳改军师置，为诸军府主要僚属，佐主帅统带军队，负有匡正监察主帅之责，地位很高，常继任主帅。
14 为而不恃：出自老子《道德经》第二章："为而弗恃，功成而弗居也。"意为有所施为，但不强求。

军事刘实曰："钟、邓其平蜀乎？"实曰："破蜀必矣，而皆不还。"客问其故，实笑而不答。八月，军发洛阳，陈师誓众。将军邓敦谓蜀未可讨，司马昭斩以徇。汉人遣廖化为姜维继援，张翼、董厥诣阳安关口为诸围外助。大赦，改元。敕诸围不得战，退保汉、乐二城。会平行¹至汉中，使兵围二城，径趋阳安口，遣人祭诸葛亮墓。使护军胡烈为前锋，攻关口。守将傅佥拒守²，其下蒋舒率众迎降。烈乘虚袭城，佥斗而死。会遂长驱而前，大得库藏并积谷。维闻会已入汉中，引兵还，艾遣兵追蹑³于强川口⁴，大战，维败走。还至阴平，合众欲赴关城，闻其已破，遇化、翼、厥等，合兵守剑阁以拒会。

　　冬，十月，吴人来援遣使告急于吴。吴使大将军丁奉向寿春，丁封、孙异向沔中⁵以救汉。

　　魏司马昭始称相国、晋公，受九锡初，昭累辞进位爵赐，至是，蜀捷交至⁶，诏复授之，昭乃受命。辟魏舒为相国参军。舒少时迟钝，质朴，不为乡亲所重。从叔父⁷衡有名当世，亦不知之，使守水碓⁸，每叹曰："舒堪数百户长，我愿毕矣。"舒亦不以介意，不为皎厉⁹之事。唯太原王乂谓舒曰："卿终为台辅。"常振¹⁰其匮乏，舒受而不辞。年四十余，郡举上计掾，察孝廉。宗党¹¹以舒无学业，劝令不就，可以为高。舒曰："若试而不中，其负在我，安可窃不就之高以为己荣乎？"于是自课¹²，百日习一经，对策升第¹³，累迁后将军钟毓长

1　平行：平安前行。
2　拒守：据险坚守。
3　追蹑：追寻踪迹。
4　强川口：古地名，又作强川口，即今四川、甘肃两省境内白龙江与其干流嘉陵江的交汇处，因白龙江古称强川而得名。
5　沔中：古地区名，泛指以今湖北省襄阳市为中心的沔水中游一带。
6　交至：一齐来到。
7　从叔父：此指从父叔父，指叔、伯祖父男儿中比父亲年龄小的，又叫叔伯叔。
8　水碓：利用水力舂米的器具。
9　皎厉：清高自持。
10　振：赈济，救济。
11　宗党：宗族乡党。
12　自课：自己完成规定的工作或学业。
13　对策升第：因为对策而升迁。对策，古时就政事、经义等设问，由应试者对答。

史。毓每与参佐射[1]，舒常为画筹[2]而已。后遇朋人[3]不足，以舒满数[4]，舒容范闲雅[5]，发无不中，举坐愕然，莫有敌者。毓叹而谢曰："吾之不足以尽卿才，有如此射矣。"及为参军，府朝碎务，未尝是非[6]，至于废兴大事，众人莫能断者，舒徐为筹之，多出众议之表。昭深器重之。

卫将军诸葛瞻及邓艾战于绵竹，败绩，及其子尚皆死之邓艾进至阴平，欲与诸葛绪自江油[7]趋成都。绪以西行非本诏[8]，遂引兵与钟会合。会欲专军势[9]，密白绪畏懦不进，槛车征还，军悉属会。姜维列营守险，会攻之不能克，粮道险远，军食乏，欲引还。艾上言："贼已摧折[10]，宜遂乘之。若从阴平由邪径经汉德阳亭趋涪[11]，出剑阁西百里，去成都三百余里，奇兵冲其腹心，剑阁之守必还赴涪，则会方轨而进，如不还，则应涪之兵寡矣。"遂自阴平行无人之地七百余里，凿山通道，造作桥阁[12]。山高谷深，又粮运将匮，濒于危殆，艾以毡自裹，推转[13]而下。将士皆攀木缘崖，鱼贯[14]而进。先登至江油，守将马邈降。诸葛瞻督诸军拒艾，至涪，不进。尚书郎黄崇屡劝瞻速行据险，无令敌得入平地，瞻不从。艾遂长驱而前，瞻退往绵竹。艾以书诱瞻曰："若降者，表为琅邪王。"瞻斩其使，列阵以待。艾大破之，斩瞻及崇。瞻子尚曰："父子荷[15]国重恩，不早斩黄皓，使败国殄民，用生何为！"策马冒阵而死。

1　射：投壶，把箭投向壶里，按投中次数多少决定胜负，输了罚酒。
2　画筹：用筹码计算射箭的成绩。
3　朋人：游戏或竞赛时的队友。
4　满数：凑数。
5　容范闲雅：容范，容貌风范。闲雅，形容举止情趣娴静文雅。闲，通"娴"。
6　府朝碎务，未尝是非：处理官署中琐碎的事务，未曾出现什么纠纷。府朝，官署。
7　江油：古地名，亦作江由戍、江油关，位于今四川省绵阳市平武县东南。
8　西行非本诏：向西行进并不是原本给他的诏令。
9　军势：军队的力量，亦指军事势力。
10　摧折：挫折，打击。
11　由邪径经汉德阳亭趋涪：由小路经过汉朝的德阳亭奔赴涪县。邪径，比正道近便的小路。德阳亭，古地名，位于今四川省绵阳市辖江油市东北雁门坝一带。
12　桥阁：栈道，阁道。
13　推转：推出滚动。
14　鱼贯：游鱼先后接续，比喻一个挨一个地依序进行。
15　荷：承受，承蒙。

邓艾至成都，帝出降，皇子、北地王谌死之，汉亡汉人不意魏兵卒至，不为城守调度。闻艾已入平地，帝使群臣会议，或劝奔吴，或劝入南中。谯周以为："自古无寄他国为天子者，魏能并吴，吴不能并魏。等为称臣，为小孰与为大[1]，再辱何与一辱？若欲奔南，当早为计。今大敌已近，群心[2]无可保者，恐发足[3]之日，其变不测。就能至南，远夷平常无所供为[4]，犹数反叛，今外当拒敌，内供服御，耗损诸夷，其叛必矣。"乃遣使奉玺绶诣艾降。北地王谌怒曰："若理穷力屈，祸败将及，便当父子君臣背城一战，同死社稷，以见先帝可也，奈何降乎？"帝不听。谌哭于昭烈之庙，先杀妻子而后自杀。帝别敕姜维，使降钟会。又送士民簿于艾，户二十八万，口九十四万，甲士十万二千，吏四万人。艾至成都城北，帝率群臣面缚、舆榇诣军门。艾持节解缚焚榇，延见[5]。禁将士无得虏略，辄依邓禹故事，承制拜汉帝以下官。收黄皓，将杀之，皓赂左右以免。维等及诸郡县围守，得敕，放仗[6]，诣会降。将士咸怒，拔刀斫石。会厚待维等，皆权还其印绶节盖[7]。

吴兵还吴闻汉亡，乃罢兵。中书丞[8]华核诣宫门上表曰："伏闻成都不守，社稷倾覆，臣以草芥[9]，窃怀不宁，陛下圣仁[10]，必垂哀悼。臣不胜忡怅[11]之情，谨拜表[12]以闻。"魏之伐蜀也，吴人或谓襄阳张悌曰："司马氏得政以来，大难屡作，百姓未服，今又远征，何以能克？"悌曰："不然。曹操虽功盖中夏，民畏其威而不怀其德也。丕、叡承之，刑繁役重，东西驱驰，无有宁岁。司马懿

1　等为称臣，为小孰与为大：同样是称臣，对小国称臣就不如对大国称臣。
2　群心：众心，众人的心情。
3　发足：起程，出发。
4　无所供为：不交纳供奉租税。
5　延见：召见，接见。
6　放仗：放下武器。仗，武器。
7　节盖：古代持符节的大将所使用的伞盖。
8　中书丞：古官名，中书令之副，佐令行职事，可参议国政，权势颇重。
9　草芥：草和芥，常用以比喻轻贱。芥，小草。
10　圣仁：圣明仁德。
11　忡怅：忧伤惆怅。
12　拜表：上奏章。

父子累有大功，除其烦苛而布其平惠[1]，为之谋主而救其疾苦，民心归之亦已久矣。故淮南三叛，腹心不扰；曹髦之死，四方不动。任贤使能，各尽其心，其本根固矣，奸计立矣。今蜀阉宦[2]专朝，国无政令，而玩戎[3]黩武，民劳卒敝。因危而伐，殆无不克。噫！彼之得志，我之忧矣。"吴人笑其言，至是乃服。

吴以钟离牧为武陵太守吴以武陵五溪夷与蜀接界，蜀亡，惧其叛乱，乃以牧为太守。时魏已遣郭纯诱动诸夷进攻酉阳[4]，郡中震惧。朝吏[5]以为："诸夷阻兵[6]，不可以军惊扰，宜遣恩信[7]吏宣教慰劳。"牧曰："不然。外境内侵，诓诱[8]人民，当及其根柢未深而扑取之，此救火贵速之势也。"即率所领，晨夜进道，缘山险行垂二千里，斩恶民、怀异心者凡千余人，纯等散走，五溪皆平。

魏赦益州，复[9]半租五年。

魏以邓艾为太尉，钟会为司徒。

甲申（公元264年）

魏咸熙元年。吴主孙皓元兴元年。〇凡二国。

春，正月，魏以槛车征邓艾。钟会谋反，伏诛。监军卫瓘袭艾，杀之邓艾在成都颇自矜伐[10]，以书言于晋公昭曰："兵有先声而后实[11]者，今因平蜀之势以乘吴，吴必震恐，席卷之时也。然大举之后，将士疲劳，不可便用，宜留陇右及蜀兵，煮盐兴冶[12]，并作舟船，豫为顺流[13]之事。且王刘禅以显归命之

1　平惠：平正仁惠。
2　阉宦：宦官。
3　玩戎：不认真对待军务。
4　酉阳：古县名，治所位于今湖南省湘西土家族苗族自治州永顺县东南。
5　朝吏：古官名，即郡吏。
6　阻兵：仗恃军队。
7　恩信：宠信。
8　诓诱：欺骗诱惑。
9　复：免除租税等。
10　矜伐：恃才夸功，夸耀。
11　先声而后实：先制造声势，然后才施行。
12　兴冶：鼓励炼铁。
13　顺流：顺着水流进军。

宠，如此，则吴人畏威怀德，望风而从矣。"昭使卫瓘谕艾："事当须报，不宜辄行。"艾曰："元恶既服，承制拜假[1]，以安初附，谓合权宜。若待命往复，延引[2]日月，《春秋》之义，'大夫出疆，有可以安社稷、利国家者，专之可也'。今吴人未宾[3]，势与蜀连，不可拘常，以失事机。兵法：'进不求名，退不避罪。'艾虽无古人之节，终不自嫌以损国家计也！"钟会有异志，姜维知之，欲构成[4]扰乱，乃说会曰："君自淮南已来，算无遗策，今复定蜀，威德震世，欲以此安归乎？何不法陶朱公[5]泛舟绝迹，全功保身耶？"会曰："君言远矣，我不能行。"维曰："其他则君智力之所能，无烦于老夫矣。"由是情好欢甚。因艾承制专事，乃与瓘密白艾有反状。会善效[6]人书，于剑阁要艾章表，皆易其言，令悖傲[7]。至是，诏以槛车征艾。昭恐艾不从命，敕会进军成都，又遣贾充将兵入斜谷。昭自将大军从魏主幸[8]长安，令山涛为行军司马[9]，镇邺。初，会以才能见任，昭夫人王氏言于昭曰："会见利忘义，好为事端，宠过必乱，不可大任。"及将伐汉，西曹属[10]邵悌曰："会单身无任，不若使余人行也。"昭笑曰："我宁不知此耶？蜀数为边寇，师老民疲，我今伐之，如指掌[11]耳，而众言蜀不可伐。夫人心豫怯[12]则智勇并竭，强使之，适所以为敌擒耳。惟会意与人同，今遣伐蜀，蜀必可灭。灭蜀之后，就如卿虑，蜀已破亡，遗民震恐，不足与图事，中国将士各自思归。会若作恶，只自灭族耳，不须忧也。"及昭将之长安，悌复曰："会所统兵五六倍于艾，但可敕会取艾，不

1　拜假：拜授临时官爵。
2　延引：拖延。
3　宾：服从，归服。
4　构成：罗织成。
5　陶朱公：春秋时越国大夫范蠡的别称，曾献策扶助越王勾践复国，后隐去。
6　效：模仿。
7　悖傲：狂悖傲慢。
8　幸：帝王到某地去。
9　行军司马：古官名，类似于今天的参谋长。
10　西曹属：古官名，西曹副长官，掌府史署用。
11　如指掌：比喻对事情非常熟悉了解。
12　豫怯：先心存畏惧。豫，预先。

须自行。"昭曰："卿忘前言耶? 虽然,所言不可宣也。我要自当以信意[1]待人,但人不当负我耳。近日贾护军问我:'颇疑钟会不?'我答言:'如遣卿行,宁可复疑卿耶?'我到长安,则自了[2]矣。"会遣瓘先至成都收艾。会以瓘兵少,欲令艾杀瓘,因以为艾罪。瓘知其意,然不可得拒,乃夜至成都,檄艾所统诸将,称:"奉诏收艾,其余一无所问。若来赴官军[3],爵、赏如先。敢有不出,诛及三族!"比至鸡鸣,悉来赴瓘,唯艾帐内在焉。平旦,开门,瓘乘使者车,径入,艾卧未起。遂执艾父子,置之槛车。诸将图欲劫艾,整仗[4]趋瓘营。瓘轻出[5]迎之,伪作表草[6],将申明艾事,诸将信之而止。会至成都,送艾赴京师。会所惮惟艾,艾既就擒,遂决意谋反。欲使姜维为前驱,自将随其后。既至长安,令骑士从陆道,步兵从水道,浮[7]渭入河,五日可到孟津,与骑兵会洛阳,一旦[8]天下可定也。会得昭书,云:"恐艾或不就征,吾自将屯长安,相见在近[9]。"会惊曰:"但取艾,相国知我独办之。今来太重,必觉我异矣。便当速发,事成,可得天下;不成,退保蜀、汉,不失作刘备也。"会郭太后卒,会乃悉召诸将为太后发哀,称遗诏,使起兵废司马昭。更使所亲信代领诸军,所请群官,悉闭诸曹[10]屋中。瓘诈称疾笃,出就外廨[11]。会信之,无所复惮。维欲使会尽杀北来诸将,己因杀会,复立故汉帝。密书与帝曰:"愿陛下忍数日之辱,臣欲使社稷危而复安,日月幽而复明。"会欲从维言诛诸将,犹豫未决。会帐下督[12]丘建本属胡烈,会爱信之。建愍[13]烈独坐,启会,使听内一亲兵出取

---

1 信意:诚意。
2 了:结束,了结。
3 来赴官军:投向官军这一边。
4 整仗:整理武器。
5 轻出:轻装简从出行。
6 表草:表文的草稿。
7 浮:漂流,漂浮。
8 一旦:一天之间。
9 相见在近:近日即可相见。
10 诸曹:各部。
11 外廨:外面的官舍。廨,官吏办公的地方。
12 帐下督:古官名,军中官佐的一种。
13 愍:怜悯,哀怜。

饮食。烈绐语亲兵及疏与其子渊曰："会已作大坑，白棓[1]数千，欲悉呼外兵，棓杀，内坑中。"一夜，转相告，皆遍。渊遂率其父兵出门，诸军鼓噪，争先赴城。所闭诸人各缘屋出，与其军士相得[2]，斩维及会，死丧狼藉。瓘部分诸将，数日乃定。艾本营将士追出艾于槛车，迎还。瓘自以与会共陷艾，恐其为变，乃遣护军田续袭艾父子于绵竹西，斩之。艾之入江油也，续不进。艾欲斩续，既而舍之。及是，瓘谓曰："可以报江油之辱矣。"镇西长史杜预言于众曰："伯玉[3]其不免乎？身为名士，位望已高，既无德音[4]，又不御下以正，将何以堪其责乎？"瓘闻之，不候驾[5]而谢预。艾余子在洛阳者悉被诛。会功曹向雄收葬会尸，昭召而责之曰："往者王经之死，卿哭于东市而我不问，今会为叛逆，又辄收葬，若复相容，其如王法何？"雄曰："昔先王掩骼埋胔，仁流朽骨[6]，当时岂卜其功罪而后收葬哉？今王诛既加，于法已备，雄感义收葬，教亦无缺。法立于上，教弘于下，以此训物[7]，不亦可乎？"昭悦，与宴谈[8]而遣之。会之伐汉也，辛宪英谓其夫之从子羊祜曰："会在事[9]纵恣，非持久处下之道，吾畏其有他志也。"会请其子琇为参军，宪英忧曰："他日吾为国忧，今日难至吾家矣。"琇固辞，不听。宪英谓曰："行矣，戒之，军旅之间，可以济者，其惟仁恕[10]乎？"琇竟以全归。诏以琇尝谏会反，赐爵关内侯。

三月，魏晋公昭进爵为王魏诏晋公昭进爵为王，追命其父懿为宣王，兄师为景王。太尉王祥、司徒何曾、司空荀颙共诣晋王。颙谓祥曰："相王尊重[11]，何侯[12]与朝臣皆已尽敬，今日便当相率而拜，无疑也。"祥曰："王、公相

1　白棓：大棍，大杖。
2　相得：会合。
3　伯玉：卫瓘的字。
4　德音：好名声，也指善言。
5　候驾：等候出行的车马。
6　掩骼埋胔，仁流朽骨：掩埋枯骨腐尸，仁德施于朽骨。胔，腐烂的肉。
7　训物：教诲民人。
8　宴谈：设宴并交谈。
9　在事：居官任事。
10　仁恕：仁爱宽容。
11　相王尊重：相王，宰相而封王者。尊重，尊贵，显要。
12　何侯：指何曾。

去一阶而已，安有天子、三公可辄拜人者？君子爱人以礼，我不为也。"及入，颐拜，而祥独长揖[1]。昭谓祥曰："今日然后知君见顾[2]之重也。"

魏封故汉帝禅为安乐公禅举家迁洛阳，大臣无从行者，惟秘书令郤正及殿中督[3]张通舍妻子单身从行。正相导宜适，举动无阙[4]，禅乃慨然叹息，恨知正之晚。汉建宁[5]太守霍弋闻成都不守，素服大临三日。诸将劝弋速降，弋曰："道路隔塞，未详[6]主之安危，去就大故[7]，不可苟也。若魏以礼遇主上，则保境而降不晚也。万一危辱，吾将以死拒之，何论迟速耶？"及得禅东迁之问[8]，始率六郡将、守上表曰："臣闻人生于三，事之如一，惟难所在，则致其命[9]。今臣国败主附，守死无所，是以委质，不敢有贰。"晋王昭善之，委以本任。封禅为安乐公。他日与宴，为之作蜀技，旁人皆感怆[10]，而禅喜笑自若。昭谓贾充曰："人之无情，乃至于是。虽使诸葛亮在，不能辅之久全，况姜维耶？"他日，问禅曰："颇思蜀否？"禅曰："此间乐，不思蜀也。"正闻之，谓曰："若王复问，宜泣而答曰：'先人坟墓，远在岷、蜀，乃心西悲，无日不思。'因闭其目。"会昭复问，禅对如前，昭曰："何乃似郤正语耶？"禅惊视曰："诚如尊命[11]。"左右皆笑之。

夏，五月，魏复五等爵[12]晋王昭奏复五等爵，封骑督[13]以上六百余人。

秋，七月，魏以罗宪为陵江将军初，汉使罗宪守永安。及汉败，宪得

---

1 长揖：拱手高举继而落下的一种敬礼。
2 见顾：看待我，赏识我。
3 殿中督：古官名，御史中丞属官，掌监察。
4 相导宜适，举动无阙：导引恰当，使刘禅的言谈举止合乎礼仪而无所缺误。宜适，恰当，合适。
5 建宁：古郡名，辖今滇东和滇中，西南至哀牢山以东的双柏、新平。
6 未详：不知道，了解得不清楚。
7 大故：重大的事故，多指对国家、社会有重大影响的祸患，如灾害、兵寇、国丧等。
8 问：书信。
9 人生于三，事之如一，惟难所在，则致其命：人生在世所赖者有三，即父、母、君上，要用同样的心意来事奉，发生危难，都要舍命相随。
10 感怆：感慨悲伤。
11 尊命：对对方嘱托的敬称。
12 五等爵：公、侯、伯、子、男五等爵位。
13 骑督：古官名，督率骑兵的军官。

其主手敕[1]，乃率所统，临[2]于都亭三日。吴闻蜀败，起兵西上，外托救援，内欲袭宪。宪曰："吴不恤我难，而背盟徼利，不义甚矣。"乃缮甲誓众，励以节义[3]，遣使告急于魏。吴人来攻，与战，大破之。吴主怒，复遣陆抗等率众三万，增其围。宪被攻凡六月，救援不到。或说宪弃城走，宪曰："吾为城主，百姓所仰，危不能安，急而弃之，君子不为也，毕命于此矣。"魏遣荆州刺史胡烈攻西陵以救之，吴师遂退。晋王昭使仍旧任，加号将军，封亭侯。

魏使荀颛定礼仪，贾充正法律，裴秀议官制从晋王昭之请也。

吴主休殂[4]，乌程侯皓立吴主寝疾，口不能言，手书呼濮阳兴入，令子䘍出拜。把兴臂，指䘍托之而卒。谥曰景帝。吴人以蜀初亡，恐惧，欲得长君[5]，左典军[6]万彧尝为乌程[7]令，与乌程侯皓相善，称："皓才识明断，长沙桓王之畴也[8]。加之好学，奉遵法度。"屡言于兴及左将军张布。兴、布说朱太后，欲立皓。后曰："我寡妇人，安知社稷之虑？苟吴国无陨，宗庙有赖，可矣。"遂迎立之。吴主贬朱太后为景皇后，追谥父和曰文皇帝，尊母何氏为太后。

八月，魏晋王昭以其子中抚军[9]炎副相国[10]。冬，十月，立为晋世子初，晋王昭娶王肃之女，生炎及攸，以攸继景王[11]后。攸性孝友，多材艺，清和平允[12]，名过于炎。昭爱之，常曰："天下者，景王之天下也，吾百年后，大业宜归攸。"炎立发委地[13]，手垂过膝，羊琇又教以宜察时政所宜损，益豫记[14]，

1　手敕：皇帝亲笔写的命令。
2　临：为丧事而悲痛哭泣。
3　节义：节操与义行。
4　殂：死亡。
5　长君：以年长者为君。
6　左典军：古官名，三国吴置中、左、右典军，掌宿卫禁军，为皇帝亲信之臣。
7　乌程：古县名，治所位于今浙江省湖州市南。《郡国志》云："古乌、程氏居此，能酿酒，故以名县。"
8　长沙桓王之畴也：长沙桓王，指孙策。畴，同类，类别。
9　中抚军：古官名，为相国之副，掌朝政大权。
10　副相国：辅佐相国。
11　景王：指司马昭之兄司马师。
12　清和平允：清和，清净平和。平允，性情平易。
13　立发委地：垂直下长发可以拖到地面。
14　豫记：预先记住。

以备访问。昭欲以攸为世子，山涛曰："废长立少，违礼不祥。"贾充、何曾、裴秀曰："中抚军聪明神武，有超世之才，人望既茂[1]，天表[2]如此，固非人臣之相也。"乃立炎为世子。

十一月，吴杀其丞相濮阳兴、左将军张布吴主初立，发优诏，恤士民，开仓廪，振贫乏，料出[3]宫女以配无妻者，苑中禽兽皆放之。当时翕然称为明主。及既得志，粗暴骄盈[4]，多忌讳，好酒色，大小失望，濮阳兴、张布窃悔之，或谮诸吴主。十一月朔，兴、布入朝，执之，徙于广州，道杀之，夷三族。

魏罢屯田官。

乙酉（公元 265 年）

魏咸熙二年。晋世祖武皇帝司马炎泰始元年。吴甘露元年。〇是岁魏亡晋代，凡二国。

夏，五月，魏晋王昭号其妃曰后，世子曰太子。

秋，七月，吴主杀景后及其二子。

八月，魏晋王昭卒，太子炎嗣谥昭为文王，葬崇阳陵[5]。

冬，吴迁都武昌从西陵督[6]步阐之请也。

十二月，晋王炎称皇帝，废魏主为陈留王魏主禅位[7]于晋，出舍[8]金墉城[9]。太傅司马孚拜辞；流涕、歔欷不自胜，曰："臣死之日，固大魏之纯臣[10]

1　茂：美好，优秀。
2　天表：天子的仪容。
3　料出：选择并遣出。
4　骄盈：骄傲自满。
5　崇阳陵：魏晋王司马昭的陵墓，位于今河南省洛阳市辖偃师市城关镇前杜楼村以北的枕头山。
6　西陵督：古官名，三国吴置，掌率军作战或驻守。
7　禅位：禅让帝位。
8　出舍：出外居住。
9　金墉城：古城名，三国魏明帝筑，位于今河南省洛阳市东北汉魏故城西北隅。
10　纯臣：忠纯笃实之臣。

也。"晋王即皇帝位，奉魏主为陈留王，即宫于邺。魏氏诸王皆降为侯，追尊宣王、景王、文王为皇帝，尊王太后曰皇太后。

晋大封宗室晋封叔祖父孚为安平王、太宰，都督中外诸军事。叔父伷东莞王，弟攸齐王。其余封拜有差。伷，宣帝之子也。晋主惩魏氏孤立之敝，故大封宗室，授以职任。又诏诸王皆得自选国中长吏，齐王独不敢，皆上请。

晋除汉、魏宗室禁锢，罢将吏质任时晋主承魏氏刻薄、奢侈之后，欲矫以仁俭[1]。将有事于太庙[2]，朝议以太常许奇父允受诛，不宜接近左右。晋主乃述允之夙望[3]，称奇之才，擢为祠部郎[4]。有司言御牛青丝纼[5]断，诏以青麻代之。

晋以傅玄、皇甫陶为谏官晋初置谏官，以傅玄、皇甫陶为之。玄以魏末士风颓敝[6]，上疏曰："臣闻先王之御天下，教化隆于上，清议行于下。近者魏武好法术[7]而天下贵刑名，魏文慕通达而天下贱守节，其后纲维不摄，放诞盈朝[8]，遂使天下无复清议。陛下龙兴[9]受禅，未举清远有礼之臣以敦风节，未退虚鄙之士以惩不恪[10]，臣是以犹敢有言。"晋主嘉纳，使玄草诏进之，然亦不能革也。明年，又诏："自今虽诏有所欲，及奏已得可，而于事不便者，皆不得隐情[11]。"

丙戌（公元266年）

晋泰始二年。吴宝鼎元年。

1　仁俭：仁厚节俭。
2　有事于太庙：意指要进行祭祀之事。太庙，帝王的祖庙。
3　夙望：往昔的声望，平素的声望。
4　祠部郎：古官名，亦称祠部郎中，为尚书祠部曹长官通称，资深勤能者可转侍郎，多以明礼通儒充任。
5　纼：穿在牛鼻子上以备牵引的绳子。
6　颓敝：衰败。
7　法术：先秦法家以法治国的学术。
8　纲维不摄，放诞盈朝：纲纪不整，浮夸虚无的风气充满朝廷。纲维，总纲和四维，比喻法度。
9　龙兴：龙飞腾上天，喻王者兴起。
10　未举清远有礼之臣以敦风节，未退虚鄙之士以惩不恪：没有选拔清明高远有礼法之臣以促进风化与节操，没有斥退虚伪卑鄙之人以劝诫不恭敬。清远，清明高远。虚鄙，虚伪卑鄙。不恪，不敬。
11　隐情：隐瞒情况。

春，正月，晋立七庙初，汉征西将军司马钧生豫章太守量，量生颍川太守儁，儁生京兆尹防，防生宣帝[1]。至是即用魏庙祭征西府君[2]以下，并景帝为七室。

晋除郊祀五帝座[3]群臣奏："五帝，即天帝也，王气时异，故名号有五。自今明堂、南郊宜除五帝座。"从之。晋主，王肃外孙，故郊祀之礼，有司多从肃议。

三月，吴遣使如晋吊祭吴使者丁忠还，说吴主曰："北方无守战之备，弋阳[4]可袭而取。"吴主以问群臣，镇西大将军陆凯曰："北方新并巴蜀，遣使求和，非求援于我也，欲蓄力以俟时耳。敌势方强，而欲侥幸求胜，未见其利也。"吴主虽不出兵，然遂与晋绝。凯，逊之族子也。

吴杀其散骑常侍王蕃蕃体气高亮，不能承颜顺指[5]，吴主不悦。万彧、陈声从而谮之。后，吴主会群臣，蕃沉醉顿伏[6]，吴主疑其诈，斩之殿下。

夏，六月晦，日食。

秋，八月，晋主谒崇阳陵文帝之丧，臣民皆从权制，三日除服。既葬，晋主亦除之，然犹素冠疏食，哀毁[7]如居丧者。至是谒陵，诏："以衰绖从行，群臣自依旧制。"尚书令裴秀奏曰："既除复服，义无所依。"遂止。中军将军羊祜谓傅玄曰："三年之丧，虽贵遂服[8]，礼也。而汉文除之，毁礼伤义。今主上至孝，虽夺其服，实行丧礼。若因此复先王之法，不亦善乎？"玄曰："以日易月[9]已数百年，一旦复古，殆难行也。"祜曰："不能使天下如礼，且使主

1　宣帝：即司马懿，前称"宣王"，此处称"宣帝"。
2　征西府君：即汉征西将军司马钧。府君，对已故者的敬称。
3　五帝座：《史记·天官书》称："太微三光之廷，其内五星为五帝座。"太微垣内的五帝座，代表上帝一年四季在这五处轮流办公的地方，上帝领导和指挥着太微垣内诸大臣开展全国各地的行政活动。
4　弋阳：古县名，治所位于今河南省信阳市潢川县西北。
5　体气高亮，不能承颜顺指：禀性高尚中正，不会看人脸色，顺从其意行事。
6　顿伏：跌倒。
7　哀毁：居亲丧悲伤异常而毁损其身，后常作居丧尽礼之辞。
8　遂服：按照礼制，服丧至期满。
9　以日易月：古代礼制，帝王去世，太子继位需要服丧三年（三十六月），后来汉文帝改为三十六日就释服终丧，因称"以日易月"。

上遂服，不犹愈乎[1]？"玄曰："主上不除而天下除之，此为有父子而无君臣也。"乃止。群臣请易服复膳，诏曰："每念不得终苴绖[2]之礼，以为沉痛，况食稻衣锦乎？朕本诸生家，传礼来久，何至一旦易此情于所天[3]？可试省孔子答宰我之言，无事纷纭也！"遂以疏、素终三年。

司马公曰：三年之丧，自天子达于庶人，此先王礼经[4]百世不易者也。汉文师心[5]不学，变古坏礼，绝父子之恩，亏君臣之义，后世帝王不能笃于哀戚之情，而群臣诡谀，莫肯厘正[6]。至于晋武独以天性矫而行之，可谓不世之贤君。而裴、傅之徒，固陋[7]庸臣，习常玩故[8]，不能将顺其美，惜哉！

吴以陆凯、万彧为左、右丞相吴主恶人视己，群臣莫敢举目。凯曰："君臣无不相识之道，若猝有不虞，不知所赴。"吴主乃听凯视。吴主居武昌，扬州民溯流[9]供给，甚苦之。又奢侈无度，公私穷匮[10]。凯上疏曰："今无灾而民命尽，无为而国财空，臣窃痛之。昔汉室既衰，三家鼎立；今曹、刘失道，皆为晋有，此目前之明验也。臣愚，但为陛下惜国家耳。武昌土地险埆[11]，非王者之都，且童谣云：'宁饮建业水，不食武昌鱼；宁还建业死，不止武昌居。'此足明民心与天意矣。今国无一年之蓄，有露根[12]之渐，而官吏务为苛急[13]，莫之或恤。大帝时，后宫女不满百，景帝[14]以来，乃有千数，此耗财之甚者也。又，

1　不犹愈乎：不是还好些吗。
2　苴绖：丧服中麻布制的无顶冠与腰带。亦指居丧。
3　何至一旦易此情于所天：何至于一时之间便对自己的父亲改了这种感情。所天，所依靠的人，指父亲。
4　礼经：古代解释礼仪的经典，常指《仪礼》而言。
5　师心：以心为师，自以为是。
6　厘正：整治改正。
7　固陋：见闻不广。
8　习常玩故：安于现状，因循守旧。
9　溯流：逆着水流方向。
10　穷匮：贫穷匮乏。
11　险埆：地势险峻，土地瘦薄。埆，瘦薄的土地。
12　露根：百姓流离失所，暴露于野。根，国之根本，指人民。
13　苛急：苛刻而急切。
14　景帝：即吴景帝孙休。

左右率[1]非其人，群党相扶，害忠隐贤，此皆蠹政病民[2]者也。愿陛下省百役[3]，罢苛扰[4]，料出宫女，清选[5]百官，则天悦民附，而国安矣。"吴主虽不悦，以其宿望[6]，特优容之。

冬，十月朔，日食。

十一月，晋并圜、方丘之祀[7]于南北郊。

晋罢山阳[8]督军，除其禁制。

十二月，吴还都建业吴主还建业，使后父、卫将军滕牧留镇武昌。朝士以牧尊戚，推令谏诤[9]，滕后之宠由是渐衰，迁牧苍梧，以忧死。后不复进见，诸姬佩皇后玺绶[10]者甚众。又使黄门遍行州郡，料取[11]将、吏家女。其二千石大臣子女，皆岁岁言名。简阅[12]不中，乃得出嫁。

丁亥（公元 267 年）

晋泰始三年。吴宝鼎二年。

春，正月，晋立子衷为太子诏以："近世每立太子，必有赦，曲惠[13]小人，朕无取焉。"遂不赦。有司奏："东宫施敬[14]二傅，其仪不同。"晋主曰："崇敬师傅，所以尊道重教也，何言臣不臣乎？其令太子申拜礼。"

1　率：皆，都。
2　蠹政病民：危害国家和人民。
3　百役：各种劳役。
4　苛扰：骚扰。
5　清选：挑选，精选。
6　宿望：素负重望的人。
7　圜、方丘之祀：冬至在圜丘祭天，夏至在方丘祭地。
8　山阳：魏迁汉献帝所居之地山阳国，都浊鹿城（今河南省新乡市辖辉县市西南），为汉遗民所在。
9　朝士以牧尊戚，推令谏诤：朝廷中的官吏因为滕牧是显贵的皇亲，都推举他向皇帝进谏。
10　玺绶：印玺。绶，古代系印章的丝绳。
11　料取：选取。
12　简阅：简选。
13　曲惠：小惠。
14　施敬：施行庄敬之礼。

晋杀其故立进令[1]刘友司隶校尉李憙劾奏故立进令刘友及前尚书山涛、中山王睦、尚书仆射武陔各占官稻田，诏曰："友侵剥[2]百姓，其考竟[3]以惩邪佞。涛等不贰其过[4]，皆勿问。憙亢志[5]在公，当官而行，可谓邦之司直矣。其申敕群寮，各慎所司，宽宥[6]之恩，不可数遇也！"

司马公曰：政之大本，在于刑赏。刑赏不明，政何以成？晋武帝赦山涛而褒李憙，其于刑赏两失之矣。使憙言是，则涛不可赦；非，则憙不足褒。褒之使言，言而不用，怨结于下，威玩[7]于上，将安用之？且四臣同罪，友伏诛而涛等不问，避贵施贱，可谓政乎？

晋征犍为李密，不至晋主征犍为李密为太子洗马[8]，密以祖母老，固辞，许之。密与人交，每公议其得失而切责之，常言："吾独立于世，顾影无俦[9]，然而不惧者，以无彼此于人故也。"

六月，吴作昭明宫吴主作昭明宫，二千石以下，皆自入山督伐木。大开苑囿，起土山、楼观[10]，穷极伎巧，功费以亿万计。陆凯谏，不听。中书丞华核上疏曰："今仓库空匮[11]，编户失业，而北方积谷养民，专心东向。乃舍此急务，尽力功作[12]，卒有风尘之变，驱怨民而赴白刃，此乃大敌所因以为资者也。"时吴俗奢侈，核又上疏曰："今民贫俗奢，转相仿效，兵民之家，内无甔石[13]之储，而出有绫绮[14]之服；上无尊卑等级之差，下有耗财费力之损。求其富给，

1　立进令：立进县的县令。
2　侵剥：侵害盘剥。
3　考竟：刑讯致死。
4　不贰其过：不再重犯已往的过错。
5　亢志：坚持高尚的志向。
6　宽宥：宽恕，饶恕。
7　玩：轻慢，轻视。
8　太子洗马：古官名，负责辅佐太子，教太子政事、文理的官职，秦汉始置，作"先马"，后人误写。
9　无俦：没有能够与之相比。
10　楼观：泛指楼、殿之类的高大建筑物。
11　空匮：穷乏，财用不足。
12　功作：土木营造之事。
13　甔石：少量的粮食。
14　绫绮：绫和绮，薄而有花纹的丝织品。

庸可得乎？"皆不听。

秋，九月，晋增吏俸。

晋禁星气、谶纬之学[1]。

晋遣索头[2]质子归国。

戊子（公元 268 年）

晋泰始四年。吴宝鼎三年。

春，正月，晋律令成贾充等上所刊修[3]律令。晋主亲自临讲，中书侍郎张华请抄死罪条目，悬以示民。从之。

晋诏立考课[4]法，不果行诏河南尹杜预为黜陟之课，预奏："古者黜陟，拟议于心，不泥于法。末世不能纪远[5]而专求密微，疑心而信耳目，疑耳目而信简书[6]，简书愈繁，官方愈伪。魏氏考课，即京房之遗意，其文可谓至密，然失于苛细以违本体，故历代不能通也。岂若申唐尧旧制，取大舍小，去密就简，委任达官[7]，各考所统，岁第其人[8]，言其优劣。如此六载，主者总集[9]，采案其言[10]，六优者超擢，六劣者废免，优多劣少者平叙[11]，劣多优少者左迁。其间所对不钧，品有难易，主者固当准量轻重，微加降杀，不足曲以法尽也。其有优

---

1 星气、谶纬之学：星气，占星望气之术。谶纬，谶和纬，谶是秦汉间巫师、方士编造的预示吉凶的隐语，纬是汉代神学迷信附会儒家经义的一类书。
2 索头：北方少数民族。索指发辫，古代北方民族多有发辫，故称。
3 刊修：修正。
4 考课：按一定的标准对官吏的政绩进行考核，以决定其升降赏罚。
5 纪远：考虑长久。
6 简书：用于告诫、策命、盟誓、征召等事的文书，亦指一般文牍。
7 达官：职位显贵而又受到皇帝重视的大臣。
8 岁第其人：每年都进行成绩高低的排序。
9 总集：聚集，集合。
10 采案其言：采集并审查考课的结论。
11 平叙：平调。

劣徇情[1]，不叶[2]公论者，当委监司弹之。若令上下公相容过，此为清议大颓[3]，虽有考课之法，亦无益也。"事竟不行。

晋主亲耕籍田。

三月，晋太后王氏殂晋主居丧，一遵古礼。既葬，有司请除衰服。诏曰："受终身之爱而无数年之报，情所不忍也。"有司固请，诏曰："患在不能笃孝[4]，勿以毁伤为忧。前代礼典，质文[5]不同，何必限以近制，使达丧阙然[6]乎？"群臣请不已，乃许之。然犹素服以终三年。

夏，四月，晋太保王祥卒祥卒，门无杂吊之宾[7]。其族孙戎叹曰："太保当正始之世，不在能言之流。及间与之言，理致清远，岂非以德掩其言乎？"

秋，七月，众星西流如雨而陨。

九月，晋大水。

晋扬州都督石苞罢晋大司马、扬州都督石苞久在淮南，威惠甚著。监军王琛恶之，密表苞与吴通。晋主遣义阳王望率大军征之。苞掾孙铄在许昌闻之，或劝铄无与于[8]祸，铄驰诣寿春，劝苞放兵，步出都亭待罪。晋主闻之，意解。苞以公还家。

己丑（公元 269 年）

晋泰始五年。吴建衡元年。

春，二月，晋以胡烈为秦州[9]刺史先是，邓艾纳鲜卑降者数万，置雍、

1　徇情：曲从私情。
2　叶：通"协"，和洽。
3　若令上下公相容过，此为清议大颓：假如使上下公然地容忍过错，那么公正的评论就会彻底衰败。
4　笃孝：十分孝顺。
5　质文：质，实际内容。文，外在形式。
6　使达丧阙然：使通用的丧礼废缺。达丧，天下通用的丧礼。阙然，间断貌。
7　门无杂吊之宾：前去吊唁的没有缺乏德行的宾客。
8　与于：卷入。
9　秦州：古州名，辖今甘肃定西、静宁二县以南，清水县以西及陕西凤县、略阳和四川平武、南坪及青海黄河以南、贵德以东地。

凉之间，与民杂居。朝廷恐其久而为患，乃分雍、梁、凉州置秦州，以烈素著名西方，故使镇抚之。

晋青、徐、兖州大水。

晋以羊祜都督荆州军事晋主有灭吴之志，使祜都督荆州，镇襄阳。东莞王伷都督徐州，镇下邳。祜绥怀[1]远近，甚得江、汉之心，与吴人开布大信[2]，降者欲去，皆听之，减戍逻之卒[3]，以垦田八百余顷。其始至也，军无百日之粮；及其季年[4]，乃有十年之积。祜在军，常轻裘缓带，身不被甲，铃合[5]之下，侍卫不过十数人。

晋录用故汉名臣子孙济阴太守文立言："故蜀名臣子孙宜量才叙用，以慰巴蜀之心，倾吴人之望[6]。"晋主从之。诏曰："诸葛亮在蜀尽其心力，子瞻临难死义，其孙京宜随才署吏[7]。蜀将傅佥父子，死于其主，息著、募没入奚官[8]，宜免为庶人。"又以立为散骑常侍。汉故尚书程琼，雅有德业，与立深交。晋主闻其名，以问立，对曰："臣至知[9]其人，但年垂八十，禀性谦退，无复当时之望，故不以上闻耳。"琼闻之，曰："广休[10]可谓不党矣，此吾所以善夫人也。"

秋，九月，有星孛于紫宫。

冬，十月，吴左丞相陆凯卒初，何定尝为大帝给使[11]，自表旧人，求还内侍。吴主以为都尉，典知酤籴[12]，遂专威福。吴主信任之，委以众事。凯面责

1　绥怀：安抚关切。
2　开布大信：开诚布公地讲信用。
3　戍逻之卒：戍守、巡逻边境的兵士。
4　季年：末年，晚年。
5　铃合：翰林院、将帅或州郡长官办事的地方。
6　倾吴人之望：使吴人对我倾心。
7　署吏：安排官职。
8　息著、募没入奚官：子女傅著、傅募因此被没入官署养马。息，子女。奚官，养马的役人。
9　至知：非常了解。
10　广休：即文立，文立字广休。
11　给使：供役使之人。
12　典知酤籴：典知，主持，主管。酤籴，买酒买粮。

之曰："卿见前后事主不忠、倾乱国政，宁有得以寿终者耶？宜自改厉[1]。不然，方见卿有不测之祸。"定大恨之。凯竭心公家，忠恳内发[2]，表、疏皆指事不饰。及疾病，吴主遣中书令董朝问所欲言，凯陈："定不可用，奚熙小吏，建起浦里田[3]，亦不可听。姚信、楼玄、贺邵、张悌、郭逴、薛莹、滕修及族弟喜、抗，或清白忠勤[4]，或资才卓茂[5]，皆社稷之良辅，愿访以时务，使各尽其忠。"凯寻卒。吴主素衔其切直，且闻何定之谮，徙其家建安。

庚寅（公元 270 年）

晋泰始六年。吴建衡二年。

夏，四月，吴以陆抗都督诸军，治乐乡[6]抗以吴主政事多缺，上疏曰："德均则众者胜寡，力侔则安者制危，此六国所以并于秦，西楚所以屈于汉也。今敌之所据，广于秦、汉，而国家外无连衡之援，内无西楚之强，庶政陵迟，黎民未乂[7]。议者徒以长江、峻山[8]限带[9]封域，此乃守国之末事，非智者所先也。臣每念及此，中夜抚枕，临餐忘食。夫事君之义，犯而勿欺，谨陈时宜十七条。"吴主不纳。何定使诸将各上御犬，一犬值缣数十匹，缨绁[10]值钱一万，以捕兔供厨。吴主以为忠，赐爵列侯。抗上疏曰："小人不明理道[11]，所见既浅，虽使竭情尽节，犹不足任，况其奸心素笃而憎爱移易哉？"吴主不从。

六月，晋胡烈讨鲜卑秃发树机能，败死。

1　改厉：改过自勉。
2　忠恳内发：忠贞诚恳发自内心。
3　浦里田：与前文公元 260 年"吴作浦里塘"中"浦里塘"相同，填湖造田。
4　忠勤：忠心勤劳。
5　资才卓茂：资质才能卓越、优秀。
6　乐乡：古地名，陆抗所筑城池，位于今湖北省荆州市辖松滋市东北。
7　黎民未乂：百姓没有安定。黎民，百姓。乂，安定，治理。
8　峻山：高而陡峭的山。
9　限带：阻隔围绕。
10　缨绁：栓狗的缰绳。
11　理道：理政之道。

辛卯（公元 271 年）

晋泰始七年。吴建衡三年。

春，正月，晋匈奴右贤王刘猛叛，走出塞。

晋豫州刺史石鉴有罪，免鉴坐击吴军虚张[1]首级，诏曰："鉴备[2]大臣，吾所取信。而乃下同为诈，义得尔乎[3]？今遣归田里，终身不得复用。"

吴主大举兵游华里[4]，不至而还吴人刁玄诈增谶文云："黄旗紫盖见于东南，终有天下者，荆、扬之君。"吴主信之，大举兵出华里，载太后及后宫数千人西上。行遇大雪，兵士寒冻殆死，皆曰："若遇敌，便当倒戈。"吴主乃还。

夏，四月，晋凉州胡叛，刺史牵弘讨之，败死初，大司马陈骞言于晋主曰："胡烈、牵弘皆勇而无谋，强于自用，非绥边[5]之才也，将为国耻。"晋主以为骞与弘不协而毁之，不信也。至是烈既败死，弘讨叛胡，胡与树机能攻弘，杀之。征讨连年，仅而能定，晋主乃悔之。

秋，七月，吴复取交趾吴三攻交趾，皆败没。至是，遣陶璜、李勖等击取之，九真、日南皆降，以璜为交州牧。璜讨降夷獠[6]，州境皆平。

冬，十月朔，日食。

十一月，刘猛寇晋并州。

晋安乐公刘禅卒谥曰"思"。

壬辰（公元 272 年）

晋泰始八年。吴凤凰元年。

1　虚张：夸大。
2　备：凑数，充数。
3　义得尔乎：从道理上来看，怎么能如此行事呢。
4　华里：古地名，位于今江苏省南京市西南。
5　绥边：安定边境。
6　夷獠：古代对西南少数民族的称呼。

春，正月，匈奴杀刘猛，降晋。

二月，晋太子衷纳妃贾氏初，侍中、尚书令贾充自文帝时宠任用事。晋主为太子，充颇有力，故益有宠。充为人巧谄[1]，与太尉荀顗、侍中荀勖、越骑校尉冯䢭相为党友，朝野恶之。晋主问侍中裴楷以方今得失，对曰："陛下受命，四海承风，所以未比德于尧、舜者，以贾充之徒尚在朝耳。宜引天下贤人，与弘政道[2]，不宜示人以私。"侍中任恺、河南尹庾纯皆与充不协。会树机能乱秦、雍，晋主以为忧，恺曰："宜得威望重臣、有智略者以镇抚之。"晋主曰："谁可者？"恺及纯因荐充，使督秦、凉诸军。充患之，问计于勖，勖曰："是行也，辞之实难，独有结婚太子，可不辞而自留矣。"晋主初欲为太子娶卫瓘女，充妻郭槐赂杨后左右，使后说纳其女。晋主曰："卫公女有五可，贾公女有五不可：卫氏种贤而多子，美而长、白；贾氏种妒而少子，丑而短、黑。"后固以为请，至是勖又与顗、䢭皆称充女绝美，且有才德，晋主遂从之。留充复居旧任。贾妃年十五，长太子二岁，妒忌多权诈[3]，太子嬖而畏之。

晋太宰、安平王孚卒孚性忠慎[4]，宣帝执政，常自退损[5]。后逢废立之际，未尝预谋[6]。及晋主即位，恩礼尤重。元会[7]，诏孚乘舆[8]上殿，晋主于阼阶迎拜。既坐，亲奉觞[9]上寿，如家人礼。孚虽见尊宠，常有忧色。临终，遗令曰："有魏贞士河内司马孚，字叔达，不伊不周，不夷不惠[10]，立身行道，终始若一。当衣以时服[11]，敛以素棺。"卒年九十三，谥曰献。诏赐东园温明[12]、秘器，其家遵

---

1 巧谄：花言巧语谄媚。
2 政道：施政的方略。
3 权诈：权谋诈术。
4 忠慎：忠诚谨慎。
5 退损：退让谦抑。
6 预谋：参与计议。
7 元会：皇帝于元旦朝会群臣，也称正会。
8 乘舆：坐车子。
9 奉觞：举杯敬酒。
10 不伊不周，不夷不惠：不像伊尹，不像周公，不像伯夷，不像柳下惠。
11 时服：当时通行的衣服，平常的衣服。
12 东园温明：古代皇室、显官葬具的一种。东园，古官署名，掌管陵墓内器物、葬具的制造与供应。

遗旨，一不施用。

　　晋散骑常侍郑徽以罪免晋主与右将军皇甫陶论事，陶争辩不已，徽请罪之。晋主曰："忠谠[1]之言，唯患不闻。徽越职妄奏，可免其官。"

　　夏，晋益州杀其刺史，广汉太守王濬讨平之。以濬为益州刺史时汶山白马胡[2]侵掠诸种，益州刺史皇甫晏欲讨之。从事何旅谏曰："胡夷相残，未为大患。盛夏出军，必有疾疫。"不听。牙门张弘作乱，杀晏，兵曹从事[3]杨仓勒兵战死。弘遂诬晏欲反，传首京师。主簿何攀方居母丧，闻之，诣洛，证晏不反。广汉主簿李毅言于太守王濬曰："广汉与成都密迩[4]，而统于梁州者，朝廷欲以制益州之衿领[5]，正防今日之变。宜实时赴讨，不可失也。"濬欲先上请，毅曰："杀主之贼，为恶尤大，当不拘常制，何请之有？"濬乃发兵讨弘，斩之。诏以濬为益州刺史。初，濬为羊祜参军，祜深知之。或曰："濬为人志大奢侈，不可专任。"祜曰："濬有大才，将以济其所欲，必可用也。"濬至益州，明立威信，蛮夷归附。俄[6]迁大司农。时晋主与羊祜谋伐吴，祜以为宜借上流之势，密表留濬，加龙骧将军[7]，监梁、益军。诏使罢屯田兵，大作舟舰。别驾何攀曰："屯兵五六百人，作船不能猝办，后者未成，前者已腐。宜召诸郡兵合万余人造之，岁终可成。"濬欲先上须报，攀曰："朝廷猝闻召万兵，必不听。不如辄召，设或见却[8]，功夫已成，势不得止。"濬从之，令攀典造[9]。于是作大舰，长百二十步，受二千余人，以木为城，起楼橹，开四出门，其上可驰

1　忠谠：忠诚正直。
2　汶山白马胡：古代西南少数民族，活动于汶山郡白马岭或白马城一带，因以名之。汶山郡，古郡名，辖今四川黑水、邛崃山以东，岷山以南，北川、灌县以西。
3　兵曹从事：古官名，即兵曹从事史，东汉司隶校尉及州部属吏，掌军事。
4　密迩：接近。
5　衿领：衣服的衣襟和衣领，比喻咽喉要害。
6　俄：短暂的时间。
7　龙骧将军：古官名，地位较高，后常用为加官、散官性质的武官。龙骧意谓矫健如龙之腾骧。
8　见却：被拒绝。却，拒绝。
9　典造：主持建造。典，主持，主管。

马往来。时作船木柹[1]，蔽江而下，吴建平[2]太守吾彦取以白吴主曰："晋必有攻吴之计，宜增建平兵以塞其冲。"吴主不从。彦乃为铁锁横断江路。濬虽受中制[3]募兵，而无虎符。广汉太守张敩收濬从事列上，晋主召敩还，责曰："何不密启而便收从事？"敩曰："蜀汉绝远，刘备尝用之矣。辄收，臣犹以为轻。"晋主善之。

秋，七月，晋以贾充为司空充与侍中任恺皆为晋主所宠任，充欲专名势[4]而忌恺，于是朝士各有朋党。晋主召充、恺宴而谓之曰："朝廷宜一，大臣当和。"充、恺拜谢。既而以晋主知而不责，愈无所惮，外相崇重[5]，内怨益深。充乃荐恺出为吏部尚书，而与荀勖、冯紞共谮之。恺由是得罪，废于家。

九月，吴步阐据西陵[6]叛，降晋阐世在西陵，至是吴主征之。阐自以失职，且惧有谗，遂据城降晋。

冬，十月朔，日食。

十一月，吴陆抗拔西陵，诛步阐。晋羊祜等救之，不及吴陆抗闻步阐叛，急遣将军吾彦讨之。而晋遣荆州刺史杨肇迎阐，羊祜出江陵、徐胤击建平以救之。抗敕西陵诸军筑严围[7]，自赤溪至于故市[8]，内以围阐，外御晋兵，昼夜催切[9]，众甚苦之。诸将谏曰："今宜乘锐攻阐，何事于围，以敝士民之力？"抗曰："此城势固粮足，凡备御之具，皆抗宿规[10]，今反攻之，不可猝拔。北兵至而无备，表里受难，何以御之？"诸将请不已，抗欲服众心，听令一攻，果无利。围始合，而祜兵五万至江陵。诸将咸以抗不宜上，抗曰："江陵城固兵

1　柹：砍木头掉下来的碎片。
2　建平：古郡名，辖今重庆市巫山、巫溪二县及湖北省兴山、秭归二县、清江中止游地区。
3　中制：朝廷的命令。
4　名势：名声与权势。
5　崇重：尊重。
6　西陵：古县名，治所位于今湖北省宜昌市东南。
7　严围：严密的围子。围，围子，用土、石、荆棘等围成的防御设施。
8　自赤溪至于故市：赤溪，古地名，位于今湖北省宜昌市东南。故市，古地名，位于今湖北省宜昌市郊。
9　催切：催促逼迫。
10　宿规：以往规划设计的。

足，无可忧者。假令敌得之，必不能守，所损者少。若晋据西陵，则南山群夷皆动，其患不可量也。"乃率将赴西陵。初，抗于江陵北作大堰遏水，以绝寇叛。祜欲因水运粮，而扬声将破堰以通步军。抗闻即决之，诸将皆惑，屡谏不听。祜至当阳，闻堰败，乃以车运，大费功力。十一月，肇至西陵。抗自将凭围对之。都督俞赞亡诣[1]肇。抗曰："赞旧吏，知吾虚实，吾常虑夷兵素不简练[2]，若敌攻围，必先此处。"即夜易夷兵，以精兵守之。明日，肇果攻故夷兵处，众败夜遁。抗欲追之，而虑阐伺间[3]，兵不足分，于是但鸣鼓，若将追者。肇众凶惧，悉解甲挺走[4]。抗使轻兵蹑之，肇又大败，祜等皆引军还。抗遂拔西陵，诛阐及同谋将吏数十人，皆夷三族。东还乐乡，貌无矜色[5]。吴主既克西陵，志益张大[6]，使术士尚广筮[7]取天下，对曰："吉。庚子岁，青盖[8]当入洛阳。"吴主喜，不修德政，专为兼并之计。祜归自江陵，务修德信[9]，以怀吴人。每交兵，刻日[10]方战，不为掩袭之计。将帅有欲进谲计[11]者，辄饮以醇酒，使不得言。军行吴境，刈谷为粮，皆计所侵，送绢偿之。每游猎，常止晋地，所得禽兽或先为吴人所伤者，皆送还之。于是吴边人皆悦服。祜与陆抗对境，使命常通：抗遗祜酒，祜饮之不疑；抗疾，祜与之成药[12]，抗即服之。人多谏抗，抗曰："岂有酖[13]人羊叔子哉？"抗告其边戍[14]曰："彼专为德，我专为暴，是不战而自服。各保分界而已，无求细利。"吴主闻而责之，抗曰："一邑一乡不

1　亡诣：逃去拜见。
2　简练：精明干练。
3　伺间：利用漏洞，利用空隙。
4　挺走：退走。
5　矜色：骄傲的神情。
6　张大：扩大，夸大。
7　筮：用蓍草占卜。
8　青盖：青色的车盖，汉代用于皇太子、皇子所乘之车。
9　德信：恩德与威信。
10　刻日：限定日期。刻，通"剋"。
11　谲计：诡计。
12　成药：配制好的药品。
13　酖：用毒酒害人。
14　边戍：守边部队。

可以无信义，况大国乎？臣不如此，适足彰彼之德，于祜无伤也。"吴主用诸将谋，数侵盗晋边。抗上疏曰："今不务力农富国，审官任能，明黜陟，慎刑赏，训诸司以德，抚百姓以仁，而听诸将徇名[1]，穷兵黩武，动费万计，士卒雕瘁[2]，寇不为衰，而我已大病矣。争帝王之资而昧[3]十百之利，此人臣之奸便[4]，非国家之良策也。昔齐、鲁三战，鲁人再克，而亡不旋踵。况今克获[5]，不补所丧哉？"吴主不从。祜不附结[6]中朝[7]权贵，荀勖、冯纨之徒皆恶之。从甥[8]王衍尝诣陈事[9]，辞甚清辩[10]，祜不然之，衍拂衣去。祜顾谓客曰："王夷甫方当以盛名处大位，然败俗伤化，必此人也。"及攻江陵，祜以军法将斩王戎。衍，戎之从弟也，故皆憾[11]之。时人为之语曰："二王当国，羊公无德。"

晋免其国子祭酒[12]庾纯官，寻复用之贾充与朝士宴，河南尹庾纯醉，与充争言。充曰："父老，不归养，卿为无天地[13]。"纯曰："高贵乡公[14]何在？"充惭怒，上表解职，纯亦自劾。诏免纯官，仍下五府[15]正其臧否。石苞以纯荣官忘亲，当除名；齐王攸以为纯于礼、律未有违者。诏复以纯为祭酒。

吴杀其丞相万彧、将军留平、大司农楼玄吴主之游华里也，万彧与将军留平密谋曰："若至华里不归，社稷事重，不得不自还。"吴主颇闻之，因会，以毒酒饮彧及平，不死。彧自杀，平忧懑而卒。初，彧请选忠清[16]之士以

1　徇名：舍身以求名。徇，通"殉"。
2　雕瘁：亦作"彫萃""彫悴"，伤损病困，凋摧憔悴。
3　昧：贪，贪图。
4　奸便：奸计。
5　克获：战胜并有所掳获。
6　附结：依附交结。
7　中朝：朝廷，朝中。
8　从甥：堂姐妹的儿子。
9　陈事：叙事，禀告事情。
10　清辩：清晰明辩。
11　憾：怨恨。
12　国子祭酒：古官名，为国子学或国子监的主管官。
13　父老，不归养，卿为无天地：你的父亲年老，你不回家去奉养，是无天无地之人。
14　高贵乡公：即曹魏的第四个皇帝曹髦，贾充以前的君主。
15　五府：五个官署的合称。
16　忠清：忠诚廉正。

补近职，吴主以楼玄为宫下镇，主殿中事。玄正身率众，奉法而行，应对切直，吴主浸不悦。中书令贺邵谏曰："臣闻兴国之君乐闻其过，荒乱之主乐闻其誉。闻其过者过日消而福臻，闻其誉者誉日损而祸至。陛下严刑法以禁直辞，黜善士以逆谏口，杯酒造次[1]，死生不保，是以正士摧方，庸臣苟媚[2]。人执反理之评，士吐诡道之论，遂使仕者以退为幸，居者以出为福，非所以保洪绪[3]也。何定妄兴事役[4]，发江边戍兵以驱麋鹿，老弱饥冻，大小怨叹。传曰：'国之兴也，视民如赤子；其亡也，以民为草芥。'今法禁转苛，赋调益繁，呼嗟之声，感伤和气。且国无一年之储，家无经月之蓄，而后宫坐食万有余人。北敌注目，伺[5]国盛衰，长江之限，不可久恃。苟不能守，一苇可杭[6]也。愿陛下丰基强本，割情从道，则圣祖之祚[7]隆矣！"吴主深恨之。于是左右诬玄与邵谤讪政事，俱被诘责。徙玄于交趾，竟杀之。

癸巳（公元 273 年）

晋泰始九年。吴凤凰二年。

夏，四月朔，日食。

晋以邓艾孙朗为郎中初，邓艾之死，人皆冤之，而无为之辩者。及晋主即位，议郎段灼上疏曰："艾本屯田掌犊[8]人，宠位已极，功名已成，七十老公，复何所求？正以刘禅初降，远郡未附，矫令承制，权安社稷。钟会有悖逆之心，畏艾威名，因其疑似，构成[9]其事。艾被[10]诏书，即束身就缚，诚知奉见[11]

1　造次：莽撞，随便。
2　正士摧方，庸臣苟媚：正真之士削去棱角，而平庸之臣苟且逢迎。
3　洪绪：世代相传的大业，多指帝业。
4　事役：劳役。
5　伺：观察。
6　一苇可杭：一束苇草可以当作船渡河。杭，以船渡。
7　祚：皇位，基业。
8　掌犊：掌管养牛。
9　构成：罗织成。
10　被：蒙受，遭受。
11　奉见：敬见。

先帝，必无当死之理也。会受诛之后，艾将吏愚戆[1]，自共追艾，脱其囚执[2]。艾在困地，未尝与谋，而独受腹背之诛，岂不哀哉？谓宜听艾归葬，还其田宅，继封定谥，则艾死无所恨，而天下徇名之士，思立功之臣，必投汤火，乐为陛下死矣。"晋主善其言而未能从也。至是，问给事中樊建以诸葛亮之治蜀，曰："吾独不得如亮者而臣之乎？"建稽首曰："陛下知邓艾之冤而不能直，虽得亮，得无如冯唐之言[3]乎？"晋主笑曰："卿言起我意。"乃以朗为郎中。

吴杀其侍中韦昭　吴人多言祥瑞者，吴主以问昭，昭曰："此家人筐篋中物[4]耳！"昭领国史[5]，吴主欲为其父作"纪"，昭曰："文皇不登帝位，当为'传'。"吴主不悦。昭求去，不听。吴主饮群臣酒，不问能否，率以七升为限。至昭，独以茶代，后更见强[6]。又酒后常使侍臣嘲弄公卿，发摘[7]私短以为欢。昭但难问经义而已。吴主积怒，遂诛之。

秋，七月朔，日食。

晋选公卿女备六宫　晋主诏选公卿以下女备六宫，有蔽匿[8]者以不敬论。采择未毕，权[9]禁天下嫁娶。公卿女中选者为三夫人、九嫔，二千石、将校女补良人[10]以下。

九月，吴杀其司市[11]陈声　吴主爱姬遣人至市夺民物，声绳之以法。吴主怒，假他事烧锯[12]断声头，投其身于四望[13]之下。

1　愚戆：愚笨憨直。
2　囚执：囚禁。
3　冯唐之言：借冯唐典故，比喻即便得到贤臣也无法任用。
4　筐篋中物：比喻平常的东西。筐篋，用竹枝等编制的狭长形箱子。
5　领国史：担任左国史的官职。
6　见强：被强迫饮酒。
7　发摘：同"发擿"，揭发。
8　蔽匿：隐藏，隐瞒。
9　权：权且，姑且。
10　良人：妃嫔的称号。
11　司市：古官名，掌管市场的治教政刑、量度禁令等。
12　烧锯：烧红的刀锯。
13　四望：古山名，位于今江苏省南京市西北。

甲午（公元 274 年）

晋泰始十年。吴凤凰三年。

春，正月，日食。

晋诏自今不得以妾媵为正嫡[1]晋主以近世多由内宠以登后妃，乱尊卑之序，故有是诏。

三月，日食。

晋取良家女入宫诏又取良家及小将吏女五千余人入宫选之，母子号哭于宫中，声闻于外。

吴杀其章安侯奋吴民间讹言奋当为天子，吴主诛之，及其五子。

秋，七月，晋后杨氏殂初，晋主以太子不慧[2]，恐不堪为嗣，常密以访后，后曰："立子以长不以贤，岂可动也？"疾笃，恐晋主更立后以危太子，泣而言曰："叔父骏女芷有德色[3]，愿以备六宫。"晋主许之。既葬，晋主及群臣除丧，博士陈逵议，以为："今时所行汉帝权制[4]，太子无国事，自宜终服。"尚书杜预曰："古者天子、诸侯三年之丧，始同齐斩[5]，既葬除服，谅暗以居，心丧终制。故周公不言高宗服丧三年而云'谅暗'，此服心丧之文也。叔向不讥景王除丧而讥其宴乐已早，明既葬应除，而违谅暗之节也。君子之于礼，存诸内而已。礼非玉帛之谓，丧岂衰麻[6]之谓乎？太子出则抚军，守则监国，不为无事，宜卒哭除衰麻[7]，而以谅暗终三年。"晋主从之。

司马公曰：规矩主于方圆，然庸工无规矩则方圆不可得而制也；衰麻主于哀戚，然庸人无衰麻则哀戚不可得而勉也。杜预巧饰经传以附人情，辩则辩

1　正嫡：正室，嫡妻。
2　不慧：不聪明。
3　德色：庄重的面容。
4　权制：权宜之制，临时制订的措施。
5　齐斩：古丧服名，指五服中的"齐衰"与"斩衰"。
6　衰麻：丧服，衰衣麻绖。绖，用麻做的丧帽丧带。
7　卒哭除衰麻：卒哭，古代丧礼，百日祭后，止无时之哭，变为朝夕一哭，名为卒哭。衰麻，丧服。

矣，然不若陈逵之言质略[1]而敦实也。

晋以山涛为吏部尚书涛典选[2]十余年，每一官缺，辄择才资[3]可为者启拟数人，得诏旨所向，然后显奏之。晋主所用，或非举首[4]，众以涛轻重任意[5]为言，晋主益亲爱之。涛甄拔[6]人物，各为题目[7]而奏之，时称"山公启事"。

晋以嵇绍为秘书丞[8]绍，康之子也。以父得罪，屏居[9]私门。至是山涛荐，征之。绍欲辞不就，涛谓之曰："为君思之久矣，天地四时犹有消息[10]，况于人乎？"绍乃应命。初，东关之败，文帝问寮属[11]曰："近日之事，谁任其咎？"安东司马王仪对曰："责在元帅。"文帝怒曰："司马欲委罪于孤耶？"斩之。仪子哀痛父非命[12]，隐居教授[13]，三征七辟皆不就。未尝西向而坐，庐于墓侧，旦夕攀柏悲号，涕泪着树，树为之枯。读《诗》至"哀哀父母，生我劬劳[14]"，未尝不三复[15]流涕，门人为之废《蓼莪》[16]。家贫，计口而田，度身而蚕[17]。人或馈之，不受；助之，不听。诸生密为刈麦，哀辄弃之，遂不仕而终。

司马公曰：昔舜诛鲧而禹事舜，不敢废至公[18]也。嵇康、王仪死皆不以其罪，二子不仕晋室可也。嵇绍苟无荡阴[19]之忠，殆不免于君子之讥乎？

1　质略：质朴简略。
2　典选：掌管选拔人才授官的事务。
3　才资：才能和资历。
4　举首：被荐举者中居首位的。
5　任意：秉承其意。
6　甄拔：审查选拔。
7　题目：品评。
8　秘书丞：古官名，为秘书令或监之副，辅佐秘书令典尚书奏事，职权甚重。
9　屏居：退隐，屏客独居。
10　消息：消长，盛衰。
11　寮属：同"僚属"，属官。
12　非命：遭遇意外的灾祸而死亡。
13　教授：讲解传授知识、技能。
14　劬劳：劳累，劳苦。
15　三复：三遍。
16　《蓼莪》：《诗经》篇名，"哀哀父母，生我劬劳"两句诗出自此篇。
17　计口而田，度身而蚕：计算着人口的口粮耕种，度量着身材养蚕制衣。
18　至公：最公正，极公正。
19　荡阴：古县名，治所即今河南省安阳市汤阴县。

吴大司马、荆州牧陆抗卒抗疾病，上疏曰："西陵、建平，国之蕃表[1]，既处上流，受敌二境。若敌泛舟顺流，星奔电迈[2]，非可恃援他部以救倒县，此乃社稷安危之机也。臣父逊，昔上言：'西陵，国之西门，虽云易守，亦复易失。若有不守，非但失一郡，荆州非吴有也。如其有虞[3]，当倾国争之。'今臣所统见兵才有数万，羸敝[4]日久，难以待变。臣以为诸王幼冲，无用兵马，及黄门宦官开立占募[5]之人，乞特诏简阅[6]，以补疆场受敌常处，使臣所部足满八万，并力备御，庶几无虞。臣死之后，乞以西方为属[7]。"及卒，吴主使其子晏、景、玄、机、云分将其兵。机、云皆善属文，名重于世。初，周鲂之子处，膂力绝人，不修细行，乡里患之。处尝问父老曰："今时和岁丰而人不乐，何耶？"父老叹曰："三害不除，何乐之有！"处曰："何谓也？"曰："南山白额虎、长桥蛟，并子为三矣。"处曰："若所患止此，吾能除之。"乃射虎杀蛟，遂从机、云受学，笃志[8]读书，砥节砺行，比及期年，州府交辟[9]。

晋作河桥[10]杜预以孟津渡险，请建河桥于富平津[11]。议者以为："殷、周所都，历圣贤而不作者，必不可立故也。"预固请为之。及桥成，晋主从百寮临会，举觞[12]属预曰："非君，此桥不立。"对曰："非陛下之明，臣亦无所施其巧。"

晋邵陵公曹芳卒谥曰"厉"。初，芳之废也，太宰中郎、陈留范粲素服拜送，哀动左右，遂称疾，伴狂不言，寝所乘车，足不履地。子孙有婚宦[13]大

1　蕃表：屏障，藩屏。蕃，通"藩"。
2　星奔电迈：像流星飞奔，像闪电疾驰。形容非常迅疾。
3　虞：忧患。
4　羸敝：疲惫破败。
5　开立占募：开立，创立。占募，招募，募集。
6　简阅：简选。
7　属：通"瞩"，关注。
8　笃志：专心一志，立志不变。
9　交辟：交相征聘。
10　河桥：古桥名，故址位于今河南省焦作市辖孟州市西南、洛阳市孟津县东北黄河上。
11　富平津：古黄河渡口名，即孟津，位于今河南省孟州市南、孟津县东北。
12　举觞：举杯饮酒。
13　婚宦：结婚与做官。

事，辄密咨焉，合者则色无变，不合则眠寝不安。子乔等侍疾家廷[1]，足不出邑里[2]。及晋代魏，诏以二千石禄养病，加赐帛百匹。乔以父疾笃，辞不敢受。粲不言凡三十六年，年八十四，终于所寝之车。

吴比三年[3]大疫。

乙未（公元 275 年）

晋咸宁元年。吴天册元年。

春，正月，吴杀其中书令贺邵邵中风，不能言，吴主疑其诈，收掠千数，卒无一语，乃烧锯断其头，徙其家于临海[4]。

夏，六月，索头遣子入贡于晋索头拓跋力微复遣其子沙漠汗入贡于晋，将还，幽州刺史卫瓘表留之，又密赂[5]其诸部大人离间之。

秋，七月晦，日食。

冬，晋追尊祖宗庙宣帝为高祖，景帝为世宗，文帝为太祖。

晋大疫。

丙申（公元 276 年）

晋咸宁二年。吴天玺元年。

春，晋徙河南尹夏侯和为光禄勋晋主得疾甚剧，及愈，群臣上寿。诏曰："每念疫死者，为之怆然[6]。岂以一身之休息而忘百姓邪？"诸上礼者，皆绝之。初，文帝临终，为晋主叙淮南王、陈思王[7]事而泣，执齐王攸手以授之。太后临终，亦流涕谓晋主曰："桃符[8]性急，而汝为兄不慈，恐不能相容，以

1　家廷：家庭。
2　邑里：乡里。
3　比三年：接连三年。比，挨着。
4　临海：古郡名，辖今浙江省象山港以南，天台、缙云、丽水、龙泉以东地区。
5　密赂：暗地里贿赂。
6　怆然：悲伤的样子。
7　淮南王、陈思王：汉淮南王刘安、魏陈思王曹植。均为兄弟相残的主角。
8　桃符：齐王司马攸的小字。

是属汝，勿忘我言。"及是疾甚，朝野皆属意于攸。攸妃，贾充长女也。河南尹夏侯和谓充曰："卿二婿，亲疏等耳，立人当立德。"充不答。攸素恶荀勖、冯统倾谄[1]，至是勖使统说晋主曰："陛下前日疾若不愈，齐王为公卿百姓所归，太子虽欲高让，其得免乎？宜遣还藩。"晋主阴纳之，乃徙和为光禄勋，夺充兵权，而位遇无替[2]。

秋，八月，吴临平湖开，石印封发[3]吴人或言于吴主曰："临平湖自汉末藏塞[4]，长老言：'湖塞，天下乱；湖开，天下平。'近者无故忽开，此天下当太平，青盖入洛之祥也。"吴主以问都尉陈训，对曰："臣止能望气，不能达湖之开塞。"退而告其友曰："青盖入洛者，衔璧[5]之事也。"初，吴人掘地，得银尺，上有刻文，吴主因改元"天册"。至是或献小石，刻"皇帝"字，又改元"天玺"。八月，历阳长又上言："历阳山石印封发，俗谓当太平。"吴主遣使者祠之。使者作高梯登其上，以朱书石，还以闻。吴主大喜，封其山为王，又改明年元曰"天纪"。

吴杀其郡守张咏、车浚，尚书熊睦咏为湘东[6]太守，不出算缗[7]，吴主斩之，徇首[8]诸郡。浚为会稽太守，公清有政绩，值郡旱、饥，表求振贷。吴主以为收私恩，遣使枭首。睦微有所谏，吴主以刀镮撞杀之，身无完肌。

冬，十月，晋加羊祜征南大将军祜上疏请伐吴，曰："期运[9]虽天所授，而功业必因人而成。不一大举扫灭，则兵役无时得息也。夫谋之虽多，决之欲独。凡以险阻得全者，谓其势均力敌耳。若轻重不齐，强弱异势，虽有险阻，

---

1 倾谄：谄媚阿谀，为了讨好，卑贱地奉承人。
2 位遇无替：地位和待遇不变。
3 吴临平湖开，石印封发：吴国临平湖开通，石印显露出来。临平湖，位于今浙江省杭州市余杭区东南。
4 藏塞：荒芜堵塞。藏，原意为杂草，引申为荒芜。
5 衔璧：口含玉璧。语出《左传·僖公六年》："许男面缚衔璧，大夫衰绖，士舆榇。"后代指国君投降。
6 湘东：古郡名，以在湘水之东而名，辖今湖南衡东、攸县、茶陵、安仁、炎陵、常宁及衡阳市东部地。
7 算缗：古时税收的一种。
8 徇首：传首示众。
9 期运：机运，时机。

不可保也。蜀之为国，皆云一夫荷戟，千人莫当[1]。及进兵之日，曾无藩篱[2]之限，乘胜席卷[3]，径至成都。汉中诸城，皆鸟栖[4]而不敢出，诚以力不足以相抗也。今江、淮之险不如剑阁，孙皓之暴过于刘禅，吴人之困甚于巴蜀，而大晋兵力盛于往时，而不于此际平一[5]四海，而更阻兵相守，使天下困于征戍[6]，经历盛衰，不可长久也。今若引梁、益之兵水陆俱下，荆、楚之众进临江陵，平南、豫州[7]直指夏口，徐、扬、青、兖并会秣陵，以一隅之吴当天下之众，势分形散，所备皆急。一处倾坏，则上下震荡，虽有智者，不能为吴谋矣。吴缘江为国，东西数千里，所敌者大，无有宁息。孙皓恣虐[8]，将疑士困，平日犹怀去就[9]，兵临必有应者。兼其俗急速不能持久，弓、弩、戟、楯不如中国，唯有水战是其所便。一入其境，则长江非复所保。还趋城池，去长入短，非吾敌也。"晋主深纳之。议者多有不同，贾充、荀勖、冯统尤以为不可。祐叹曰："天下不如意事十常居七八。天与不取，岂非更事者恨于后时[10]哉？"唯杜预及中书令张华与晋主意合，赞成其计。

晋立后杨氏，以后父骏为车骑将军晋主初聘后，后叔父珧上表曰："自古一门二后，未有能全其宗者。乞藏此表于宗庙，异日得以免祸。"晋主许之。竟立后，而以骏为将军，封侯。尚书褚䂮、郭奕皆表骏小器[11]，不可任社稷之重。晋主不从。骏骄傲自得，镇军[12]胡奋谓曰："卿恃女更益豪[13]耶？历观前世，与天家婚，未有不灭门者，但早晚事耳。"

1　一夫荷戟，千人莫当：形容地势险要，易守难攻。
2　藩篱：篱笆，比喻门户或屏障。
3　席卷：像卷起席子一样把东西全部卷进去，形容气势迅猛。
4　鸟栖：如鸟之栖息，形容固守。
5　平一：平定统一。
6　征戍：远行屯守边疆。
7　平南、豫州：指平南将军胡奋、豫州刺史王戎。
8　恣虐：肆虐，任意残害。
9　犹怀去就：尚且考虑是否离去。
10　更事者恨于后时：经历世事的人以后悔不当初。更事，经历世事。
11　小器：谓才具不大，无大作为。
12　镇军：镇军将军的简称。
13　豪：强横。

丁酉（公元 277 年）

晋咸宁三年。吴天纪元年。

春，正月朔，日食。

三月，晋讨树机能，破之，降诸胡二十万口。

秋，七月，有星孛于紫宫。

晋遣诸王就国，封功臣为公侯卫将军杨珧等建议，以为："古者封建[1]诸侯，所以藩卫[2]王室。今诸王公皆在京师，非捍城[3]之义。又，异姓诸将居边，宜参以亲戚。"晋主乃诏诸王各以户、邑多少为三等，大国置三军五千人，次国二军三千人，小国一军一千一百人。诸王为都督者，各徙其国使相近。八月，徙亮为汝南王，督豫州；伦为赵王，督邺城；辅为太原王，监并州；伷在徐州，徙封琅邪；骏在关中，徙封扶风。又徙颙为河间王，东为南阳王。其无官者，皆遣就国。诸王公恋京师，皆涕泣而去。又封皇子玮、允、该、遐皆为王。其异姓之臣有大功者，皆封郡公、郡侯。羊祜封南城郡侯，固辞不受。祜每拜官爵，多避让，至心素著，故特见申于分列之外[4]。历事二世，职典枢要，凡谋议，皆焚其草，世莫得闻，所进达[5]之人皆不知所由。常曰："拜官公朝，谢恩私门，吾所不取也。"

晋大水。

冬，十二月，吴人袭晋江夏、汝南，大略[6]而还吴人袭晋江夏、汝南，略千余家。晋主遣侍臣诘[7]羊祜不追讨之意，并欲移荆州。祜曰："江夏去襄阳八百里，比知贼问[8]，去已经日[9]，步军安能追之？劳师以免责，非臣志也。昔魏

1　封建：封邦建国，帝王把爵位、土地分赐亲戚或功臣，使之在各该区域内建立邦国。
2　藩卫：捍卫。
3　捍城：护卫城池。
4　至心素著，故特见申于分列之外：他的至诚之心一贯有名，所以被特别许可不接受分封官爵。
5　进达：进荐做官。
6　略：夺取。
7　诘：责问。
8　比知贼问：等知道了贼人的消息。比，等到。
9　经日：经过一整天。

武帝置都督，类皆与州相近，以兵势好合恶离故也。疆场之间，一彼一此，慎守而已。若辄徙州，贼出无常，亦未知州之所宜据也。"

吴司直中郎将[1]**张俶伏诛**吴主以俶多所谮白[2]，甚见宠任。俶表置弹曲二十人，专纠司不法，于是吏民各以爱憎互相告讦，狱犴[3]盈溢。至是俶奸利事发，车裂之。

索头拓跋力微死卫瓘遣拓跋沙漠汗归国，诸部大人共谮而杀之。力微以忧卒，时年一百四。子悉禄立，其国遂衰。初，幽、并二州皆与鲜卑接，东有务桓，西有力微，多为边患。瓘密以计间之，务桓降而力微死，朝廷嘉瓘功，封其弟为亭侯。

戊戌（公元 278 年）

晋咸宁四年。吴天纪二年。

春，正月，日食。

夏，六月，晋羊祜入朝祜以病求入朝，既至，晋主命乘辇[4]入殿，不拜而坐。祜面陈伐吴之计，晋主善之。以祜病不宜数入，更遣张华就问筹策[5]。祜曰："孙皓暴虐已甚，于今可不战而克。若皓没，更立令主[6]，虽有百万之众，长江未可窥也。"华深然之。祜曰："成吾志者，子也。"晋主欲使祜卧护[7]诸将，祜曰："取吴不必臣行，但既平之后，当劳圣虑[8]耳。功名之际，臣不敢居。若事了，当有所付授[9]，愿审择其人也。"

秋，晋大水，螟诏以水灾问主者："何以佐百姓？"杜预上疏，以为：

1　司直中郎将：古官名，掌监察群臣，弹劾违法者，直属于皇帝，权势极重。
2　谮白：搬弄是非。
3　狱犴：牢狱。
4　乘辇：乘坐辇车。辇，皇帝、皇后坐的车。
5　筹策：筹算，谋划。
6　令主：贤德的君主。
7　卧护：卧病的时候监军。
8　圣虑：帝王的思虑或忧念。
9　付授：嘱托授予。

"今者水灾东南尤剧，宜敕兖、豫等州留汉氏旧陂以蓄水，余皆决沥[1]，令饥者得鱼菜螺蜯[2]之饶，此目下日给[3]之益也。水去之后，填淤之田，亩收数钟，此又明年之益也。典牧[4]种牛有四万五千余头，可给民使耕，责其租税，此又数年以后之益也。"晋主从之，民赖其利。预在尚书七年，损益庶政，不可胜数，时人谓之"杜武库"，言其无所不有也。

吴杀其中书令张尚 吴主忌胜己者。尚为人辩捷[5]，谈论每出其表，吴主积以致恨。后问："孤饮酒可以方谁？"尚曰："陛下有百觚[6]之量。"吴主曰："尚知孔丘不王，而以孤方之。"因发怒，杀之。

冬，晋以卫瓘为尚书令 是时，朝野咸知太子昏愚[7]，不堪为嗣，瓘欲启而不敢。会侍宴凌云台，瓘佯醉，跪晋主前，欲言而止者三，因以手抚床曰："此座可惜。"晋主意悟，因谬曰："公真大醉耶！"遂悉召东宫官宴，而密封尚书疑事[8]，令太子决之。贾妃大惧，倩[9]外人代对，多引古义。给使张泓曰："太子不学，陛下所知，不如直以意对。"妃喜，谓泓曰："便为我好答，富贵与汝共之。"泓即具草，令太子自写，晋主省之，甚悦。先以示瓘，瓘大踧踖，众人乃知瓘尝有言也。贾充密遣人语妃云："卫瓘老奴，几破汝家。"

吴人大佃[10]皖城，晋人攻破之 吴人大佃皖城，谋寇晋边。晋都督扬州军事王浑遣兵攻破之，斩首五千级，焚其积谷百八十余万斛，践稻苗四千余顷，毁船六百余艘。

1　决沥：决口使水慢慢流出。沥，从毛孔或裂缝小口慢慢流出。
2　螺蜯：螺与蚌，亦泛指有贝壳的软体动物。
3　日给：每天供给。
4　典牧：掌管畜牧及畜产品的官署。
5　辩捷：能言善辩，才思敏捷。
6　百觚：很多杯酒。《孔丛子·儒服》："尧舜千钟，孔子百觚。"
7　昏愚：糊涂而愚蠢。
8　疑事：难以辨别的事。
9　倩：请人做某事。
10　大佃：大规模地屯田。

　　十一月，晋诏毋得献奇技异服晋太医司马[1]程据献雉头裘[2]，晋主焚之于殿前，因有是诏。

　　晋以杜预为镇南大将军，督荆州军事。钜平侯羊祜卒祜疾笃，举预自代而卒。晋主哭之甚哀。祜遗令不得以南城侯印入枢。晋主曰："祜固让历年，身没让存，今听复本封，以彰高美[3]。"谥曰成。南州民闻祜卒，罢市巷哭。吴守边将士亦为之泣。祜好游岘山[4]，襄阳人建碑立庙于其地，岁时祭祀，望其碑者无不流涕，因谓之"堕泪碑"。预至镇[5]，简精锐，袭吴西陵督张政，大破之。政，吴之名将也，耻败，不以实告吴主。预欲间之，乃表还其所获[6]。吴主果召政还，遣留宪代之。

　　晋司空何曾卒曾厚自奉养[7]，过于人主。司隶刘毅数劾之，晋主不问。及卒，博士秦秀议曰："曾骄侈[8]过度，名被九域[9]。若生极其情，死又无贬，王公贵人复何畏哉？谨按谥法：'名与实爽[10]曰缪，怙乱肆行[11]曰丑。'宜谥缪丑公。"晋主策谥[12]曰孝。

　　晋清泉侯傅玄卒玄性峻急，为司隶，每有奏劾，或值日暮，捧白简[13]，整簪带[14]，竦踊[15]不寐，坐而待旦。由是贵游[16]震慑，台阁生风[17]。卒谥曰刚。玄与尚

1　太医司马：古官名，宫廷医官，铜印墨绶，地位与太医令相当。
2　雉头裘：以雉头羽毛织成的裘。
3　高美：功大德善。
4　岘山：古山名，又称南岘山、岘首山，位于今湖北省襄阳市襄州区南，东临汉水，为襄阳南面要塞。
5　镇：镇守的地方。
6　表还其所获：公开把战斗中的缴获还给了吴国。
7　奉养：侍奉和赡养。
8　骄侈：骄纵奢侈。
9　名被九域：名声传遍了九州。
10　爽：差错，违背。
11　怙乱肆行：乘乱取利，肆意妄为。
12　策谥：综合考虑后议定的谥号。
13　白简：古时弹劾官员的奏章。
14　簪带：冠簪和绅带，古代官吏衣服的饰品。
15　竦踊：焦躁不安的样子。
16　贵游：无官职的王公贵族，亦泛指显贵者。
17　生风：比喻产生使人敬畏的声势。

书左丞[1]崔洪善，洪亦清厉[2]骨鲠，好面折人过，而退无后言，人以是重之。

己亥（公元 279 年）

晋咸宁五年。吴天纪三年。

春，正月，树机能陷晋凉州，晋遣将军马隆讨之初，树机能久为边患，仆射李熹请发兵讨之。朝议皆以为出兵重事，虏不足忧。至是陷凉州，晋主临朝而叹曰："谁能为我讨此虏者？"司马督[3]马隆进曰："陛下能任臣，臣能平之。"晋主曰："必能平贼，何为不任，顾方略何如耳。"隆曰："臣愿募勇士三千人，无问所从来，率之以西，虏不足平也。"晋主许之，以为讨虏将军、武威太守。隆募能引弓四钧、挽弩九石者取之，立标简试[4]，自旦至日中，得三千五百人。隆曰："足矣。"又请自至武库选仗[5]，御史劾之。晋主命惟隆所取，仍给三年军资而遣之。

晋以匈奴刘渊为左部帅[6]渊，豹之子也。幼而俊异[7]，师事上党崔游，博习经史。尝谓同门生曰："吾常耻随、陆无武，绛、灌无文[8]。随、陆遇高帝而不能建封侯之业，绛、灌遇文帝而不能兴庠序之教，岂不惜哉？"于是兼学武事。及长，猿臂[9]善射，膂力过人，姿貌[10]魁伟。为任子在洛阳，王浑及其子济皆重之，屡荐于晋主。晋主召与语，悦之。济曰："渊有文武长才[11]，陛下任以东南之

---

1 尚书左丞：古官名，为尚书台佐贰官，居尚书右丞上，总领尚书台庶务，主管吏民章奏及台内小吏。
2 清厉：耿介有骨气。
3 司马督：古官名，统领禁军，负责宫殿内的宿卫。
4 立标简试：立标，设立标志。简试，考核，考试。
5 仗：兵器的总称。
6 左部帅：古官名，三国魏曹操将入居塞内的南匈奴分为左、右、南、北、中五部，各立其中贵者为帅。
7 俊异：迥异于一般，不同凡俗。
8 随、陆无武，绛、灌无文：随何、陆贾没有武功，绛侯、灌婴没有文才。四人均为汉代早期名臣。
9 猿臂：臂长如猿，可以运转自如。
10 姿貌：姿容，体态。
11 长才：优异的才能。

事，吴不足平也。"孔恂、杨珧曰："非我族类，其心必异。渊才器诚少比[1]，然不可重任也。"及凉州覆没[2]，晋主问将于李憙，对曰："陛下诚能发匈奴五部之众，假渊一将军之号，使将之而西，树机能之首可指日而枭也。"恂曰："渊果枭树机能，则凉州之患方更深耳。"晋主乃止。东莱王弥家世二千石，弥有学术勇略，善骑射，青州人谓之"飞豹"，然喜任侠。处士陈留董养见而谓之曰："君好乱乐祸，若天下有事，不作士大夫矣。"渊与弥友善，谓弥曰："王、李以乡曲见知[3]，每相称荐[4]，适足为吾患耳！"因歔欷流涕。齐王攸闻之，言于晋主曰："陛下不除刘渊，臣恐并州不得久安。"王浑曰："大晋方以信怀殊俗[5]，奈何以无形之疑杀人侍子乎？何德度之不弘也？"晋主然之。会豹卒，以渊代为左部帅。

冬，十一月，晋大举兵，分道伐吴吴主每宴群臣，咸令沉醉。又置黄门郎十人为司过，宴罢之后，各奏缺失，或剥人面，或凿人眼。由是上下离心，莫为尽力。王濬上疏曰："孙皓荒淫凶逆[6]，宜速征伐。若皓死，更立贤主，则强敌也。臣作船七年，日有朽败。臣年七十，死亡无日。三者一乖[7]，则难图矣。愿陛下无失事机[8]。"晋主于是决意伐吴。会王浑言孙皓欲北上，边戍皆戒严，乃更议明年出师。杜预上表曰："贼之穷计[9]，力不两完，必保夏口以东，少延视息[10]，无缘多兵西上。而陛下过听[11]，便用委弃[12]大计，纵敌患生，诚可惜也。向使举而有败，勿举可也。今有万安之举，无倾败[13]之虑，臣心实了，不敢以暧昧[14]之见自取后累[15]，惟陛

1　少比：很少有人能比得上。
2　覆没：全部被消灭。
3　以乡曲见知：因为与我是同乡所以了解我。
4　称荐：举荐。
5　以信怀殊俗：以信义来安抚异族。
6　凶逆：凶恶悖逆。
7　乖：反常，谬误。
8　事机：行事的时机。
9　穷计：无计可施。
10　少延视息：稍稍苟延残喘。视息，仅存视觉、呼吸等，谓苟全活命。
11　过听：错误地听取。
12　委弃：舍弃，丢弃。
13　倾败：失败，大败。
14　暧昧：立场和态度含糊，不明朗。
15　后累：后患。

下察之。”旬月未报，预复表言：“羊祜不博谋[1]而与陛下计，故今朝臣多异同[2]之议。凡事当以利害相校，今此举之利十有八九，而其害止于无功耳。必使朝臣言破败之形[3]亦不可得，直是以计不出己，功不在身，亦由恃恩不虑后患，而轻相同异[4]耳。自秋以来，讨贼之形颇露，今若又中止，孙皓怖而生计，徙都武昌，完修江南诸城，远其居民，城不可攻，野无所掠，则明年之计亦无及矣。”晋主方与张华围棋，预表适至，华推枰敛手[5]曰：“陛下圣武，国富兵强，吴主淫虐[6]，诛杀贤能，今讨之，可不劳而定，愿勿以为疑！”晋主乃许之。以华为度支尚书[7]，量计运漕[8]，贾充、荀勖、冯𬘭固争之，晋主大怒，充免冠谢罪。山涛退而告人曰：“自非圣人，外宁必有内忧，今释吴为外惧，岂非算[9]乎？”十一月，遣将军、琅邪王伷出涂中[10]，王浑出江西[11]，王戎出武昌，胡奋出夏口，杜预出江陵，王濬、巴东监军唐彬下巴蜀，东西凡二十余万。命贾充为使持节、假黄钺、大都督，以冠军[12]杨济副之。充固陈伐吴不利，且言衰老，不堪元帅之任。诏曰：“君若不行，吾便自出。”充乃受命，将中军屯襄阳，为诸军节度。

十二月，晋马隆破树机能，斩之。凉州平马隆西渡温水[13]，树机能等以众数万据险拒之。隆以山路狭隘，乃作扁箱车，为木屋施于车上，转战而前，行千余里，杀伤甚众。自隆之西，音问[14]断绝，朝廷忧之，或谓已没。及隆使至，晋主抚掌欢笑，召群臣谓曰：“若从诸卿言，无凉州矣。”隆至武威，鲜

1　博谋：广泛征求意见。
2　异同：不同。
3　破败之形：计划的弊端，可能失败的问题。
4　同异：异议。
5　推枰敛手：放下棋盘拱手。
6　淫虐：淫乱暴虐。
7　度支尚书：古官名，尚书省度支曹长官，掌管全国贡税租赋的统计、调拨、支出等事。
8　量计运漕：量计，计量，筹划。运漕，由水路运粮。
9　算：计谋，谋划。
10　涂中：古地区名，指今江苏、安徽境内长江支流涂河流域。
11　江西：古地区名，长江下游北岸、淮水以南地区。
12　冠军：冠军将军的简称。
13　温水：古水名，也称温围水，位于今甘肃省武威市东。
14　音问：音信。

卑大人率万余落来降。隆与树机能大战，斩之。凉州遂平。

晋诏议省吏员 诏问朝臣以政之损益，司徒长史傅咸上书以为："公私不足，由设官太多。当今之急，在并官、省役、务农而已。"遂议省州、郡、县半吏以赴农功[1]，中书监[2]荀勖以为："省吏不如省官，省官不如省事，省事不如清心。昔萧、曹相汉，载其清静，民以宁一[3]，所谓清心也。抑浮说[4]，简文案，略细苛[5]，宥小失，变常以徼利者必诛，所谓省事也。以九寺[6]并尚书，兰台付三府，所谓省官也。若直作大例[7]，天下之吏悉省其半，恐郡国职业，剧易不同[8]，不可以一概施之。若有旷阙，皆须更复，或激而滋繁，亦不可不重也[9]。"

1　农功：农事。
2　中书监：古官名，中书省长官，掌收纳章奏、草拟及发布皇帝诏令之机要政务，与中书令职务相等，入朝时监班次略高于令。
3　载其清静，民以宁一：施政清静无为，百姓因此而安定统一。宁一，安定统一。
4　浮说：虚浮不实的言谈。
5　细苛：烦琐苛刻。
6　九寺：九卿的官署。
7　直作大例：只做大的规定。
8　郡国职业，剧易不同：郡国的各种职责，难易程度不同。职业，职务，职掌。
9　若有旷阙，皆须更复，或激而滋繁，亦不可不重也：假如出现公务废弛，全都需要再恢复，或者会因暂时激发而更加繁多，这也不能不加以重视。

卷

十
七

起庚子晋武帝太康元年，尽甲子[1]晋惠帝永兴元年凡二十五年。

庚子晋世祖武皇帝太康元年（公元280年）

春，诸军并进，吴丞相张悌迎战，死之。三月，龙骧将军王濬以舟师[2]入石头[3]，吴主皓出降正月，王浑出横江，所向皆克。二月，王濬、唐彬击破丹阳监盛纪。吴人于江碛[4]要害处并以铁锁横截之，又作铁锥，长丈余，暗置江中，逆拒[5]舟舰。濬作大筏数十，方百余步，缚草为人，被甲持杖，令善水者以筏先行，遇铁锥，锥辄着[6]筏而去。又作大炬，长十余丈，大数十围，灌以麻油，在船前，遇锁，燃炬烧之，须臾融液[7]断绝，于是船无所碍。遂克西陵、荆门、夷道。杜预遣牙门周旨等率奇兵八百夜渡江，袭乐乡，多张旗帜，起火巴山[8]。吴都督孙歆惧，与江陵督伍延书曰："北来诸军，乃飞渡江也。"旨等伏兵城外，歆遣军出拒王濬，大败而归，伏兵随入，虏[9]歆而还。濬击杀吴水军都督陆景。预进克江陵，斩吴将伍延。于是沅、湘以南，接于交、广[10]，州郡皆望风送印绶。预杖节称诏而抚之。诏："濬与胡奋、王戎共平夏口、武昌，顺流长骛[11]，直造秣陵。预当镇静零、桂，怀辑衡阳[12]。"预遂分兵益濬。戎遣罗尚与濬合攻武昌，降之。预与众军会议，或曰："百年之寇，未可尽克，方春水生，难于久驻，宜俟来冬，更为大举。"预曰："昔乐毅藉济西一战以并强齐，今兵威已振，譬如破竹，数节之后，皆迎刃而解，无复着手处

1　甲子：即公元304年。
2　舟师：水军。
3　石头：即石头城。
4　江碛：江边浅滩。碛，沙石浅滩。
5　逆拒：迎击，抵御。
6　着：附着。
7　融液：融化成液体。
8　巴山：古山名，位于今湖北省荆州市辖松滋市西北。
9　虏：俘获。
10　沅、湘以南，接于交、广：沅水、湘水以南地区，到和交州、广州交界的地方。
11　长骛：向远方急驰。
12　镇静零、桂，怀辑衡阳：安定零陵、桂阳，招抚衡阳。衡阳，古郡名，辖今湖南省益阳市以南，衡阳市以北，安化县及涟源市以东，湘潭市以西地。

也。"遂指授[1]群帅方略，径造建业。吴丞相张悌督沈莹、诸葛靓率众至牛渚[2]，莹曰："上流诸军素无戒备，晋水军必至此，宜畜力以待之。若幸而胜，江西自清。今渡江与战，不幸而败，则大事去矣。"悌曰："吴之将亡，贤愚所知。及今渡江，犹可决战。若其败丧，同死社稷，无所复恨。若其克捷[3]，兵势万倍，乘胜逆之，不忧不破。若坐待蜀兵之至，恐士众散尽，君臣俱降，无复一人死难者，不亦辱乎？"三月，渡江，与晋扬州刺史周濬战，大败于板桥[4]。靓欲遁去，使迎悌。悌不肯，亲自往牵之曰："存亡自有大数，非卿一人所支，奈何故自取死？"悌垂涕曰："仲思，今日是我死日也。且我为儿童时，便为卿家丞相所识拔[5]，常恐不得其死，负名贤知顾[6]。今以身徇社稷，复何道耶？"靓流泪而去。悌遂为晋兵所杀，并斩莹等，吴人大震。初，诏王濬下建平，受杜预节度；至建业，受王浑节度。濬至西陵，预曰："濬已得建平，则顺流长驱，威名已著，不宜受制于我。"遂与书曰："足下既摧其西藩[7]，便当径取建业，讨累世之逋寇[8]，释吴人于涂炭，振旅还都，亦旷世一事也。"濬大悦，表呈预书。及张悌败死，扬州别驾何恽谓刺史周濬，宜速渡江，直指建业。濬使白王浑，恽曰："浑暗于事机，而欲慎己免咎，必不我从[9]。"濬固使之，浑果曰："受诏但屯江北，不使轻进。今者违命，胜不足多，若其不胜，为罪已重。且诏令龙骧受我节度，但当具[10]君舟械，一时俱济耳。"恽曰："龙骧克万里之寇，以既成之功来受节度，未之闻也。且明公为上将，见可而进，岂一一须诏令乎？"浑不听。濬自武昌顺流而下，吴主遣将军张象率舟师万人御之，望旗而降。吴

1　指授：指示。
2　牛渚：古县名，治所位于今安徽省马鞍山市西南长江边牛渚矶。
3　克捷：克敌制胜。
4　板桥：古地名，又作版桥浦，位于今江苏省南京市西南板桥镇附近。
5　识拔：赏识并提拔。
6　知顾：知遇与照顾。
7　西藩：西部边境。
8　逋寇：流寇。
9　慎己免咎，必不我从：行事谨慎，不使自己有过失，所以他肯定不会听从我的意见。
10　具：准备，备办。

人大惧，吴主之嬖臣岑昏，以倾险谀佞[1]，致位九列[2]，好兴功役[3]，为众患苦。至是，殿中数百人请于吴主曰："北军日近而兵不举刃，将如之何？"吴主曰："何故？"对曰："正坐[4]岑昏耳。"吴主曰："若尔，当以奴谢百姓！"众共收昏，屠之。吴陶濬谓吴主曰："蜀船皆小，今当得二万兵，乘大船以战，自足破之。"于是合众，授濬节钺。未发而溃。时琅邪王伷亦临近境。吴主分遣使者奉书浑、濬请降，而送玺绶于伷。濬舟师过三山[5]，浑遣信[6]要与论事，濬举帆直指建业，报曰："风利，不得泊也。"是日，濬戎卒八万，方舟[7]百里，鼓噪入于石头，吴主皓面缚、舆榇，诣军门降。濬解缚焚榇，收其图籍。克州四，郡四十三，户五十二万三千，兵二十三万。朝廷闻吴已平，群臣皆贺上寿，帝执爵[8]流涕曰："此羊太傅之功也。"骠骑将军孙秀不贺，南向流涕曰："昔讨逆弱冠[9]以一校尉创业，今后主举江南而弃之，悠悠苍天，此何人哉？"吴之未下也，大臣皆以为未可轻进，独张华坚执[10]以为必克。贾充上表称："吴地未可悉定，方夏，江、淮下湿，疾疫必起，宜召军还，以为后图。虽腰斩张华，不足以谢天下。"帝曰："此是吾意，华但与吾同耳。"杜预闻充奏乞罢兵，驰表固争。使至轘辕，而吴已降。充惭惧，诣阙请罪，帝抚而不问。

夏，四月，赐孙皓爵归命侯，遣使行荆、扬，除吴苛政赐孙皓爵归命侯，遣使分诣荆、扬，抚慰牧、守以下，除其苛政，吴人大悦。王濬之东下

1　谀佞：奉承献媚。
2　九列：九卿的职位。
3　功役：兴建土木工程的劳役。
4　坐：因……犯罪。
5　三山：古山名，又名护国山、下三山，位于今江苏省南京市西南，长江东岸板桥浦西。
6　遣信：传信。
7　方舟：两船相并。
8　爵：古代饮酒的器皿。
9　弱冠：古代男子二十岁为成人，进入二十岁后要行加冠礼，因二十岁的年纪身体尚未强壮，故名。后泛指男子二十岁左右的年龄。
10　坚执：坚持。

也，吴城戍¹皆望风款附²，独建平太守吾彦婴城³不下，闻吴亡乃降。帝以为金城太守。五月，皓至，泥头面缚，诣东阳门。诏遣谒者解缚，赐以衣服车乘，拜其子弟为郎。吴之旧望⁴，随才擢叙⁵，孙氏将吏渡江者复十年，百姓复二十年。帝临轩⁶大会，引见皓，谓曰："朕设此座以待卿久矣。"皓曰："臣于南方，亦设此座以待陛下。"贾充谓皓曰："闻君在南方凿人目，剥人面，此何等刑也？"皓曰："人臣有弑其君及奸回不忠者，则加此刑耳。"充默然甚愧。帝从容问散骑常侍薛莹皓所以亡，对曰："皓昵近⁷小人，刑罚放滥⁸，大臣、诸将人不自保，此其所以亡也。"他日，又问吾彦，对曰："吴主英俊，宰辅贤明。"帝笑曰："若是，何故亡？"彦曰："天禄永终，历数⁹有属，故为陛下擒耳。"帝善之。诸葛靓逃窜不出。帝与之有旧，知其在姊琅邪王妃家，因就见焉。靓逃于厕，帝逼见之，靓流涕曰："臣不能漆身皮面¹⁰，复睹圣颜，诚为惭恨！"诏以为侍中。固辞不拜，归于乡里，终身不向朝廷而坐。

封拜平吴功臣 王濬之入建业也，其明日，王浑乃济江。以濬不待己¹¹，意甚愧忿¹²，将攻濬。濬参军何攀劝濬送皓与浑，由是事得解。何恽与周濬笺，使谏止浑。浑不纳，表濬违诏不受节度。浑子济尚公主，宗党强盛。有司请槛车征濬，帝弗许，但以诏书责之。濬上书曰："臣前被诏书，直造秣陵，以十五日至三山。浑在北岸，遣书邀臣。臣水军风发¹³，无缘回船。及以日中至秣陵，

1　城戍：城堡。
2　款附：诚心归附。
3　婴城：环城而守。
4　旧望：旧的世家望族。
5　擢叙：提拔任用。
6　临轩：皇帝不坐正殿而御前殿。殿前堂陛之间近檐处两边有槛楯，如车之轩，故称。
7　昵近：亲近。
8　放滥：没有节制。
9　历数：帝王代天理民的顺序。
10　漆身皮面：往身上涂漆，刀割面皮。漆身，指战国时豫让为智伯复仇漆身为癞。皮面，战国时聂政行刺后为了不让家人遭到报复自毁容貌。
11　待己：等自己。
12　愧忿：恼羞成怒。
13　风发：风起。

暮乃被浑所下当受节度之符，欲令明日还围石头，又索诸军人名定见[1]。时臣以为皓已来降，无缘空围石头。又，兵人定见，亦非当今之急，不可承用[2]，非敢忽弃明制[3]也。事君之道，苟利社稷，死生以之[4]。若顾嫌避咎，此人臣不忠之利，非明主、社稷之福也。"浑又腾[5]周濬书云："濬烧皓宫，得其宝物。"濬复表曰："夫犯上干主，其罪可救；乖忤[6]贵臣，祸在不测。孙皓方图降首[7]，左右已劫其财物，放火烧宫。臣至乃救止之。周濬先入皓宫，王浑先登皓舟，及臣后入，乃无席可坐。若有遗宝[8]，则浑、濬已先得之矣。今年平吴，诚为大庆，于臣之身，更受咎累[9]。"濬至京师，有司奏濬违诏，大不敬，请付廷尉，不许。浑、濬争功不已，帝命廷尉刘颂校其事，以浑为上功，濬为中功。帝以颂折[10]法失理，左迁京兆[11]太守。乃诏增贾充及浑邑八千户，进浑爵为公。以濬为辅国大将军，与杜预、王戎皆封县侯。诸将赏赐有差。策告羊祜庙，封其夫人为万岁乡君，食邑五千户。濬自以功大，而为浑父子党与所抑，每进见陈说，或不胜忿愤，径出不辞。益州护军范通谓曰："卿功则美矣，然恨所以居美者未尽善也。卿旋旆[12]之日，角巾私第[13]，口不言平吴之事。若有问者，辄曰：'圣主之德，群帅之功，老夫何力之有？'此蔺生所以屈廉颇也。"濬曰："吾始惩邓艾之祸，不得无言。其终不能遣诸胸中，是吾褊[14]也。"时人咸以濬功重报

1　定见：确切的情况。
2　承用：沿用。
3　明制：清明的法制。
4　苟利社稷，死生以之：如果对国家有利，个人或生或死由他去。指为了国家利益，不顾及个人安危。
5　腾：传递文书。
6　乖忤：抵触，违逆。
7　降首：降服，投降。
8　遗宝：前代遗留的宝物。
9　咎累：罪过的牵连。
10　折：判断，裁决。
11　京兆：古郡名，辖今陕西省咸阳市以东、三原与高陵以南、华县以西及秦岭和洛水、丹凤、商南等市县以北。
12　旋旆：回师。
13　角巾私第：闲居自己家中。角巾，古时隐士常戴的一种有棱角的头巾。私第，私人住宅。
14　褊：狭隘。

轻，为之愤邑[1]。博士秦秀等上表讼之，帝乃迁濬镇军大将军。浑尝诣濬，濬严设备卫[2]，然后见之。杜预还襄阳，以为天下虽安，忘战必危，乃勤于讲武，申严戎守[3]。又引滍[4]、淯水以浸田万余顷，开扬口通零、桂之漕[5]，公私赖之。预身不跨马，射不穿札[6]，而用兵制胜，诸将莫及。在镇数饷遗[7]洛中贵要[8]，或问其故，预曰："吾但恐为害，不求益也。"

冬，十月，尚书胡威卒威为尚书，尝谏时政之宽。帝曰："尚书郎以下，吾无所假借[9]。"威曰："臣之所陈，岂在丞、郎、令史？正谓如臣等辈，始可以肃化明法[10]耳。"

初置司州是岁，以司隶所统郡置司州。凡州十九，郡国一百七十三，户二百四十五万九千八百四十。

诏罢州郡兵诏曰："自汉末四海分崩，刺史内亲民事，外领兵马。今天下为一，当韬戢[11]干戈，刺史分职，皆如汉氏故事。悉去州郡兵，大郡置武吏[12]百人，小郡五十人。"交州牧陶璜上言："交、广东西数千里，不宾属[13]者六万余户，服官役才五千余家。二州唇齿，惟兵是镇[14]。又，宁州[15]诸夷，接据上流[16]，水陆并通，州兵未宜约损[17]，以示单虚。"仆射山涛亦言不宜去州郡武备，帝不

1　愤邑：亦作愤悒，愤恨忧郁。
2　备卫：守卫，防卫。
3　申严戎守：申严，申令严格遵守或执行某种法令。戎守，防守，边防。
4　滍：古水名，一名沘水，即今沙河，源出今河南省鲁山县西，东流经叶县北，至舞阳县西北入汝河。
5　开扬口通零、桂之漕：开凿扬口，与零陵、桂阳境内的水道相通，以利水上运输。
6　穿札：透甲。
7　饷遗：馈赠。
8　贵要：尊贵显要，亦指尊贵显要之人。
9　假借：宽假，宽容。
10　肃化明法：严肃教化，彰明法度。
11　韬戢：收藏，敛藏。
12　武吏：军职官员。
13　宾属：归顺。
14　二州唇齿，惟兵是镇：两个州唇齿相依，只有靠军队才能镇守住。
15　宁州：古州名，分益州置，辖境比今天云南省稍大，但不包括滇东北。
16　接据上流：与上流地区接壤，他们据守在那里。
17　约损：减省，俭约。

听。及永宁[1]之后，盗贼群起，州郡不能制，天下遂大乱，如涛所言。然其后刺史复兼兵、民之政，州镇愈重矣。

辛丑二年（公元281年）

春，三月，选吴伎、妾五千人入宫帝既平吴，颇事游宴，怠于政事，掖庭殆将万人。常乘羊车，恣其所之，至便宴寝[2]。宫人竞以竹叶插户，盐汁洒地，以引帝车。后父杨骏及弟珧、济始用事，势倾内外，时人谓之三杨。旧臣多被疏退，山涛数有规讽[3]，帝虽知而不能改。

冬，十月，鲜卑慕容涉归寇昌黎[4]初，鲜卑莫护跋始自塞外入居辽西棘城[5]之北，号慕容部。至孙涉归迁于辽东之北，世附中国，数从征讨有功，拜大单于。至是始叛，寇昌黎。自汉、魏以朱、羌、胡、鲜卑降者多处之塞内诸郡。其后数因忿恨，杀害长吏，渐为民患。侍御史郭钦上疏曰："戎狄强犷[6]，历古为患。魏初民少，西北诸郡，皆为戎居，内及京兆、魏郡、弘农，往往有之。今虽服从，若百年之后有风尘之警[7]，胡骑自平阳、上党不三日而至孟津，北地、西河、太原、冯翊、安定、上郡尽为狄庭矣。宜及平吴之威，谋臣、猛将之略，渐徙内郡杂胡于边地，峻[8]四夷出入之防，明先王荒服[9]之制，此万世长策也。"不听。

扬州刺史周濬移镇秣陵吴民之未服者屡为寇乱，濬皆讨平之。宾礼故老，搜求俊乂[10]，威惠并行，吴人悦服。

---

1 永宁：晋惠帝司马衷的年号，存续时间为公元301至302年。
2 宴寝：安寝。
3 规讽：规劝讽谕。
4 昌黎：古郡名，辖今辽宁省辽河以西大凌河中、下游及小凌河流域地区。
5 棘城：古县名，治所位于今辽宁省锦州市义县西南砖城子。
6 强犷：蛮横凶悍。
7 风尘之警：兵乱之警报和惊忧。
8 峻：严厉。
9 荒服：古五服之一，称离京师二千到二千五百里的边远地方。亦泛指边远地区。
10 俊乂：才德出众的人。

壬寅三年（公元 282 年）

春，正月朔，帝亲祀南郊礼毕，帝问司隶校尉刘毅曰："朕可方汉何帝？"对曰："桓、灵。"帝曰："何至于此？"对曰："桓、灵卖官钱入官库，陛下卖官钱入私门，以此言之，殆不如也。"帝大笑曰："桓、灵不闻此言，今朕有直臣，固为胜之。"毅纠绳豪贵[1]，无所顾忌。太子鼓吹[2]入东掖门，毅劾奏之。中护军羊琇恃宠骄侈，数犯法。毅劾奏琇罪当死，帝遣齐王攸私请于毅，毅许之。都官从事程卫径驰入营，收琇属吏考问，先奏琇所犯狼藉[3]，然后言于毅。帝不得已，免琇官。未几，复使白衣领职。琇，景献后之从父弟也；后将军王恺，文明后之弟也；散骑常侍石崇，苞之子也。三人皆富于财，竞以奢侈相高。车骑司马傅咸上书曰："先王之治天下，食肉衣帛，皆有其制。奢侈之费，甚于天灾。古者人稠地狭，而有储蓄，由于节也。今土广人稀，而患不足，由于奢也。欲时人崇俭，当诘其奢。奢不见诘，转相高尚[4]，无有穷极矣。"

以张华都督幽州军事尚书张华以文学、才识名重一时，论者皆谓宜为三公，荀勖、冯𬘬以伐吴之谋深疾之。会帝问华："谁可托后事者？"华对以："明德至亲，莫如齐王。"由是忤旨。勖因而谮之，以华都督幽州。华抚循夷、夏，誉望[5]益振。帝复欲征之，𬘬侍侧，从容语及钟会，𬘬曰："会之反，颇由太祖。"帝变色曰："卿是何言耶？"𬘬免冠谢曰："善御者必知六辔[6]缓急之宜，故汉高尊宠五王而诛灭，光武抑损诸将而克终[7]。非上有仁、暴之殊，下有愚、智之异也，盖抑扬、与夺使之然耳。会才智有限，而太祖夸奖无极，使会自谓算无遗策，功在不赏，遂构凶逆耳。向令录其小能，节以大礼，则乱心无由生矣。"帝曰："然。"𬘬稽首曰："陛下既然臣之言，宜思坚冰之渐，勿

1　纠绳豪贵：纠绳，督察纠正。豪贵，地位极其贵显的人。
2　鼓吹：演奏乐曲。
3　狼藉：喻行为不检，名声不好。
4　高尚：崇尚，提倡。
5　誉望：名誉声望。
6　六辔：古一车四马，马各二辔，其两边骖马之内辔系于轼前，御者只执六辔。辔，缰绳。
7　克终：善终。

使如会之徒复致倾覆。"帝曰:"当今岂复有如会者耶？"纯因屏左右而言曰:
"陛下谋画之臣,著大功于天下,据方镇[1]、总戎马者,皆在圣虑矣。"帝默然,
由是止,不征华。

康熙御批:国家用人当以德器[2]为本,才艺为末。凡才长者,虽能济事,
亦多败检[3]。若德器淳朴,必不至荡轶[4]准绳之外。朕临御日久,阅历人情,所见
甚确。如张华在晋以才学知名,后乃蔑弃[5]典礼,以附贼后,所学又安在耶？

夏,四月,**鲁公贾充卒**充老病,自忧谥传[6],从子模曰:"是非久自见,
不可掩也。"至是卒,无嗣。妻郭槐欲以外孙韩谧为世孙[7],曹轸谏曰:"礼无异
姓为后之文。"槐表陈之,云充遗意,帝许之,仍诏:"自非功如太宰、始封
无后者,不得以为比。"及太常议谥,博士秦秀曰:"充悖礼溺情[8],以乱大伦。
昔鄫养外孙、莒公子为后,《春秋》书'莒人灭鄫'。绝父、祖之血食,开朝
廷之乱原。按谥法'昏乱纪度[9]曰荒',请谥荒公。"帝更曰武。

冬,十二月,**以齐王攸为大司马,都督青州军事**齐王攸德望[10]日隆,荀
勖、冯纨、杨珧皆恶之。纨言于帝曰:"陛下诏诸侯之国,宜从亲者始。齐王独
留京师,可乎？"勖曰:"百僚皆归心齐王,陛下试诏之国,必举朝以为不可,
则臣言验矣。"帝以为然。乃以攸为大司马,都督青州诸军事。王浑上书:"以
攸至亲盛德,宜赞[11]朝政,今出之国,假以虚号,而无典戎干方[12]之实,惧非陛下
追述先帝、太后待攸之宿意[13]也。若以同姓宠之太厚,则有吴、楚逆乱之谋,汉

1　方镇:掌握兵权、镇守一方的军事长官。
2　德器:道德修养与才识度量。
3　败检:破坏法度。
4　荡轶:放纵,不受约束。
5　蔑弃:轻视,鄙弃。
6　谥传:死后的谥号以及修史者对他的记载。
7　世孙:世袭祖爵之孙。
8　溺情:囿于情,沉陷于感情。
9　昏乱纪度:混淆、毁坏纲纪法度。
10　德望:品德和名望。
11　赞:辅助。
12　典戎干方:典戎,统率军队。干方,安定和治理国家。
13　宿意:往日的心意。

之吕、霍、王氏，皆何人也？历观古事轻重所在，无不为害，唯当任正道而求忠良耳。若以智计猜物，虽亲见疑，疏者庸[1]可保乎？"于是扶风王骏、光禄大夫李憙、中护军羊琇、侍中王济、甄德皆切谏，济、德又使其妻公主俱入，涕泣，请帝留攸。帝怒，谓王戎曰："兄弟至亲，今出齐王，自是朕家事，而甄德、王济连遣妇来生哭人[2]耶？"乃出济、德，而憙遂以年老逊位[3]，卒于家。憙在朝，姻亲故人与之分衣共食，而未尝私以王官[4]，人以此称之。

散骑常侍薛莹卒或谓吴郡陆喜曰："莹于吴士当为第一乎？"喜曰："孙皓无道，吴国之士沉默其体、潜而勿用者，第一也；避尊居卑，禄以代耕者，第二也；侃然体国、执正不惧[5]者，第三也；斟酌时宜，时献微益者，第四也；温恭修慎[6]，不为诣首[7]者，第五也。过此以往，不足复数。故彼上士多沦没而远悔吝，中士有声位[8]而近祸殃，观莹之处身本末，其四五之间乎？"

癸卯四年（公元 283 年）

春，正月，除祭酒曹志等名，赐齐王攸备物[9]殊礼帝命太常议崇锡[10]齐王之物。博士庾旉、秦秀等曰："古礼，三公无职，坐而论道，不闻以方任婴[11]之。惟宣王救急朝夕，然后命召穆公征淮夷，故其诗曰：'徐方不回，王曰旋归[12]。'宰相不得久在外也。今天下已定，六合为家，将数延三事，与论太平

1　庸：岂，表示反问。
2　生哭人：詈词，对活着的人哭丧，意谓纠缠，找麻烦。
3　逊位：让位，放弃高官显职。
4　王官：王朝的官员。
5　侃然体国、执正不惧：直言己见，体恤国情，坚持正道而不畏惧。
6　温恭修慎：温和谦恭，遵循谨慎的原则。
7　诣首：逢迎顺服。
8　声位：声望与地位。
9　备物：仪卫、祭祀等所用的器物。
10　崇锡：敬赐。
11　婴：烦扰。
12　徐方不回，王曰旋归：徐地不违逆，周宣王下令班师。

之基，而更出之，违旧章矣[1]。"曹志叹曰："安有如此之才，如此之亲，不得树本助化[2]，而远出海隅[3]？晋室之隆，其殆[4]矣乎？"乃奏议曰："古之夹辅王室，同姓则周公，异姓则太公，皆身居朝廷，五世反葬[5]。及其衰也，虽有五霸代兴，岂与周、召之治同日而论哉？自羲皇[6]以来，岂一姓所能独有？当推至公之心，与天下共其利害，乃能享国久长。是以秦、魏才得没身[7]，而周、汉亲疏为用，此前事之明验也。志以为当如博士议。"帝大怒曰："曹志尚不明吾心，况四海乎？且博士不答所问而答所不问，横造异论。"遂免志官，其余皆付廷尉。刘颂奏勇等大不敬，当弃市。尚书奏请报听[8]，尚书夏侯骏曰："官立八座[9]，正为此时。"乃独为驳议。留中七日，乃诏勇等七人免死除名。命攸备物典策，设轩县之乐，六佾之舞，黄钺朝车、乘舆之副从焉[10]。

三月朔，日食。

大司马、齐王攸卒 攸愤怨发病，乞守先后陵，不许。御医诊视，希旨[11]，皆言无疾。河南尹向雄谏曰："陛下子弟虽多，然有德望者少。齐王卧居京邑，所益实深，不可不思也。"帝不纳，雄愤恚而卒。攸疾转笃，犹催上道[12]。攸呕血而卒，帝往临丧，其子冏号踊陈诉[13]，诏即诛医。初，帝爱攸甚笃，为荀勖、冯紞所构，欲为身后之虑，故出之。及卒，帝哀恸不已。冯紞侍侧，曰："齐王名过

1　将数延三事，与论太平之基，而更出之，违旧章矣：应该邀请齐王一起议论天下太平的基础，现在反而安排他回封国去，这违背了过去的体制。三事，周代之官，一说指三公。
2　树本助化：树本，建立根基。助化，辅助教化。
3　海隅：海边，海角。
4　殆：危险。
5　五世反葬：到了第五代，都归葬于周地。
6　羲皇：即伏羲氏。
7　才得没身：才会很快灭亡。
8　报听：报与廷尉，听凭廷尉裁决。
9　八座：中央政府的八种高级官员，即五曹尚书、二仆射、一令，合起来为八座。
10　命攸备物典策，设轩县之乐，六佾之舞，黄钺朝车、乘舆之副从焉：下令规定了司马攸仪卫、祭祀等所用物品和册命的规格，他陈列乐器应三面悬挂，所用乐舞舞者分成六列，黄钺朝车、车马的标准等都遵从以上标准。
11　希旨：迎合在上者的意旨。
12　上道：出发上路，启程。
13　号踊陈诉：号踊，号哭顿足。陈诉，诉说。

其实，天下归之。今自薨殒[1]，社稷之福也，陛下何哀之过？"帝收泪而止。攸举动以礼，鲜有过事，帝敬惮之。每引同处，必择言而后发。

夏，琅邪王伷卒谥曰"武"，子觐嗣。

冬，河南、荆、扬大水。

归命侯孙皓卒。

甲辰**五年**（公元 284 年）

春，正月，龙见武库井中青龙二，见武库井中。帝观之，有喜色。百官将贺，刘毅曰："昔龙降夏庭，卒为周祸[2]。寻案旧典，无贺龙之礼。"乃止。

乙巳**六年**（公元 285 年）

春，正月，尚书左仆射刘毅卒初，陈群以吏部不能审核天下之士，故令郡国及州各置中正，皆取本土之人任朝廷官，德充才盛者为之，使铨次[3]等级以为九品，有言行修著[4]则升之，道义亏缺则降之，吏部凭以补授。行之浸久，中正或非其人，奸敝[5]日滋。毅尝上疏曰："中正之设，损政者八：高下逐强弱，是非随兴衰，一人之身，旬日异状，上品无寒门，下品无势族[6]，一也。置州郡者，本取州里清议所服，将以镇异同，一言议也。今重其任而轻其人，使驳论[7]横于州里，嫌隙结于大臣，二也。本立格为九品者，谓才德有优劣，伦辈[8]有首尾也。今乃优劣易地，首尾倒错，三也。陛下赏善罚恶，无不裁之以法，独中正，无赏罚之防[9]，又禁人诉讼，使受枉者不获上闻，四也。一国之

1　薨殒：王侯之死。
2　龙降夏庭，卒为周祸：龙降临在夏代的厅堂里，最后酿成了周代的祸殃。
3　铨次：选授官职的次序。
4　修著：卓越突出。
5　奸敝：欺诈蒙骗。
6　势族：有权势的家族。
7　驳论：通过反驳对方的论点来阐明自己的论点。
8　伦辈：同辈，流辈。
9　防：控制的方法。

士，多者千数，或流徙异邦，面犹不识，不过采誉于台府，纳毁于流言[1]，任己则有不识之蔽，听受则有彼此之偏，五也。凡求人才，以治民也，今当官著效者或附卑品，在官无绩者更获高叙[2]，抑功实而隆虚名，长浮华而废考绩，六也。凡官不同人，事不同能。今不状其才之所宜而但第为九品，以品取人，或非才能之所长；以状取人，则为本品之所限，徒结白论，品状相妨[3]，七也。所下不彰其罪，所上不列其善，各任爱憎，以植其私，天下之人焉得不懈德行而锐[4]人事？八也。由此论之，职名中正，实为奸府；事名九品，而有八损。宜罢中正，更立一代之制。"卫瓘亦以为："魏氏承丧乱之后，人士流移[5]，考详无地，故立九品之制。今九域同规，宜用土断[6]，自公卿以下，以所居为正，无复县客，远属异土[7]。尽除中正，使举善进才，各由乡论，则华竞[8]自息，各求于己矣。"始平王文学李重以为："九品既除，宜先开移徙，听相并就[9]，则土断之实行矣。"帝虽善其言，而终不能改。

以王浑为尚书左仆射 时浑子济为侍中，尝坐事免官。久之，帝谓和峤曰："我将骂济而后官之，如何？"峤曰："济俊爽[10]，恐不可屈。"帝召济，责让之，既而曰："颇知愧不？"济曰："尺布斗粟之谣[11]，常为陛下愧之。他人能令亲者疏，臣不能令亲者亲，以此愧陛下耳。"帝默然。

旱。

---

1 采誉于台府，纳毁于流言：采纳政府机构对他们的赞誉，接受流言蜚语对他们的诋毁。台府，中央政府机构。
2 当官著效者或附卑品，在官无绩者更获高叙：担任官职有显著成绩的人，有的却处于很低的等级，担任官职没有政绩的人，反而获得很高的级别。
3 徒结白论，品状相妨：不过只是讲空话，官职的品级与人的才德不相符。
4 锐：坚定，坚决。
5 流移：流亡，迁移。
6 土断：废除侨置郡县，使侨寓户口编入所在郡县。
7 无复县客，远属异土：不要再像客居当地似的，隶属于远处的其他地区。
8 华竞：争着崇尚浮华的风气。
9 先开移徙，听相并就：先开始流动迁徙，听任人们相互合并靠拢。
10 俊爽：性格豪爽。
11 尺布斗粟之谣：汉朝因争夺王位而互相残害，民间作歌谣来讽刺他们："一尺布，尚可缝；一斗粟，尚可舂；兄弟二人不相容。"后遂用"尺布斗粟"等来讽喻兄弟间因利害冲突而不能相容。

秋，八月朔，日食。

冬，慕容廆寇辽西初，慕容涉归卒，弟删篡立。至是删为其下所杀，迎涉归子廆，立之。涉归与宇文部有隙，廆请讨之，朝廷弗许。廆怒，入寇辽西，杀略甚众。自是每岁犯边。

丙午七年（公元 286 年）

春，正月朔，日食。

司徒魏舒罢舒称疾，逊位。舒所为，必先行而后言，逊位之际，莫有知者。卫瓘与书曰：“每与足下共论此事，日日未果，可谓‘瞻之在前，忽焉在后[1]’矣。”

丁未八年（公元 287 年）

春，正月朔，日食。

太庙殿陷。秋，九月，改营[2]之。

戊申九年（公元 288 年）

春，正月朔，日食。

夏，六月朔，日食。

大旱。

秋，八月，星陨如雨。

地震。

己酉十年（公元 289 年）

夏，四月，太庙成。

1　瞻之在前，忽焉在后：看着它好像在前面，忽然又像在后面。出自《论语·子罕》。瞻，往前或往上看。

2　改营：换个地方建造。营，建造。

慕容廆降，以为鲜卑都督廆谒见东夷校尉[1]何龛，以士大夫礼，巾衣[2]诣门，龛严兵以见之。廆乃改服戎衣[3]而入。人问其故，廆曰："主人不以礼待客，客何为哉？"龛闻之，甚惭。鲜卑段国单于以女妻廆，生皝、仁、昭。廆以辽东僻远，徙居徒河[4]之青山。

冬，十月，复明堂及南郊五帝位。

十一月，尚书令荀勖卒勖有才思[5]，善伺[6]人主意，以是能固其宠。久在中书，专管机事。及迁尚书，甚罔怅[7]。人有贺之者，勖曰："夺我凤凰池[8]，诸君何贺耶？"

遣诸王假节之国，督诸州军事，封子孙六人为王帝极意[9]声色，遂至成疾。杨骏忌汝南王亮，以为大司马、都督豫州诸军事，使镇许昌。又徙皇子、南阳王柬为秦王，都督关中；玮为楚王，都督荆州；允为淮南王，都督扬、江二州诸军事。并假节之国。立皇子乂为长沙王，颖成都王，晏吴王，炽豫章王，演代王。孙遹广陵王。初，帝以才人谢玖赐太子，生遹。宫中尝夜失火，帝登楼望之。遹年五岁，牵帝裾入暗中曰："暮夜仓猝，宜备非常，不可令照见人主。"帝奇之，尝称遹似宣帝，故天下咸归仰[10]之。帝知太子不才，然特遹明慧[11]，故无废立之心。复用王佑谋，以太子母弟柬、玮、允分镇要害。又恐杨氏之逼，以佑为北军中候[12]，典禁兵。帝为遹高选[13]僚佐，以散骑常侍刘寔

1　东夷校尉：古官名，亦称护东夷校尉，少数民族地区所置的军政长官，掌鲜卑慕容部、段部、宇文部及高句丽事。
2　巾衣：古代士大夫的装束，服之以示敬礼。
3　戎衣：军服，战衣。
4　徒河：古县名，治所即今辽宁省锦州市。
5　才思：文艺创作的思路，文思。
6　伺：探察。
7　罔怅：迷惘惆怅。
8　凤凰池：中书省设在禁苑，禁苑中有凤凰池，因此中书省又称凤凰池。
9　极意：恣意。
10　归仰：归附仰仗。
11　明慧：聪明，聪慧。
12　北军中候：古官名，掌监北军屯骑、越骑、步兵、长水、射声五校尉所统宿卫兵五营。
13　高选：用高标准选拔官吏。

志行清素[1]，命为之傅。寔以时俗喜进趣[2]，少廉让，尝著《崇让论》，欲令初除官通谢章者，必推贤让能[3]。一官缺，则择为人所让多者用之。以为："人情争则欲毁己所不如，而优劣难分；让则竞推于胜己，而贤智显出。当此时也，能退身修己，则让之者多矣。驰骛进趣而欲人见让，犹却行[4]而求前也。"时又封宗室数人。淮南相刘颂上疏曰："陛下以法禁素宽，未可遽革。然矫时救弊，亦宜以渐。譬犹行舟，虽不横截迅流[5]，当渐靡[6]而往，稍向所趋，然后得济也。臣闻为社稷计，莫如封建亲贤。然宜审量事势，使诸侯率义而动者，其力足以维带[7]京邑。包藏祸心者，其势不足独以有为。其齐[8]此甚难，陛下宜与达古今之士，深共筹之。周之诸侯，有罪身诛而国存；汉之诸侯，有罪或无子者，国随以亡。今宜反汉循周，则下固而上安矣。天下至大，万事至众，是以圣王执要[9]于己，委务于下，非惮劳而好逸，诚以政体宜然也。夫居事始以别能否，甚难也；因成败以分功罪，甚易也。今陛下精于造始[10]而略于考终[11]，此政功[12]所以未善。人主诚能居易执要，考功罪于成败之后，则群下无所逃其诛赏矣。古者六卿分职，冢宰为师。秦、汉以来，九列执事，丞相都总[13]。今尚书制断，诸卿奉成[14]，于古制为太重。可出众事付外寺，使得专之。尚书统领大纲，岁终课功[15]，校簿[16]而行赏罚，斯亦可矣。今动皆受成于上，故上之所失，不得复以罪

1　清素：清正廉洁。
2　进趣：同"进趋"，努力向上，立志有所作为。
3　欲令初除官通谢章者，必推贤让能：建议初次被授予官职、递交谢表的人，必须能做到举贤让能。
4　却行：倒退而行。
5　迅流：急流。
6　渐靡：依水的流势。
7　维带：护卫。
8　齐：整治。
9　执要：掌握要害，抓住关键。
10　造始：开端，起始。
11　考终：对结局的考虑。
12　政功：政治功业。
13　都总：总管。
14　尚书制断，诸卿奉成：尚书裁断，各官署奉行现成的制度。
15　课功：考核功绩。
16　校簿：审阅文簿。

下。岁终事功不建，不知所以责也。夫细过谬妄[1]，人情之所必有，而悉纠以法，则朝野无立人矣。近世为监司者，类大纲不振而微过必举，盖由畏避豪强而又惧职事之旷，则谨密网以罗微罪，使奏劾相接，状似尽公，实则挠法[2]。是以圣王不善碎密[3]之案，必责凶猾[4]之奏，则害政之奸，自然擒矣。夫创业之勋，在于立教定制，使遗风系人心，余烈匡幼弱，后世凭之，虽昏犹明，虽愚若智，乃足尚也。至夫修饰官署，凡诸作役，此将来所不须于陛下而自能者也。今勤所不须以伤所凭，窃以为过矣。"帝不能用。

以刘渊为匈奴北部都尉渊轻财好施，倾心接物[5]，五部豪杰，幽、冀名儒，多往归之。

庚戌**十一年**（公元 290 年）

孝惠皇帝永熙元年。

夏，四月，以杨骏为太尉，辅政。帝崩，太子衷即位，尊皇后曰皇太后，立皇后贾氏帝疾笃，杨骏独侍疾禁中，大臣皆不得在左右。骏因以私意改易要近[6]，树其心腹。会帝小间[7]，正色谓曰："何得便尔[8]？"时汝南王亮尚未发，乃令作诏，以亮与骏同辅政，且欲择朝士有闻望[9]者佐之。会帝复迷乱，皇后奏以骏辅政，帝颔之。后召华廙、何劭作诏，授骏太尉，都督中外诸军事，录尚书事。仍趣亮赴镇。帝复小间，问汝南王来未，左右言未至，遂崩。帝宇量弘厚[10]，明达好谋，容纳直言，未尝失色于人。太子即位，骏入居太极殿，以虎贲百人自卫。亮不敢临丧，哭于大司马门外，表求过葬而行。或告亮

1　细过谬妄：细过，轻微的过失。谬妄，荒谬背理。
2　挠法：枉法。
3　碎密：烦琐苛细。
4　凶猾：凶恶狡猾。
5　接物：与人交往。
6　要近：显要而接近皇帝，亦指身居要位的近臣。
7　小间：病稍愈。
8　何得便尔：你怎么可以就这样做。
9　闻望：声望，名望。
10　宇量弘厚：宇量，气度，度量。弘厚，宽大忠厚。

欲讨骏，骏密遣兵图之，亮夜驰赴许昌，乃免。

　　五月，葬峻阳陵[1]。诏群臣增位赐爵有差杨骏自知素无美望[2]，欲普进封爵以求媚于众。将军傅祇谓曰："未有帝王始崩，而臣下论功者也。"骏不从。诏中外群臣增位赐爵有差，复租调[3]一年。散骑侍郎[4]何攀奏曰："帝正位东宫二十余年，今承大业，而颁赏行爵，优于革命[5]之初，轻重不伦[6]。且大晋卜世无穷，制当垂后，若有爵必进，则数世之后，莫非公侯矣。"不从。

　　以杨骏为太傅、大都督，假黄钺，录[7]朝政，百官总己以听傅咸谓骏曰："谅暗不行久矣。今上谦冲[8]，委政于公，而天下不以为善，惧明公未易当也。周公大圣，犹致流言，况上春秋非成王之年乎？进退之宜，明公当审思之。"骏不从。杨济遗咸书曰："谚云：'生子痴，了[9]官事。'官事未易了也。"咸复书曰："卫公有言：'酒色杀人，甚于作直[10]。'坐酒色死，人不为悔，而逆畏[11]以直致祸，此由心不能正，欲以苟且为明哲耳。自古以直致祸者，当由矫枉过正，或不忠笃，而欲以亢厉[12]为声，故致怨耳，安有悾悾忠益而返见怨疾乎[13]？"骏以贾后险悍[14]，多权略[15]，忌之。以其甥段广管机密，张劭典禁兵。凡有诏命，帝省讫[16]，入呈太后，然后行之。冯翊[17]太守孙楚谓曰："公以外戚居伊、

1　峻阳陵：晋武帝司马炎的陵墓，位于今河南省洛阳市辖偃师市城西十里南蔡庄村北。
2　美望：美好的声望。
3　租调：古代的税制，租和调。
4　散骑侍郎：古官名，掌侍从左右，顾问应对、规劝得失，与散骑常侍等共平尚书奏事。
5　革命：天命的变革，改朝换代。
6　不伦：不相当，不相称。
7　录：总领。
8　谦冲：谦虚。
9　了：懂得，清楚。
10　作直：以直道立身行事。
11　逆畏：反而害怕。
12　亢厉：严厉。
13　安有悾悾忠益而返见怨疾乎：哪里会有忠诚恳切做好事，却反而被人憎恨的道理。
14　险悍：险恶凶悍。
15　权略：权谋，谋略。
16　省讫：看过之后。
17　冯翊：古郡名，辖今陕西省韩城市、洛川县以南，宜君、蒲城二县以东，渭河以北地区。

霍之任，而不与宗室共参万机，祸至无日矣。"骏不从。骏姑子、弘训少府[1]蒯钦数以直言犯骏，人为之惧，钦曰："杨文长虽暗，犹知人无罪不可杀，不过疏我。我得疏，乃可以免，不然，与俱族矣。"骏辟匈奴东部人王彰为司马，彰逃不受。其友怪，问之，彰曰："自古一姓二后，未有不败。况杨太傅昵小人，远君子，专权自恣乎？吾逾海塞以避之[2]，犹恐及祸，奈何应其辟乎？且武帝不惟[3]社稷大计，嗣子既不克负荷[4]，受遗复非其人，天下之乱，可立待也。"

秋，八月，立广陵王遹为皇太子遹既立，以何邵、裴楷、王戎、张华、杨济、和峤为师保[5]，拜母谢氏为淑媛[6]。贾后常置谢氏于别室，不听与太子相见。初，和峤尝言于武帝曰："太子有淳古[7]之风，而末世[8]多伪，恐不了陛下家事。"后与荀勖同侍，武帝曰："太子近进[9]，卿可俱诣之。"既还，勖等称太子明识雅度[10]。峤曰："圣质如初[11]。"武帝不悦而起。及是，峤从遹入朝，贾后使帝问曰："卿昔谓我不了家事，今定如何？"峤曰："臣昔事先帝，曾有是言。言之不效，国之福也。"

以刘渊为匈奴五部大都督。

琅邪王觐卒谥曰"恭"，子睿嗣。

辛亥**孝惠皇帝元康元年**（公元291年）

春，三月，皇后贾氏杀太傅杨骏，废皇太后为庶人初，贾后为太子

---

1 弘训少府：古官名，太后弘训宫属官，职掌太后财政。
2 逾海塞以避之：跨越海上的边塞避开他。
3 不惟：不思虑。
4 负荷：继承。
5 师保：古时任辅弼帝王和教导王室子弟的官，有师有保，统称师保。
6 淑媛：妃嫔称号。妃嫔分十二等，以贵嫔、夫人为最高，以下依次为淑妃、淑媛、昭仪、昭华、修容、修仪、婕仔、容华、美人、良人。
7 淳古：淳厚古朴。
8 末世：一个朝代衰亡的时期。
9 近进：近日有长进。
10 明识雅度：聪明有见识，气度不凡。明识，明理，有见识。雅度，高雅的风度。
11 圣质如初：太子的资质和原来一样。

妃，常以妒手杀数人，又以戟掷孕妾，子随刃堕。武帝大怒，将废之。杨后曰：“贾公间有大勋[1]于社稷，岂可以其女妒而忘之邪？”妃得不废。后数诫厉[2]妃，妃不知其助己，反以为恨。至是不以妇道事太后，又欲预政[3]，而为杨骏所抑。殿中中郎[4]孟观、李肇皆骏所不礼也，贾后使黄门董猛与观、肇谋诛骏，废太后。又使报楚王玮，玮许之，乃求入朝。至是观、肇启帝，夜作诏，诬骏谋反，命东安公繇率殿中四百人讨之，玮屯司马门。骏闻变，召官属谋之。主簿朱振曰：“必阉竖[5]为贾后谋，不利于公，宜烧云龙门[6]以胁之，索造事者首，引东宫及外营兵，拥皇太子入宫，取奸人，殿内震惧，必斩送之。不然，无以免难。”骏素怯懦，不决，乃曰：“云龙门，魏明帝所造，功费甚大，奈何烧之？”皇太后题帛为书，射城外曰：“救太傅者有赏。”贾后因宣言太后同反，寻殿中兵出，烧骏府，骏逃于厩，就杀之。遂收珧、济及张劭、段广等，皆夷三族。珧临刑，告东安公繇曰：“表在石函，可问张华。”繇不听。繇，琅邪武王之子也。贾后矫诏送太后于永宁宫，复讽群公奏曰：“皇太后图危社稷，自绝于天。陛下虽怀无已[7]之情，臣下不敢奉诏。”中书监张华议：“皇太后非得罪于先帝，今党其所亲，为不母于圣世[8]，宜依汉废赵太后故事，称武皇后，居异宫，以全始终。”有司奏请废太后为庶人，诣金墉城，诏可。又奏：“昨诏原骏妻庞氏，以慰太后之心。今太后废，请以庞付廷尉行刑。”诏从之。庞临刑，太后抱持号叫，截发稽颡，上表贾后称妾，请全母命。不省[9]。董养游太学，升堂叹曰：“朝廷建斯堂将以何为乎？每览赦书，谋反、大逆皆赦，至

1　大勋：大功业。
2　诫厉：告诫勉励。
3　预政：参与国家大事。
4　殿中中郎：古官名，统殿中兵护卫皇帝，位在殿中将军之下。因其为皇帝亲信，控制殿中禁卫军，又能进行宫廷内外的联系，故在西晋时的历次宫廷政变中都起到了相当重要的作用。
5　阉竖：对宦官的蔑称。
6　云龙门：洛阳宫城南门，位于今河南省洛阳市东北白马寺东。
7　无已：无止境，无了时。
8　圣世：旧时对于当代的谀称。
9　不省：不理睬。

于杀祖父母、父母不赦者，以为王法所不容故也。公卿处议至此，天人之理既灭，大乱将作矣。”

征汝南王亮为太宰，与太保卫瓘录尚书事亮欲悦众，论诛杨骏功，督将候者千八十一人。御史中丞傅咸曰：“无功而获厚赏，则人莫不乐国之有祸，是祸原无穷也。”亮不从。亮颇专权势，咸复谏，亦不从。贾后族兄模、从舅[1]郭彰、女弟之子贾谧与楚王玮、东安王繇并预政。后暴戾日甚，繇密谋废后。繇兄澹素恶繇，屡谮于亮，诏免繇官，废徙带方。于是谧、彰权势愈盛。谧虽骄奢，而喜延士大夫，彰与石崇、陆机、机弟云、潘岳、挚虞、左思、牵秀、刘舆、舆弟琨等皆附于谧，号二十四友。崇与岳尤谄，每谧及广城君郭槐出，皆降车路左[2]，望尘而拜。

夏，六月，皇后杀太宰亮、太保瓘及楚王玮太宰亮、太保瓘以北军中候、楚王玮刚愎好杀，欲夺其兵权，以裴楷代之。玮怒，楷不敢拜。复谋遣玮之国。玮长史公孙宏、舍人岐盛劝玮自昵于贾后，后留玮领太子少傅。盛素善于杨骏，瓘恶其反复，将收之。盛乃因将军李肇矫称玮命，谮亮、瓘于贾后，云将谋废立。后素怨瓘，且患二公秉政，己不得专恣。六月，使帝作手诏赐玮曰：“太宰、太保欲为伊、霍之事，王宜宣诏，屯诸宫门，免亮、瓘官。”夜，使黄门赍以授玮。玮亦欲因此复[3]私怨，遂勒[4]本军，复矫诏召三十六军，遣宏、肇以兵围亮府，清河王遐收瓘。长史刘准谓亮曰：“此必奸谋。府中俊乂如林，犹可力战。”不听。遂为肇所执，叹曰：“我之赤心，可破示天下也。”与世子矩俱死。瓘左右亦疑遐矫诏，请拒之，须自表得报[5]，就戮未晚，瓘不听。初，瓘为司空，帐下督荣晦有罪，斥遣之。至是晦从遐收瓘，辄杀瓘及子孙共九人。盛因说玮诛贾、郭以正王室，玮未决。会天明，张华使董猛说贾后曰：

"楚王既诛二公，则威权尽归之矣，人主何以自安？宜以专杀[1]之罪诛之。"乃遣殿中将军赍驺虞幡麾众[2]曰："楚王矫诏，勿听也。"众皆释仗。遂执玮斩之。宏、盛夷三族。卫瓘女与国臣[3]书曰："先公名谥未显[4]，一国无言，《春秋》之失，其咎安在？"太保主簿刘繇等执黄幡[5]，挝登闻鼓[6]，讼瓘冤。乃诏族诛荣晦，追复亮、瓘爵位。谥亮曰"文成"，谥瓘曰"成"。

以贾模、张华、裴颁、裴楷为侍中，并管机要贾后专朝，以模为散骑常侍，加侍中。谧与后谋，以张华庶姓[7]，无逼上之嫌，而儒雅有筹略，为众望所依，乃以华为侍中、中书监，裴颁为侍中，裴楷为中书令，加侍中，与右仆射王戎并管机要。华尽忠帝室，弥缝遗阙[8]，后虽凶险，犹知敬重。与模、颁同心辅政，故数年之间，虽暗主[9]在上而朝野安静。

壬子二年（公元 292 年）

春，二月，皇后贾氏弑故皇太后杨氏于金墉城时太后尚有侍御[10]十余人，贾后悉夺之，绝膳八日而卒。贾后覆而殡之[11]。

癸丑三年（公元 293 年）

夏，六月，弘农雨雹深三尺。

1　专杀：擅自杀人。
2　赍驺虞幡麾众：拿着标有义兽驺虞的旗帜指挥众人。驺虞，义兽，不食生物，有至信之德则应之。
3　国臣：国君的臣属。
4　名谥未显：没有显要的谥号。
5　黄幡：黄色的长幅下垂的旗子。
6　挝登闻鼓：挝，敲打，击。登闻鼓，帝王为听取臣民谏议或冤情，在朝堂外悬鼓，许臣民击鼓上闻。
7　庶姓：与天子或诸侯国君异姓且无亲属关系者。
8　弥缝遗阙：弥补缝合朝政中的过失、遗漏。
9　暗主：昏庸的君主。
10　侍御：泛指婢妾。
11　覆而殡之：翻过身来埋葬。

甲寅四年（公元294年）

大饥。

司隶校尉傅咸卒咸性刚简，风格峻整[1]。初为司隶，上言："货赂流行，所宜深绝。"奏免河南尹澹等官，京师肃然。

慕容廆徙居大棘城[2]。

乙卯五年（公元295年）

夏，六月，东海雨雹深五寸。

荆、扬、兖、豫、青、徐州大水。

冬，十月，武库火焚累代之宝及二百万人器械。

索头分其国为三部一居上谷之北，濡源[3]之西，禄官自统之；一居代郡参合陂[4]之北，使兄子猗㐌统之；一居定襄之盛乐故城，使猗㐌弟猗卢统之。代人卫操与从子雄及同郡箕澹往依拓跋氏，说猗㐌、猗卢招纳晋人。猗㐌悦之，任以国事，晋人附者稍众。

丙辰六年（公元296年）

春，以张华为司空。

夏，**匈奴郝度元反**匈奴郝度元与冯翊、北地马兰羌、卢水胡俱反，杀北地太守。征西大将军、赵王伦信用嬖人[5]孙秀，与雍州刺史解系争军事。朝廷征伦还，以梁王肜代之。系表请诛秀以谢氐、羌，张华以告肜，使诛之。秀友人为之说肜，得免。伦遂用秀计，深交贾、郭。贾后大爱信之，因求录尚书事，张华、裴頠固执不可，伦、秀由是怨之。

1　性刚简，风格峻整：性格刚正粗疏，风格严正庄重。刚简，刚正粗疏。峻整，严肃庄重。
2　大棘城：古地名，即棘城，位于今辽宁省锦州市义县西南。
3　濡源：濡水之源，位于今河北省张家口市沽源县境内。
4　参合陂：古地名，位于今内蒙古乌兰察布市凉城县东北。
5　嬖人：身份卑下而受宠爱的人。

秋，八月，秦雍[1]氏、羌齐万年反。冬，十一月，遣将军周处等讨
之初，御史中丞周处弹劾不避权戚[2]，梁王肜尝违法，处按劾[3]之。至是秦雍氏、
羌悉反，其帅齐万年僭帝号，围泾阳[4]。诏以处为建威将军，隶安西将军夏侯骏
以讨之。中书令陈准曰："骏及梁王皆贵戚，非将帅之才，进不求名，退不畏
罪。周处忠直勇果[5]，有仇无援。宜诏孟观以精兵万人为处前锋，必能殄寇[6]。不
然，梁王当使处先驱，而不救以陷之，其败必也。"朝廷不从。万年闻处来，
曰："周府君有文武才，若专断而来，不可当也，或受制于人，此成擒耳！"

关中饥疫[7]。

十二月，略阳氏杨茂搜据仇池[8]初，略阳清水氏[9]杨驹始居仇池。仇池方
百顷，其旁平地二十余里，四面斗绝而高，为羊肠蟠道[10]三十六回而上。至其
孙千万附魏，封为百顷王。千万孙飞龙浸强盛，徙居略阳，以其甥令狐茂搜为
子。茂搜避齐万年之乱，率部落还保仇池，自号辅国将军、右贤王。关中人士
避乱者多依之，茂搜迎接抚纳，欲去者，卫护、资送[11]之。

丁巳七年（公元 297 年）

春，正月，将军周处及齐万年战，败，死之齐万年屯梁山[12]，有众
七万。梁王肜、夏侯骏使周处以五千兵击之。处曰："军无后继，必败。不徒

1　秦雍：古秦地，指今陕西省西安市一带。
2　权戚：有权势的外戚。
3　按劾：查验弹劾。
4　泾阳：古地名，位于今陕西省咸阳市泾阳县西北。
5　勇果：勇敢果断。
6　殄寇：消灭敌寇。
7　饥疫：饥饿无粮并患疫病。
8　仇池：古山名，位于今甘肃省陇南市西和县西南，以山上有仇池得名。
9　清水氏：氏族的一支，出自汉武都郡白马氏，原居于略阳清水（今甘肃省天水市清水县
　　西北）。
10　蟠道：盘曲的山路。
11　资送：送行时赠以钱财。
12　梁山：古山名，位于今陕西省咸阳市乾县西北。

亡身，为国取耻。"肜、骏逼遣之。处攻万年于六陌[1]，军士未食，肜促令速进。自旦战至暮，斩获甚众，弦绝矢尽，救兵不至。左右劝处退，处按剑曰："是吾效节致命[2]之日也！"遂力战而死。朝廷虽以尤[3]肜，而亦不能罪也。

秋，七月，雍、秦[4]旱，疫米斛万钱。

九月，以王戎为司徒戎为三公，与时浮沉，无所匡救，委事僚宷[5]，轻出游放[6]。性复贪吝[7]，园田[8]遍天下，每自执牙筹[9]，昼夜会计[10]，常若不足。家有好李，卖之恐人得种，常钻其核。凡所赏拔[11]，专事虚名。阮咸之子瞻尝见戎，戎问曰："圣人贵名教，老、庄明自然，其旨异同？"瞻曰："将无同[12]！"戎咨嗟良久，遂辟之。时人谓之"三语掾"。是时，王衍为尚书令，乐广为河南尹，皆善清谈，宅心[13]事外，名重当世，朝野争慕效之。衍与弟澄，好题品[14]人物，举世以为仪准[15]。衍神情明秀[16]，少时，山涛见之，曰："何物老妪，生宁馨儿[17]？然误天下苍生者，未必非此人也。"广性冲约清远[18]，与物无竞。每谈论，以约言[19]析理，厌[20]人之心，而其所不知，默如[21]也。凡论人，必先称其所长，则所短不言自见。澄

1　六陌：古地名，位于今陕西省咸阳市乾县东。
2　效节致命：效节，尽忠。致命，捐躯。
3　尤：归咎，怨恨。
4　雍、秦：雍州、秦州。
5　僚宷：同僚。
6　轻出游放：轻出，随便外出。游放，游荡放纵。
7　贪吝：贪婪吝啬。
8　园田：园圃和田地。
9　牙筹：象牙或骨、角制的计数算筹。
10　会计：核计，计算。
11　赏拔：赏识提拔。
12　将无同：恐怕没什么两样吧。将无，恐怕，或许。
13　宅心：居心。
14　题品：品评。
15　仪准：法度标准。
16　明秀：明净秀美。
17　何物老妪，生宁馨儿：什么样的老妇人，生下了这样的孩子。宁馨儿，这样的孩子，用于赞美。
18　冲约清远：冲约，淡泊俭约。清远，清明高远。
19　约言：简要之言。
20　厌：使满足。
21　默如：沉默不言。

及阮咸、咸从子修、胡毋辅之、谢鲲、王夷、毕卓，皆以任放[1]为达，醉狂裸体，不以为非。辅之尝酣饮，其子谦之厉声呼之曰："彦国[2]，年老，不得为尔！"辅之欢笑，呼入共饮。卓比舍郎酿熟[3]，因夜至瓮间盗饮，为掌酒者所缚，明旦视之，乃毕吏部[4]也。广闻而笑之曰："名教内自有乐地，何必乃尔？"初，何晏等祖述[5]老、庄，立论以为："天地万物，皆以无为本。无也者，开物成务[6]，无往不存者也。阴阳恃以化生，贤者恃以成德。故无之为用，无爵而贵矣。"衍等爱重之。由是士大夫皆尚浮诞[7]，废职业。裴頠著《崇有论》以释其蔽曰："利欲可损而未可绝有也，事务[8]可节而未可全无也。谈者深列有形之累，盛称空无之美。遂薄综世之务，贱功利之用，高浮游[9]之业，卑经实[10]之贤。人情所徇[11]，名利从之。于是立言藉于虚无，谓之玄妙；处官不亲所职，谓之雅远；奉身散其廉操[12]，谓之旷达。故悖吉凶之礼，忽容止之表，渎长幼之序，混贵贱之级，无所不至。夫万物之生，以有为分者也。故心非事也，而制事必由于心，不可谓心为无也。匠非器也，而制器必须于匠，不可谓匠非有也。由此而观，济有者皆有也[13]，虚无奚益于已有之群生哉？"然习俗已成，頠论亦不能救。

索头猗㐌西略诸国猗㐌渡漠北巡，西略诸国，降附者三十余国。

戊午八年（公元298年）

秋，九月，荆、豫、徐、扬、冀州大水。

1　任放：任性放纵。
2　彦国：即胡毋辅之，胡毋辅之字彦国。
3　比舍郎酿熟：邻室的主人酿造的酒熟了。
4　毕吏部：毕卓任吏部郎，因此称毕吏部。
5　祖述：阐述，发扬。
6　开物成务：通晓万物之理，得以办好各种事情。开，开通，了解。务，事务。
7　浮诞：轻浮放荡。
8　事务：要做的或所做的事情。
9　浮游：虚浮不实。
10　经实：经世实用。
11　徇：谋求。
12　廉操：清廉的节操。
13　济有者皆有也：增益有形的事物是有用的。

遣侍御史李苾慰劳汉川流民略阳巴氏[1]李特、庠、流皆有材武，善骑射，性任侠，州党[2]多附之。及齐万年反，关中荐饥[3]，略阳、天水等六郡民流移入汉川者数万家，道路有疾病穷乏者，特兄弟振救之，由是得众心。流民至汉中，上书求寄食巴蜀。朝议遣侍御史李苾持节慰劳，且监察之，不令入剑阁。苾受流民略，表言："流民十万余口，非汉中一郡所能振赡[4]。蜀有仓储，宜令就食[5]。"从之。由是散在梁、益，不可禁止。特至剑阁，太息曰："刘禅有如此地，面缚于人，岂非庸才耶？"

遣将军孟观讨齐万年张华荐观沉毅，有文武材用，使讨齐万年。观身当矢石，大战十数，皆破之。

己未**九年**（公元 299 年）

春，正月，观击万年，获之太子洗马江统以为戎狄乱华，宜早绝其原，乃作《徙戎论》以警朝廷，曰："四夷之中，戎狄为甚。弱则畏服，强则侵叛。是以有道之君待之有备，御之有常，虽稽颡执贽[6]而边城不弛固守[7]，强暴为寇而兵甲不加远征，期令境内获安，疆场不侵而已。及至周室失统，诸侯专征，戎狄乘间得入中国，或招诱安抚以为己用，自是四夷交侵，中国错居[8]。及秦始皇并天下，兵威旁达[9]，攘胡走越，当是时，中国无复四夷也。汉建武中，马援领陇西太守，讨叛羌，徙其余种于关中，居冯翊、河东空地。数岁之后，

---

1 巴氏：氏族的一个分支，分布于今甘肃、陕西、四川等省的交界处，大部分集中于陇南地区。
2 州党：乡里。
3 荐饥：连年灾荒，连续灾荒。
4 振赡：赈济救助。
5 就食：到那儿去谋生。
6 执贽：谒见人时携礼物相赠。执，持。贽，所携礼品。
7 不弛固守：不放松坚固的守备。
8 错居：杂处。
9 旁达：辐射到近邻。

族类蕃息[1]。永初叛乱，夷、夏俱敝。自此之后，余烬不尽，小有际会[2]，辄复侵叛。魏武帝徙武都氐于秦川以御蜀，盖权宜之计，今已受其敝矣。夫关中，帝王所居，未闻戎狄宜在此土也。非我族类，其心必异。而士庶玩习[3]，侮其轻弱，以贪悍[4]之性，挟愤怒之情，候隙乘便，辄为横逆，此必然之势也。今宜及兵威方盛，因其死亡流散，与关中之人户[5]为仇雠之际，徙诸羌，着先零、罕开、析支之地；徙诸氐，出还陇右，着阴平、武都之界[6]。廪[7]其道路之粮，令足自致[8]，各附本种，返其旧土，使属国、抚夷[9]就安集之。戎、晋不杂，并得其所。纵有猾夏之心，绝远中国，隔阂山河，为害不广矣。并州之胡，本匈奴桀恶[10]之寇也。建安中，使右贤王去卑诱质呼厨泉[11]，听其部落散居六郡。今为五部，户至数万，骁勇便利[12]，倍于氐、羌。若有不虞，则并州之域，可为寒心。正始中，毌丘俭讨句骊，徙其余种于荣阳。户落[13]今以千计，数世之后，必至殷炽[14]。今百姓失职[15]，犹或亡叛，犬马肥充，则有噬啮[16]，况于夷狄，能不为变？但顾其微弱耳！夫为邦者，忧不在寡而在不安，以四海之广，士民之富，岂须夷虏在内然后取足哉？此等皆可申谕发遣[17]，还其本域，慰彼土思，惠此中国，于计为长也。"朝廷不能用。

1　蕃息：滋生，繁衍。
2　际会：遇合，聚集。
3　玩习：玩忽。
4　贪悍：贪婪强悍。
5　人户：民户，人家。
6　徙诸羌，着先零、罕开、析支之地；徙诸氐，出还陇右，着阴平、武都之界：迁移各部落羌人，安置在先零、罕开、析支等地；迁移各部落氐人，让他们回归陇右，安置到阴平、武都地区。
7　廪：公家发给粮食。
8　自致：自给。
9　属国、抚夷：均为官名，即属国都尉、抚夷护军。
10　桀恶：凶恶。
11　诱质呼厨泉：诱骗呼厨泉作人质。
12　便利：敏捷，灵活。
13　户落：家庭户数。
14　殷炽：繁盛。
15　失职：失去常业，失所。
16　噬啮：咬。
17　申谕发遣：申谕，反复开导。发遣，派遣，差遣。

以成都王颖为平北将军，镇邺；河间王颙为镇西将军，镇关中贾谧侍讲东宫，对太子倨傲，颖见而叱之。谧怒，言于贾后，出之。又以颙镇关中。初，武帝作石函之制[1]，非至亲不得镇关中。颙，安平献王孚之孙也，轻财爱士，朝廷以为贤，故用之。

秋，八月，侍中贾模卒，以裴颁为尚书仆射贾后淫虐日甚，私于太医令[2]程据等。裴颁与贾模及张华议废后，更立谢淑妃。模、华皆曰："主上自无废黜之意，而吾等专行之，傥上心不以为然，将若之何？且诸王方强，朋党各异，恐一旦祸起，身死国危，无益社稷。"颁曰："诚如公言。然中宫逞其昏虐，乱可立待也。"华曰："卿二人于中宫皆亲戚，言或见信，宜数为陈祸福之戒，庶无大悖，则天下尚未至于乱，吾曹得以优游卒岁而已。"颁旦夕说其从母[3]广城君，令戒谕[4]贾后以亲厚太子。模亦数为后言祸福，后反以模为毁己而疏之，模忧愤而卒。以颁为尚书仆射。颁虽后亲属，然雅望[5]素隆，四海惟恐其不居权位。颁拜尚书仆射，又诏专任门下[6]事，颁上表固辞。或谓曰："君可以言，当尽言于中宫。言而不从，当远引[7]而去。傥二者不立，虽有十表，难以免矣。"颁不能从。帝为人戆騃[8]，尝在华林园闻虾蟆[9]，谓左右曰："此鸣者，为官乎？为私乎？"时天下荒馑[10]，百姓饿死，帝闻之曰："何不食肉糜[11]？"由是权在群下，政出多门，势位之家，更相荐托[12]，有如互市。贾、郭恣横[13]，货赂

---

1 石函之制：晋武帝司马炎应命登台受禅，和当时朝廷八公一起制定了一系列的国策，并将这些国策收藏在一个密制的石函之内，称之为"石函之制"。石函，石头制成的匣子。
2 太医令：古官名，为太医之长，掌诸医，属官有方丞、药丞各一人。
3 从母：母亲的姐妹，即姨母。
4 戒谕：告诫训谕。
5 雅望：清高的名望。
6 门下：古官署名，又称侍中寺，晋时因其掌管门下众事，始称门下省。
7 远引：远去，远游。
8 戆騃：痴呆。
9 虾蟆：蛤蟆。
10 荒馑：饥荒。
11 肉糜：细碎的肉。
12 荐托：推举。
13 恣横：放纵专横。

公行。南阳鲁褒作《钱神论》以讥之。又，朝臣务以苛察相高，每有疑议，各立私意，刑法不一，狱讼繁滋[1]。尚书刘颂上疏曰："近世以来，法渐多门，令甚不一，吏不知所守，下不知所避。夫君臣之分，各有所司。法欲必奉，故令主者守文；理有穷塞，故使大臣释滞[2]；事有时宜，故人主权断[3]。主者守文，若释之执犯跸之平[4]也；大臣释滞，若公孙弘断郭解之狱[5]也；人主权断，若汉祖戮丁公之为也。自非此类，皆以律令从事。然后法信于下，可以言政矣。"乃下诏："郎、令史复出法驳案者，随事以闻[6]。"然亦不能革也。颍荐平阳韦忠于张华，华辟之，忠辞疾不起。人问其故，忠曰："张茂先华而不实，裴逸民欲而无厌，弃典礼而附贼后，此岂大丈夫之所为？常恐其溺于深渊而余波及我，况可褰裳[7]而就之哉？"关内侯索靖知天下将乱，指洛阳宫门铜驼[8]叹曰："会见[9]汝在荆棘中耳！"

冬，十一月朔，日食。

十二月，废太子遹为庶人初，广城君郭槐以贾后无子，常劝后慈爱太子。欲以韩寿女为太子妃，太子亦欲婚韩氏以自固。寿妻贾午及后皆不听，而为太子聘王衍少女。太子闻衍长女美，而后为贾谧聘之，心不能平，颇以为言。及广城君病，临终，执后手，令尽心于太子。又曰："赵粲、贾午，必乱汝家。"后不从，更与粲、午谋害太子。太子幼有令名，及长，不好学，惟与左右嬉戏，后复使黄门辈诱之为奢虐[10]。由是名誉浸减，或废朝侍[11]而纵游逸，

1　繁滋：发展增多。
2　释滞：解决疑难问题。
3　权断：决断。
4　释之执犯跸之平：西汉张释之公允地依法处理违反皇帝出行时清道法律的人。
5　公孙弘断郭解之狱：西汉公孙弘判处郭解案。
6　郎、令史复出法驳案者，随事以闻：郎、令史等官员再遇到法律规定之外需要讨论议处的事情，要随案件本身上报处理意见。
7　褰裳：原指撩起下裳，后遂以"褰裳"为不辞劳苦，急于为国事奔波之典。
8　铜驼：铜制的骆驼，古代置于宫门外。
9　会见：将会见到。
10　奢虐：奢侈而暴虐。
11　朝侍：朝见。

于宫中为市，使人屠酤[1]，手揣斤两，轻重不差。其母本屠家女也，故太子好之。又令西园卖蔬菜、篮子、鸡、面等物而取其利。又好阴阳小数，多所拘忌[2]。洗马江统上书陈五事，不从。中舍人[3]杜锡每尽忠谏，劝太子修德业，保令名，言辞恳切。太子患之，置针着锡常所坐毡中，刺之流血。太子性刚，知贾谧恃中宫骄贵，不能假借[4]之。谧谮于后曰：“太子多畜私财以结小人者，为贾氏故也。不如早图之。”后乃宣扬太子之短，又诈为有娠，内藁物产具[5]，取妹夫韩寿子养之。时朝野咸知后有害太子之意，左卫率[6]刘卞以问张华，华曰：“君欲如何？”卞曰：“东宫俊乂如林，四率精兵万人，若得公命，皇太子因朝入录尚书事，废贾后于金墉城，两黄门力耳。”华曰：“今天子当阳[7]，太子，人子也，吾又不受阿衡之命，忽相与行此，是无君父而以不孝示天下也。虽能有成，犹不免罪，况权戚满朝，威柄[8]不一，成可必乎？”后颇闻之，以卞为雍州刺史，卞饮药而死。十二月，后诈称帝不豫[9]，召太子入朝。既至，置于别室，遣婢陈舞以帝命赐酒三升，逼使尽饮之，遂大醉。后使黄门侍郎潘岳作书草[10]，称诏使书之，文曰：“陛下宜自了，不自了，吾当入了。中宫又宜速自了，不自了，吾当手了之。并与谢妃共要，刻期两发[11]，扫除患害。”太子醉迷，遂依而写之。字半不成，后补成之，以呈帝。帝幸式乾殿，召公卿入，以太子书示之曰：“遹书如此，今赐死。”诸王公莫有言者，张华曰：“此国之大祸，

1　屠酤：宰牲和卖酒，亦泛指职业微贱的人。
2　拘忌：拘束顾忌。
3　中舍人：古官名，以舍人中才学优秀者充之，与中庶子同掌太子宫文翰，位在中庶子下，洗马上。
4　假借：凭借，借助。
5　内藁物产具：在宫内准备了禾草之类的接生工具。
6　左卫率：古官名，主门卫士。卫率分太子左、右、前、后卫率，分掌一军，掌东宫护卫。
7　当阳：古称天子南面向阳而治。
8　威柄：威权，权力。
9　不豫：帝王有病。
10　书草：文稿。
11　并与谢妃共要，刻期两发：同时与谢妃约定，到时间皇宫内外一起举事。刻期，限定日期。

自古常因废黜正嫡以致丧乱。愿陛下详之。"裴頠以为宜先检校[1]传书者，又请比校[2]太子手书，恐有诈妄[3]。议至日西不决，后惧事变，乃表免太子为庶人，诏许之。以其子虨、臧、尚皆幽于金墉城。王衍自表离婚，许之，杀谢淑媛，虨亦寻[4]卒。

庚申**永康元年**（公元 300 年）

春，正月，幽故太子遹于许昌贾后使黄门自首，欲与太子为逆。诏以首辞[5]颁示公卿，遣千兵卫太子，幽于许昌。诏宫臣[6]不得辞送。江统等五人送至伊水，拜辞涕泣，司隶收缚送狱，河南尹乐广皆解遣[7]之。

三月，尉氏[8]雨血，妖星见南方，太白[9]昼见，中台星拆[10]张华少子韪劝华逊位，华曰："天道幽远，不如静以待之。"

皇后杀故太子遹太子既废，众情愤怒。卫督[11]司马雅尝给事东宫，与殿中郎士猗等谋废贾后，复太子。以右军将军、赵王伦执兵柄，性贪冒[12]，可假[13]以济事，乃说孙秀曰："今国无嫡嗣，社稷将危，大臣将起大事，而公名奉事中宫，与贾、郭亲善，太子之废，皆云豫知[14]，一朝事起，祸必相及，何不先谋之乎？"秀言于伦，伦然之，遂告通事令史[15]张林，使为内应。将发，秀又谓伦曰："太子聪明刚猛，若还东宫，必不受制于人。明公素党于贾后，今虽建大

1　检校：审查核对。
2　比校：考核，考校。
3　诈妄：欺诈诬妄。
4　寻：顷刻，不久。
5　首辞：自首的文字。
6　宫臣：太子的属官。
7　解遣：押送。
8　尉氏：古县名，治所即今河南省开封市尉氏县。
9　太白：古星名，即金星，又称长庚、启明。
10　中台星拆：中台的两颗星分开。中台，古星名。
11　卫督：古官名，统领禁军，负责宫殿内的宿卫。
12　贪冒：贪图财利。
13　假：借。
14　豫知：事先知道。
15　通事令史：古官名，中书省、门下省属吏，掌奏文案、宣诏令。

功，太子谓公特遍于百姓之望以免罪耳，必不深德[1]明公。不若迁延缓期，贾后必害太子，然后废后，为太子报仇，岂徒免祸，更可以得志。"伦然之。秀因使人行反间，言殿中人欲废皇后，迎太子。后使太医令程据和毒药，遣黄门孙虑至许昌，逼太子，杀之。

夏，四月朔，日食。

赵王伦废皇后贾氏为庶人，杀之。遂杀司空张华、仆射裴𬱟，自为相国，追复故太子位号赵王伦、孙秀使司马雅告张华曰："赵王欲与公共匡社稷，为天下除害。"华拒之。雅怒曰："刃将加颈，犹为是言邪？"不顾而出。伦矫诏敕三部司马[2]曰："中宫与贾谧等杀太子，今使车骑[3]入废中宫，汝等从命，赐爵关中侯[4]，不从者，诛三族。"众皆从之。开门夜入，遣齐王冏将百人排阁[5]迎帝幸东堂[6]，召贾谧，斩之。遂废后为庶人，收赵粲、贾午考竟。召八座以上皆夜入殿。伦阴与秀谋篡位，欲先除朝望[7]，且报宿怨。乃执张华、裴𬱟、解结等于殿前。华谓张林曰："卿欲害忠臣邪？"林称诏诘之曰："卿为宰相，太子之废，不能死节，何也？"华曰："式乾之议，臣谏事具存，可覆按[8]也。"林曰："谏而不从，何不去位？"华无以对，遂皆斩之，夷三族。解结女适裴氏，明日当嫁而祸起，裴氏欲认活[9]之，女曰："家既若此，我何以活为？"亦坐死。朝廷由是议革旧制，女不从死。伦送贾庶人于金墉，诛董猛、孙虑、程据等。阎缵抚张华尸恸哭曰："早语君逊位而不肯，今果不免，命也。"于是伦自为都督中外诸军事、相国、侍中，孙秀等并据兵权，文武封侯者数千人。

---

1 德：感激。
2 三部司马：古官名，为前驱、由基、强弩三部司马的合称，三者分别掌管戟盾、弓矢和硬弩部队。
3 车骑：车骑将军的省称。
4 关中侯：一种虚封爵位，没有饷禄，仅代表荣誉，以封赏军功。
5 排阁：推门。
6 东堂：晋代宫中的正殿。
7 朝望：朝廷中有威望的大臣。
8 覆按：审察，查究。
9 认活：裴氏认亲，便不再是解家女，这样便可以使她活下来。

伦素庸愚[1]，复受制于秀。秀为中书令，威权震朝廷，天下皆事秀而无求于伦。诏追复故太子遹位号，立臧为临淮王。有司奏："尚书令王衍备位大臣，太子被诬，志在苟免，请禁锢终身。"从之。伦欲收人望，选用海内名德之士，以李重、荀组为左、右长史，王堪、刘谟为左、右司马，束皙为记室，荀崧、陆机为参军[2]。重知伦有异志，辞疾不就，伦逼之不已，忧愤成疾，扶曳[3]受拜，数日而卒。伦遂矫诏，遣使赍金屑酒赐贾后死于金墉城。

五月，立临淮王臧为皇太孙。

秋，八月，淮南王允讨赵王伦，不克而死赵王伦以允为骠骑将军，领中护军。允性沉毅，宿卫将士皆畏服之。知伦、秀有异志，谋讨之。伦、秀转允为太尉，外示优崇，实夺其兵权。允遂率国兵数百人，直出大呼曰："赵王反，我讨之，从者左袒[4]。"于是从者甚众，遂围相府。伦与战屡败，死者千余人。允结阵于承华门[5]前，中书令陈淮欲应允，言于帝，遣伏胤持白虎幡[6]以解斗[7]。伦子汝阴王处在门下省，阴与胤誓曰："富贵当共之。"胤乃诈言有诏助淮南王，允不之觉，开阵受诏，胤因杀之。坐允夷灭[8]者数千人。

赵王伦杀黄门郎潘岳、卫尉石崇等初，孙秀尝为小吏，岳屡挞[9]之。崇之甥欧阳建素与伦有隙。崇有爱妾绿珠，秀求之，不与。及淮南王允败，秀因称崇、岳、建奉允为乱，收之。崇叹曰："奴辈利吾财耳[10]！"收者曰："知财为祸，何不早散之？"崇不能答。初，岳母常诮责[11]岳曰："汝当知足，而干

1　庸愚：庸下愚昧。
2　参军：古官名，负责参谋军事。
3　扶曳：搀扶着走，多指困顿貌。
4　左袒：脱左袖，露出左臂。
5　承华门：太子宫门名。
6　白虎幡：上有白虎图案的旗，古代用作传布朝廷政令或军令的符信。
7　解斗：使争斗的双方和解。
8　夷灭：消灭，杀尽。
9　挞：打，用鞭、棍等打人。
10　奴辈利吾财耳：奴才之辈贪图我的财富罢了。
11　诮责：责备。

没¹不已乎？”及败，岳谢母曰：“负阿母。”遂皆族诛。

以齐王冏为平东将军，镇许昌齐王冏以功迁游击将军²。冏意不满，孙秀觉之，且惮其在内，乃以为平东将军，出镇许昌。

赵王伦自加九锡孙秀议加伦九锡，吏部尚书刘颂曰：“昔汉之锡³魏，魏之锡晋，皆一时之用，非可通行。周勃、霍光，其功至大，不闻有九锡之命也。”张林欲杀之，秀曰：“杀张、裴已伤时望⁴，不可复杀颂。”乃止。遂下诏加伦九锡，复加其子荂及秀、林等官，并居显要。伦诸子顽鄙⁵无识，秀狡黠贪淫，所与共事者，皆邪佞⁶之士，惟竞荣利⁷，无深谋远略，志趣乖异，互相憎疾⁸。秀子会形貌短陋⁹，如奴仆之下者，秀使尚帝女河东公主。

冬，十一月，立皇后羊氏后父尚书郎玄之，孙秀之党也。

前益州刺史赵廞反诏征益州刺史赵廞为大长秋，以成都内史耿滕代之。廞，贾后之姻亲也。闻征甚惧，且以晋室衰乱，阴有据蜀之志，乃倾仓廪，赈流民，厚遇李特兄弟，以为爪牙。特等恃势，聚众为盗。滕数密表：“流民刚剽¹⁰，蜀人懦弱，主不能制客，必为乱阶，宜使还本地。”廞闻而恶之。州被诏书，遣文武千余人迎滕。时成都治少城¹¹，益州治太城。廞犹在太城未去。滕欲入州，功曹陈恂谏曰：“今构怨已深，不如留少城以观其变，檄诸县合村保以备秦氏¹²。”滕不从，廞遣兵逆战，滕败死。廞又遣兵逆西夷校尉¹³陈总。总主

1　干没：侵吞别人的财物。
2　游击将军：古官名，为杂号将军之一，统兵专征，与骁骑将军分领命中虎贲，掌宿卫之任。
3　锡：通“赐”，给予，赐给。
4　时望：当时有威信有声望的人。
5　顽鄙：愚钝鄙陋。语出《老子》：“众人皆有以，而我独顽似鄙。”
6　邪佞：奸邪，伪善。
7　荣利：功名利禄。
8　憎疾：厌恶妒忌。
9　形貌短陋：形貌，外形相貌。短陋，矮小丑陋。
10　刚剽：刚健勇悍。
11　少城：又名小城，位于今四川省成都市旧城西城，东连太城。太城位于成都市区东城。
12　檄诸县合村保以备秦氏：向各县发布檄令，让各村保联合做好抵御秦氏人的准备。
13　西夷校尉：古官名，持节、统兵，掌益州少数民族事务。

簿赵模曰："今当速行，助顺讨逆，谁敢动者？"总缘道[1]停留，比至鱼涪津，已遇廞军。模白总，散财募兵以战，总又不听。众遂自溃，廞杀之，自称益州牧，置僚属，易守、令。李庠等以四千骑归廞，廞委以心膂，使招合六郡壮勇万人，以断北道。

辛酉**永宁元年**（公元301年）

春，正月，以张轨为凉州刺史散骑常侍张轨以时方多难，阴有保据[2]河西之心，欲求为凉州。时盗贼纵横，鲜卑为寇，轨以宋配、氾瑗为谋主，悉讨破之，威著西土。

赵王伦自称皇帝，迁帝于金墉城，杀太孙臧赵王伦逼夺玺绶，备法驾入官，即位。帝出居金墉城，尊为太上皇。废皇太孙为濮阳王，杀之。以孙秀为侍中、中书监，其余党与皆为卿、将，奴、卒亦加爵位。每朝会，貂蝉[3]盈坐，时人为之谚曰："貂不足，狗尾续。"是岁，天下所举贤良、秀才、孝廉皆不试，郡国计吏及太学生年十六以上者皆署吏[4]，守、令赦日在职者[5]皆封侯，郡县纲纪并为廉吏。府库之储，不足以供赐与。应侯者多，铸印不给，或以白版[6]封之。

巴氏李特杀赵廞。诏以罗尚为益州刺史李庠骁勇，得众心，赵廞浸忌之。会庠劝廞称尊号，廞以庠大逆，斩之。复用李特为督将。特怨廞，遂攻杀之，纵兵大掠，遣使诣洛阳，陈廞罪状。初，梁州刺史罗尚闻廞反，表："廞素非雄才，败亡可待。"诏拜尚益州刺史，督广汉太守辛冉等入蜀。特闻之，惧，使弟骧迎，献珍玩。尚悦，以骧为骑督。冉说尚曰："特等专为盗贼，宜因会

1　缘道：沿途。
2　保据：占据。
3　貂蝉：貂尾和附蝉，古代为侍中、常侍等贵近之臣的冠饰。借指侍中、常侍之官。
4　署吏：成为代理官员。
5　赦日在职者：全国大赦这一天在职的人。
6　白版：书刊上没有印文字和图表的空白纸。

斩之。不然，必为后患。"尚不从。

三月，齐王冏及成都王颖、河间王颙等举兵讨伦，伦遣兵拒之齐王冏遣使告成都王颖、河间王颙、长沙王乂及新野公歆，移檄征镇[1]，称："逆臣孙秀，迷误[2]赵王，当共讨之。有不从命，诛及三族。"颖召邺令卢志谋之，志曰："杖顺[3]讨逆，百姓必不召自至。"颖从之，远近响应。至朝歌，众二十余万。歆得冏檄，未知所从。嬖人王绥曰："赵亲而强，齐疏而弱，宜从赵。"参军孙询大言[4]曰："赵王凶逆，天下当共诛之，何亲疏强弱之有？"歆乃从冏。颙初用长史李含谋，执冏使，遣张方将兵助伦。及闻二王兵盛，复召方还，更附二王。伦、秀闻兵起，大惧，遣孙辅、张泓、司马雅率兵拒冏，秀子会及士猗、许超率兵拒颖。

闰月朔，日食。

自正月至于是月，五星互经[5]天，纵横无常。

夏，四月，成都王颖击败伦兵于溴水[6]，率师济河。左卫将军[7]王舆等迎帝复位，伦伏诛张泓等与齐王冏战于颍上[8]，屡破之。泓攻冏营，冏出兵击破其别将，泓等乃退。成都王颖前锋至黄桥[9]，为孙会、士猗、许超所败，颖欲退，卢志曰："今我军失利，敌有轻我之心。不若更选精兵，星行倍道[10]，出敌不意，此用兵之奇也。"颖从之。伦赏黄桥之功，猗、超、会皆持节[11]。由是军

---

1 征镇：将军、大将军的称号，有征东、镇东、征西、镇西之类，监临军事，守卫地方，总称征镇。
2 迷误：使迷惑，贻误。
3 杖顺：顺循天理人心。
4 大言：高声地说。
5 互经：交互经过。
6 溴水：古水名，即今河南省济源、孟州二市境内黄河支流漭河。
7 左卫将军：古官名，晋武帝司马炎分中卫将军为左、右卫将军，掌伙飞虎贲及前驱、由基、强弩三部司马，属下还有虎贲、羽林、上骑、异力、命中虎贲等五部督，负责宫禁宿卫。
8 颍上：颍水边。颍水，淮河支流，流域跨今河南、安徽两省。
9 黄桥：古地名，位于今河南省鹤壁市淇县西。
10 倍道：兼程而行，一日走两日的路程。
11 持节：古官名，魏、晋以后有使持节、持节、假节、假使节等，其权大小有别，皆为刺史总军戎者。

政不一，且恃胜，不设备。颖击之于溴水，会等大败，颖乘胜长驱济河。自冏等起兵，百官将士皆欲诛伦、秀。及河北军败，左卫将军王舆率营兵入宫，三部司马为应于内，攻孙秀于中书省[1]，斩之。使黄门将伦还第，迎帝于金墉城。自端门[2]入，升殿，群臣顿首谢罪。分遣使者慰劳三王，赐伦死，收其子诛之。凡百官为伦所用者皆斥免，台、省、府、卫，仅有存者[3]。颖、颙皆至洛阳。自兵兴六十余日，战斗死者近十万人。

六月，以齐王冏为大司马，辅政。成都王颖为大将军，河间王颙为太尉，各还镇齐王冏入洛阳，甲士数十万，威震京都，诏以为大司马，加九锡，备物典策[4]，如宣、景、文、武辅魏故事。成都王颖为大将军，都督中外诸军事，假黄钺，录尚书事，加九锡。河间王颙为侍中、太尉。常山王乂为抚军大将军。进新野公歆爵为王。齐、成都、河间三府，各置掾属四十人，武号森列[5]，文官备员而已，识者知兵之未戢也。歆说冏夺颖兵权，乂亦劝颖图冏，闻者忧惧。卢志谓颖曰："大王径前济河，功无与贰[6]。然两雄不俱立，宜因太妃微疾，求还定省，委重[7]齐王，以收四海之心。"颖从之。表称冏功德，宜委以万机，即辞归邺。由是士民之誉皆归颖。冏辟刘殷为军咨祭酒[8]，曹摅为记室，江统、苟晞参军事，张翰、孙惠为掾，顾荣、王豹为主簿。殷幼孤贫，养曾祖母，以孝闻，人以谷、帛遗之，殷受而不谢，直云："待后贵当相酬耳。"及长，博通经史，性倜傥有大志，俭而不陋，清而不介，望之颓然而不可侵也。冏以何勖为中领军，董艾典枢机，又封其将佐有功者葛旟等为县公[9]，委以心膂，号曰"五公"。颖至邺，让九锡殊

1　中书省：古官署名，为掌管机要、出纳政令章奏的宫廷机构，收纳群臣奏书，草拟皇帝诏令，兼领修史、记录起居，权任颇重。

2　端门：宫殿的正南门。

3　仅有存者：所剩无几。

4　典策：史官的书策。

5　武号森列：有武号的属官森严排列。

6　功无与贰：功劳没有人能相提并论。

7　委重：任用倚重。

8　军咨祭酒：古官名，晋朝因避讳，由军师祭酒改名，诸将军府置，位在诸僚佐之上。

9　县公：公爵的第二等（禅代前的权臣除外），次于郡公。县公皆为实封，有封国、食邑。

礼。表论兴义[1]功臣，乞运河北邸阁米[2]以赈阳翟饥民。敛祭[3]黄桥战士，旌显[4]其家。皆卢志之谋也。颖形美而神昏，不知书，然气性敦厚，委事于志，故得成其美焉。初，囧疑中书郎陆机为赵王伦撰禅诏[5]，收，欲杀之。颖为辨理，得免。因表为平原内史，以其弟云为清河内史。机友人顾荣、戴渊以中国多难，劝机还吴。机以受颖全济之恩，且谓颖有时望，可与立功，遂留不去。

　　冬，十月，李特据广汉，进攻成都 初，朝廷符[6]下秦、雍，召还流民入蜀者，又遣御史冯该督之。李特兄辅自略阳至蜀，言中国方乱，不足复还。特然之，累遣阎式诣罗尚求权[7]停至秋，又纳赂于尚及该，尚、该许之。玺书下益州，条列六郡流民与特同讨赵廞者，将加封赏。辛冉欲以为己功，不以实上，众咸怨之。尚督流民七月上道。时流民布在梁、益，为人佣力[8]，闻州郡逼遣，人人愁怨，且水潦[9]方盛，年谷未登，无以为行资，特复求停至冬。辛冉及犍为太守李必以为不可。冉性贪暴，欲杀流民首领，取其资货[10]，乃与辛白尚设关搜索[11]。特数为流民请留，流民皆感而恃之，多相率归特。特乃结大营于绵竹以处之。辛冉又分牓购募[12]特兄弟，特取以归，与弟骧。改之为："募六郡豪杰侯王，一首百匹[13]。"于是流民大惧，归特愈众，旬月间至二万人。复遣阎式诣罗尚求申期[14]，尚许之。式还谓特曰："尚威刑不立，冉等各拥强兵，一旦为变，非尚所能制，宜为备。"特从之，与弟流分二营，缮甲治兵以待。至是冉、辛率步、骑三万袭特营，特发伏击之，

---

1. 兴义：起义。
2. 河北邸阁米：黄河以北粮仓的米。邸阁，古代官府所设储存粮食等物资的仓库。
3. 敛祭：收殓并祭奠。
4. 旌显：官府为忠孝节义的人立牌坊、赐匾额，以示表彰。
5. 禅诏：惠帝禅让帝位的诏书。
6. 符：盖有官府印信的一种下行公文。
7. 权：姑且，暂且。
8. 佣力：卖力气做佣工。
9. 水潦：大雨，雨水。
10. 资货：钱财货物。
11. 设关搜索：设置关卡搜查。
12. 分牓购募：分牓，同"分榜"，分别张贴告示。购募，悬赏缉捕。
13. 一首百匹：献一个人的首级，可以赏布百匹。
14. 申期：重新确定期限。

死者甚众。于是流民推特行镇北大将军，承制封拜，流及兄辅、弟骧皆号将军，进兵攻冉于广汉。冉出战屡败，奔德阳。特入据郡，进攻成都。与蜀民约法三章，施舍振贷，礼贤拔滞[1]，军政肃然，蜀民大悦。尚频为特所败，乃阻长围[2]，缘郫水[3]作营，连延七百里与特相拒，求救于梁州及南夷校尉。

壬戌**太安元年**（公元 302 年）

夏，**河间王颙遣兵讨李特，不克**河间王颙遣督护[4]衙博讨李特，军于梓潼。朝廷复以张微为广汉太守，军于德阳。特使其子荡等败博兵，博走，众降。特自称大将军、益州牧。

立清河王覃为皇太子齐王冏欲久专政，以帝子孙俱尽，大将军颖有次立之势[5]。清河王覃，武帝孙也，方八岁，乃上表请立为皇太子。以冏为太子太师，东海王越为司空，领中书监。

秋，八月，**广汉太守张微讨李特，败死。罗尚击之，亦败**张微击破特兵，进攻其营。李荡引兵救之，遂破微兵，杀之。李骧军毗桥[6]，罗尚遣军击之，屡为所败。骧遂进攻成都，李流军成都之北。尚遣精勇万人攻骧，骧与流合击，大破之，还者什一二。

冬，十二月，**河间王颙使长沙王乂杀齐王冏**齐王冏骄奢擅权，起府第与西宫等，中外失望。侍中嵇绍上疏曰：“存不忘亡，《易》之善戒也。臣愿陛下无忘金墉，大司马无忘颖上，大将军无忘黄桥，则祸乱之萌无由而兆[7]矣。”冏耽于宴乐，不入朝见，坐拜百官，符敕三台[8]，选举不均，嬖宠用事。南阳处士郑方上书谏曰：“大王安不虑危，燕乐过度，一失也。宗室骨肉，互相疑贰，二失

1　拔滞：提拔怀才不遇的人。
2　长围：环绕一城一地的较长工事，用于围攻或防守。
3　郫水：古水名，又称郫江，即今四川省金堂县与简阳市之间的沱江河段。
4　督护：古官名，方面镇将的部将。
5　次立之势：按皇位继承次序递补的形势。
6　毗桥：古桥名，位于今四川省成都市新都县南十里毗河上，为通往成都的要道。
7　兆：预示，预兆。
8　坐拜百官，符敕三台：坐着接受百官的叩拜，用符节向各官署发号施令。

也。蛮夷不静，不以为意，三失也。百姓困穷，不闻振救[1]，四失也。义兵[2]有功，久未论赏，五失也。"孙惠亦上书曰："天下有五难、四不可，而明公皆居之。冒犯[3]锋刃，一难也；聚致英雄，二难也；与将士均劳苦，三难也；以弱胜强，四难也；兴复皇业，五难也。大名不可久荷，大功不可久任，大权不可久执，大威不可久居。大王行其难而不以为难，处其不可而谓之可，惠窃所不安也。明公宜思功成身退之道，委重二王，长揖归藩，则太伯、子臧不专美于前矣[4]。"冏不能用，惠辞疾去。冏谓曹摅曰："或劝吾委权还国，何如？"摅曰："物禁太盛[5]，大王诚能居高虑危，襄裳去之，斯善之善者也。"冏不听。张翰、顾荣皆虑及祸，翰因秋风起，思菰菜、莼羹、鲈鱼鲙，叹曰："人生贵适志[6]耳，富贵何为？"即引去。荣故酣饮[7]，不省府事，以废职徙为中书侍郎。颍川处士庾衮闻冏期年不朝，叹曰："晋室卑矣，祸乱将兴！"率妻子逃于林虑山中。王豹致笺于冏曰："河间、成都、新野三王以方刚[8]之年，并典戎马，处要害之地，而明公挟震主之威，独据京都，专执大权，未见其福也。请悉遣王侯之国，依周、召之法，以成都王为北州伯，治邺；王自为南州伯，治宛。分河为界，各统王侯，以夹辅[9]天子。"长沙王乂见豹笺，谓冏曰："小子离间骨肉，何不铜驼下打杀？"冏乃鞭杀之。豹将死，曰："悬吾头大司马门，见兵之攻齐也。"冏以河间王颙本附赵王伦，恨之。颙长史李含因说颙曰："成都王至亲，有大功，推让还藩，甚得众心。齐王越亲[10]而专政，朝廷侧目。今檄长沙王使讨齐，齐王必诛

---

1 振救：救助，赈济。
2 义兵：讨伐司马伦的各路举义之师。
3 冒犯：顶着，不顾。
4 长揖归藩，则太伯、子臧不专美于前矣：谦逊有礼地返回封地，那么商朝末年辞让天下的吴太伯、春秋时辞让国家的曹国子臧就不会在历史上独占美名了。长揖，拱手高举，自上而下行礼。
5 物禁太盛：事物不可以使其发展得太强，物极必反。
6 适志：舒适自得。
7 酣饮：畅饮。
8 方刚：人在壮年时体力、精神正当旺盛。
9 夹辅：辅佐。
10 越亲：越过比他更近的皇亲。

长沙，吾因以为齐罪而讨之，去齐立成都，除逼建亲[1]，以安社稷，大勋也。"颙从之。颙表陈冏罪，请长沙王乂废冏，以颖辅政，遂举兵。遣李含、张方等趋洛阳。十二月，颙表至，冏大惧，会百官议之。尚书令王戎曰："二王兵盛，不可当也。若以王就第，委权崇让[2]，庶可求安。"冏从事中郎葛旟怒曰："汉、魏以来，王侯就第，宁有得保妻子者邪？议者可斩！"百官震悚[3]，戎伪药发[4]，堕厕得免。李含屯阴盘[5]，张方军新安，檄乂，使讨冏。冏遣董艾袭之，乂将左右百余人驰入宫，闭诸门，奉天子攻大司马府。城内大战，帝幸上东门，矢集御前，群臣死者相枕[6]。连战三日，冏众大败，执冏，斩之。同党皆夷三族。含等引兵还长安。乂虽在朝廷，事无巨细，皆就邺咨颖。

陈留王曹奂卒，晋人葬之，谥曰魏元皇帝。

鲜卑宇文部围棘城，慕容廆击破之廆以其臣慕舆句勤恪廉靖[7]，使掌府库。句心计默识[8]，不案簿书，始终无漏。以慕舆河明敏精审[9]，使典狱讼，覆讯清允[10]。

癸亥二年（公元 303 年）

春，二月，罗尚大破李特，斩之。李流代领其众李特潜渡江击罗尚，水上军皆散走。蜀郡太守以少城降，特入据之，惟取马以供军，余无侵掠。赦境内，改元"建初"。蜀民相聚为坞[11]者，皆送款[12]于特。特分流民于诸坞就食。李流言于特曰："诸坞新附，宜质其大姓子弟，聚兵自守，以备不虞。"特怒

1　除逼建亲：除去逼宫的人而立近亲。
2　委权崇让：交出权力，推崇礼让。
3　震悚：因恐惧而颤动。
4　伪药发：假装药力发作。
5　阴盘：古县名，治所位于今陕西省西安市临潼县东北。
6　相枕：彼此枕藉，极言其多。
7　勤恪廉靖：勤恪，勤勉恭谨。廉靖，逊让谦恭。
8　心计默识：心计，内心考虑。默识，暗中记住。
9　明敏精审：明敏，聪明机敏。精审，精密周详。
10　覆讯清允：覆讯，审讯。清允，清正而处事允当。
11　坞：防卫用的小堡。
12　送款：投诚，归降。

曰："大事已定，但当安民，何为更逆加[1]疑忌，使之离叛乎？"朝廷遣荆州刺史宗岱等率水军三万救尚，军势甚盛，诸坞皆有贰志[2]。任叡言于尚曰："特散众就食，骄怠[3]无备，此天亡之时也。宜密约诸坞，刻期同发，内外击之，破之必矣。"二月，遣兵掩袭特营，诸坞皆应之，特兵大败，斩特，传首洛阳。李流及荡、雄收余众还保赤祖[4]。流自称益州牧，保东营，荡、雄保北营。尚遣督护何冲攻流，流大破之，乘胜进抵成都，尚复闭城自守。荡中矛而死。流以宗岱将至，甚惧，欲降。李骧及特子雄迭谏[5]，不纳。雄乃诱说流民与袭击东军，大破之。会岱卒，军退，流甚惭，由是奇雄才，军事悉以任之。

夏，五月，义阳[6]蛮张昌反，诏以刘弘都督荆州军事新野王歆督荆州，为政严急，失蛮夷心。义阳蛮张昌聚党数千人，欲为乱。会州以诏发武勇[7]讨李流，民惮远征，皆不欲行。诏书督遣[8]严急，所经郡界停五日者，二千石免官。由是郡县官长皆亲出驱逐，展转[9]不远，辄复屯聚为盗。张昌因此诳惑[10]百姓，诸流民避戍役[11]多往从之。江夏太守弓钦讨之，不胜，奔武昌。昌遂据江夏，得山都县[12]吏丘沈，更其姓名曰刘尼，诈云汉后，奉以为主，而自为相国，建元"神凤"。江、沔间所在起兵以应之，旬月间众至三万，皆着绛[13]帽，以马尾作髯[14]。昌至樊城[15]，歆出拒之，众溃，为昌所杀。诏以荆州刺史刘弘代歆为

1　逆加：反而加以。逆，反而。
2　贰志：异志，二心。
3　骄怠：傲慢懈怠。
4　赤祖：古地名，位于今四川省德阳市辖绵竹市东北。
5　迭谏：多次进谏。
6　义阳：古郡名，辖今河南省邓州、信阳二市与新野、唐河、桐柏、信阳等县及湖北省随州、枣阳、广水等县市地。
7　武勇：威武勇猛的人。
8　督遣：监督派遣。
9　展转：游移盘桓，流转迁徙。
10　诳惑：欺骗迷惑。
11　戍役：戍守边疆。
12　山都县：古县名，治所位于今湖北省襄阳市谷城县东南。
13　绛：深红色。
14　髯：两颊上的长须。
15　樊城：古县名，治所即今湖北省襄阳市。

镇南将军，督荆州军。弘以南蛮长史、庐江陶侃为大都护[1]，牙门将皮初为都战帅，进据襄阳。昌攻之，不克。

李雄攻陷郫城[2] 李雄攻杀汶山太守，遂取郫城。秋，李流徙屯郫。蜀民皆保险[3]结坞，或南入宁州，或东下荆州，城邑皆空，野无烟火，流众饥乏。唯涪陵[4]千余家，依青城山[5]处士范长生。平西参军徐举说罗尚，求守汶山，邀结[6]长生，与共讨流。尚不许，举怒出降于流，说长生使给流军粮，流军复振。

秋，七月，刘弘遣陶侃讨张昌，昌走，众降。别将石冰据临淮[7]不下 张昌党石冰寇扬州，败刺史陈徽，诸郡尽没。又破江州[8]，攻武陵、零陵、豫章、武昌、长沙，皆陷之。于是荆、江、扬、豫、徐五州之境，多为昌所据。昌更置牧、守，皆桀盗小人[9]，专以劫掠为务。刘弘遣陶侃等攻昌于竟陵，大破之。昌逃于下俊山，其众悉降。惟石冰尚据临淮。初，侃少孤贫，为郡督邮，长沙太守万嗣见而异之，命其子与结友。后察孝廉至洛阳，郎中令杨晫荐之于顾荣，侃由是知名。既克张昌，刘弘谓曰："吾昔为羊公参军，谓吾后当居其处。今观卿，必继老夫矣。"时荆部[10]守宰[11]多缺，弘请补选，诏许之。弘叙功铨德[12]，随才授任，人皆服其公当[13]。表皮初补襄阳太守，朝廷以初望浅，更用弘婿夏侯陟。弘下教曰："夫治一国者，宜以一国为心，必若姻亲然后可用，则荆州十郡，安得十女婿然后为政哉？"乃表："陟姻亲，旧

1　大都护：古官名，为临时的战地指挥官，战争结束，此官号即废。
2　郫城：古地名，即郫县城，位于今四川省成都市郫都区境内。
3　保险：据守险要之处。
4　涪陵：古县名，即涪城县，治所位于今四川省绵阳市东涪江东岸。
5　青城山：古山名，亦名赤城山，位于今四川省成都市辖都江堰市西南。
6　邀结：邀请会集。
7　临淮：古地名，位于今河南省驻马店市正阳县南。
8　江州：古州名，辖今江西、福建二省，湖北陆水以东、长江以南及湖南春陵水中上游以东地区。
9　桀盗小人：横暴盗窃的小人。桀，凶悍，横暴。
10　荆部：荆州下属地区。
11　守宰：地方长官。
12　叙功铨德：评定功劳，衡量德行。叙，评定等级、次第。铨，衡量。
13　公当：公正允当。

制不得相监。皮初之勋，宜见酬报[1]。"诏听之。弘于是劝课农桑，宽刑省赋，公私给足，百姓爱悦[2]。

河间王颙、成都王颖举兵反。九月，帝自将讨颖，颙将张方入城大掠 河间王颙初用李含计，欲使齐王冏杀长沙王乂而讨之，遂废帝，立成都王颖，以己为相。既而不如所谋，颖亦恃功骄奢，百度废弛[3]，嫌乂在内，不得逞其欲，欲与颙共攻乂。卢志谏曰："公委权辞宠，时望美矣。今宜顿军[4]关外，文服[5]入朝，此霸主之事也。"参军邵绩谏曰："人有兄弟，如左右手。今公欲当天下之敌而先去其一手，可乎？"颖皆不听。与颙共表："乂论功不平，与仆射羊玄之、将军皇甫商专擅朝政，请遣乂还国，诛玄之等。"诏曰："颙、颖敢举兵向阙[6]，吾将亲率六军以讨之。其以乂为太尉，都督中外诸军事。"颙以张方为都督，将精兵七万，东趋洛阳。颖引兵屯朝歌，以陆机为前锋都督，督王粹、牵秀、石超等军二十余万向洛阳。机以羁旅[7]事颖，一旦顿居诸将之右[8]，粹等心皆不服。孙惠劝机让都督于粹，机曰："彼将谓吾首鼠两端[9]，适所以速祸也。"帝如十三里桥[10]。乂使皇甫商将万余人拒张方于宜阳，方袭败之。帝军于芒山[11]，羊玄之忧惧而卒。帝遂幸缑氏，击牵秀，走之。张方入京城，大掠，死者万计。

李流死，雄代领其众 李流疾笃，谓诸将曰："前军英武，殆天所相，可共受事[12]。"流卒，众推雄为益州牧，治郫城。

1　酬报：报答，报偿。
2　爱悦：爱慕，喜欢。
3　百度废弛：朝政各方面荒废松弛。
4　顿军：驻扎军队。
5　文服：文官之服。
6　阙：古代皇宫大门前两边供瞭望的楼，也泛指帝王的住所。
7　羁旅：长久寄居他乡。
8　顿居诸将之右：突然居于各将领之首。右为上。
9　首鼠两端：踌躇不决，动摇不定。首鼠，踌躇，犹豫不决。两端，两头。
10　十三里桥：古桥名，位于今河南省洛阳市东北汉魏故城西，因距城十三里，故名。
11　芒山：即北邙山，古山名，位于今河南省洛阳市北。
12　前军英武，殆天所相，可共受事：前将军李雄英俊勇武，大概是上天的选择，可以一起听从他的命令。

冬，十月，长沙王乂奉帝及颖兵战于建春门[1]，大破之帝自缑氏还宫，颖遣将军马咸助陆机。乂奉帝与机战于建春门。乂司马王瑚使数千骑系戟于马，以突咸阵。咸军乱，执而斩之。机军大败，赴七里涧[2]，死者如积，水为之不流。初，宦人[3]孟玖有宠于颖，玖欲用其父为邯郸令，右司马陆云固执不许，曰："此县，公府掾资[4]，岂有黄门父居之邪？"玖深怨之。玖弟超为小督，未战，纵兵大掠，机录其主者[5]。超将铁骑直入麾下，夺之，顾谓机曰："貉奴，能作督不[6]？"机司马孙拯劝机杀之，机不能用。及战，超不受机节度，轻兵独战，败没。玖疑机杀之，谮于颖曰："机有贰心于长沙。"牵秀等素谄事[7]玖，相与证之。颖大怒，使秀将兵收机。机闻秀至，释戎服，着白帢[8]，与秀相见，为笺辞颖，既而叹曰："华亭鹤唳，可复闻乎[9]？"秀遂杀之。颖又收云及拯，下狱。记室江统、蔡克等流涕固请，颖恻然，有宥云之色。玖扶颖入，催令杀云，夷三族。狱吏掠[10]拯数百，两踝骨见，终言机冤。吏知拯义烈[11]，谓曰："二陆之枉，谁不知之？君可不爱身乎？"拯仰天叹曰："陆君兄弟，世之奇士，吾蒙知爱[12]。今既不能救其死，忍复从而诬之乎？"玖等令狱吏诈为拯辞，亦夷三族。拯门人费慈、宰意诣狱明拯冤，拯譬遣[13]之，曰："吾义不负二陆，死自吾分，卿何为尔邪？"曰："君既不负二陆，仆又安可负君？"固言拯冤，玖又杀之。

十一月，长沙王乂奉帝讨张方，不克。颖进兵逼京师，诏雍州刺史

1　建春门：即上东门，魏晋时洛阳城东面北头第一门，位于今河南省洛阳市东北。
2　七里涧：古地名，位于今河南省洛阳市东北汉魏故城东，受谷水，东流至今偃师市西复入谷水。
3　宦人：太监。
4　公府掾资：意指公府的属官才有资格担任县令。
5　录其主者：将主犯逮捕。
6　貉奴，能作督不：貉奴，会当都督吗。貉奴，骂人的话。
7　谄事：逢迎侍奉。
8　白帢：古代未仕者戴的白色便帽。
9　华亭鹤唳，可复闻乎：故乡华亭谷的鹤声，还能再听到吗。华亭，古地名，又名华亭谷，位于今上海市松江区西，陆逊、陆抗、陆机故宅在其侧。鹤唳，鹤的鸣叫。
10　掠：用棍子或鞭子打。
11　义烈：忠义节烈。
12　知爱：赏识喜爱。
13　譬遣：开导并让他们离开。

刘沈讨颙长沙王乂奉帝攻张方。方兵望见乘舆，皆退走，遂大败。众惧，欲夜遁，方曰："胜负兵家之常，善用兵者能因败为成。今我更前作垒，出其不意，此奇策也。"乃夜潜进逼洛城七里，筑垒数重，外引廪谷[1]以足军食。乂既战胜，以为方不足忧。闻方垒成，攻之，不利。颖进逼京师，公私穷踧[2]，米石万钱。诏命所行，一城而已。骠骑[3]主簿祖逖言于乂曰："刘沈忠义果毅，雍州兵力足制河间，宜启上，诏沈发兵袭颙。颙窘急，必召张方以自救，此良策也。"乂从之。沈奉诏，合七郡之众凡万余人，趋长安。

　　十二月，议郎周玘等起兵讨石冰议郎周玘等起兵江东以讨石冰，推前吴兴[4]太守顾秘都督扬州九郡，传檄州郡，杀冰所署将吏。于是前侍御史贺循、庐江内史华谭及丹阳葛洪、甘卓皆起兵以应秘。冰遣其将拒玘，玘击斩之。冰自临淮退趋寿春，征东将军刘准不知所为，广陵度支[5]陈敏统众在寿春，谓准曰："此等本不乐远戍，逼迫成贼，乌合之众，其势易离，请为公破之。"准乃益敏兵。

　　闰月，李雄攻走罗尚，遂入成都。

　　封鲜卑段务勿尘为辽西公幽州都督王浚以天下方乱，欲结援夷狄，乃以一女妻务勿尘，一女妻宇文素怒延，又表以辽西郡封务勿尘。浚，沈之子也。

甲子**永兴元年**（公元 304 年）

　　汉高祖刘渊元熙元年。○成太宗李雄建兴元年。○是岁僭国二，大一，小一。

　　春，正月，尚书令乐广卒广女为成都王妃，或谮诸太尉乂。乂以问广，广神色不动，徐曰："广岂以五男易一女哉？"乂犹疑之，广以忧卒。

　　东海王越使张方杀长沙王乂。颖入京师，自为丞相。寻还镇邺乂屡破颖兵，而未尝亏奉上之礼。城中粮食日窘，士卒无离心。张方以为洛阳未可克，欲还

1　廪谷：粮仓中的粮食。
2　穷踧：窘迫，困厄。踧，通"蹙"。
3　骠骑：骠骑大将军、骠骑将军的简称。
4　吴兴：古郡名，辖今浙江北部苕溪流域全境及江苏省宜兴市。
5　度支：古官名，负责管理财政收支。

长安。而东海王越虑事不济，潜与殿中诸将夜收乂，启帝下诏免官，置金墉城。大赦，改元。城既开，将士见外兵不盛，悔之，更谋劫出乂以拒颖。越惧，遣人密告张方，方炙杀[1]之。方军士亦为流涕。颖入京师，复还镇于邺。诏以颖为丞相，越守尚书令。颖遣石超等率兵屯十二城门，殿中宿所忌者[2]，皆杀之，悉代去[3]宿卫兵。

雍州刺史刘沈及颙战，败，死之颙顿军于郑，为东军声援。闻沈兵起，退入长安，急召张方。方掠洛中官、私奴婢万余人而西。沈渡渭而军，与颙战，颙屡败。沈使衔博、皇甫澹以精甲五千袭长安，入其门，力战至颙帐下。沈兵来迟，颙党张辅见其无继，横击[4]之，杀博及澹，沈兵遂败。沈南走，获之。沈谓颙曰："知己之惠轻，君臣之义重，沈不可违天子之诏，量强弱以苟全。投袂[5]之日，期之必死，菹醢之戮，其甘如荠[6]。"颙怒，斩之。新平[7]太守张光数为沈画计，颙执而诘之，光曰："刘雍州不用鄙计，故令大王得有今日！"颙壮之，表为右卫司马。

诏罗尚权统巴东三郡罗尚逃至江阳，遣使表状。诏尚权统巴东、巴郡、涪陵以供军赋[8]。尚遣别驾李兴诣刘弘求粮，弘以三万斛给之，尚赖以存。兴愿留为参军，弘夺其手版[9]而遣之。于时流民在荆州者十余万户，羁旅贫乏，多为盗贼。弘大给其田及种粮，擢其贤才，随资叙用[10]，流民遂安。

二月，颖废皇后羊氏及太子覃。

广陵度支陈敏及周玘击石冰于建康[11]，斩之冰众十倍于敏。敏击之，所向皆捷。遂与玘合攻，斩冰，扬、徐二州平。玘及贺循皆散众还家，不言功赏。

1　炙杀：用火烤死。炙，烤。
2　殿中宿所忌者：朝廷中有宿怨的官员。
3　代去：替换掉。
4　横击：拦腰攻击。
5　投袂：挥袖，甩袖，表示立即行动。
6　菹醢之戮，其甘如荠：剁成肉酱的酷刑，对我来说如同品尝荠菜一样甘甜。
7　新平：古郡名，辖今陕西省彬县、长武、永寿和甘肃省泾川、灵台等县地。
8　军赋：因军事需要征发的赋役。
9　手版：即笏。古时大臣朝见时，用以指画或记事的狭长板子。
10　叙用：分等级进用。
11　建康：古地名，原名建邺，位于今江苏省南京市内秦淮河以北。因避晋愍帝司马邺讳，改名建康。

朝廷以敏为广陵相。

颙表颖为皇太弟，自为太宰、雍州牧。

秋，七月，东海王越奉帝征颖，复皇后、太子。颖遣兵拒战荡阴，侍中嵇绍死之。帝遂入邺，越走归国颖僭侈[1]日甚，嬖幸用事，大失众望。东海王越与右卫将军陈眕勒兵入云龙门，以诏召三公百僚，戒严讨颖。石超奔邺。复皇后羊氏及太子覃。越奉帝北征，征前侍中嵇绍诣行在。侍中秦准谓绍曰：“今往，安危难测，卿有佳马乎？”绍正色曰：“臣子扈卫[2]乘舆，死生以之，佳马何为？”越檄召四方兵，比至安阳，众十余万。颖会群僚问计，东安王繇曰：“天子亲征，宜释甲[3]缟素出迎请罪。”颖不从，遣石超率众拒战。陈眕弟自邺赴行在，云邺中皆已离散，由是不甚设备。超军奄至，乘舆败绩于荡阴，帝颊中三矢，百官、侍御皆散。嵇绍朝服，登辇以身卫帝，兵人[4]引绍斫之。帝曰：“忠臣也，勿杀！”对曰：“奉太弟令，惟不犯陛下一人耳。”遂杀绍，血溅帝衣。帝堕于草中，亡六玺。超奉帝幸其营，帝馁[5]甚，超进水，左右奉秋桃。颖迎帝入邺，改元“建武”。左右欲浣[6]帝衣，帝曰：“嵇侍中血，勿浣也。”陈眕、上官已奉太子覃守洛阳，越还东海。孙惠劝越邀结藩方，同奖王室。越以惠为记室参军，与参谋议。北军中候荀晞奔豫州都督、范阳王虓，虓以为兖州刺史。

幽州都督王浚、并州刺史东嬴公腾起兵讨颖初，三王之讨赵王伦也，王浚拥众挟两端[7]，禁所部士民不得赴三王召募。颖阴图之，不克。至是又称诏征之，浚遂与鲜卑段务勿尘、乌桓羯朱及并州刺史东嬴公腾同起兵讨颖，颖遣石超击之。腾，越之弟也。

八月，颖杀东安王繇，琅邪王睿走归国颖怨东安王繇前议，杀之。繇

1　僭侈：奢侈过度。
2　扈卫：随侍护卫帝王。
3　释甲：脱下战衣。谓无戒备。
4　兵人：士兵。
5　馁：饥饿。
6　浣：洗。
7　挟两端：脚踩两条船。

兄子、琅邪王睿沉敏[1]有度量，为左将军，与东海参军王导善。导识量清远[2]，以朝廷多故，每劝睿之国。及颙死，睿从帝在邺，恐及祸，将逃归。颖先敕关津[3]无得出贵人，睿至河阳[4]，为津吏所止。从者宋典自后来，以鞭拂睿而笑曰："舍长[5]，官禁贵人，汝亦被拘邪？"吏乃听过。至洛阳，迎太妃夏侯氏俱归国。

张方复入京城，废皇后、太子。

刘渊自称大单于初，颖表匈奴左贤王刘渊监五部军事，使将兵在邺。渊子聪骁勇绝人，博涉经史，善属文，弯弓三百斤。弱冠游京师，名士莫不与交。渊从祖宣谓其族人曰："汉亡以来，我单于徒有虚号，无复尺土。自余王侯，降同编户。今吾众虽衰，犹不减二万，奈何敛手受役[6]，奄过百年？左贤王英武超世，天苟不欲兴匈奴，必不虚生此人也。今司马氏骨肉相残，四海鼎沸，复呼韩邪之业，此其时矣。"乃相与谋，推渊为大单于，使其党呼延攸诣邺告之。渊白颖，请归会葬[7]，颖弗许。渊令攸先归，告宣等，使招集五部，声言助颖，实欲叛之。及幽、并起兵，渊说颖曰："今二镇跋扈，恐非宿卫及近郡士众所能御也，请还说五部赴国难。"颖曰："吾欲奉乘舆还洛阳，传檄天下，以逆顺[8]制之，何如？"渊曰："殿下武皇帝之子，有大勋于王室，维恩远著[9]。王濬竖子，东嬴疏属[10]，岂能与殿下争衡耶？但殿下一发邺宫，示弱于人，洛阳不可得至。虽至洛阳，威权不复在殿下也。愿抚勉士众，靖以镇之[11]，渊为殿下以二部摧东嬴，三部枭王濬，二竖之首，可指日而悬也。"颖悦，拜渊为北单于，参丞相军事。

---

1 沉敏：沉着聪慧。
2 识量清远：识量，见识器度。清远，清明高远。
3 关津：水陆交通必经的要道，关口和渡口，也泛指设在关口或渡口的关卡。
4 河阳：古县名，治所位于今河南省焦作市辖孟州市西。
5 舍长：守护客馆的负责人。
6 敛手受役：敛手，缩手，表示不敢妄为。受役，接受役使。
7 会葬：参加葬礼。
8 逆顺：正义必将制服邪恶的道理。
9 维恩远著：威名、恩德远近闻名。
10 疏属：旁系亲属。
11 抚勉士众，靖以镇之：安抚勉励部众，使他们安定镇静。抚勉，安抚勉励。靖，使安定。

渊至左国城[1]，刘宣等上大单于之号，二旬之间，有众五万，都于离石[2]。

幽、并兵至邺，颖奉帝还洛阳，浚大掠邺中而还王濬、东嬴公腾合兵败石超于平棘[3]，乘胜进军，邺中奔溃[4]，颖将数十骑奉帝御犊车南奔，仓猝无贽，中黄门被囊[5]中赍私钱三千，诏贷之，于道中买饭，食以瓦盆。至温，将谒陵，帝丧履[6]，纳从者之履，下拜流涕。张方迎帝还宫，奔散者稍还，百官粗备[7]。浚入邺暴掠，复还蓟。刘渊闻颖去邺，叹曰："不用吾言，逆自奔溃，真奴才也。然吾与之有言矣，不可以不救。"将发兵击鲜卑、乌桓，刘宣等谏曰："晋人奴隶御[8]我，今其骨肉相残，是天弃彼而使我复呼韩邪之业也。鲜卑、乌桓，我之气类[9]，可以为援，奈何击之？"渊曰："善！大丈夫当为汉高、魏武，呼韩邪何足效哉？"宣等稽首曰："非所及也。"

冬，十月，李雄自称成都王雄以范长生有名德，为蜀人所重，欲迎以为君，长生不可。雄遂即王位，约法七章，以叔父骧为太傅，兄始为太保，李离为太尉，李国为太宰。以国、离有智谋，事必咨而后行，然国、离事雄弥谨[10]。

刘渊自称汉王刘渊迁都左国城。胡、晋归之者愈众。渊谓群臣曰："昔汉有天下久长，恩结于民。吾汉氏之甥，约为兄弟。兄亡弟绍，不亦可乎？"乃建国号曰汉，依高祖称汉王，尊安乐公禅为孝怀皇帝，以右贤王宣为丞相，崔游为御史大夫，后部[11]人陈元达为黄门郎，族子曜为建武将军。游固辞不就。元达少有志操，渊尝招之，不答。及渊为王，或谓曰："君其惧乎？"元达笑曰："不过二三日，驿书必至。"其暮，渊果征之。元达事渊，屡进忠言，退而削草¹，虽子弟莫得知也。曜生而眉白，目有赤光，幼聪慧，有胆量，早孤，养于渊。及长，仪观魁伟²，性拓落高亮³，与众不群。好读书，善属文，铁厚一寸，射而洞之。刘聪重之，以为汉世祖、魏武帝之流。

十一月，张方迁帝于长安。仆射荀藩立留台⁴于洛阳，复皇后羊氏张方在洛既久，剽掠殆竭⁵，乃引兵入殿，以所乘车迎帝，逼使上车，帝垂泣从之。令方具车⁶载宫人、宝物，军人因妻略后宫，分争府藏，割流苏武帐为马戗⁷，魏、晋蓄积，扫地无遗。方拥帝及颖、豫章王炽等趋长安，颙迎于霸上，以征西府为宫。唯仆射荀藩及司隶刘暾等在洛阳为留台，承制行事。复称"永安"，立羊后，号东、西台。

十二月，太宰颙废太弟颖，更立豫章王炽为皇太弟帝兄弟二十五人，时存者惟颖、炽及吴王晏。晏材庸下，炽冲素⁸好学，故太宰颙立之。诏颖还第，而以颙都督中外。又以东海王越为太傅，与颙夹辅帝室，王戎参录⁹朝政。王衍为左仆射，张方为中领军、录尚书事。令州郡蠲除苛政，爱民务本，清通¹⁰之后，当还东京¹¹。颙以四方乖离，祸难不已，故下此诏和解之，冀获少安。越辞太傅不受。

汉寇太原、西河郡汉王渊遣刘曜寇太原，取泫氏¹²；乔晞寇西河，取介休¹³。介休令贾浑不降，晞杀之。将纳其妻宗氏，宗氏骂晞而哭，晞又杀之。渊闻之大怒，曰："使天道有知，乔晞望有种乎¹⁴！"追还，降秩四等，收浑尸葬之。

1　削草：大臣上书封事拟定奏稿，成辄销毁，以示慎密。
2　仪观魁伟：仪观，容貌，仪容。魁伟，魁梧。
3　拓落高亮：拓落，放荡旷达。高亮，高尚忠正。
4　留台：帝王因故离京，奉命留守京师之官及其机构。古称禁城为台城，故名。
5　剽掠殆竭：抢劫掠夺一空。剽掠，抢劫掠夺。殆，几乎，差不多。
6　具车：准备车辆。
7　割流苏武帐为马戗：割下丝织垂穗的军营帷帐当作马鞍垫。马戗，垫在马鞍下面的东西。
8　冲素：冲淡淳朴。
9　参录：参与总领。参，参与。录，总领。
10　清通：清和通泰。
11　东京：指洛阳。
12　泫氏：古县名，治所即今山西省晋城市辖高平市。
13　介休：古县名，治所位于今山西省晋中市辖介休市东南。
14　使天道有知，乔晞望有种乎：假如上天知道了，乔晞还有希望有后代吗。有种，有后嗣，有后代。

卷 十八

起乙丑晋惠帝永兴二年，尽戊寅[1]晋元帝太兴元年凡十四年。

乙丑二年（公元305年）

汉元熙二年。

夏，四月，张方复废羊后。

秋，七月，东海王越自领徐州都督，传檄讨张方东海中尉刘洽以张方劫迁[2]车驾，劝东海王越讨之。越传檄山东，纠率[3]义旅，迎天子还旧都。徐州长史王修说刺史东平王楙以州授之，越乃以司空领徐州都督，楙自为兖州刺史。于是范阳王虓及王濬等共推越为盟主。越辄选置刺史以下，朝士多赴之。

成都故将公师藩寇掠赵[4]、魏成都王颖既废，河北人多怜之。其故将公师藩等自称将军，起兵赵、魏，众至数万。初，上党武乡[5]羯人石勒，有胆力，善骑射。并州大饥，东嬴公腾执诸胡于山东，卖充军实。勒亦被掠，卖为茌平[6]人师欢奴，欢奇其状貌而免之。勒乃与牧帅[7]汲桑结壮士为群盗。及藩起，桑与勒率数百骑赴之。桑始命勒以石为姓，勒为名。藩攻陷郡县，转前攻邺。范阳王虓遣其将苟晞击走之。

八月，东海王越、范阳王虓发兵西，豫州刺史刘乔拒之，太宰颙遣张方助乔。冬，十月，袭虓，破之东海王越留琅邪王睿，以平东将军监徐州军事，守下邳。睿请王导为司马，委以军事。越率甲卒[8]三万，西屯萧县[9]。范阳王虓自许屯于荥阳。越承制以豫州刺史刘乔为冀州，使虓领豫州。乔以虓非天子命，发兵拒之。虓以刘琨为司马，越以刘蕃为淮北护军，刘舆为颖川

1　戊寅：即公元318年。
2　劫迁：劫持，胁迫迁徙。
3　纠率：纠集统率。
4　赵：古郡名，辖今河北省赵县、元氏、高邑、内丘、临城、柏乡、赞皇等县及平乡、隆尧二县部分地。
5　武乡：古县名，属上党郡，治所位于今山西省晋中市榆社县北。
6　茌平：古县名，治所位于今山东省聊城市茌平县西南。
7　牧帅：马牧的统帅。马牧，古地名，又称牧苑，位于今山东省聊城市东。
8　甲卒：披甲的士卒，泛指士兵。
9　萧县：古县名，治所位于今安徽省宿州市萧县西北。

太守。乔上尚书[1]，列舆兄弟罪恶，因引兵攻虓于许，遣其子祐拒越于灵璧[2]。东平王楙在兖州，征求不已，郡县不堪命。虓遣苟晞还兖州，徙楙青州。楙不受命，与刘乔合。颙闻山东兵起，甚惧，表成都王颖都督河北诸军事，复镇邺，诏越等各就国。越等不从。颙得乔上事[3]，下诏称："刘舆胁虓造逆[4]，其令镇南将军刘弘、征东将军刘准与乔并力，以张方为都督，共会许昌，诛舆兄弟。"使颖与石超等据河桥，为乔继援[5]。弘遗乔及越书，使解怨释兵，同奖王室，皆不听。弘又上表曰："自顷兵戈纷乱，构[6]于群王，翩其反而，互为戎首[7]。载籍[8]以来，骨肉之祸，未有如今者也。万一四夷乘虚为变，此亦猛虎交斗自效于卞庄[9]者矣。谓宜速诏越等，令两释猜疑，各保分局[10]。自今有擅兴兵马者，天下共伐之。"时颙方拒关东，倚乔为助，不纳。乔乘虚袭许，破之。琨、舆及虓俱奔河北。弘以张方残暴，知颙必败，乃率诸军受越节度。

有星孛于北斗。

十一月，将军周权矫诏立羊后，事觉，伏诛于是，太宰颙矫诏敕留台赐后死。司隶校尉刘暾上奏固执[11]，得免。颙欲收暾，暾奔青州。

十二月，成都王颖据洛阳。

范阳王虓自领冀州刺史，击颖将石超，斩之。刘乔众溃刘琨说冀州刺史温羡，使让位于范阳王虓。虓遣琨乞师于王浚，遂引兵济河，击斩石超于荥阳。东迎越，又击刘祐于谯，杀之。乔众溃而走。

东海王越进屯阳武，王浚遣将祁弘将兵助之。

1　上尚书：给朝廷上书。
2　灵璧：古地名，位于今安徽省宿州市灵璧县境内。
3　上事：所上的奏章。
4　造逆：发动叛乱。
5　继援：后续的支援。
6　构：招致，引起。
7　翩其反而，互为戎首：是非反复变化无常，轮流成为兴起战事的首领。
8　载籍：有典籍记载。也指书籍，典籍。
9　猛虎交斗自效于卞庄：猛虎互相争斗，自然成为卞庄的猎物。
10　分局：职分，职司。
11　固执：坚持己见，不肯变通。

陈敏据江东，刘弘遣江夏太守陶侃将兵讨破之初，敏既克石冰，自谓勇略无敌，遂据历阳以叛。吴王常侍甘卓弃官归，敏为子景娶卓女，使卓假称皇太弟令，拜敏扬州刺史。又使钱端等南略江州，弟斌东略诸郡，遂据江东。以顾荣为右将军，贺循为丹阳内史，以玘为安丰[1]太守，豪杰名士，咸加收礼[2]。循佯狂得免，玘亦称疾。敏疑诸名士不为己用，欲尽诛之。荣曰："将军神武不世[3]，若能委信[4]君子，散蒂芥[5]之嫌，塞谗谄[6]之口，则上方数州，可传檄而定。不然，终不济也。"敏乃止。太宰颙以张光为顺阳[7]太守，率步、骑讨敏。刘弘遣江夏太守陶侃屯夏口，又遣南平[8]太守应詹督水军以继之。侃与敏同郡，又同岁举吏[9]。或谓弘曰："侃脱[10]有异志，则荆州无东门矣。"弘曰："侃之忠能[11]，吾得之已久，必无是也。"侃闻之，遣子洪诣弘以自固，弘引为参军，资而遣之[12]，曰："匹夫之交，尚不负心，况大丈夫乎？"敏遣陈恢寇武昌，侃御之，以运船[13]为战舰，或以为不可。侃曰："用官船击官贼，何为不可？"侃与恢战，屡破之。又与皮初、张光共破钱端于长岐[14]。或说弘曰："张光，太宰腹心，公既与东海，宜斩光以明向背。"弘曰："宰辅得失，岂张光之罪？危人自安，君子弗为也。"乃表光勋，乞加迁擢[15]。

汉离石大饥。

1　安丰：古郡名，辖今安徽省金寨、霍邱等县西南部及河南省灌河流域以东地。
2　收礼：收为己用并以礼相待。
3　不世：一世所无，意即极不平凡，非常了不起。
4　委信：委任信赖。
5　蒂芥：同"芥蒂"，比喻因小的问题而耿耿于怀。
6　谗谄：说他人坏话以巴结奉承别人。
7　顺阳：古郡名，辖今湖北省老河口、丹江口二市及谷城县，河南省淅川、西峡二县地。
8　南平：古郡名，辖今湖北省公安县和湖南省华容、安乡、南县等地。
9　举吏：荐举为官吏。
10　脱：倘若。
11　忠能：忠心与才能。
12　资而遣之：发给钱物让他们回去。
13　运船：载运物资的船只。
14　长岐：古地名，位于今湖北省武汉市黄陂区西南。
15　迁擢：提升官职。

丙寅**光熙元年**（公元 306 年）

汉元熙三年。〇成晏平元年。

春，正月朔，日食。

太宰颙杀张方，成都王颖奔长安东海王越之起兵也，使人说太宰颙，令奉帝还洛，约与分陕为伯。颙欲从之，张方自以罪重，恐为诛首[1]，谓颙曰："今据形胜[2]之地，国富兵强，奉天子以号令，谁敢不从？奈何拱手受制于人！"颙乃止。及刘乔败，颙惧，欲罢兵，恐方不从，乃诱方帐下督郅辅，使杀方，送首于越以请和。越不许，遣祁弘等率鲜卑西迎车驾。宋胄等进逼洛阳，颖奔长安。

三月，五苓夷寇宁州，刺史李毅卒宁州频岁饥疫，五苓夷强盛，遂围州城[3]。李毅病卒，女秀明达有父风，众推领州事。秀奖励战士，婴城固守。城中粮尽，炙鼠拔草而食之。伺夷稍息，辄出兵掩击，破之。

夏，四月，东海王越进屯温，遣祁弘入长安，奉帝东还太宰颙遣兵拒祁弘等于湖。弘击破之，遂西入关。又败其兵于霸水，颙单马逃入太白山[4]。弘等入长安，所部鲜卑大掠，杀二万余人，百官奔散，入山中，拾橡实[5]食之。弘等奉帝乘牛车东还，关中皆服于东海王越，颙保城而已。

六月，至洛阳，复羊后。

成都王雄称成皇帝雄即帝位，国号大成，追尊父特曰景皇帝。初，范长生诣成都，雄门迎，执板[6]，拜为丞相，尊之曰范贤。至是以为天地太师。时诸将恃恩，互争班位[7]，尚书令阎式请考汉、晋故事，立百官制度，从之。

秋，七月朔，日食。

1　诛首：最先被诛杀的。
2　形胜：地理位置优越，地势险要。
3　州城：州的官署所在的城邑。
4　太白山：古山名，秦岭主峰，位于今陕西省眉县南部与太白、周至二县交界处。
5　橡实：栎树的果实，含淀粉，可食，味苦，也叫橡实、橡子、橡果。
6　雄门迎，执板：李雄到城门口迎接，拿着表示礼节的手板。
7　班位：职官爵位，朝班位次。

八月，以东海王越为太傅、录尚书事，范阳王虓为司空，镇邺越以庾敳为军咨祭酒，胡母辅之为从事中郎，郭象为主簿，阮修为行参军[1]，谢鲲为掾。敳等皆尚虚玄[2]，不以世务婴心[3]，纵酒放诞[4]。敳殖货[5]无厌，象薄行，好招权[6]。越皆以其名重辟之。

荆州都督、新城公刘弘卒时天下大乱，弘专督江汉[7]，威行南服[8]。事成则曰某人之功，如败则曰老子之罪。每有兴废，手书守相，丁宁款密[9]，人皆感悦争赴之，咸曰："得刘公一纸书，贤于十部从事[10]。"辛冉说弘以从横之事，弘怒，斩之。至是卒，谥曰元。

九月，顿丘[11]太守冯嵩执成都王颖，送邺。兖州刺史苟晞击斩公师藩。冬，十月，范阳王虓卒。长史刘舆诛颖祁弘之入关也，成都王颖自武关奔新野。会刘弘卒，司马郭劢作乱，欲奉颖为主，不克而诛。遂北济河，收故将士，欲赴公师藩。顿丘太守冯嵩执送邺，范阳王虓幽之，而苟晞亦击斩藩。十月，虓卒。长史刘舆以颖素为邺人所附，伪称诏赐死。颖官属皆先逃散，惟卢志不去，至是收而殡之。太傅越召为军咨祭酒。越又将召舆，或曰："舆犹腻[12]也，近则污人。"及至，越疏之。舆密视天下兵簿及仓库、牛马、器械、水陆之形，皆默识之。每会议，应机辨画，越倾膝酬接[13]，即以为左长史，军国

1　行参军：古官名，掌出使监察，中央除拜者为参军，诸府自辟者为行参军。
2　虚玄：指道家思想。
3　婴心：关心，挂心。
4　放诞：行为放纵，言语荒唐。
5　殖货：增殖财货。
6　招权：揽权，弄权。
7　江汉：长江与汉水之间及其附近的一些地区。
8　南服：古代王畿以外的地区分为五服，南方地区统称为南服。
9　每有兴废，手书守相，丁宁款密：每当有处置事宜，亲笔写信给负责官员，详细叮咛嘱咐。
10　得刘公一纸书，贤于十部从事：能得到刘公一纸亲笔信，胜过做十部从事。十部从事，众多辅助官吏。
11　顿丘：古郡名，辖今河南省清丰、濮阳、内黄、南乐、范县等市县地。
12　腻：积污垢。
13　应机辨画，越倾膝酬接：刘舆按照情况分析筹划，司马越都能促膝接纳。应机，顺应时机。辨画，筹划，擘画。倾膝，促膝。酬接，应酬接待。

之务悉以委之。

十一月，帝中毒，崩。太弟炽即位，尊皇后曰惠皇后，立妃梁氏为皇后帝食饼中毒而崩，或曰："太傅越之鸩也。"羊后自以于太弟炽为嫂，恐不得为太后，将立清河王覃。侍中华混露板驰告太傅越，召太弟入宫，即帝位，尊后曰惠皇后，居弘训宫。怀帝始遵旧制，于东堂听政。每至宴会，辄与群官论众务，考经籍。黄门侍郎傅宣叹曰："今日复见武帝之世矣。"

十二月朔，日食。

南阳王模诛河间王颙太傅越以诏征颙为司徒，颙就征。模自许昌遣将邀杀[1]之。

葬太阳陵[2]。

以刘琨为并州刺史刘舆说太傅越遣琨镇并州，以为北面之重，而徙东燕王腾镇邺，越从之。琨至上党，腾即自井陉东下。时并州饥馑，数为胡寇所掠，吏民万余人，悉随腾就谷冀州，号为"乞活"，所余户不满二万。寇贼纵横，道路断塞[3]。琨募兵上党，得五百人，转斗而前。至晋阳，府、寺焚毁，邑、野萧条，琨抚循劳徕[4]，流民稍集。

丁卯 **孝怀皇帝永嘉元年**（公元 307 年）

汉元熙四年。

春，二月，群盗王弥寇青、徐初，惢[5]令刘柏根反，王濬讨斩之，其长史王弥遂为群盗。至是寇青、徐，杀东莱太守。

三月，陈敏将顾荣、周玘杀敏以降陈敏刑政无章[6]，子弟凶暴，顾荣、

1　邀杀：拦截杀害。
2　太阳陵：晋惠帝司马衷的陵墓，位于今河南省洛阳市辖偃师市南，邙山南麓。
3　断塞：堵塞。
4　劳徕：以恩德招之使来。
5　惢：古县名，治所位于今山东省烟台市辖龙口市东南。
6　刑政无章：处理刑罚政事没有章法。

周玘等忧之。庐江内史华谭遗荣等书曰："陈敏盗据吴会，命危朝露[1]。今皇舆[2]东返，俊彦[3]盈朝，将举六师以清建业，诸贤何颜复见中州之士邪？"荣等素有图敏之心，及见书，甚惭，密遣使报征东[4]刘准，使发兵临江，已为内应，剪发为信。准遣扬州刺史刘机等讨敏。敏使其弟昶将兵屯乌江，宏屯牛渚。玘密使敏司马钱广杀昶，因勒兵朱雀桥[5]南。敏遣甘卓讨广，荣虑敏疑之，故往就敏。敏曰："卿当四出镇卫[6]，岂得就我邪？"荣乃出，与玘共说卓曰："敏既常才，政令反复，其败必矣。而吾等安然受其官禄，事败之日，使江西诸军函首[7]送洛，题曰'逆贼顾荣、甘卓之首'，此万世之辱也。"卓遂诈称疾，迎女，断桥，收船南岸，与玘、荣及纪瞻共攻敏。敏自率万余人讨卓。军人隔水语敏众曰："本所以戮力[8]陈公者，正以顾丹阳、周安丰[9]耳。今皆异矣，汝等何为？"敏众狐疑未决，荣以白羽扇[10]麾之，众皆溃去。敏单骑走，追斩之，夷三族，传首京师。诏征顾荣为侍中，瞻为尚书郎。太傅越辟玘为参军。荣等至徐州，闻北方愈乱，逃归。

　　西阳[11]夷寇江夏西阳夷寇江夏，太守杨珉请督将议之。诸将争献方略，骑督朱伺独不言。珉曰："将军何以不言？"伺曰："诸人以舌击贼，伺惟以力耳。"珉又问："将军前后击贼，何以常胜？"伺曰："两敌共对，惟当忍之。彼不能忍，我能忍，是以胜耳。"珉善之。

　　立清河王覃弟诠为皇太子。

1　命危朝露：命运很危险，像清早的露水一样容易消失。比喻面临死亡。
2　皇舆：国君所乘的高大车子。也借指王朝或国君。
3　俊彦：才智出众的人。
4　征东：征东将军的简称。
5　朱雀桥：古浮桥名，又称南桁、南航、大航，故址位于今江苏省南京市区南镇淮桥附近秦淮河上。
6　镇卫：镇守捍卫。
7　函首：用匣子盛人头。
8　戮力：勉力，并力。戮，通"勠"。
9　顾丹阳、周安丰：即丹阳太守顾荣、安丰太守周玘。
10　白羽扇：古代军中主将用来指挥作战的白色羽毛扇。
11　西阳：古郡名，辖今湖北省黄州、麻城及新洲、浠水等市县地。

太傅越出镇许昌帝亲览¹大政，留心庶事。越不悦，固求出藩²。

以南阳王模都督秦、雍等州军事。

夏，五月，群盗汲桑、石勒入邺，杀都督、新蔡王腾，复攻兖州。太傅越遣苟晞讨之公师藩既死，汲桑逃还苑中，更聚众，声言为成都王报仇。以石勒为前驱，所向辄克，遂进攻邺。时邺中空竭，而新蔡王腾资用甚饶，性吝啬，无所振惠³，临急，乃赐将士米各数升，帛各丈尺，以是人不为用。桑遂入邺，杀腾，烧宫，大掠而去，南击兖州。太傅越使苟晞等讨之，勒、晞等相持数月，大小三十余战，互有胜负。

秋，七月，以琅邪王睿为安东将军，都督扬州诸军事，镇建业睿至建业，以王导为谋主，推心亲信⁴，每事咨焉。睿名论⁵素轻，吴人不附，居久之，士大夫莫有至者。会睿出观禊⁶，导使睿乘肩舆⁷，具威仪，导与诸名胜⁸皆骑从，纪瞻、顾荣等见之惊异，相率拜于道左。导因说睿曰："顾荣、贺循，此土之望，宜引之以结人心。二子既至，则无不来矣。"睿乃使导躬造⁹之，循、荣皆应命。以循为吴国内史，荣为军司，加散骑常侍。凡军府政事，皆与之谋。又以纪瞻为军祭酒¹⁰，卞壸为从事中郎，周玘、刘超、张闿、孔衍皆为掾属。导说睿："谦以接士，俭以足用，以清静为政，抚绥¹¹新旧。"故江东归心焉。睿初至，颇以酒废事，导以为言。睿命酌，引觞覆之¹²，于此遂绝。

苟晞击汲桑、石勒，大破之。桑走死，勒降汉苟晞追击汲桑，破其八

1 亲览：亲自阅看。
2 出藩：出任地方长官。
3 振惠：赈济，给好处。
4 推心亲信：推心，真心待人。亲信，亲近信任。
5 名论：名望。
6 观禊：观看禊祭。禊祭，春、秋二季举行的临水祓除不祥的祭事。
7 肩舆：古交通工具名，用人抬的轿子。
8 名胜：有名望的才俊之士。
9 躬造：亲自去拜访。
10 军祭酒：古官名，亦称军师祭酒、军咨祭酒，晋避司马师讳改称，参掌戎律，位在左、右军师之下。
11 抚绥：安抚，安定。
12 睿命酌，引觞覆之：司马睿命人斟上酒，王导接过酒杯后把酒倒掉。

垒，死者万余人。桑奔马牧，为人所杀。石勒奔乐平[1]。太傅越加晞都督青、兖诸军事。晞屡破强寇，威名甚盛，善治繁剧[2]，用法严峻。其从母依之，奉养甚厚。其子求为将，晞不许，曰："吾不以王法贷人，将无后悔邪！"固求之，乃以为督护，后犯法，晞杖节斩之。从母叩头救之，不听。既而素服哭之曰："杀卿者，兖州刺史；哭弟者，苟道将也。"胡部大张䎧督[3]等拥众壁于上党，石勒往从之。因说䎧督等与俱归汉，汉王渊以勒为辅汉将军、平晋王。

　　冬，十一月朔，日食。以王衍为司徒衍说太傅越曰："朝廷危乱，当赖方伯，宜得文武兼资[4]以任之。"乃以弟澄为荆州都督，族弟敦为青州刺史，语之曰："荆州有江汉之固，青州有负海[5]之险，卿二人在外而吾居中，足以为三窟矣。"澄至镇，日夜纵酒，不亲庶务[6]，虽寇戎[7]交急，不以为怀。

　　太傅越自领兖州牧，徙苟晞为青州刺史初，越与晞亲善，引升堂[8]，结为兄弟。司马潘滔说越曰："兖州冲要[9]，魏武以之创业。晞有大志，非纯臣也。若迁之青州，公自牧兖州，经纬[10]诸夏，藩卫本朝，此所谓为之于未乱者也。"越以为然。自领兖州牧，以晞为征东大将军、青州刺史。越、晞由是有隙。晞至青州，以严刻[11]立威，日行斩戮[12]，州人谓之"屠伯"。

　　王弥及其党刘灵降汉灵少贫贱，力制奔牛，走及奔马，时人虽异之，莫能举也。灵抚膺[13]叹曰："天乎，何当乱也[14]？"及公师藩起，灵自称将军，寇

1　乐平：古县名，治所位于今山东省聊城市西南。
2　繁剧：繁重的事务。
3　胡部大张䎧督：胡人首领部大张䎧督。
4　文武兼资：兼具两种资质，文武全才。
5　负海：背靠大海。
6　庶务：各种政务，各种事务。
7　寇戎：匪患与战争。
8　升堂：登堂入室。
9　冲要：军事或交通等方面的要地。
10　经纬：规划治理。
11　严刻：严厉苛刻。
12　斩戮：杀戮。
13　抚膺：抚摩或捶拍胸口，表示惋惜、哀叹、悲愤等。
14　天乎，何当乱也：天啊，为什么赶上乱世呢。

掠赵、魏，与王弥俱降汉。

慕容廆自称鲜卑大单于。

拓跋禄官卒弟猗卢总摄[1]三部，与慕容廆通好。

戊辰**二年**（公元 308 年）

汉永凤元年。

春，正月朔，日食。

汉刘聪据太行，石勒下赵、魏。王濬击勒，破之。

二月，太傅越杀清河王覃。

夏，五月，汉王弥寇洛阳，张轨遣督护北宫纯入卫，击破，走之王弥收集亡散[2]，兵复大振。分遣诸将攻陷郡县，遂入许昌。张轨遣督护北宫纯将兵卫京师。弥入自轘辕，败官军于伊北[3]，遂至洛阳。王衍督军出战，北宫纯募勇士百余人突阵，弥兵大败，烧建春门而来。衍遣左卫将军王秉追之，战于七里涧，又败之。弥走平阳，汉王渊遣侍中郊迎，令曰：“孤亲行将军之馆，拂席洗爵[4]，敬待将军。”及至，拜司隶校尉。诏封张轨西平郡公，轨辞不受。时州郡之使莫有至者，轨独贡献不绝。

秋，七月，汉徙都蒲子[5]。

冬，十月，汉王渊称皇帝。

十二月，汉石勒、刘灵寇魏、汲[6]、顿丘勒、灵率众二万寇三郡，百姓望风降附者五十余垒，皆假[7]垒主将军、都尉印绶。简其强壮五万为军士，老

1　总摄：总管。
2　亡散：逃散的人。
3　伊北：伊水以北。伊水，洛水支流，源出今河南省洛阳市栾川县伏牛山北麓，流至偃师县南入洛水。
4　拂席洗爵：擦拭座席，清洗酒爵。
5　蒲子：古县名，治所即今山西省临汾市隰县。
6　汲：古郡名，辖今河南省新乡、卫辉、辉县、林州、淇县等市县地。
7　假：授予，给予。

弱安堵如故。

成尚书令杨褒卒褒好直言，成主雄初得蜀，用度不足，诸将有以献金银得官者，褒谏曰："陛下设官爵，当网罗天下英豪，何有以官买金邪？"雄谢之。

己巳三年（公元309年）

汉河瑞元年。

春，正月朔，荧惑犯紫微。

汉徙都平阳汉太史令宣于修之以星变[1]言于其主渊曰："不出三年，必克洛阳。蒲子崎岖，难以久安。平阳气象方昌，请徙都之。"渊从之。

三月，以山简都督荆、湘等州军事简，涛之子也，嗜酒，不恤[2]政事。初，荆州寇盗不禁，诏起刘弘子璠为顺阳内史，江汉间翕然归之。简表璠得众心，恐百姓劫以为主。诏征璠为越骑校尉。南州由是遂乱，父老莫不追思刘弘。

太傅越入京师，杀中书令缪播、帝舅王延等十余人越入京师，中书监王敦谓所亲曰："太傅专执威权，而选用表请[3]，尚书犹以旧制裁之，今来，必有所诛。"帝之为太弟也，与缪播善。及即位，委以心膂。帝舅散骑常侍王延、尚书何绥、太史令高堂冲，并参机密。刘舆、潘滔劝越诛之。越乃诬播等欲为乱，遣甲士三千入宫，执播等十余人于帝侧，付廷尉，杀之。帝叹息流涕而已。绥，曾之孙也。初，何曾侍武帝宴，退，谓诸子曰："主上开创大业，吾每宴见，未常闻经国远图，惟说平生常事，非贻厥孙谋[4]之道也。及身而已，后嗣其殆[5]乎？汝辈犹可以免。"指诸孙曰："此属必及于难。"及绥死，兄嵩哭

---

1 星变：星象的异常变化，古时谓将有凶灾。
2 恤：忧虑。
3 表请：上表请示。
4 贻厥孙谋：为子孙的将来做好安排。贻，遗留。厥，其，他的。谋，计谋，打算。
5 殆：危险。

之曰："我祖其殆圣乎？"曾日食万钱，犹云无下箸处。子邵，日食二万。绥及弟机、羡汰侈[1]尤甚，与人书疏，词、礼简傲[2]。王尼见绥书，谓人曰："伯蔚居乱世而矜豪[3]乃尔，其能免乎？"人曰："伯蔚闻卿言，必相危害。"尼曰："伯蔚比闻我言，自已死矣。"及永嘉之末，何氏无遗种。

司马公曰：何曾讥武帝偷惰[4]，取过目前[5]，不为远虑，知天下将乱，子孙必与其忧，何其明也。然身为僭侈，使子孙承流[6]，卒以骄奢亡族，其明安在哉？且身为宰相，知其君之过，不以告而私语于家，非忠臣也。

太尉刘寔罢就第寔连年请老，朝廷不许。刘坦言："古之养老，以不事为优，不以吏之为重，宜听寔所守。"诏寔以侯就第。

以王衍为太尉。

太傅越使将军何伦领国兵[7]入宿卫越以顷来[8]兴事多由殿省[9]，乃奏宿卫有侯爵者皆罢之，更使将军何伦、王秉领东海国兵数百人宿卫。

汉寇黎阳，陷之汉主渊遣刘景将兵攻黎阳，克之。又败王堪于延津，沉男女三万余人于河。渊闻之，怒曰："景何面复见朕？且天道岂能容之？吾所欲除者，司马氏耳，细民何罪？"黜之。

夏，大旱江、汉、河、洛可涉[10]。

汉石勒寇巨鹿、常山勒众至十余万，集衣冠人物[11]，别为君子营。以张宾为谋主，刁膺为股肱[12]，夔安、孔苌、支雄、桃豹、逯明为爪牙。并州诸胡、羯多从之。初，张宾好读书，阔达有大志，常自比张子房。及勒徇山东，宾谓所

1　汰侈：骄奢。
2　简傲：高傲，傲慢。
3　矜豪：倨傲豪纵。
4　偷惰：苟且怠惰。
5　取过目前：只顾眼前利益。
6　承流：接受和继承风尚传统。
7　国兵：诸侯国的军队。
8　顷来：近来。
9　殿省：宫廷与台省。
10　涉：趟水过河。
11　衣冠人物：代称缙绅、士大夫。衣冠，穿衣戴冠。
12　股肱：大腿和胳膊，用以比喻左右得力的帮手。

亲曰："吾历观诸将，无如此胡将军者，可与共成大业。"乃提剑诣军门，大呼请见，勒亦未之奇也。宾数以策干[1]勒，已而皆如所言，由是奇之。

汉寇壶关，陷之汉主渊使王弥与楚王聪共攻壶关，以石勒为前锋都督。刘琨遣军救之，不克。越遣淮南内史王旷、将军施融拒之。旷济河，欲长驱而前，融曰："彼乘险间[2]出，且当阻水为固，以量形势。"旷怒曰："君欲沮众邪？"遂逾太行，与聪战于长平[3]，大败，皆死，壶关降汉。

秋，八月，汉寇洛阳，弘农太守垣延袭败之聪等攻洛阳，将军曹武等拒之，皆为所败。长驱至宜阳，自恃骤胜，怠，不设备。垣延诈降，夜袭败之。

冬，十月，汉复寇洛阳，北宫纯击败之汉主渊复遣刘聪等寇洛阳，屯西明门[4]。北宫纯等夜率勇士出攻汉壁，斩其将军呼延颢。聪南屯洛水，而大司空呼延翼又为其下所杀，众遂溃归。宣于修之言于渊曰："岁在辛未[5]，乃得洛阳。今晋气犹盛，大军不归，必败。"渊乃召聪等还。聪、曜归平阳，弥南出辕辕，流民之在颍川、襄城[6]、汝南、南阳、河南者数万家，素为居民所苦，皆杀长吏以应弥。

庚午四年（公元310年）

汉烈宗刘聪光兴元年。

春，正月，汉寇徐、豫、兖、冀诸郡。

琅邪王睿以周玘为吴兴太守钱𤪺寇阳羡，玘纠合乡里，讨斩之。玘三定江南，琅邪王睿以为吴兴太守，于其乡里置义兴郡[7]以旌之。

1　干：请求。
2　间：间或，断断续续。
3　长平：古县名，治所位于今河南省周口市西华县东北。
4　西明门：洛阳城西面正西一门。
5　辛未：即公元311年，两年后。
6　襄城：古郡名，辖今河南省襄城、郏县、叶县、宝丰、舞阳等县及平顶山市地。
7　义兴郡：古郡名，辖今江苏省宜兴、溧阳等市地。

汉曹嶷寇东平[1]、琅邪。

夏，四月，王濬击汉刘灵，杀之。

蝗。

秋，七月，汉寇河内，陷之。

汉主渊卒，太子和立，其弟聪弑而代之 汉主渊寝疾，以陈留王欢乐为太宰，楚王聪为大司马、大单于，并录尚书事。安昌王盛、安邑王钦、西阳王璿分典禁兵。初，盛少时，不好读书，只读《孝经》《论语》，曰："诵此能行，足矣，安用多诵而不行乎？"李憙见之，叹曰："望之如可易，及至，肃如严君[2]，可谓君子矣。"渊以其忠笃，故临终委以要任。渊卒，太子和即位。和性猜疑无恩。宗正呼延攸、侍中刘乘、西昌王锐说和曰："先帝不惟轻重之势，使大司马拥十万众屯于近郊，陛下便为寄坐[3]耳。宜早为之计。"和信之，夜召盛、钦告之。盛曰："陛下勿信谗以疑兄弟，兄弟尚不可信，他人谁足信哉？"攸、锐怒命左右刃[4]之，遂攻聪于单于台，不克。锐等走入南宫，聪前锋随之，杀和及锐、攸、乘。聪以北海王义，单后之子也，以位让之。义涕泣固请，聪遂即位。以义为皇太弟，领大单于，子粲为河内王，都督中外诸军事，石勒为并州刺史。

氐酋[5]蒲洪自称略阳公 洪，略阳临渭[6]氐酋也，骁勇多权略，群氐畏服之。汉拜洪平远将军，不受，自称秦州刺史、略阳公。

流民王如寇南阳以附汉 雍州流民多在南阳，诏书遣还乡里。流民以关中荒残，皆不愿归。山简遣兵促发[7]。京兆王如潜结壮士夜袭其军，破之。攻城镇，

1　东平：古诸侯国名，辖今山东省济宁、汶上、东平等市县地。
2　严君：父亲。
3　寄坐：居客位，比喻地位不稳且无实权。
4　刃：用刀杀。
5　氐酋：氐族的首领。
6　略阳临渭：略阳郡临渭县。略阳郡，古郡名，改广魏郡置，辖今甘肃省静宁、庄浪、张家川、清水等县地及天水市、通渭县部分地区。临渭县，古县名，治所位于今甘肃省天水市东北，渭水北岸。
7　促发：催促他们按期出发。

杀令、长，众至四五万，自号大将军，称藩于汉。

冬，十月，汉寇洛阳。

以拓跋猗卢为大单于，封代公初，匈奴刘猛死，刘虎代领其众，居新兴[1]，号铁弗氏，与白部鲜卑[2]皆附于汉。刘琨将讨之，遣使卑辞厚礼说拓跋猗卢以请兵。猗卢使其弟弗之子郁律率骑二万助之，遂破刘虎、白部。琨与猗卢结为兄弟，表为大单于，以代郡封之，为代公。时代郡属幽州，王浚不许，遣兵击猗卢，猗卢拒破之。浚由是与琨有隙。猗卢以封邑去国悬远[3]，民不相接，乃率部落万余家自云中入雁门，从琨求陉北[4]之地。琨不能制，且欲倚之为援，乃徙楼烦[5]、马邑、阴馆、繁畤、崞[6]五县民于陉南，以其地与之，由是猗卢益盛。琨遣使言于太傅越，请出兵共讨刘聪、石勒。越忌苟晞为后患，不许。琨乃谢猗卢之兵，遣归国。

遣使征天下兵入援京师饥困日甚，太傅越遣使以羽檄征天下兵，使入援京师。帝谓使者曰："为我语诸征镇，今日尚可救，后则无及矣。"既而卒无至者。山简遣督护将兵入援，为王如所败。如遂大掠沔汉[7]，进逼襄阳。朝议多欲迁都以避难，王衍以为不可，卖车牛[8]以安众心。

汉石勒击、并王如兵，遂寇襄阳。十一月，太傅越率兵讨之，次于项越以胡寇益盛，内不自安，乃戎服入见，请讨石勒。帝曰："今胡虏侵逼郊畿[9]，公岂可远去以孤根本？"对曰："臣出，幸而破贼，则国威可振，犹愈于

1　新兴：古县名，治所位于今甘肃省天水市武山县西北。
2　白部鲜卑：鲜卑族的一支，又作百部鲜卑，因居白山而得名。
3　悬远：相距很远。
4　陉北：古地区名，指今山西省忻州市代县西北雁门关所在陉岭以北地区。
5　楼烦：古县名，治所位于今山西省忻州市宁武县附近。
6　阴馆、繁畤、崞：阴馆，古县名，治所位于今山西省朔州市东南。繁畤，古县名，治所位于今山西省大同市浑源县西南。崞，古县名，治所位于今山西省大同市浑源县西，因崞山而得名。
7　沔汉：沔水和汉水流域。
8　车牛：牛车，旧时交通、运载工具。
9　郊畿：京城郊外王畿之地。

坐待困穷也。"乃率甲士四万向许昌，留何伦防察[1]宫省，以行台[2]自随，用王衍为军司。朝贤素望[3]，悉为佐吏；名将劲卒，咸入其府。于是宫省无复守卫，荒馑日甚，盗贼公行，府、寺、营、署并掘堑自守。越东屯项，自领豫州牧。

宁州刺史王逊灭五苓夷初，李毅死，其子钊自洛往，州人奉之以主州事，遣使诣京师求刺史。朝廷乃以逊为刺史。既至，表钊为朱提[4]太守。时宁州内逼于成，外有夷寇，城邑丘墟，逊恶衣菜食[5]，招集离散，劳徕不倦，数年之间，州境复安。诛豪右不奉法者十余家，击灭五苓夷，内外震服。

汉主聪杀其兄恭汉主聪自以越次而立，忌其兄恭，杀之。

汉太后单氏卒单后年少美色，汉主聪烝[6]焉。太弟义屡以为言，单后惭恚而死。义宠由是渐衰。呼延后言于聪曰："父死子继，古今常道，太弟何为者哉？陛下百年后，粲兄弟必无种矣。"聪心然之。义舅冲谓义曰："疏不间亲，主上有意于河内王矣，殿下何不避之？"义曰："天下者，高祖之天下。兄终弟及，何为不可？粲等既壮，犹今日也。且子弟之间，亲疏讵几[7]，主上宁可有此意乎？"

辛未五年（公元311年）

汉嘉平元年。成玉衡元年。

春，正月，汉曹嶷寇青州，苟晞败走。

石勒寇江夏，陷之勒谋保据江汉，张宾以为不可。会军中饥疫，死者太半，乃渡沔寇江夏。

成寇陷涪、梓潼，内史谯登死之初，谯周之子居巴西，为成太守马脱

1　防察：伺察防备。
2　行台：台省在外者。
3　朝贤素望：朝贤，朝中的贤人。素望，一向有声望的人。
4　朱提：古郡名，辖今滇东北全部及贵州、四川的小部地，西晋属益州。
5　恶衣菜食：恶衣，穿破旧的衣服。菜食，吃蔬菜等素食，不吃肉、鱼等。
6　烝：娶父亲的妻妾及兄长的妻妾。
7　讵几：无多，没有多少。

所杀，其子登诣刘弘请兵复仇。弘表登为梓潼内史，使自募巴蜀流民，得二千人，西上攻宕渠[1]，斩脱，食其肝，遂据涪城。成人攻之，屡为所败。至是三年，食尽援绝，士民熏鼠食之，饿死甚众，无一人离叛者。城陷见获，成主雄欲宥之，登词气不屈，乃杀之。

湘州[2]流民作乱，推杜弢为刺史巴蜀流民布在荆、湘间，为土民所困苦。湘州参军冯素与蜀人汝班有隙，言于刺史苟眺，欲尽诛流民。流民大惧，四五万家一时俱反。以醴陵[3]令杜弢为湘州刺史。

琅邪王睿逐扬州都督周馥，以王敦为刺史，都督征讨诸军事馥以洛阳孤危，表请迁都寿春。太傅越以馥不先白己，大怒，召之。馥不行，睿遂攻之。馥败走，死。睿以敦为扬州刺史，督征讨诸军。

三月，太傅越卒于项，以苟晞为大将军，督六州苟晞移檄诸州，陈越罪状。帝亦恶越专权违命，所留何伦等抄掠公卿，逼辱公主，密赐晞诏，使讨之。越亦下檄罪状晞，遣兵攻之。晞遣骑收越党尚书刘曾、侍中程延，斩之。越忧愤成疾，以后事付王衍而卒。众共推衍为元帅，衍不敢当，奉越丧还葬东海[4]。伦等以裴妃及世子毗自洛阳东走，城中士民争随之。帝追贬越为县王[5]，以晞为大将军，都督青、徐、兖、豫、荆、扬诸军事。

夏，四月，汉石勒追败越军于苦县，执王衍等杀之勒率轻骑追太傅越之丧，及于苦县，大败晋兵，纵骑围而射之，将士十余万人无一免者。执太尉衍等问以晋故，衍具陈祸败之由，云计不在己，且自言少无宦情[6]，不豫[7]世事。因劝勒称尊号，冀以自免。勒曰："君少壮登朝，名盖四海，身居重任，何得言无宦情邪？破坏天下，非君而谁？"众人畏死，多自陈述。独襄阳王范

---

1 宕渠：古县名，治所位于今四川省达州市渠县东北。
2 湘州：古州名，分荆、广两州置，辖今湖南省湘、资二水流域及湖北省陆水流域。
3 醴陵：古县名，治所即今湖南省醴陵市。
4 东海：古诸侯国名，司马越的封地，辖今山东枣庄、郯城及江苏赣榆、东海、新沂、连云港等市县地。
5 县王：以县为封地的诸侯王。
6 宦情：做官的志趣、意愿。
7 不豫：不参与。

神色俨然[1]，顾呵[2]之曰："今日之事，何复纷纭[3]！"勒谓孔苌曰："吾行天下多矣，未尝见此辈人，当可存乎？"苌曰："彼皆晋之王公，终不为吾用。"勒曰："虽然，要[4]不可加以锋刃。"夜，使人排墙[5]杀之。剖越柩，焚其尸，曰："乱天下者此人也，吾为天下报之。"世子毗及宗室四十八王皆没于勒。裴妃为人所掠卖[6]，久之，渡江。初，琅邪王睿之镇建业，裴妃意也，故睿德之，厚加存抚[7]，以其子冲继越后。

五月，杜弢陷长沙弢自是南破零、桂，东掠武昌，杀长吏甚众。

汉人入寇。六月，陷洛阳，杀太子诠，迁帝于平阳，封平阿公苟晞表请迁都仓垣[8]，帝将从之，公卿犹豫，不果行。既而洛阳饥困，人相食，百官流亡者什八九。帝将行而卫从[9]不备，无车舆[10]，乃步出西掖门，至铜驼街，为盗所掠，不得进。度支魏濬率流民数百家保河阴[11]之硖石[12]，时掠得谷麦，献之。汉主聪使呼延晏将兵二万七千寇洛阳，比及河南，晋兵前后十二败。刘曜、王弥、石勒皆引兵会之。晏先至，攻平昌门，克之，遂焚府寺。六月，司空苟藩及弟光禄大夫组奔镮辕。弥、晏克宣阳门，入宫大掠。帝欲奔长安，汉兵追执之。曜自西明门入，杀太子诠等，士民死者三万余人。遂发掘诸陵，焚宫庙。曜纳羊后，迁帝及六玺于平阳。勒引兵出屯许昌。汉以帝为左光禄大夫，封平阿公。以侍中庾珉、王儁为光禄大夫。初，曜以弥不待己至先入洛阳，怨

1　俨然：形容庄严。
2　顾呵：回头呵斥。
3　纷纭：言语多而杂乱。
4　要：应当，必须。
5　排墙：推倒墙壁。
6　掠卖：劫掠贩卖。
7　存抚：抚恤慰问。
8　仓垣：古地名，位于今河南省开封市东北。
9　卫从：护卫侍从。
10　车舆：车辆，车轿。
11　河阴：古郡名，辖今河南省孟津县一带。
12　硖石：古地名，位于今河南省孟津县东北。

之。弥说曜曰："洛阳天下之中，山河四塞[1]，城池宫室不假修营[2]，宜白主上自平阳徙都之。"曜以天下未定，洛阳四面受敌，不可守，不用弥策而焚之。弥骂曰："屠各[3]子，岂有帝王之意邪？"遂与曜有隙，引兵东屯项关[4]。刘暾说弥曰："将军建不世之功[5]，又与始安王相失，将何以自容？不如东据本州，徐观天下之势，上可以混一[6]四海，下不失鼎峙[7]之业。"弥心然之。

司空苟晞奉豫章王端建行台于蒙城[8]，苟藩奉秦王业趋许昌苟藩在阳城，汝阴[9]太守李矩输给[10]之。藩建行台于密，传檄四方，推琅邪王睿为盟主，以矩为荥阳[11]太守。豫章王端，太子诠弟也。东奔仓垣，苟晞奉为皇太子，置行台，徙屯蒙城。秦王业，吴孝王晏之子，藩甥也，年十二，南奔密，藩等奉之，以趋许昌。天水阎鼎聚西州流民数千于密，欲还乡里。藩以鼎有才而拥众，用为豫州刺史，以周颢等为参佐。

琅邪王睿遣兵击江州刺史华轶，斩之时海内大乱，独江东差安，中国士民避乱者多南渡江。王导说睿收其贤俊[12]，辟掾属刁协、王承、诸葛恢、陈頵、庾亮等百余人，时人谓之百六掾。及承苟藩檄，承制署置[13]。江州刺史华轶及豫州刺史裴宪皆不从命。睿遣王敦、甘卓、周访合兵击轶，斩之。宪奔幽州。睿以卓为湘州刺史，访为寻阳[14]太守，陶侃为武昌[15]太守。

1　四塞：四境皆有天险，可作屏障。
2　不假修营：不用修葺营建。
3　屠各：古匈奴部落名，西晋时杂居西北沿边诸郡。
4　项关：古地名，位于今河南省周口市辖项城市西南。
5　不世之功：形容功劳极大。不世，不是每代都有的，即非常、非凡。
6　混一：统一。
7　鼎峙：三方对立。鼎有三足，故名。
8　蒙城：古地名，治所即今安徽省亳州市蒙城县。
9　汝阴：古郡名，辖今安徽省颍河流域以西、淮河以北和河南省新蔡、淮滨等县地。
10　输给：运送谷物供给。
11　荥阳：古郡名，辖今河南省荥阳市以东、中牟县以西、原阳县以南、新密、新郑二市以北地。
12　贤俊：才德出众之人。
13　署置：部署设置，常指选用官吏。
14　寻阳：古郡名，辖今江西省九江市以西，湖北省广济以东的长江两岸地区。
15　武昌：古郡名，辖今湖北省长江以南，嘉鱼、咸宁、通山等市县以东和江西省九江、瑞昌等市县地。

秋，七月，大司马王濬自领尚书令浚设坛告类[1]，立皇太子，称受中诏[2]承制封拜，备置百官，列署[3]征镇。

汉刘曜寇长安。南阳王模出降，曜斩之，遂据长安。模世子保保上邽南阳王模使牙门赵染戍蒲坂[4]，染率众降汉。汉遣染与将军刘雅攻模于长安，刘曜、刘粲继之。染败模兵于潼关，长驱至下邽[5]。凉州将北宫纯自长安率众降汉。汉兵围长安。模仓库虚竭，士卒离散，遂降于汉，粲杀之。关西[6]饥馑，白骨蔽野，士民存者百无一二。汉主聪以曜为雍州牧，封中山王，守长安。模都尉陈安率众归世子保于上邽，保遂据有秦州，寻称大司马，承制署陇右。氐、羌皆从之。

汉石勒陷蒙城，执苟晞及豫章王端晞骄奢苛暴[7]，前辽西太守阎亨数谏，杀之。从事明预有疾，自舆[8]入谏。晞怒曰："我杀阎亨，何关人事，而舆病骂我？"预曰："明公以礼待预，故预以礼自尽。今明公怒预，其如远近怒明公何？桀为天子，犹以骄暴而亡，况人臣乎？愿明公且置是怒，思预之言。"晞不从。由是众心离怨，加以疾疫、饥馑。勒袭蒙城，执晞及豫章王，锁晞颈，以为左司马。

冬，十月，汉石勒诱王弥杀之汉大将军王弥与勒外相亲而内相忌，会其将徐邈叛去，弥兵渐衰。闻勒擒苟晞，心恶之，以书贺勒曰："公获苟晞而用之，何其神也！使晞为公左，弥为公右，天下不足定也。"勒谓张宾曰："王公位重而言卑，其图我必矣。"宾因劝勒乘弥小衰，诱而取之。时弥与刘瑞相持甚急，请救于勒，勒未之许。宾曰："公常恨不得王公之便，今天以王公授

1　告类：祭告上天之礼。也特指为皇帝即位或立皇太子等特殊重大事件而举行的非常之祭。
2　中诏：宫中直接发出的帝王亲笔诏令。
3　列署：百官之署。
4　蒲坂：古地名，位于今山西省运城市辖永济市西南。
5　下邽：古县名，治所位于今陕西省渭南市东北。
6　关西：函谷关以西地区。
7　苛暴：苛刻暴虐。
8　自舆：自己乘车。

我矣。"勒乃引兵击瑞，斩之。弥大喜，谓勒实亲己，不复疑也。勒请弥燕[1]，酒酣而斩之，并其众。汉主聪大怒，遣使让勒："专害公辅，有无君之心。"然犹加勒镇东大将军，以慰其心。苟晞渐谋叛勒，勒杀之，引兵掠豫州诸郡，临江而还，屯于葛陂[2]。初，勒之为人所掠卖也，与其母王氏相失。刘琨得之，遣使并其从子虎送于勒，因遗书曰："将军用兵如神，所以周流[3]天下而无容足之地者，盖得主[4]则为义兵，附逆则为贼众故也。成败之数，有似呼吸，吹之则寒，嘘之则温。今相授[5]侍中，领护匈奴中郎将，将军其受之。"勒报书曰："事功[6]殊途，非腐儒所知。君当逞节本朝，吾自夷，难为效[7]。"遗琨名马珍宝，厚礼其使，谢而绝之。时虎年十七，残忍无度。勒白母除之。母曰："快牛为犊，多能破车[8]，汝小忍之。"及长，便弓马，勇冠当时。每屠城邑，鲜有遗类。然御众严而不烦，莫敢犯者，指授攻讨[9]，所向无前，勒遂宠任之。

冯翊太守索綝等击败汉兵于长安。十二月，迎秦王业入雍城[10]初，索綝为冯翊太守，与安夷护军[11]麹允、安定太守贾疋谋复晋室，率众五万向长安。雍州刺史麹特等率众十万会之，大败刘曜于黄丘[12]，又破刘粲于新丰，兵势大振，关西胡、晋翕然响应。阎鼎欲奉秦王业入关，据长安以号令四方。荀藩、周颉等皆山东人，不欲西行，中途逃散，颉奔江东。鼎与业至蓝田，遣人告疋，疋遣兵迎之，入于雍城，使梁综以兵卫之。

琅邪王睿以周颉为军咨祭酒前骑都尉桓彝避乱过江，见睿微弱，谓颉

1　燕：通"宴"，宴请，宴饮。
2　葛陂：古地名，位于今河南省驻马店市新蔡县西北。
3　周流：周遍流行，遍及各地。
4　得主：跟随正义之主。
5　相授：授予。
6　事功：事业和功绩。
7　君当逞节本朝，吾自夷，难为效：您应当在自己的朝廷显示自己的节操，我是夷人，难以为你效劳。
8　快牛为犊，多能破车：速度快的牛在还是牛犊的时候，大多都会把车弄坏。
9　指授攻讨：指派他去攻战征讨。
10　雍城：古地名，位于今陕西省宝鸡市凤翔县南。
11　安夷护军：古官名，掌归顺的氐族事务。
12　黄丘：古地名，位于今陕西省咸阳市泾阳县西北。

曰："我以中州多故，来此求全，而单弱如此，将何以济？"既而见王导，共论世事，退谓颙曰："向见管夷吾[1]，无复忧矣。"诸名士游宴新亭[2]，颙中坐[3]叹曰："风景不殊，举目有江河之异！"因相视流涕。导愀然[4]变色曰："当共戮力王室，克复神州，何至作楚囚对泣[5]邪？"众皆收泪谢之。陈頵遗导书曰："中华所以倾弊[6]者，正以取才失所，先白望[7]而后实事，浮竞驱驰，互相贡荐[8]。加有庄、老之俗，倾惑[9]朝廷，养望者为弘雅，政事者为俗人[10]。夫欲制远，先由近始。今宜改张，明赏信罚，拔卓茂于密县，显朱邑于桐乡[11]，然后大业可举，中兴可冀耳。"导不能从。

刘琨遣刘希合众于中山，王浚杀之刘琨长于招怀而短于抚御[12]，一日之中，虽归者数千，而去者亦相继。琨遣刘希合众于中山，幽州所统代郡、上谷、广宁[13]之民多归之，众至三万。王浚怒，遣胡矩与段疾陆眷共攻希，杀之，驱略三郡士女而去。

慕容廆击破鲜卑素喜、木丸部辽东附塞[14]鲜卑素喜连、木丸津攻陷诸县，屡败郡兵。东夷校尉封释不能讨，民失业，归慕容廆者甚众。廆少子翰言于廆曰："自古有为之君，莫不尊天子以从民望，成大业。今连、津寇暴不已，

---

1 向见管夷吾：刚才如同见到了名相管仲。
2 新亭：古亭名，故址位于今江苏省南京市江宁区南。
3 中坐：宴会中间。
4 愀然：形容神色严肃或不愉快。
5 楚囚对泣：比喻在情况困难、找不到对策时相对发愁。楚囚，原指被俘到晋国的楚国人，后泛指处于困境无计可施的人。
6 倾弊：颠覆破坏。
7 白望：虚名。
8 浮竞驱驰，互相贡荐：竞相追逐浮华，互相荐举。浮竞，争名夺利。驱驰，奔走效力。贡荐，举荐。
9 倾惑：迷惑。
10 养望者为弘雅，政事者为俗人：培养虚名的人被看作大雅士，勤勉于政事的人被认为是平庸俗气的人。养望，培养虚名。
11 拔卓茂于密县，显朱邑于桐乡：像光武帝在密县提拔卓茂、汉宣帝在桐乡使朱邑显达一样。
12 长于招怀而短于抚御：长于招揽安抚远方的人，却不擅长抚慰驾驭近处的人。
13 广宁：古郡名，辖今河北省张家口市涿鹿县。
14 附塞：边塞。

不若数其罪而讨之。上则兴复[1]辽东，下则并吞二部，忠义彰于本朝，私利归于我国，此霸王之基也。"廆笑曰："孺子乃能及此乎[2]？"遂击连、津，以翰为前锋，破斩之，尽并二部之众。封释疾病，属其孙弈于廆。释卒，廆召弈与语，说之，曰："奇士也。"补小都督。释子悛、抽来奔丧，廆见之曰："此家抾抾千斤犍也[3]。"以道不通，皆留仕廆，抽为长史，悛为参军。

壬申**六年**（公元312年）

汉嘉平二年。

春，正月，汉主聪纳刘殷二女为贵嫔汉主聪将纳太保刘殷女，太弟义固谏。聪以问太宰[4]延年、太傅景，皆曰："太保自云刘康公[5]之后，与陛下殊源[6]，纳之何害？"聪悦，拜殷二女英、娥为左右贵嫔，位在昭仪上。又纳殷女孙四人皆为贵人，位次贵妃。于是六刘之宠倾后宫，聪希复[7]出外，事皆中黄门奏决。

胡亢起兵竟陵亢，故新野王牙门将，聚众竟陵，寇掠荆土[8]，以杜曾为竟陵守。曾勇冠三军，能被甲[9]游于水中。

二月朔，日食。

琅邪王睿遣将军纪瞻讨石勒于葛陂，勒引兵退石勒筑垒于葛陂，课农[10]造舟，将攻建业。睿大集江南之众于寿春，以纪瞻为扬威将军讨之。会大雨，三月不止，勒军中饥疫，死者太半。集将佐议之，刁膺请送款于睿，求

---

1 兴复：恢复。
2 孺子乃能及此乎：小孩子竟然能想到这些。
3 此家抾抾千斤犍也：这一家都是上天降下来有千斤之力的神牛啊。抾抾，强有力貌。
4 太宰：古官名，即太师，晋避司马师讳，改为太宰，其职权仍同太师，不同于周时太宰。
5 刘康公：名季子，东周诸侯国刘国开国君主。
6 殊源：不同渊源。
7 希复：很少再。
8 荆土：荆州境内。
9 被甲：身穿坚甲。
10 课农：学习务农。

扫平河朔[1]以自赎，俟其军退，徐图之。勒愀然长啸。孔苌等请分道夜攻寿春，据城食粟，要以今年定江南。勒笑曰："是勇将之计也。"顾谓张宾曰："于君意何如？"宾曰："将军攻陷京师，囚执天子，杀害王公，妻略妃主[2]。擢将军之发，不足以数将军之罪，奈何复相臣奉[3]乎？今天降霖雨于数百里中，示将军不应留此也。邺有三台[4]之固，西接平阳，山河四塞，宜北据之，以营河北。河北既定，天下无处将军之右者矣。宜使辎重从北道先发，将军引大兵向寿春。辎重既远，大兵徐还，何忧进退无地乎？"勒攘袂鼓髯[5]曰："张君计是也。"于是黜膺，擢宾为右长史，号曰"右侯"。勒引兵发葛陂，遣石虎向寿春，遇晋运船，虎将士争取之，为纪瞻所败，追奔百里，前及勒军。勒结阵待之，瞻不敢击。

汉封帝为会稽郡公汉主聪谓帝曰："卿昔为豫章王，朕与王武子造卿，卿赠朕柘弓银研[6]，卿颇记否？"帝曰："臣安敢忘之？但恨尔日[7]不早识龙颜。"聪曰："卿家骨肉何相残如此？"帝曰："大汉将应天受命，故为陛下自相驱除，此殆天意，非人事也。且臣家若能奉武皇帝之业，九族敦睦[8]，陛下何由得之？"聪喜，以小刘贵人妻帝，曰："此名公[9]之孙也，卿善遇之。"

张轨遣兵诣长安凉州主簿马鲂说轨："宜命将出师，翼戴[10]帝室。"轨从之，驰檄[11]关中，共尊辅秦王，且言："今遣前锋宋配率步、骑二万，径趋长安，诸军络绎[12]继发。"

---

1 河朔：古代泛指黄河以北地区。
2 妃主：嫔妃公主。
3 相臣奉：以臣下的身分尊奉晋朝。
4 三台：即三国魏曹操所建铜雀台、金虎台、冰井台，故址位于今河北省邯郸市临漳县境内。
5 攘袂鼓髯：撸起衣袖，抚动胡须。攘袂，撸起衣袖。
6 柘弓银研：柘木良弓和银砚台。研，通"砚"。
7 尔日：当天。
8 敦睦：友好和睦。
9 名公：有名望的贵族或达官。
10 翼戴：辅佐拥戴。
11 驰檄：迅速传送檄文。
12 络绎：前后相接，连续不断。

夏，汉封王彰为定襄郡公汉主聪以鱼蟹不供，斩左都水¹使者。作温明、徽光二殿未成，斩将作大匠。观渔于汾水，昏夜不归。彰谏曰："今愚民归汉之志未专，思晋之心犹盛，刘琨咫尺，刺客纵横。帝王轻出，一夫敌耳。"聪大怒，命斩之。彰女为夫人²，叩头乞哀³，乃囚之。太后张氏以聪刑罚过差，三日不食。太弟义、单于粲舆梓切谏。聪怒曰："吾岂桀、纣，而汝辈生来哭人？"太保殷等百余人皆免冠涕泣而谏，聪慨然曰："朕昨大醉，非其本心，微公等言之，朕不闻过⁴。"各赐帛百匹，使侍中持节赦彰，进封定襄郡公。

雍州刺史贾疋等进围长安，汉刘曜败走，秦王业入长安。

汉太保刘殷卒殷不为犯颜忤旨⁵，然因事进规⁶，补益甚多。汉主聪每与群臣议政事，殷无所是非。群臣出，殷独留，敷畅⁷条理，商榷事宜，聪未尝不从之。殷常戒子孙曰："事君当务几谏⁸。凡人尚不可面斥其过，况万乘乎？夫几谏之功，无异犯颜，但不彰君之过，所以为优耳。"殷在公卿间，常恂恂⁹有卑让之色，故能处骄暴之国，保其富贵，不失令名，以寿考终。

石勒引兵据襄国刘琨以兄子演镇邺。石勒济河，演保三台以自固。勒诸将欲攻之，张宾曰："攻之未易猝拔¹⁰，舍之，彼将自溃。方今王彭祖、刘越石，公之大敌也，宜先取之，演不足顾¹¹也。且天下饥乱，明公拥兵羁旅，人无定志，非所以保万全、制四方也。不若择便地¹²而据之，广聚粮储，西禀平阳¹³以图幽、并，此霸王之业也。"勒遂进据襄国，分命诸将攻冀州郡县，运谷以输

---

1 左都水：古官名，左冯翊属官，掌池沼灌溉、保护河渠等。
2 夫人：帝王的妾。
3 乞哀：乞求怜悯、饶恕。
4 微公等言之，朕不闻过：不是你们说起，朕都不知道自己的过失。微，要不是，要没有。
5 不为犯颜忤旨：从不忤逆皇帝意思，违抗圣旨。
6 进规：进谏规劝。
7 敷畅：铺叙而加以发挥。
8 几谏：对长辈委婉而和气的劝告。
9 恂恂：诚实谦恭的样子。
10 猝拔：很快攻下。
11 顾：顾虑，考虑。
12 便地：形势便利之地。
13 禀平阳：禀，报告。平阳，指定都平阳的汉国。

襄国。汉以勒为冀州牧。

汉刘曜袭晋阳，陷之。刘琨奔常山刘琨移檄州郡，期十月会平阳，击汉。琨素奢豪[1]，喜声色。徐润以音律得幸，骄恣，干预政事。护军令狐盛数以为言，琨收盛，杀之。琨母曰："汝不能驾御豪杰以恢远略[2]，而专除胜己[3]，祸必及我。"盛子泥奔汉，具言虚实。汉主聪大喜，遣粲、曜将兵寇并州，以泥为乡导。琨闻之，东出，收兵于常山，且遣使求救于代。粲、曜乘虚袭晋阳，琨还救不及，率数十骑奔常山。泥杀琨父母。

秋，九月，贾疋等奉秦王业为皇太子，建行台疋等奉业为皇太子，建行台，登坛告类，建宗庙社稷。

冬，十月，代公猗卢攻晋阳，刘曜败走。猗卢追击，大败之猗卢遣其子六脩率众数万为前锋，自率二十万继之。刘琨收散卒为乡导。六脩与刘曜战于汾东[4]，曜兵败，坠马，中七创，夜逾蒙山[5]而归。猗卢追之，战于蓝谷[6]，汉兵大败，伏尸数百里。猗卢因大猎寿阳山[7]，陈阅[8]皮肉，山为之赤。琨自营步入拜谢，固请进军。猗卢曰："吾远来，士马疲弊[9]，且待后举，刘聪未可灭也。"留其将箕澹等戍晋阳。琨徙居阳曲[10]，招集亡散。

十二月，盗杀贾疋，麴允领雍州刺史初，贾疋入关，杀汉梁州刺史彭仲荡。至是，其子天护率群胡攻疋，杀之。众推麴允领雍州。

王濬攻石勒于襄国，大败而还王濬遣督护王昌率诸军及段疾陆眷与弟匹磾、文鸯、从弟末柸攻勒于襄国。勒兵出战，皆败。勒召将佐曰："吾欲悉众决战，何如？"诸将皆曰："不如坚守，俟其退而击之。"张宾、孔苌曰：

1　奢豪：奢侈阔绰。
2　恢远略：实现宏大的谋略。恢，发扬，扩大。
3　胜己：能力超过自己的人。
4　汾东：汾水以东地区。
5　蒙山：古山名，一名西山，位于今山西省太原市西北。
6　蓝谷：古地名，位于今山西省太原市西南。
7　寿阳山：古山名，又称方山或神福山，位于今山西省晋中市寿阳县东北。
8　陈阅：陈列物品供人观看。
9　士马疲弊：士兵和马匹都非常疲乏。疲弊，非常疲乏。
10　阳曲：古县名，治所位于今山西省太原市北。

"鲜卑段氏，最为勇悍，而末杯尤甚，其锐卒皆属焉。今刻日来攻北城，必谓我孤弱，不敢出战，意必懈惰[1]。宜且勿出，示之以怯，凿北城为突门[2]二十余道，俟其来至，列守[3]未定，出其不意，直冲末杯帐，彼必震骇，不暇为计，破之必矣。末杯败，则其余不攻而溃矣。"勒从之，密为突门。既而疾陆眷攻北城，勒登城望之，见其将士或释仗[4]而寝，乃命孔苌督锐卒从突门出击之，不克而退。末杯逐之，入其军门，为勒众所获，疾陆眷等军皆退走。苌乘胜追击，枕尸[5]三十余里。疾陆眷以铠马[6]金银赂勒，且以末杯三弟为质而请末杯。诸将皆劝勒杀之，勒曰："辽西鲜卑健国[7]也，与我素无仇雠，为王浚所使耳。今杀一人而结一国之怨，非计也。归之，必深德我，不复为浚用矣。"乃遣石虎与疾陆眷盟于渚阳[8]，结为兄弟。疾陆眷等引归[9]，王昌亦还蓟。勒召末杯，与之燕饮，誓为父子，遣还。由是段氏专心附勒，浚势遂衰。

大疫。

王敦杀其兄荆州都督澄澄少与兄衍名冠海内，刘琨谓澄曰："卿形虽散朗[10]，而内实动侠[11]，以此处世，难得其死[12]。"及在荆州，屡为杜弢所败，望实[13]俱损，犹傲然自得，与内史王机日夜纵酒博弈[14]，上下离心。故山简参军王冲拥众自称刺史，澄惧，徙治沓中[15]。琅邪王闻之，召为军谘祭酒，以周颉代之。王

---

1 懈惰：懈怠，懒惰。
2 突门：正常城门以外的秘密出口。
3 列守：安排防御。
4 释仗：放下兵器。
5 枕尸：尸骸狼藉。
6 铠马：披带铠甲的马，战马。
7 健国：强国。
8 渚阳：古地名，位于今河北省邢台市东。
9 引归：率军退回。
10 散朗：飘逸爽朗。
11 动侠：冲动任侠。
12 难得其死：不得善终。
13 望实：威望与实力。
14 博弈：局戏和围棋。
15 沓中：古地名，位于今湖北省荆州市公安县西。

敦方讨杜弢，进屯豫章。澄过之，自以名声素出敦右，犹以旧意[1]侮敦。敦怒，诬其与杜弢通信，杀之。机将奴客门生千余人入广州。机父尝刺广州，将士皆其部曲，刺史郭讷遣拒机，皆迎降。讷乃避位，以州授之。

王如诣王敦降。

前太子洗马卫玠卒玠，瓘之孙也，美风神[2]，善清谈。常以为人有不及，可以情恕，非意相干，可以理遣[3]，故终身不见喜愠[4]之色。

羌酋[5]姚弋仲自称扶风公弋仲，南安赤亭羌也，东徙榆眉[6]，戎夏[7]襁负随之者数万。

癸酉**孝愍皇帝邺建兴元年**（公元 313 年）

汉嘉平三年。

春，二月，汉主刘聪弑帝于平阳，庾珉、王儁死之正月朔，汉主聪宴群臣于光极殿，使帝着青衣行酒。庾珉、王儁等不胜悲愤，因号哭，聪恶之。有告珉等谋以平阳应刘琨者，聪遂杀珉、儁等，帝亦遇害，谥曰孝怀。

三月，汉立其贵嫔刘娥为后汉主聪为刘后起凰仪殿。廷尉陈元达切谏，以为："天生民而树之君，使司牧[8]之，非以兆民之命穷一人之欲也。是以先帝身衣大布[9]，居无重茵[10]，后妃不衣锦绮，乘舆马不食粟。陛下践阼[11]以来，已作

1　旧意：以往的想法。
2　风神：风采神态。
3　人有不及，可以情恕，非意相干，可以理遣：别人没有做到的，能够在情理上宽恕，遭人意外的冒犯，也能够用道理来排遣。
4　喜愠：高兴或生气。
5　羌酋：羌人的首领。
6　榆眉：古地名，位于今陕西省宝鸡市千阳县东。
7　戎夏：戎人和汉人。戎，古代称西方的少数民族。夏，华夏汉族。
8　司牧：管理，统治。
9　大布：麻制粗布。
10　重茵：双层的坐卧垫褥。
11　践阼：即位，登基。

殿观[1]四十余所，加之军旅数兴，馈运[2]不息，饥馑疾疫，死亡相继，而益思营缮[3]，岂为民父母之意乎？"聪大怒曰："朕为天子，营一殿，何问汝鼠子乎？"命左右曳[4]出斩之，并其妻子枭首东市。时聪在逍遥园李中堂，元达先锁腰而入，即以锁锁堂下树，呼曰："臣所言者，社稷之计，而陛下杀臣。朱云有言：'臣得与龙逢、比干游，足矣！'"左右曳之不能动。大司徒任颛等叩头出血曰："元达为先帝所知，尽忠竭虑，知无不言，臣等每见之，未尝不发愧[5]。今言虽狂直，愿陛下容之。"聪默然。刘后闻之，密敕左右停刑，手疏上言："今宫室已备，无烦更营，四海未一，宜爱民力。廷尉之言，社稷之福也。宜加封赏，而更诛之，四海谓陛下何如哉？夫忠臣进谏者固不顾其身也，而人主拒谏者亦不顾其身也。陛下为妾营殿而杀谏臣，使忠良结舌者由妾，远近怨怒者由妾，公私困弊[6]者由妾，社稷阽危[7]者由妾，天下之罪皆萃于妾，妾何以当之？妾观自古败国丧家，未始不由妇人，心常疾之，不意今日身自为之，使后世视妾，由妾之视昔人也。妾诚无面目复奉巾栉[8]，愿赐死此堂。"聪览之变色。命颛等冠履就坐，引元达上，以表示之，曰："外辅如公，内辅如后，朕复何忧？"更命园曰纳贤园，堂曰愧贤堂，谓元达曰："卿当畏朕，而反使朕畏卿邪？"

夏，四月，太子业即位于长安，索綝领太尉怀帝凶问[9]至长安，皇太子举哀[10]，因加元服，即帝位。以梁芬为司徒，麹允、索綝为仆射。是时长安城

1　殿观：宫殿、楼观等建筑。
2　馈运：运送粮食。
3　营缮：修缮，修建。
4　曳：拖，拉。
5　发愧：感到惭愧。
6　困弊：困顿疲惫。
7　阽危：面临危险。
8　奉巾栉：伺候梳洗，谓充当妻室。巾栉，巾和梳篦，泛指盥洗用具。
9　凶问：死讯，噩耗。
10　举哀：高声号哭以哀悼。

中户不盈百，蒿棘[1]成林，公私有车四乘，百官无章服[2]、印绶，唯桑版署号[3]而已。寻以缫为卫将军、领太尉，军国之事，悉以委之。

汉寇长安，仆射麹允拒之。

石勒遣石虎攻陷邺而据之初，刘琨用焦求为兖州刺史，荀藩又用李述为之。琨召求还。及邺城失守，琨复以刘演为兖州，镇廪丘[4]。前中书侍郎郗鉴少以清节[5]著名，率高平[6]千余家避乱保峄山[7]，琅邪王睿就用为兖州，镇邹山。三人各屯一郡，兖州吏民莫知所从。

琅邪王睿以华谭为军咨祭酒，陈頵为谯郡[8]太守谭尝在寿春依周馥。至是，睿谓谭曰："周祖宣何故反？"谭曰："周馥虽死，天下尚有直言之士。馥见寇贼滋蔓，欲移都以纾[9]国难，执政不悦，兴兵讨馥。死未逾时，而洛都沦没。若谓之反，不亦诬乎？"睿曰："馥位为征镇，召之不入，危而不持，亦天下之罪人也。"谭曰："然，危而不持，当与天下共受其责，非但馥也。"睿参佐[10]多避事自逸，参军陈頵言于睿曰："洛中承平之时，朝士以小心恭恪[11]为凡俗，倨塞倨肆[12]为优雅，流风[13]相染，以至败国。今僚属皆承西台[14]余弊，养望自高，是前车已覆而后车又将寻之也。请自今，临使称疾[15]者，皆免官。"不

1　蒿棘：蒿草与荆棘，亦泛指野草。
2　章服：古代的礼服，上有日、月、星辰、龙、蟒、鸟、兽等图文为等级标志，按品级递降。
3　桑版署号：桑版，桑木做的手板。署号，官署名号。
4　廪丘：古县名，治所位于今山东省菏泽市郓城县西北。
5　清节：清高的节操。
6　高平：古县名，治所位于今山东省济宁市辖邹城市西南。
7　峄山：古山名，又名邹山、邹峄山或绎山，位于今山东省济宁市辖邹城市东南。
8　谯郡：古郡名，辖今安徽、河南两省灵璧、蒙城、萧县、五河、鹿邑、永城等县市间地。
9　纾：使宽缓，宽松。
10　参佐：部下，僚属。
11　恭恪：恭敬谨慎。
12　倨塞倨肆：倨塞，傲慢无礼。倨肆，傲慢放肆。
13　流风：前代流传下来的风气。
14　西台：洛阳的官署。
15　临使称疾：接受任命却又称病不行使职责。

从。三王之诛赵王伦也，制己亥格[1]以赏功，自是循而用之。颛曰："昔赵王篡逆，惠皇失位，三王讨之，故厚赏以怀向义[2]之心。今功无大小，皆以格断，乃至金紫佩士卒之身，符策委仆隶[3]之门，非所以重名器[4]、正纪纲也，请一切停之。"颛出于寒微，数为正论[5]，府中多恶之，出为谯郡太守。

吴兴太守周玘卒玘宗族强盛，琅邪王睿颇疑惮之。睿左右用事者，多中州亡官失守之士，驾御吴人，吴人颇怨。玘自以失职，又为刁协所轻，阴与其党谋诛执政，以南士[6]代之。事泄，忧愤而卒，将死，谓其子勰曰："杀我者，诸伧子[7]也。能复之，乃吾子也。"

慕容廆攻段氏，取徒河初，中国民避乱者多依王浚。浚政法[8]不立，往往去之。段氏兄弟专尚武勇，不礼士大夫。唯廆政事修明[9]，爱重人物，故多归之。廆以裴嶷、阳耽为谋主，游邃、逢羡、封抽、裴开为股肱，宋该、皇甫岌、岌弟真及封弈、封裕典机要。嶷清方有干略[10]。兄武为玄菟太守，卒，嶷与武子开以其丧归，过廆，廆敬礼之。行及辽西，道不通，嶷欲还，开曰："等为流寓[11]，段氏强，慕容氏弱，何必去此而就彼也？"嶷曰："欲求托足之地，岂可不慎择其人？汝观诸段，岂有远略，且能待国士乎？慕容公修仁行义，有霸王之志。加以国丰民安，今往从之，高可以立功名，下可以庇宗族，汝何疑焉？"既至，廆大喜。邃尝避地[12]于蓟，后归廆。王浚屡以手书召其兄畅，畅

1　己亥格：皇帝临时对国家机构颁发的各种制敕，经删定编录成法典，谓之格，为律、令的一种补充。三王起兵讨赵王司马伦，于己亥日颁布命令，厚赏以招徕响应之人，称为己亥格，功无大小，皆以此格断。
2　向义：归附正义。
3　仆隶：奴仆。
4　名器：名号与车服仪制，用以区别尊卑贵贱的等级。
5　正论：正确合理的言论。
6　南士：南方之士。
7　伧子：南人对北人或南渡北人的蔑称。
8　政法：国政与法制。
9　修明：政治清明。
10　清方有干略：清方，廉洁正直。干略，治事的才能与谋略。
11　等为流寓：同样是流离失所，寄人篱下。流寓，流落他乡居住。
12　避地：避世隐居。

欲赴之，邈曰："彭祖¹必不能久，宜且盘桓²以俟之。"畅曰："彭祖忍而多疑，今手书殷勤，而稽留不往，将累及卿。且乱世宗族宜分，以冀遗种。"遂从之。卒与潘俱没。

五月，以琅邪王睿为左丞相，南阳王保为右丞相，分督陕东、西诸军事诏曰："今当扫除鲸鲵³，奉迎梓宫。令幽、并两州勒卒三十万，直造平阳；右丞相宜率秦、凉、梁、雍之师，径诣长安；左丞相率所领精兵造洛阳，同赴大期⁴，克成元勋⁵。"又诏睿以时进军，与乘舆会于中原。睿辞以方平定江东，未暇北伐。以刁协为丞相左长史，刘隗为司直。隗雅⁶习文史，善伺候睿意，故特亲爱之。主簿熊远上书，以为："军兴以来，处事不用律令，主者不敢任法⁷，每辄关咨⁸，非为政之体也。愚谓凡为驳议者，皆当引律令、经传，不得直以情言，无所依准，以亏旧典。若开塞随宜，权道制物⁹，此人君之所得行，非臣子所宜用也。"睿不能从。

左丞相睿以祖逖为豫州刺史逖，范阳¹⁰人，少有大志，与刘琨俱为司州¹¹主簿，同寝，中夜¹²闻鸡鸣，蹴琨觉¹³，曰："此非恶声也。"因起舞。及渡江，左丞相睿以为军咨祭酒。逖居京口¹⁴，纠合骁健¹⁵，言于睿曰："晋室之乱，

1　彭祖：即王潘，王潘字彭祖。
2　盘桓：徘徊，逗留。
3　鲸鲵：即鲸，雄曰鲸，雌曰鲵。也用以比喻凶恶的敌人。
4　大期：约定的大业，共同的意愿。
5　克成元勋：克成，完成，实现。元勋，首功，大功。
6　雅：很，极。
7　任法：依照法令。
8　关咨：征询。
9　开塞随宜，权道制物：按照自认为合适的措施行事，用权宜变通的方法处理事务。开塞，兴革，取舍。
10　范阳：古郡名，辖今河北内长城以东，永清以西，霸州、保定、紫荆关以北和北京市房山以南地区。
11　司州：古州名，辖今山西永和、汾西等县以南，沁水、阳城等县以西，陕西黄河、华山以东，河南卢氏、栾川、汝阳、新郑等市县以北及河北邢台市、任县、鸡泽、丘县、馆陶以南，河南滑县、濮阳、范县以北地。
12　中夜：半夜。
13　蹴琨觉：踢醒刘琨。
14　京口：古地名，即今江苏省镇江市。
15　骁健：勇猛强健之士。

非上无道而下怨叛也，由宗室争权，自相鱼肉，遂使戎狄乘隙，毒流中土。今遗民[1]思奋，大王诚能命将出师，使如逖者统之以复中原，郡国豪杰，必有望风响应者矣。"睿素无北伐之志，以逖为豫州刺史，给千人廪[2]，布三千匹，不给铠仗[3]，使自召募。逖将其部曲百余家渡江，中流[4]，击楫而誓曰："祖逖不能清中原而复济者，有如大江[5]。"遂屯淮阴，起冶[6]铸兵，募得二千余人而后进。

陶侃破走杜弢，王敦表侃为荆州刺史周顗屯浔水城[7]，为杜弢所困。陶侃使将军朱伺救之，弢退保泠口[8]。侃使伺逆击，大破之，弢遁归长沙。敦乃表侃刺荆州，屯沔江。左丞相睿召顗，复为军咨祭酒。

冬，十月，氐杨难敌寇陷梁州，刺史张光卒初，氐王杨茂搜之子难敌，遣养子贩易[9]于梁州，刺史张光杀之。及光与王如余党杨虎相攻，求救于茂搜，茂搜遣难敌救光。虎厚赂难敌，与夹击光，大破之。光婴城自守，愤激[10]成疾，僚属劝光退据魏兴。光按剑曰："吾受国重任，不能讨贼，今得死如登仙，何谓退也？"声绝而卒。难敌竟攻拔之。

陶侃复击杜弢，大破之。

汉刘曜寇长安。十一月，麴允破走之曜使赵染率精骑袭长安，夜入外城。帝奔射雁楼。染焚龙尾[11]及诸营，退屯逍遥园[12]。将军麴鉴率众救长安，与曜遇于零武[13]，鉴兵大败。曜恃胜不设备，麴允引兵袭之，汉兵大败，杀其将军

1　遗民：亡国之民。
2　廪：俸禄。
3　铠仗：甲胄和作战兵器。
4　中流：江河中央，水中。
5　有如大江：意指就像大江一样，有去无回。
6　冶：熔炼金属或铸造器物的场所。
7　浔水城：古地名，位于今湖北省黄冈市黄梅县西南。
8　泠口：古地名，位于今湖北省黄冈市蕲春县蕲州镇东南。
9　贩易：贩卖，交易。
10　愤激：愤怒而激动。
11　龙尾：宫殿前呈斜坡状的甬道。
12　逍遥园：古地名，位于今陕西省西安市西北。
13　零武：古地名，位于今陕西省咸阳市东。

乔智明。曜引归平阳。

　　十二月，石勒遣使奉表于王濬濬谋称尊号，刘亮、高柔切谏，皆杀之。燕国霍原，志节清高，屡辞征辟。濬以尊号事问之，原不答。濬诬以罪，杀而枭其首。于是士民骇怨[1]，而濬矜豪日甚，不亲政事，所任皆苛刻小人，枣嵩、朱硕，贪横尤甚。北州谣曰："府中赫赫，朱丘伯；十囊五囊，入枣郎。"石勒欲袭之，未知虚实，将遣使觇之。参佐请用羊祜、陆抗故事，致书于濬。勒以问张宾，宾曰："濬名为晋臣，实欲废晋自立，但患四海英雄莫之从耳。将军威震天下，今折节事之，犹惧不信，况为羊、陆之亢敌[2]乎？夫谋人而使人觉其情，难以得志矣。"勒曰："善！"遣舍人王子春奉表于濬曰："勒本小胡，遭世饥乱，流离屯厄[3]，窜命冀州，窃相保聚[4]以救性命。今晋祚沦夷[5]，中原无主，为帝王者，非公复谁？愿殿下应天顺人，早登皇祚。勒奉戴殿下如天地父母，殿下察勒微心，亦当视之如子也。"濬甚喜，谓子春曰："石公可信乎？"子春曰："殿下中州贵望[6]，威行夷夏，自古胡人为辅佐名臣则有矣，未有为帝王者也。石将军非恶帝王不为而让于殿下，顾以帝王自有历数，非智力之所取故也，又何怪乎？"濬大悦，遣使报聘[7]。游纶兄统，为濬镇范阳，遣使私附于勒。勒斩其使以送濬。濬虽不罪统，益信勒为忠诚，无复疑矣。

　　左丞相睿遣世子绍镇广陵以丞相掾蔡谟为参军。

　　代城盛乐及平城代公猗卢城盛乐，以为北都，治故平城为南都。又作新平城于灅水之阳[8]，使右贤王六脩居之，统领南部。

1　骇怨：震惊怨恨。
2　亢敌：匹敌。
3　屯厄：危难，困苦。
4　保聚：聚众守卫。
5　沦夷：衰微，沦落。
6　贵望：显赫的门第和资望。
7　报聘：派使臣回访他国。
8　灅水之阳：灅水北岸。灅水，古水名，即今河北省唐山市辖遵化市西沙河。

甲戌二年（公元 314 年）

汉嘉平四年。

春，正月，有如日陨于地，又有三日相承东行[1]。

有流星陨于平阳北，化为肉流星出牵牛，入紫微，光烛[2]地，陨平阳北，化为肉，长三十步，广二十七步。汉主聪恶之，以问公卿。陈元达以为："女宠太盛，亡国之征。"聪曰："此阴阳之理，何关人事？"

汉石勒复遣使奉表于王濬濬使者至襄国，勒匿其劲卒、精甲，嬴师虚府[3]以视之，北面拜使者而受书。濬遗勒麈尾[4]，勒佯不敢执，悬之于壁，朝夕拜之，曰："我不得见王公，见其所赐，如见公也。"复遣董肇奉表于濬，期以三月中旬亲诣幽州奉上尊号。亦修笺[5]于枣嵩，求并州牧。勒问濬于王子春，子春曰："幽州去岁大水，人不粒食[6]，濬积粟百万，不能赈赡[7]，刑政苛酷，赋役殷烦[8]，忠贤内离，夷狄外叛。人皆知其将亡，而濬意气自若，曾无惧心，方更置立台阁，布列百官，自谓汉高、魏武不足比也。"勒抚几[9]笑曰："王彭祖真可擒也。"濬使者还蓟，具言："石勒形势寡弱，款诚无二。"濬益骄怠[10]，不复设备。

梁州人张咸逐杨难敌，以州降成于是汉嘉、涪陵、汉中之地皆为成有。成主雄虚己好贤，随才授任，命太傅骧养民于内，李凤等招怀于外，刑政宽简，狱无滞囚[11]。兴学校，置史官。其赋，民男丁岁谷三斛，女丁半之，疾病又

---

1 有如日陨于地，又有三日相承东行：有个像太阳的东西陨落到地上，又接连出现三个太阳从西往东走。
2 烛：照亮。
3 嬴师虚府：老弱残兵和空虚的营帐。
4 麈尾：古人闲谈时执以驱虫、掸尘的工具，为名流雅器，常执在手。
5 修笺：写信。
6 粒食：以谷物为食。
7 赈赡：以财物周济。
8 殷烦：烦杂。
9 抚几：凭靠几案，拍几案，表示感叹。
10 骄怠：傲慢懈怠。
11 滞囚：拘禁未审决的囚犯。

半之；户调绢不过数丈，绵数两。事少役希，民多富实，新附者给复除[1]。是时天下大乱，而蜀独无事，年谷屡熟，乃至闾门[2]不闭，路不拾遗。然朝无仪品[3]，爵位滥溢；吏无禄秩[4]，取给于民；军无部伍，号令不肃。此其所短也。

二月，以张轨为太尉、凉州牧，刘琨为大将军。

三月，汉石勒袭蓟，陷之，杀王浚。师还，蓟降于段匹磾勒纂严[5]，将袭王浚而未发。张宾曰："岂非畏刘琨及鲜卑、乌桓为吾后患乎？"勒曰："然。"宾曰："彼三方智勇无及将军者，将军虽远出，彼必不敢动，且彼未谓将军便能悬军千里取幽州也。轻军往返，不出二旬，藉使[6]彼有心，比其谋议出师，吾已还矣。刘琨、王浚，虽同名晋臣，实为仇敌。若修笺于琨，送质请和，琨必喜我之服而快浚之亡，终不救浚而袭我也。用兵贵神速，勿后时也。"勒曰："吾所未了，右侯已了之。"遂以火霄行[7]，遣使奉笺于琨，自陈罪恶，请讨浚自效。琨大喜，移檄州郡，言勒已降，当袭平阳除僭逆。三月，勒军达易水。浚督护孙纬驰遣白浚，将勒兵拒之，游统禁之。浚将佐皆曰："胡贪而无信，必有诡计，请击之。"浚怒曰："石公来，正欲奉戴我耳，敢言击者斩！"设飨以待之。勒晨至蓟，叱门者开门。犹疑有伏兵，先驱牛羊数千头，声言上礼，实欲塞诸街巷。浚始惧，勒升其听事[8]，执浚于前。浚骂曰："胡奴调乃公[9]，何凶逆如此？"勒曰："公位冠元台[10]，手握强兵，坐观本朝倾覆，曾不救援，乃欲自尊为天子，非凶逆乎？"即送襄国，斩之。浚将佐等诣军门谢罪，前尚书裴宪、从事中郎荀绰独不至。勒召而让之，对曰："宪等世仕晋朝，荷

1　复除：免除赋役。
2　闾门：里巷的门。
3　仪品：礼制，品级。
4　禄秩：俸禄。
5　纂严：集结行装。
6　藉使：假使。
7　以火霄行：举火把连夜行军。
8　升其听事：登上王浚的厅堂。听事，厅堂。
9　胡奴调乃公：胡奴调戏你老子。乃公，你老子。
10　元台：三台星中的上阶二星。也用以比喻天子、女主或首辅。

其荣禄[1]，濬虽凶粗，犹是晋之藩臣，故从之，不敢有贰。明公苟不修德义，专事威刑，则宪等死自其分，请就死。"不拜而出。勒谢之，待以客礼。勒数朱硕、枣嵩等以纳财乱政，责游统以不忠所事，皆斩之。籍[2]濬将佐、亲戚家赀皆巨万，惟宪、绰止有书百余帙[3]，盐、米各十余斛而已。勒曰："吾不喜得幽州，喜得二子。"以宪为从事中郎，绰为参军。分遣流民，各还乡里。勒停蓟二日，焚烧宫殿，以故尚书刘翰行幽州刺史，戍蓟，置守宰而还。孙纬遮击之，勒仅而得免。勒遣使奉濬首献捷于汉，汉以勒为东单于。刘琨请兵于拓跋猗卢以击汉，会猗卢所部杂胡[4]谋应勒，猗卢悉诛之，不果赴约。琨知勒无降意，大惧。刘翰不欲从勒，乃归段匹磾，匹磾遂据蓟城。

左丞相睿以邵续为平原太守王濬所署乐陵[5]太守邵续附勒，勒以其子义为督护。勃海太守刘胤弃郡依续，谓曰："君，晋之忠臣，奈何从贼以自污乎？"会段匹磾以书邀续同归江东，续从之。其人曰："其如义何？"续泣曰："我岂得顾子而为叛臣乎？"杀异议者数人。勒闻之，杀义。续遣胤使江东，睿以胤为参军，续为平原太守。石勒围续，匹磾救之，勒引去。

襄国大饥时谷二升，直银一斤。

夏，五月，太尉、凉州牧、西平公张轨卒，子寔嗣轨寝疾，遗令："文武将佐，务安百姓，上思报国，下以宁家。"轨卒，长史张玺等表世子寔摄父位。诏寔为都督、刺史、西平公。谥轨曰"武穆"。

六月，汉寇长安，索綝大破之汉大司马、中山王曜、赵染寇长安，索綝出拒之。染有轻綝之色，长史鲁徽曰："晋之君臣，自知强弱不敌，将致死[6]于我，不可轻也。"染曰："以司马模之强，我取之如拉朽[7]。索綝小竖[8]，岂能污

1　荷其荣禄：享有晋朝给予的荣华与俸禄。
2　籍：没收入官。
3　帙：一套线装书称为一帙。
4　杂胡：胡人的泛称。
5　乐陵：古郡名，辖今山东省滨州、乐陵、阳信、无棣、利津等市县地。
6　致死：拼命。
7　拉朽：摧折朽木，也比喻不费力气。
8　小竖：骂人的话，小子。

我马蹄、刀刃耶？"晨，率轻骑数百逆之，曰："要当获纟麻而后食。"纟麻与战于城西，染兵败而归。悔曰："我不用徽言至此，何面目见之！"先命斩徽。徽曰："将军愚憒[1]以取败，乃复忌前害胜[2]，犹有天地，其得死于枕席[3]乎？"染攻北地，中弩而死。

汉石勒命州郡阅实[4] 户口户出帛二匹，谷二斛。

冬，汉主聪以子粲为相国 汉晋王粲少有俊才，自为相，骄奢专恣，远贤亲佞，严刻憒谏[5]，国人始恶之。

乙亥三年（公元315年）

汉建元元年。

春，正月，左丞相睿以周札为吴兴太守 周嵩以其父遗言，因吴人之怨，谋作乱。使吴兴功曹徐馥矫称叔父札之命，收合徒众，以讨王导、刁协，豪杰翕然附之。是月，馥杀吴兴太守袁琇，欲奉札为主。札闻之，大惊，以告义兴太守孔侃。嵩知札意不同，不敢发。馥党惧，攻馥，杀之。札子续亦聚众应馥，左丞相睿议发兵讨之。王导曰："今少发兵则不足以平寇，多发兵则根本空虚。续族弟黄门侍郎莚，忠果[6]有谋，请独使莚往，足以诛续。"睿从之。莚兼行至郡，将入，遇续于门，逼与俱诣侃。坐定，莚谓侃曰："府君何以置贼在坐？"续即出衣中刀逼莚，莚叱郡传教[7]格杀之。因欲诛嵩，札不听，委罪于从兄邵而诛之。莚不归家省母，遂长驱而去。睿以札为吴兴太守，莚为太

1　愚憒：愚昧而执拗。
2　忌前害胜：忌恨在你前面的人，残害胜过你的人。
3　死于枕席：善终。
4　阅实：审查核实。
5　严刻憒谏：严刻，严厉尖刻。憒谏，坚持己见，不听规劝。
6　忠果：忠诚而果敢。
7　传教：掌传教令的郡吏。

子右卫率[1]。以周氏吴之豪望[2]，故不穷治，抚瑥如旧。

二月，以左丞相睿为丞相、都督中外诸军事，南阳王保为相国，刘琨为司空。

进代公猗卢爵为王诏进猗卢爵为代王，置官属，食代、常山二郡。猗卢请并州从事莫含于刘琨，含不欲行。琨曰："以并州单弱，吾之不材而能自存于胡、羯之间者，代王之力也。吾倾身竭资[3]，以长子为质而奉之者，庶几为朝廷雪大耻也。卿欲为忠臣，奈何惜共事之小诚而亡徇国[4]之大节乎？往事代王，为之腹心，乃一州之所赖也。"含遂行，猗卢甚重之，常与参大计。猗卢用法严，国人犯法者，或举部就诛，老幼相携而行。人问："何之？"曰："往就死。"无一人敢逃匿者。

三月，杜弢将张彦陷豫章，寻阳太守周访击斩之王敦遣陶侃等讨杜弢，前后数十战，弢将士多死，乃请降。丞相睿以为巴东监军。弢既受命，诸将犹攻之不已。弢不胜愤怒，复反，遣其将张彦陷豫章，周访击斩之。

汉太子太傅崔玮、少保许遐伏诛雨血于汉东宫延明殿，太弟乂恶之。崔玮、许遐说乂曰："今相国威重逾于东宫，殿下非徒不得立也，朝夕且有不测之危，不如早为之计。"乂弗从。舍人告之，汉主聪杀玮、遐，使将军卜抽将兵监守[5]东宫。乂上表乞为庶人，且请以粲为嗣，抽弗为通[6]。

汉曹嶷据临淄汉青州刺史曹嶷尽得齐、鲁间郡县，自镇临淄，有众十余万，临河置戍[7]。石勒表称："嶷有专据东方之志，请讨之。"汉主聪恐勒灭嶷，不可复制，弗许。

---

1 太子右卫率：古官名，太子卫率分置左、右，各领一军，掌宿卫东宫，亦任征伐，地位颇重。
2 豪望：豪门望族，世家大族。
3 倾身竭资：倾身，身体向前倾，形容对人谦卑恭顺。竭资，竭尽资财。
4 徇国：为国家利益而献出生命。徇，通"殉"。
5 监守：看管。
6 通：通传，上报。
7 置戍：布置防守。

汉立三后汉主聪纳中护军靳准二女月光、月华，立月光为上皇后，刘贵妃与月华为左、右皇后。陈元达极谏，以为："并立三后，非礼也。"聪不悦。元达又奏月光有秽行[1]，聪不得已，废之，月光惭恚自杀，聪以是恨元达。

夏，六月，盗发汉霸、杜二陵盗发二陵及薄太后陵，得金帛[2]甚多。朝廷以用度不足，诏收其余以实内府。

陶侃击杜弢，破之。弢走死，湘州平。丞相睿加王敦都督江、扬等州军事陶侃与杜弢相攻。弢使王贡出挑战，侃遥谓之曰："弢为益州小吏，盗用库钱，父死不奔丧。卿本佳人，何为随之？天下宁有白头贼邪[3]？"贡遂降。弢众溃，遁走，道死。侃进克长沙，湘州悉平。丞相睿进王敦镇东大将军，都督江、扬、荆、湘、交、广六州诸军事、江州刺史。敦始自选置刺史以下，浸益骄横。初，王如之降也，敦从弟棱爱如骁勇，请敦配己麾下，甚加宠遇[4]。如数与敦诸将角射[5]争斗，棱杖之，如深以为耻。及敦潜畜[6]异志，棱每谏之。敦怒，密使人激如杀棱。敦闻之，佯惊，亦捕如，诛之。

王敦徙侃为广州刺史初，朝廷以第五猗为荆州刺史，杜曾迎猗于襄阳，聚兵万人，与猗分据汉、沔。侃既破杜弢，乘胜追击曾，有轻曾之志，反为所败，死者数百人。时荀崧都督荆州，屯宛，曾引兵围之。崧兵少食尽，欲求救于故吏[7]襄城太守石览。崧小女灌，年十三，率勇士数十人，逾城突围夜出，且战且前，遂达览所。又为崧书，求救于周访。访遣子抚率兵与览共救崧，曾乃遁去。曾复致笺于崧，求自效，崧许之。侃遗崧书曰："杜曾凶狡[8]，所谓'鸱枭，食母之物'。此人不死，州土未宁，足下当识吾言！"崧以兵少，藉为外援，不从。曾复率流亡二千余人围襄阳，不克而还。王敦嬖人钱凤，疾侃之功，

1　秽行：丑恶的行为，多指淫乱。
2　金帛：黄金和丝绸，也泛指钱物。
3　天下宁有白头贼邪：意为做贼没法做到老。
4　宠遇：以恩宠相待。
5　角射：竞技射击。
6　潜畜：暗中积聚。
7　故吏：原来的属吏。
8　凶狡：凶恶狡猾。

屡毁之。侃诣敦自陈。敦留不遣，左转广州刺史，以其从弟廙刺荆州。将吏郑攀等诣敦留侃，不许。众情愤惋[1]，遂迎杜曾、第五猗以拒廙。敦意攀等承侃风旨[2]，被甲持矛将杀侃，出而复还者数四。侃正色曰："使君雄断，当裁天下，何此不决乎？"因起如厕。参军梅陶言于敦曰："周访与侃亲姻，如左右手，安有断人左手而右手不应者乎？"敦意解，乃设盛馔[3]以饯之。侃便夜发。时王机盗据广州，侃至始兴[4]，州人皆言宜观察形势，侃不听。直至广州，遣督护讨机，走之，广州遂平。侃在州无事，辄朝运百甓[5]于斋外，暮运于斋内。人问其故，答曰："吾方致力中原，遇尔优逸[6]，恐不堪事，故习劳耳。"

冬，十月，**汉寇冯翊，陷之**刘曜寇北地，进拔冯翊。麴允军于灵武[7]，以兵弱，不敢进。帝屡征兵于相国保，保左右皆曰："蝮蛇螫手，壮士断腕[8]。今胡寇方盛，且宜断陇道[9]以观其变。"从事中郎裴诜曰："今蛇已螫头，头可断乎？"保乃以胡崧行前锋都督，须诸军集乃发。允欲奉帝往就保，索綝曰："保得天子，必逞其私志。"乃止。于是自长安以西，不复贡奉[10]，百官饥乏，采稆以自存。

张寔得玺，献之凉州军士得玺，文曰"皇帝行玺"，献于张寔。僚属皆贺。寔曰："是非人臣所得留。"归之长安。

丙子**四年**（公元 316 年）

汉麟嘉元年。

1　愤惋：愤恨。
2　风旨：泛指意旨，意图。
3　盛馔：丰盛的饮食。
4　始兴：古郡名，辖今广东省清远、佛冈、翁源以北地区。
5　甓：砖。
6　优逸：悠闲安逸。
7　灵武：古县名，治所位于今宁夏吴忠市辖青铜峡市西北。
8　蝮蛇螫手，壮士断腕：手腕被腹蛇咬伤，便应立即截断，以免毒液延及全身，危及生命。比喻面临危急，当弃小以全大。螫，毒虫或毒蛇咬、刺。
9　陇道：从陇山附近经过的道路。
10　贡奉：向朝廷或官府贡献物品。

春，二月，汉杀其少府陈休等七人汉中常侍王沈、郭猗等宠幸用事。汉主聪游宴后宫，或百日不出，政事一委相国粲，惟杀生、除拜，乃使沈等入白。沈等多自以其私意决之。猗有怨于太弟乂，谓粲曰："闻太弟与大将军谋，因上巳大宴作乱。今祸期甚迫，宜早图之。殿下傥不信臣言，可召大将军从事王皮、司马刘惇，许其归首[1]以问之，必可知也。"粲许之。猗密谓皮、惇曰："二王逆状，主上及相国具知之矣，卿同之乎？"二人惊曰："无之。"猗曰："兹事已决，吾怜卿亲旧并见族[2]耳！"因歔欷流涕。二人大惧，叩头求哀。猗曰："相国问卿，卿但云'有之。'"皮、惇许诺。粲问之，二人至不同时，而其辞若一，粲以为信然。靳准复说粲曰："人告太弟为变，主上必不信。宜缓东宫之禁，使宾客得往来。太弟雅[3]好待士，必不以此为嫌。轻薄小人，不能无迎合为之谋者。然后下官为殿下露表[4]其罪，收其宾客考问之。狱辞[5]既具，则主上无不信之理也。"粲乃命卜抽引兵去东宫。少府陈休、将军卜崇为人清直[6]，沈等深疾之。侍中卜干谓休、崇曰："沈等势力足以回天地，卿辈自料亲、贤孰与窦武、陈蕃？"休、崇曰："吾辈年逾五十，职位已崇[7]，唯欠一死。其死于忠义，乃为得所，安能俛首[8]低眉以事阉竖乎？"至是聪命收休、崇及特进綦毋达等七人诛之，皆宦官所恶也。卜干泣谏，王沈叱之。聪怒，免干为庶人。河间王易及陈元达等谏曰："今遗晋未殄，巴蜀不宾[9]，石勒谋据赵、魏，曹嶷欲王全齐，陛下心腹四肢，何处无患？乃复以沈等助乱，诛巫咸，戮扁鹊，臣恐遂成膏肓之疾[10]，后虽救之，不可及已。请免沈等官，付有司治罪。"聪以表示沈等，笑曰："群儿为元达所引，遂成痴也。"聪问沈等于粲，粲盛

1　归首：归降，自首。
2　见族：被灭族。
3　雅：平素，向来。
4　露表：披露，表露。
5　狱辞：供词。
6　清直：清廉正直。
7　崇：高。
8　俛首：低头，表示服从。
9　遗晋未殄，巴蜀不宾：残留的晋朝还没有消灭，巴蜀也不来朝见。
10　膏肓之疾：不可医治的绝症。

称其忠清[1]，聪悦，封沈等为列侯。易又上疏极谏，聪大怒，手坏其疏。易忿恚而卒。易素忠直，元达倚之为援，得尽谏争。及卒，元达哭之恸，曰："'人之云亡，邦国殄瘁[2]。'吾既不复能言，安用默默苟生[3]乎？"归而自杀。既而聪宴群臣，引见太弟义，见其憔悴，涕泣陈谢，聪亦恸哭，待之如初。

代六脩弑其君猗卢，普根讨之而立。寻卒，郁律立初，代王猗卢爱其少子比延，欲以为嗣，使长子六脩出居新平城，而黜其母。六脩来朝，猗卢使拜比延，六脩不从而去。猗卢大怒，率众讨之，兵败，遂为所弑。猗㐌子普根攻六脩，灭之，代立，国中大乱。将军卫雄、箕澹与刘琨质子遵率晋人及乌桓三万家、马牛羊十万头归于琨。琨兵由是复振。普根寻卒，国人立郁律。

张寔遣兵入援张寔下令，所部吏民有能举其过者，赏以布、帛、羊、米。贼曹佐[4]隗瑾曰："明公为政，事无巨细皆自决之，群下畏威，受成[5]而已。如此，虽赏之千金，终不敢言也。谓宜少损聪明，延访[6]群下，使各尽所怀，然后采而行之，则嘉言自至，何必赏也？"寔悦，从之。增瑾位三等。寔遣将军王该率步、骑五千入援长安，且送诸郡贡计[7]。诏拜寔都督陕西诸军事。

石勒寇廪丘，陷之刘演奔段氏。

夏，六月朔，日食。

秋，七月，汉刘曜陷北地，进至泾阳曜围北地，麹允救之。曜使反间给允曰："郡城已陷，往无及也。"众惧而溃。曜追败允，遂取北地。允性仁厚，无威断[8]，喜以爵位悦人。诸郡太守皆领征镇、村坞[9]主帅，小者犹假银青

1　忠清：忠诚廉正。
2　邦国殄瘁：形容国家病困，陷于绝境。殄，尽，绝。瘁，病。
3　苟生：苟且偷生。
4　贼曹佐：古官名，太尉属官，主盗贼事。
5　受成：办事全依主管者的计划而行，不自作主张。
6　延访：延请求教，请教。
7　贡计：贡物的登记簿。
8　威断：果断，决断。
9　村坞：村庄。

将军之号。然恩不及下，故诸将军骄恣，而士卒离怨[1]。曜进至泾阳，渭北[2]诸城悉溃。曜获将军鲁充、梁纬，饮之酒曰："吾得子，天下不足定也。"充曰："身为晋将，国家丧败，不敢求生。若蒙公恩，速死为幸。"曜曰："义士也。"与之剑，令自杀。纬妻辛氏，美色，曜将妻之，辛氏大哭曰："妾夫已死，义不独生，且一妇人而事二夫，明公又安用之？"曜曰："贞女[3]也。"亦听自杀，皆以礼葬之。

汉主聪立婢樊氏为后樊氏，故张后侍婢也，聪立为上皇后。三后之外，佩皇后玺绶者复七人。嬖宠用事，刑赏紊乱。大将军敫数涕泣切谏，聪怒曰："汝欲乃公速死邪？何以朝夕生来哭人！"敫忧愤而卒。

汉大蝗河东平阳大蝗，民流殍[4]者什五六。石勒遣将屯并州，招纳流民，归之者二十万户。聪遣使让之，勒不受命。

冬，十一月，汉刘曜陷长安，帝出降，御史中丞吉朗死之。汉封帝为怀安侯曜逼长安，安定太守焦嵩、新平太守竺恢引兵来救，皆畏汉兵强，不敢进。相国保遣胡崧入援，击曜于灵台[5]，破之。崧恐国威复振，则麹、索势盛，乃还槐里。曜攻陷长安外城，麹允、索綝退守小城。内外断绝，城中饥甚，亡、逃不可制，唯凉州义众[6]千人，守死不移。太仓有曲[7]数十饼，允屑[8]之为粥以进。至是，帝泣谓允曰："今穷厄如此，外无救援，当忍耻出降，以活士民。"因叹曰："误我事者，麹、索二公也。"使侍中宗敞送降笺[9]于曜。綝潜留敞，使其子说曜曰："若许綝以车骑、仪同万户郡公者，请以城降。"曜斩而送之，曰："帝王之师，以义行也。孤将兵十五年，未尝以诡计败人，必穷

1　离怨：因怨恨而产生背离之心。
2　渭北：渭水以北。
3　贞女：有节操的女子，或从一而终的女子。
4　流殍：灾民流亡而饿死。
5　灵台：古台名，西汉筑，位于今陕西省西安市西北。
6　义众：州郡乡里自募之兵。
7　曲：酒母。
8　屑：研成碎末。
9　降笺：投降的书信。

兵极势，然后取之。今绬所言如此，天下之恶一也，辄相为戮之。”帝乘羊车，肉袒出降，群臣号泣攀车，帝亦悲不自胜。御史中丞吉朗叹曰："吾智不能谋，勇不能死，何忍君臣相随，北面[1]事贼虏乎？"乃自杀。曜送帝于平阳。汉主聪临光极殿，帝稽首于前，允伏地恸哭。聪怒，囚之，允自杀。聪以帝为光禄大夫，封怀安侯。以曜为太宰，假黄钺，督陕西，封秦王。赠允车骑将军，谥节愍侯。斩绬于市。

干宝[2]曰：晋之亡也，树立[3]失权，托付非才，四维[4]不张而苟且之政多也。夫基广则难倾，根深则难拔，理节则不乱，胶结则不迁[5]。昔之有天下者所以能长久，用此道也。今晋之兴也，其基本[6]固异于先代矣。加以朝寡[7]纯德之人，乡乏不贰[8]之老，风俗淫辟，耻、尚失所[9]。学者以庄、老为宗而黜六经，谈者以虚荡[10]为辩而贱名检[11]，行身[12]者以放浊[13]为通而狭节信[14]，进仕[15]者以苟得为贵而鄙居正[16]，当官者以望空[17]为高而笑勤恪[18]。是以刘颂屡言治道，傅咸每纠邪正，皆谓之俗吏；而倚杖虚旷、依阿无心[19]者，名重海内。由是毁誉乱于善恶之实，情慝奔于货欲之途[20]，选者为人择官，官者为身择利，其妇女不知女工，任情而

---

1 北面：面向北。古礼，臣拜君，卑幼拜尊长，皆面向北行礼，因而居臣下、晚辈之位曰"北面"。
2 干宝：东晋史学家，著有《晋纪》（已佚），又编有志怪小说《搜神记》等。
3 树立：代指被选出来的统治者、管理者。
4 四维：以礼、义、廉、耻为治国之四纲，称为四维。
5 胶结则不迁：人心牢固地连结在一起就不可动摇。
6 基本：根本。
7 寡：少，缺乏。
8 不贰：不重复犯同样的错误。
9 耻、尚失所：什么是羞耻，什么应当崇尚，都失去了标准。
10 虚荡：浮夸而不切实际。
11 名检：名誉与礼法。
12 行身：立身处世。
13 放浊：放纵邪行。
14 节信：节操信义。
15 进仕：进身为官。
16 居正：恪守正道。
17 望空：即"望白署空"，为官者只署文牍不问政务。
18 勤恪：勤勉恭谨。
19 倚杖虚旷、依阿无心：倚仗虚无旷废职守，依靠迎合上级恣意妄为。
20 情慝奔于货欲之途：感情和邪恶都投入到追逐财物私欲的路上。慝，邪恶，罪恶。

动，逆舅姑，杀妾媵，父兄弗之罪也，天下弗之非也。礼法刑政，于此大坏。"国之将亡，本必先颠[1]。"其此之谓乎？故观阮籍之行而觉礼教崩弛[2]之所由，察庾纯、贾充之争而见师尹之多僻[3]，考平吴之功而知将帅之不让，思郭钦之谋而寤戎狄之有衅，览傅玄、刘毅之言而得百官之邪，核傅咸之奏、《钱神》之论而睹宠赂[4]之彰。民风、国势既已如此，虽以中庸之才、守文之主治之，犹惧致乱，况惠帝以放荡之德临之哉？怀帝承乱得位，羁以强臣；愍帝奔播[5]之后，徒守虚名。天下之势既去，非命世之雄才，不能复取之矣。

石勒寇乐平[6]，刘琨救之，大败。乐平遂陷石勒围乐平，太守韩据请救于刘琨。琨新得猗卢之众，欲因其锐气以讨勒。箕澹谏曰："此虽晋民，久沦异域，未习明公恩信，恐其难用。不若闭关守险，务农息兵。"琨不从，命澹率骑二万为前驱，琨屯广牧[7]，为之声援。勒据险要，设疑兵于山上，前设二伏，出轻骑与澹战，佯为不胜而走。澹纵兵追之，入伏中。勒前后夹击，大破之。澹奔代郡，据弃城走，并土[8]震骇。

十二月朔，日食。

刘琨长史以并州叛，降石勒，琨奔蓟司空长史李弘以并州降勒，琨进退失据[9]。段匹磾遣信邀之，琨率众奔蓟。匹磾见琨，甚相亲重，与结婚，约为兄弟。

石勒以李回为高阳[10]守勒遣孔苌攻贼帅冯睹，久而不克。流民数万户在辽西，迭相招引，民不安业。勒问计于张宾，宾曰："冯睹本非公仇，流民亦皆

1　颠：仆倒，倒下。
2　崩弛：塌毁。
3　师尹之多僻：担任百官之长的大臣大多行为不端。师尹，各属官之长。
4　宠赂：私宠与贿赂。
5　奔播：流亡转徙。
6　乐平：古郡名，辖今山西省昔阳、左权、和顺、平定等县境。
7　广牧：古县名，治所位于今山西省晋中市寿阳县西北。
8　并土：并州境内。
9　进退失据：前进和后退都失去了依据，形容无处容身，也指进退两难。
10　高阳：古郡名，辖今河北省雄县、任丘、高阳、蠡县、清苑、保定、安新等市县及满城、徐水、容城等区县的大部分地。

恋本，今班师振旅，选良牧守[1]使招怀之，则幽、冀之寇可不日而清，辽西流民将相率而至矣。"勒乃召苌归，以李回为高阳太守。睹率其众降，流民归者相继于道。

丞相睿出师露次，移檄北征睿闻长安不守，出师露次，躬擐甲胄[2]，移檄四方，刻日北征。以漕运稽期[3]，斩督运令史淳于伯。刑者以刀拭柱，血流上至柱末二丈余而下，观者咸以为冤。司直刘隗上言："伯罪不至死，请免从事中郎周筵等官。"于是王导等引咎请解职，睿曰："政刑失中，皆吾暗塞[4]所致。"一无所问。隗性刚讦[5]，当时名士多被弹劾，睿率皆容贷[6]，由是众怨归之。南中郎将[7]王含，敦之兄也，以族强位显，骄傲自恣。隗奏含文致[8]甚苦，事虽被寝，而王氏深忌疾[9]之。

丞相睿以邵续为冀州刺史，刘遐为平原内史遐，续女婿也，聚众河、济之间。

丁丑中宗元皇帝建武元年（公元 317 年）

汉麟嘉二年。〇凉元公张寔称"建兴五年"。〇旧大国一，并成小国一，新小国一，凡三僭国。

春，正月，张寔遣司马韩璞将兵伐汉黄门郎史淑自长安奔凉州，称愍帝出降前一日，使淑赍诏赐张寔，拜凉州牧，承制行事。且曰："朕已诏琅邪王时摄大位，君其协赞[10]，共济多难。"淑至姑臧，寔大临三日，辞官不受。初，

---

1 牧守：州郡的长官。州官称牧，郡官称守。
2 躬擐甲胄：亲自穿上铠甲和头盔，言长官坐镇军中亲自指挥。躬，亲自。擐，穿。
3 稽期：耽误了日期。
4 暗塞：昏庸，没能广开言路。
5 刚讦：刚直而不能容人之过。
6 容贷：宽恕，饶恕。
7 南中郎将：古官名，光禄勋属官，与东、西、北中郎将并称四中郎将，多率师征战，职权颇重。
8 文致：粉饰，掩饰。
9 忌疾：妒忌，猜忌。
10 协赞：协助，辅佐。

寔叔父肃为西海太守，闻长安危逼[1]，请为先锋入援。寔以其老，弗许。及是，肃悲愤而卒。寔遣司马韩璞等率步、骑一万东击汉，遗相国保书曰："王室有事，不忘投躯[2]。前遣贾骞瞻[3]公举动，中被符命[4]，敕骞还军。会闻朝廷倾覆，为忠不遂，愤痛之深，死有余责[5]。今遣璞等，惟公命是从。"璞等卒不能进而还。先是，长安谣曰："秦川中，血没腕，唯有凉州倚柱观。"及汉兵覆[6]关中，氐、羌掠陇右，雍、秦之民死者什八九，独凉州安全。

二月，汉寇荥阳，太守李矩击败之汉刘畅率兵三万攻荥阳，矩未及为备，乃遣使诈降，畅不复设备。矩欲夜袭之，士卒皆恇惧[7]，乃遣其将郭诵祷于子产祠，使巫扬言曰："子产有教，当遣神兵相助。"众皆踊跃争进，掩击畅营，畅仅以身免。

三月，丞相睿即晋王位弘农太守宋哲为汉所攻，弃郡奔建康，称受愍帝诏，令丞相睿统摄万机。睿素服出次[8]，举哀三日。官属上尊号，不许。固请不已，睿慨然流涕曰："孤，罪人也。若见逼不已，当归琅邪耳！"命驾[9]将归国。请依魏、晋故事，称晋王，乃许之。遂即位，改元，置百官，立宗庙，建社稷。有司请立太子，王爱次子宣城公裒，欲立之，谓王导曰："立子当以德。"导曰："世子、宣城，俱有朗隽[10]之美，而世子年长。"王从之。立世子绍为王太子。封裒为琅邪王，奉恭王后，镇广陵。以西阳王羕为太保，封谯王逊之子承为谯王。王敦为大将军，王导为扬州刺史、领中书监，录尚书事，刁协为仆射，周顗为吏部尚书，贺循为太常。时承丧乱之后，江东草创，协久官中朝，

1　危逼：危迫，危急。
2　投躯：舍身，献身。
3　瞻：向远处或高处看。
4　被符命：接受符命，接受命令。
5　死有余责：死有余辜。形容罪大恶极，即使处死刑也抵偿不了他的罪恶。
6　覆：颠覆，灭亡。
7　恇惧：恐惧，惊慌。
8　出次：为悼念死者而避开正寝，出郊外暂住。
9　命驾：吩咐人驾车。
10　朗隽：高雅俊秀。

谙练 [1] 旧事，循为世儒宗 [2]，明习礼学，凡有疑议，皆取决焉。

刘琨、慕容廆皆遣使劝进 [3] 刘琨、段匹磾相与歃血同盟，翼戴晋室。琨檄告华夷 [4]，遣右司马温峤奉表诣建康劝进。琨谓峤曰："晋祚虽衰，天命未改。吾当立功河朔，使卿延誉 [5] 江南。行矣，勉之。"峤至建康，王导、周顗、庾亮等皆爱其才，争与之交。王以慕容廆为龙骧将军、大单于、昌黎公，廆不受。处士高翊曰："霸王之资，非义不济 [6]。今晋室虽微，人心犹附之。宜遣使江东，示有所尊，然后仗大义以征诸部，不患无辞矣。"廆从之，遣长史王济浮海诣建康劝进。

夏，四月，汉主聪杀其太弟义相国粲使其党谓义曰："适奉中诏，云京师将有变，宜衷甲以备。"义信之，命宫臣皆衷甲。粲遣告靳准、王沈。准白汉主聪曰："太弟将为乱，已衷甲矣。"聪于是诛东宫官属，坑士卒万五千余人。废义为北部王，粲寻使准杀之。义形神秀爽 [7]，宽仁有器度，故士心多附之。聪闻其死，哭之恸曰："吾兄弟止余二人而不相容，安得使天下知吾心邪？"

五月，日食。

六月，豫、冀、青、宁等州皆上表劝进豫州牧荀组及冀州刺史邵续、青州曹嶷、宁州王逊等皆上表劝进，王不许。

祖逖取谯城 [8]。汉石虎入寇，逖击走之初，流民张平、樊雅各聚众在谯，为坞主 [9]。王之为丞相也，遣行参军桓宣说而下之。及逖屯芦洲 [10]，使参军殷义诣平、雅。义意轻平，视其屋曰："可作马厩。"见大镬 [11] 曰："可铸铁器。"平曰：

1　谙练：熟悉。
2　儒宗：儒者的宗师。
3　劝进：劝登帝位。
4　华夷：汉族与少数民族。
5　延誉：传扬好名声。
6　非义不济：不义不能成功。
7　秀爽：秀美俊朗。
8　谯城：古地名，位于今河南省商丘市夏邑县北。
9　坞主：坞堡壁垒之主。坞，即小城、土堡。
10　芦洲：古地名，位于今安徽省亳州市东，涡水北岸。
11　大镬：大锅。镬，形如大盆，用以煮食物的铁器。

"此乃帝王镬，天下清平[1]方用之。"乂曰："卿未能保其头，而爱镬邪？"平大怒，于坐斩乂，勒兵固守。逖攻之，岁余不下。乃诱其部将，使杀之。雅犹据谯城，逖攻之不克，南中郎将王含遣桓宣将兵助逖。逖谓宣曰："卿信义已著于彼，今复为我说雅。"宣乃单马从两人诣雅曰："祖豫州方欲平荡[2]刘、石，倚卿为援。前殷乂轻薄，非豫州意也。"雅即诣降。逖既入谯城，石勒遣石虎围谯，含复遣宣救之，虎解去。逖表宣为谯国内史。晋王传檄天下，称："石虎敢率犬羊渡河纵毒[3]，今遣琅邪王裒等，水陆四道，径造贼场[4]，受逖节度。"寻复召裒还建康，数月而卒。

秋，七月，大旱，蝗。河、汾溢。

汉立子粲为太子。

刘琨、段匹磾讨石勒，未行而罢匹磾推琨为大都督，檄其兄辽西公疾陆眷及叔父涉复辰、弟末杯等共讨石勒。末杯说眷、辰曰："以父兄而从子弟，耻也。"各引兵还。琨、匹磾不能独留，亦还蓟。

杜曾攻陷扬口[5]，周访讨破之郑攀等相与拒王廙，众心不一，攀惧，请降。杜曾亦请击第五猗以自赎。廙将赴荆州，留长史镇扬口垒。竟陵[6]内史朱伺谓廙曰："曾，猾贼[7]也，外示屈服，宜大部分，未可便西[8]。"廙矜厉自用[9]，以伺为老怯[10]，遂行。曾等果还攻扬口，陷之。乘胜径造沔口。王使豫章太守周访击之。访有众八千，进至沌阳[11]，使将军李恒督左甄[12]，许朝督右甄，自领中军。

1　清平：太平。
2　平荡：扫荡平定。
3　纵毒：肆意残害。
4　贼场：讨贼的战场。
5　扬口：古地名，位于今湖北省潜江市西北，即古扬水入汉水之口。
6　竟陵：古郡名，辖今湖北省钟祥、天门、京山、潜江、仙桃等市县地。
7　猾贼：奸狡之人。
8　宜大部分，未可便西：应当增强军力部署，不能立即西进。部分，部曲，部队。
9　矜厉自用：矜厉，庄重严厉。自用，自以为是。
10　老怯：年老怯懦。
11　沌阳：古县名，治所位于今湖北省武汉市汉阳区西，因"处沌水之阳"，故名。
12　左甄：左翼军，左方的军阵。甄，军队的两翼。

曾先攻左、右甄，访于阵后射雉[1]以安众心。令其众曰："一甄败，鸣三鼓。两甄败，鸣六鼓。"自旦至申[2]，两甄皆败。访选精锐八百人，自行酒[3]饮之，敕不得妄动，闻鼓音乃进。曾兵未至三十步，访亲鸣鼓，将士皆腾跃奔赴，曾遂大溃。访夜追之，诸将请待明日，访曰："曾骁勇能战，向者彼劳我逸，故克之。宜及其衰乘之，可灭也。"乃鼓行而进，遂定汉、沔。曾走保武当[4]。廙始得至荆州。访以功迁梁州刺史，屯襄阳。

冬，十一月朔，日食。

以刘琨为太尉。

立太学征南军司戴邈上疏，以为："世道久丧，礼俗日弊，犹火消膏，莫之觉也[5]。今王业肇建，万物权舆[6]，谓宜笃道崇儒，以励风化。"王从之。

十二月，汉主刘聪弑帝于平阳，辛宾死之汉主聪出畋[7]，以愍帝行车骑将军，戎服执戟前导，见者指之曰："此故长安天子也。"故老有泣者。太子粲言于聪曰："昔周武王岂乐杀纣乎？正恐同恶相求[8]，为患故也。不如早除之。"聪曰："前杀庾珉辈，而民心犹如是，吾未忍也，且小观之。"十二月，聪飨群臣，使帝行酒洗爵，已而又使执盖。晋臣涕泣，有失声者。尚书郎辛宾起，抱帝大哭，聪斩之。洛阳守将赵固、河内太守郭默侵汉河东，扬言曰："要当[9]生缚刘粲以赎天子。"帝遂遇害，谥曰孝愍。

王命课督[10]农功王命课督农功，二千石、长吏以入谷多少为殿最，诸军各

---

1 射雉：射猎野鸡，古代的一种田猎活动。
2 自旦至申：早上激战至下午申时。申时，下午三点至五点。
3 自行酒：亲自斟酒。
4 武当：古地名，因武当山而得名，位于今湖北省丹江口市西北。
5 犹火消膏，莫之觉也：如同燃火消熔油脂一样，不知不觉。
6 王业肇建，万物权舆：王业始创，万事方兴。肇建，创建，始创。权舆，起始，萌芽，新生。
7 出畋：出外打猎。
8 同恶相求：坏人与坏人相互勾结。
9 要当：应当，自当。
10 课督：督责，督促。

自佃作[1]，即以为廪[2]。

河南王吐谷浑卒吐谷浑者，慕容廆之庶兄也，父涉归，分户以隶[3]之。及廆嗣位，二部马斗，廆遣使让之曰："分建有别，何不相远异[4]？"浑怒曰："马斗乃其常，何至怒人？欲远别甚易，恐后会为难耳！"遂率其众西徙。廆遣长史追谢之。浑遂西傅阴山[5]而居。属[6]永嘉之乱，因渡陇据洮水之西，极于白兰[7]，地方数千里。鲜卑谓兄为阿干，廆追思之，为之作《阿干之歌》。浑有子六十人，长子吐延嗣。吐延有勇力，羌、胡畏之。

戊寅**太兴元年**（公元318年）

汉主刘曜光初元年。

春，辽西公段疾陆眷卒疾陆眷子幼，叔父涉复辰自立。末柸乘虚袭杀之，自称单于。

三月，王即皇帝位愍帝凶问至建康，王斩缞居庐[8]。百官请上尊号，不许。纪瞻曰："晋氏统绝于今二年，两都燔荡[9]，宗庙无主。刘聪窃号于西北，而陛下高让于东南，此所谓揖让[10]而救火也。"王犹不许，使殿中将军韩绩撤去御坐[11]，瞻叱绩曰："帝坐上应列星[12]，敢动者斩！"王为之改容。奉朝请周嵩上疏曰："古之王者，义全而后取，让成而后得，是以享世长久。今梓宫未返，

1　佃作：从事耕作。
2　廪：公家发给的粮食。
3　隶：附属。
4　分建有别，何不相远异：先父划分的部族本来不同，你为什么不离得远点儿。
5　西傅阴山：向西依阴山居住。阴山，古山名，即今内蒙古河套西北之阴山山脉。
6　属：借口。
7　白兰：古山名，即今青海省黄河源西北布尔汗布达山。
8　斩缞居庐：斩缞，旧时五种丧服中最重的一种，服制三年。居庐，住在守丧的房子中，指守孝。
9　燔荡：烧光，焚毁。
10　揖让：作揖和谦让，是古代宾主相见的礼节。
11　御坐：皇帝的宝座。
12　列星：罗布天空定时出现的恒星。

旧京未清，宜开延[1]嘉谋，训卒厉兵，先雪大耻，副四海之心，则神器将安适[2]哉？”由是忤旨，出为新安太守。嵩，碑之弟也。王遂即皇帝位，百官皆陪列[3]。命王导升御床共坐，导固辞曰：“若太阳下同万物，苍生何由仰照？”乃止。大赦，文武增位二等。帝欲赐诸吏投刺[4]劝进者加位一等，民投刺者皆除吏[5]，凡二十余万人。散骑常侍熊远曰：“陛下应天继统，率土归戴[6]，岂独近者情重，远者情轻？不若依汉法遍赐天下爵，于恩为普，且可以息检核之烦，塞巧伪之端也。”帝不从。

立王太子绍为皇太子绍仁孝，喜文辞，善武艺，好贤礼士，容受规谏[7]，与庾亮、温峤等为布衣之交。亮风格峻整[8]，善谈老、庄，帝器重之，聘其妹为绍妃，使亮侍讲东宫。帝好刑名家，以韩非书赐太子。亮谏曰：“申、韩刻薄伤化，不足留圣心。”太子纳之。

以慕容廆为龙骧将军、大单于廆以游邃为龙骧长史，刘翔为主簿，命邃创朝仪。裴嶷曰：“晋室衰微，介居江表[9]，中原之乱，非明公不能拯也。今诸部虽各拥兵，然皆顽愚[10]相聚，宜以渐并取，为西讨之资。”廆以为长史，委以军国之谋，诸部弱小者，稍稍击取之。

以李矩都督河南军事荥阳太守李矩使郭默、郭诵救赵固。诵潜遣其将耿稚等夜袭汉营，汉军惊溃，死伤大半，太子粲走保阳乡[11]。稚等据其营，获器械、军资不可胜数。汉主聪使太尉范隆率骑助之，稚等杀其所获牛马，焚其军

1　开延：开启贤路，延揽人才。
2　安适：能给谁呢，能到哪里去呢。
3　陪列：陪侍。
4　投刺：投递名帖。
5　除吏：任命为官吏。
6　率土归戴：普天之下莫不归心拥戴。率土，境域之内。归戴，归心拥戴。
7　容受规谏：容受，容纳接受。规谏，规劝进谏。
8　峻整：严肃庄重。
9　介居江表：介居，独居。江表，长江中下游以南地区。
10　顽愚：顽劣愚钝。
11　阳乡：古县名，治所位于今河南省焦作市辖沁阳市西南。

资，突围奔虎牢[1]。诏以矩都督河南三郡诸军事。

汉螽斯则百堂[2]灾烧杀汉主聪子二十一人。

张寔遣使上表都尉陈安叛相国保，举兵逼上邽。保遣使告急于张寔。寔遣步、骑二万赴之。军至新阳[3]，闻愍帝崩，保谋称尊号。破羌都尉张诜言于寔曰："南阳忘大耻而亟欲自尊，必不能成功。晋王近亲，且有名德[4]，当率天下以奉之。"寔从之，遣牙门蔡忠奉表诣建康。比至，帝已即位。然寔竟不用江东年号，犹称"建兴"。

夏，四月朔，日食。

加王导骠骑大将军，开府仪同三司导遣从事行扬州郡国，还见，各言二千石官长得失，独顾和无言。导问之，和曰："明公作辅，宁使网漏吞舟，何缘采听风闻[5]，以察察为政邪？"导咨嗟称善。

成丞相范长生卒长生博学，多艺能，年近百岁，蜀人奉之如神。

汉杀其尚书令王鉴、中书监、令崔懿之、曹恂中常侍王沈养女有美色，汉主聪立以为左皇后。鉴及中书监崔懿之、中书令曹恂谏曰："借使沈之弟女，刑余小丑，犹不可以尘污椒房，况其家婢邪？"聪大怒，收斩之。鉴等临刑，沈以杖叩之曰："庸奴[6]，复能为恶乎？"鉴瞋目叱之曰："竖子！灭大汉者，正坐汝鼠辈与靳准耳。"懿之谓准曰："汝心如枭镜[7]，必为国患。汝既食人，人亦当食汝。"

五月，段匹磾杀太尉、广武侯刘琨初，琨世子[8]群为段末柸所得。末柸

1　虎牢：古地名，位于今河南省郑州市辖荥阳市西北。相传周穆王获虎，为柙畜于此，故名。
2　螽斯则百堂：汉主刘聪的居所。
3　新阳：古县名，治所位于今甘肃省天水市西北，渭河北岸。
4　名德：名望与德行。
5　宁使网漏吞舟，何缘采听风闻：宁可使法网宽松到可以漏过大鱼，也不能搜集、听信道听途说。
6　庸奴：愚夫，见识浅陋之人，含有鄙夷之意。
7　枭镜：比喻忘恩负义之徒或狠毒的人。旧说枭为恶鸟，生而食母；镜为恶兽，生而食父。镜，通"獍"。
8　世子：古代诸王、公侯继承人，嗣子。

厚礼之，许以琨为幽州刺史，欲与之袭匹磾。密遣使赍群书，请琨为内应，为匹磾逻骑[1]所得。时琨别屯征北小城[2]，不知也，来见匹磾。匹磾以书示琨曰："意亦不疑公，是以白公耳。"琨曰："与公同盟，庶[3]雪国家之耻，若儿书密达[4]，亦终不以一子之故，负公而忘义也。"匹磾雅重琨，初无害琨意，将听还屯。其弟叔军谏之，遂留琨。会代郡太守辟闾嵩潜谋袭匹磾，事泄，匹磾收琨，缢杀之。琨从事卢谌等率琨余众依末杯。朝廷以匹磾尚强，冀其能平河朔，乃不为琨举哀。温峤表琨尽忠帝室，家破身亡，宜在褒恤[5]。后数岁，乃加赠太尉，谥曰愍。于是夷、晋皆不附匹磾。峤之诣建康也，其母崔氏固止之，峤绝裾而去[6]。既至，屡求返命[7]，朝廷不许。会琨死，除散骑侍郎。峤闻母亡，阻乱不得奔丧临葬，固让不拜，苦请北归。诏曰："今桀逆[8]未枭，诸军奉迎梓宫犹未得进，峤可以私难而不从王命邪？"峤不得已，受拜。

青州刺史曹嶷叛，降石勒初，嶷既据青州，乃叛汉来降。又以建康悬远，复与石勒相结。

六月，以刁协为尚书令协性刚悍[9]，与物多忤[10]，与侍中刘隗俱为帝所宠任。欲矫时弊，每崇上抑下，排沮[11]豪强，故为王氏所疾，诸刻碎[12]之政，皆云隗、协所建。协又使酒[13]侵毁公卿，见者侧目。

秋，七月，代王郁律击刘虎，破之刘虎侵拓拔西部，郁律击之。虎走

1　逻骑：巡逻的骑兵。
2　征北小城：古地名，位于今北京市东。西晋有征北将军驻此，因名。
3　庶：但愿，希冀。
4　密达：秘密送达。
5　褒恤：褒奖抚恤。
6　绝裾而去：形容离去的态度十分坚决。绝裾，扯断衣襟。
7　返命：复命。
8　桀逆：凶暴忤逆，凶暴忤逆之人。
9　刚悍：强悍。
10　与物多忤：对事情常有不同意见。
11　排沮：排斥抑制。
12　刻碎：苛刻烦琐。
13　使酒：因酒使性。

出塞，其部落降于郁律。于是郁律西取乌孙故地，东兼勿吉[1]以西，士马精强，雄于北方。

汉主聪卒，太子粲立。八月，靳准弑而代之，石勒引兵讨准。冬，十月，刘曜自立于赤壁[2]，封勒为赵公汉主聪寝疾，征刘曜、石勒受遗诏辅政，皆固辞。乃以曜为丞相，领雍州牧，勒为大将军，领幽、冀牧，上洛[3]王景、济南王骥并录尚书事，靳准为大司空，皆迭决奏事[4]。聪卒，粲即位，改元"汉昌"。聪后四人，皆年未二十，粲多行无礼。靳准阴有异志，私谓粲曰："如闻诸公欲行伊、霍之事，宜早图之。"粲乃收景、骥等杀之。游宴后宫，军国之事，一决于准。八月，准遂勒兵升殿，执粲杀之。刘氏男女，无少长皆斩东市。发渊、聪二陵，斩聪尸，焚其庙。自号大将军、汉天王。谓胡嵩曰："自古无胡人为天子者，今以传国玺付汝，还如晋家[5]。"嵩不敢受，准杀之。遣使告司州刺史李矩曰："刘渊，屠各小丑，矫称天命，使二帝幽没[6]。辄率众扶侍[7]梓宫，请以上闻。"矩驰表闻。诏遣太常韩胤等奉迎梓宫。准欲以王延为左光禄大夫，延骂曰："屠各逆奴，何不速杀我，以吾左目置西阳门，观相国之入也；右目置建春门，观大将军之入也？"准杀之。曜闻乱，自长安赴之。勒率精骑五万以讨准，据襄陵北原[8]。准数挑战，勒坚壁以挫之。十一月，曜至赤壁，即皇帝位，以勒为大司马，加九锡，进爵为赵公。勒进攻准于平阳，巴及羌、羯降者十余万落，勒皆徙于所部。

十一月，日夜出，高三丈。

以王敦为荆州刺史。

1　勿吉：古国名，辖今吉林省长白山以北，松花江及黑龙江中下游，东至于海。
2　赤壁：古地名，位于今山西省运城市辖河津市西北。
3　上洛：古郡名，辖今陕西省丹江上游、河南省熊耳山西北洛河上游地区。
4　迭决奏事：轮流决断尚书所奏事宜。
5　还如晋家：还给晋朝王室。
6　幽没：死亡。
7　扶侍：服侍，奉侍。
8　襄陵北原：襄陵以北的平原地区。

诏州郡秀、孝[1]复试经策[2]时诏群公卿士各陈得失。御史中丞熊远上疏，以为："胡贼猾夏，梓官未返，而不能遣军进讨，一失也。群官不以雠贼[3]未报为耻，务在调戏、酒食而已，二失也。选官用人，不料实德[4]，惟在白望；不求才干，惟事请托。当官者以治事为俗吏，奉法为苛刻，尽礼为谄谀，从容[5]为高妙，放荡为达士[6]，骄蹇为简雅[7]，三失也。世所恶者，陆沉泥滓[8]；时所善者，翱翔云霄。是以万机未整，风俗伪薄。朝廷以从顺[9]为善，相违见贬，安得朝有辩争之臣，士无禄仕[10]之志乎？古之取士，敷奏以言。今光禄不试[11]，甚违古义。又举贤不出世族，用法不及权贵，是以才不济务，奸无所惩。若此道不改，求以救乱，难矣。"先是，帝欲慰悦[12]人心，州郡秀、孝，至者不试，皆署吏。尚书陈頵亦上言："宜修旧制，试以经策。"从之。仍诏："不中科[13]者，刺史、太守免官。"于是秀、孝皆不敢行，其有到者，亦托疾，比三年无就试者。帝欲特除[14]孝廉已到者官，尚书郎孔坦以为："近郡惧累君父，皆不敢行；远郡冀于不试，冒昧来赴。若加除署[15]，是为谨身[16]者失分，侥幸者得官。颓风伤教，恐从此始。不若一切罢归，而为之延期，使得就学，则法均而令信矣。"帝从之，听申[17]至七年乃试。

十二月，汉将军乔泰讨靳准，斩之靳准使侍中卜泰送乘舆服御，请和

1　秀、孝：秀才、孝廉。
2　经策：古代对秀才、孝廉的考试方法。经即试经，策即策问。
3　雠贼：对仇人、仇敌的蔑称。
4　不料实德：不称量实际的德行。料，称量。
5　从容：悠闲舒缓。
6　达士：明智达理之士。
7　简雅：简洁雅致。
8　陆沉泥滓：埋没于尘埃。陆沉，比喻埋没，不为人知。泥滓，比喻卑下的地位。
9　从顺：随顺，顺从。
10　禄仕：泛指居官食禄。
11　光禄不试：任职光禄大夫不需要经过考试。
12　慰悦：安抚而使之悦服。
13　中科：考试中选。
14　除：授予，封拜。
15　除署：任命。
16　谨身：整饬自身。
17　申：延迟。

于石勒。勒囚泰，送于汉主曜。曜谓泰曰："先帝末年，实乱大伦。司空行伊、霍之权，使朕及此，其功大矣。若早迎大驾者，当悉以政事相委，况免死乎？"泰还言之，准未从。将军乔泰等相与杀准，推靳明为主，遣卜泰奉传国六玺降汉。石勒大怒，进军攻明。明出战，大败。

　　琅邪王涣卒涣，郑夫人之子，时生二年矣，帝爱之，以其疾笃，故王之。及薨，帝备吉凶仪服[1]，营起园陵，功费甚广。右常侍[2]孙霄谏曰："古者凶荒[3]杀礼[4]，况今丧乱，宪章[5]旧制，犹宜节省，而礼典所无，顾崇饰如是乎[6]？竭已罢之民，营无益之事，殚已困之财，修无用之费，此臣之所不安也。"不从。

　　彭城内史周抚叛，降石勒。诏下邳[7]内史刘遐、泰山太守徐龛讨之。

　　石勒攻拔平阳，靳明奔赤壁，汉主曜族诛之靳明屡败，遣使求救于汉。汉主曜使人迎之，明率平阳士女万五千人奔汉。曜收靳氏男女，皆斩之。石勒焚平阳官室，修二陵，收粲以下百余口葬之，置戍而归。

1　仪服：礼服。
2　右常侍：古官名，王、公国属官，掌侍从左右，赞相礼仪，献替谏净。
3　凶荒：灾荒。
4　杀礼：减省礼仪。
5　宪章：效法。
6　顾崇饰如是乎：难道应当这样大肆铺张吗。
7　下邳：古郡名，辖今江苏省邳州市、沭阳县以南，涟水县和淮安市以西，盱眙县和安徽省明光市以北，江苏省睢宁和安徽省泗县以北地。

卷

十
九

起己卯晋元帝太兴二年，尽丁酉[1]晋成帝咸康三年凡十九年。

己卯二年（公元 319 年）

汉改号赵，光初二年。〇后赵高祖石勒元年。〇旧大国一，成、凉小国二，新大国一，凡四僭国。

春，二月，刘遐、徐龛击周抚，斩之初，掖[2]人苏峻率乡里结垒以自保，远近多附。曹嶷恶其强，将攻之，峻率众浮海来奔。以为鹰扬将军，助遐讨抚有功，以为淮陵[3]内史。

石勒献捷于汉，汉斩其使勒遣左长史[4]王脩献捷于汉，汉主曜遣使授勒太宰，进爵赵王，加殊礼，称警跸。脩舍人曹平乐留仕汉，言于曜曰："勒遣脩来，实觇强弱，俟其复命，将袭乘舆。"时汉兵疲弊，曜乃追所遣使，斩脩于市。勒大怒，曰："孤事刘氏，于人臣之职有加矣。彼之基业，皆孤所为。今既得志，还欲相图。赵王、赵帝，孤自为之，何待于彼邪？"

三月，合祭天地于南郊帝令群臣议郊祀，刁协等以为宜须还洛。司徒荀组等曰："汉献帝都许，即行郊祀，何必洛邑？"从之。立郊丘[5]于建康城之巳地[6]，亲祀之。以未有北郊，并地祇合祭之。

诏琅邪恭王为皇考[7]，既而罢之诏："琅邪恭王宜称皇考。"贺循曰："礼，子不敢以己爵加于父。"乃止。

夏，四月，将军陈川以浚仪叛，降石勒初，蓬陂[8]坞主陈川自称陈留太守。祖逖之攻樊雅也，川遣其将李头助之。头力战有功，逖厚遇之。头每叹曰："得此人为主，吾死无恨。"川闻而杀之。大掠豫州诸郡，逖遣兵击破之。川

1　丁酉：即公元 337 年。
2　掖：古县名，治所位于今山东省烟台市辖莱州市境内，以掖水得名。
3　淮陵：古郡名，郡治位于今安徽省滁州市辖明光市东北。
4　左长史：古官名，位居群官之首，实为国务长官。
5　郊丘：古天子郊祭天地于圜丘。亦指祭天。
6　巳地：东南方。
7　皇考：对亡父的尊称。
8　蓬陂：古地名，位于今河南省开封市祥符区南。

遂叛，降石勒。

徐龛以泰山叛，降石勒周抚之败走也，龛部将追斩之。及朝廷论功，而刘遐先之。龛怒，以郡降石勒。

汉徙都长安，立妃羊氏为后，子熙为太子羊氏，即惠帝后也。曜尝问之曰："吾何如司马家儿？"羊氏曰："陛下，开基之圣主，彼亡国之暗夫[1]，何可并言？彼贵为帝王，有一妇、一子及身三耳，曾不能庇[2]。妾于尔时，实不欲生，意谓世间男子皆然。自奉巾栉已来，始知天下自有丈夫耳。"曜甚宠之，颇预国事。

南阳王保自称晋王保既称王，改元"建康"，置百官。陈安叛，降于成。上邽大饥，又为安所逼，张寔遣韩璞救之，安乃退。

江东大饥，诏百官言事益州刺史应詹上疏曰："元康[3]以来，贱经尚道，以玄虚宏放为夷达，以儒术清俭为鄙俗[4]，宜崇奖[5]儒官，以新俗化。"

祖逖讨陈川，石勒遣兵救之。逖退屯淮南，勒兵守蓬关[6]逖攻陈川于蓬关，石勒遣石虎、桃豹救之。逖兵败退，屯淮南。虎徙川部众于襄国，留豹守川故城。

石勒寇幽州，陷之。段匹䃅奔乐陵。

梁州刺史周访击杜曾，斩之初，王敦患曾难制，谓周访曰："若擒曾，当相论为荆州[7]。"至是，访破斩曾，而敦不用。王廙在荆州，多杀陶侃将佐，士民怨怒。帝征为散骑常侍，而以访代之。敦忌访威名，难[8]之。从事郭舒说

---

1 暗夫：昏庸愚昧的人。
2 庇：保护。
3 元康：晋惠帝司马衷年号，存续时间为公元291至300年。
4 贱经尚道，以玄虚宏放为夷达，以儒术清俭为鄙俗：轻视经典，崇尚道学，把玄虚奔放视作心胸开阔，把儒术、清俭俭朴看作庸俗。宏放，开阔奔放。夷达，心胸开阔。清俭，清廉俭朴。鄙俗，粗俗，庸俗。
5 崇奖：推崇奖励。
6 蓬关：古地名，位于今河南省开封市祥符区南。
7 相论为荆州：论功让你治理荆州。
8 难：为难。

敦曰："荆州虽荒弊[1]，乃用武之国，不可以假人，宜自领之。访为梁州足矣。"
敦从之。乃加访安南将军，余如故。访大怒，敦手书譬解[2]，并玉环、玉椀[3]遗
之。访抵[4]之于地，曰："吾岂贾竖，可以宝悦邪？"访在襄阳，务农训兵，阴
有图敦之志，守宰有缺辄[5]补，然后言上，敦不能制。

汉改号赵汉主曜立宗庙、社稷、南北郊于长安，改国号为赵，以冒顿[6]配
天，光文配上帝。

徐龛寇济、岱[7]，以羊鉴为都督，讨之徐龛寇掠济、岱，王导以太子左
卫率羊鉴，龛之州里冠族[8]，必能制之。鉴深辞，才非将帅，郗鉴亦表鉴不可
使，导不从。以鉴为征讨都督，督徐州刺史蔡豹及刘遐、鲜卑段文鸯等讨之。

冬，十一月，石勒称赵王勒即赵王位，称元年，是为后赵。以将军支
雄等主胡人辞讼，禁胡人不得陵侮华族[9]，号胡为国人。遣使循行州郡，劝课[10]
农桑。朝会始用天子礼乐，加张宾大执法，专总朝政。以石虎为骠骑将军，督
诸军，赐爵中山公。宾任遇优显[11]，群臣莫及，而谦虚敬慎[12]，开怀下士[13]，屏绝阿
私，以身帅物[14]，入则尽规，出则归美[15]。勒甚重之，每朝，常为之正容貌，简辞
令，呼曰"右侯"而不敢名。

**十二月，宇文氏攻慕容廆，廆大败之，遂取辽东，遣长史裴嶷来
献捷**平州刺史崔毖以士民多归慕容廆，心不平，阴说高句丽、段氏、宇文氏，

---

1 荒弊：凋敝，生计艰难或事业衰败。
2 譬解：开导劝解。
3 玉椀：玉制的食具，亦泛指精美的碗。
4 抵：扔，掷。
5 辄：立即，就。
6 冒顿：秦汉时匈奴首领。下文"光文"为汉开国之主刘渊。
7 济、岱：济水、泰山之间。
8 冠族：显贵的豪门世族。
9 华族：高门贵族。
10 劝课：鼓励与督责。
11 任遇优显：任遇，地位和待遇。优显，显贵。
12 敬慎：恭敬谨慎。
13 开怀下士：开怀，推诚相待，虚心听取意见。下士，屈身交接贤士。
14 以身帅物：以身作则。
15 入则尽规，出则归美：入朝时直言规谏，出外却将美誉归功于主上。

使共攻之。廆所亲高瞻力谏，不从。三国合兵伐廆，诸将请击之，廆曰："彼为廆所诱，欲邀[1]一切之利。军势初合，其锋甚锐，不可与战，当固守以挫之。彼乌合[2]而来，莫相归服，久必携贰，然后击之，破之必矣。"三国进攻棘城，廆闭门自守，独以牛酒犒宇文氏，二国疑宇文与廆有谋，各引兵归。宇文士卒数十万，连营四十里。其大人悉独官曰："二国虽归，吾当独取之。"廆使召其子翰于徒河。翰曰："彼众我寡，难以力胜。请为奇兵于外，伺其间而击之，若并兵为一，彼得专意攻城，非策之得[3]也。"廆从之。悉独官闻之，曰："翰不入城，或能为患，当先取之。"分遣数千骑袭翰。翰诈为段氏使者，逆于道而设伏以待，奋击获之，乘胜径进，遣间使语廆出兵大战。前锋始交，翰将千骑从旁直入其营，纵火焚之，众遂大败，悉独官仅以身免。廆俘其众，获皇帝玉玺三纽[4]。廆闻之，惧，奔高句丽。廆以其子仁镇辽东，官府市里，按堵如故[5]。以高瞻为将军，瞻称疾不就，廆数临候[6]之，抚其心曰："君之疾在此，不在他也。今晋室丧乱，孤欲与诸君共清世难[7]，翼戴帝室。奈何以华、夷之异，介然[8]疏之哉？夫立功立事，惟问志略[9]如何耳。"瞻犹不起，廆颇不平。瞻以忧卒。廆使裴嶷奉表并所得玺，诣建康献之。

蒲洪降赵。

庚辰**三年**（公元 320 年）

赵光初三年。后赵二年。

1　邀：求取。
2　乌合：形容人群没有严密组织而临时凑合，如群乌暂时聚合。
3　非策之得：不是合适的对策。
4　纽：器物上用以提携或系绳带的部件。
5　按堵如故：形容秩序良好，百姓和原来一样安居乐业。按，按次第。堵，墙堵也，言不迁动也。
6　临候：亲临问候。
7　世难：当世的灾难、祸乱。
8　介然：心有所不安，耿耿于怀。
9　志略：抱负。

春，二月，后赵寇冀州，执刺史邵续。诏以其子缉代之段末柸攻段匹䃅，破之。匹䃅谓冀州刺史邵续曰："吾本夷狄，以慕义破家[1]。君不忘久要[2]，请相与共击末柸。"续遂相与追击，大破之。匹䃅遂与弟文鸯进攻蓟。后赵王勒知续势孤，遣虎将兵攻之。续自出击虎，虎伏骑断其后，遂执续，使降其城。续呼兄子竺等谓曰："吾志欲报国，不幸至此。汝等努力奉匹䃅为主，勿有贰心。"匹䃅还，与续子缉等固守。虎送续于襄国，勒以为忠，释而礼之。因下令："自今克敌，获士人，必生致[3]之。"吏部郎[4]刘胤闻续被攻，言于帝曰："北方藩镇，惟余邵续。如使为虎所灭，孤义士之心，宜发兵救之。"帝不能从。闻续已没，乃诏以续位任[5]授缉。

赵将尹安等降安及宋始等四军屯洛阳，降于司州刺史李矩。矩使颍川太守郭默将兵入洛。后赵石生虏宋始一军，北渡河。于是河南之民，皆相率归矩，洛阳遂空。

三月，以慕容廆为平州刺史裴嶷至建康，盛称廆之威德，贤俊皆为之用，朝廷始重之。帝欲留嶷，嶷曰："臣少蒙国恩，出入省闼，若得复奉辇毂[6]，臣之至荣。但以旧京沦没，山陵穿毁，名臣宿将，莫能雪耻，独龙骧竭忠王室，故使臣万里归诚。今臣不返，必谓朝廷以其僻陋[7]而弃之，孤[8]其向义之心，使懈于讨贼，此臣之所甚惜也。"帝然之。遣使随嶷拜廆为安北将军、平州刺史。

夏，五月，上邽诸将杀晋王保。保故将陈安降赵，以讨贼杀之保体重八百斤，喜睡，好读书，而暗弱无断，故及于难。

1　以慕义破家：慕义，倾慕仁义。破家，自毁其家。
2　不忘久要：不忘记旧情。久要，旧约，旧交。
3　生致：活着送到。
4　吏部郎：古官名，尚书省吏部曹长官通称，属吏部尚书，主管官吏选任、铨叙、调动事务，对五品以下官吏之任免有建议权。
5　位任：官位，职务。
6　辇毂：皇帝的车舆。也代指皇帝。
7　僻陋：地处僻远，风俗粗野。
8　孤：背弃。

羊鉴有罪，除名[1]。**以徐州刺史蔡豹代之**鉴讨徐龛，顿兵下邳，不敢前。蔡豹败龛于檀丘[2]，龛求救于后赵。勒遣其将王伏都救之。伏都淫暴，龛疑其袭己，斩之。复来请降，不受。敕鉴进讨。鉴犹疑惮[3]不进，刁协劾鉴，免死除名，以豹代领其兵。王导以失举[4]，乞自贬，不许。

凉州杀其刺史张寔，寔弟茂立京兆人刘弘客居凉州天梯山[5]，以妖术惑众，张寔左右皆事之。弘自言："天与神玺，应王凉州。"于是帐下阎涉等谋杀寔而奉之。寔弟茂知其谋，告之。寔遣收弘，未至，涉等遂杀寔。寔所遣兵执弘镮之，诛其党与数百人。左司马[6]阴元等以寔子骏尚幼，推茂为刺史。茂以骏为世子。

氐、羌、巴、羯叛赵，赵讨平之赵将解虎、尹车谋反，与巴酋句徐、厍彭等相结，事觉，虎、车伏诛。赵主曜囚徐、彭等五十余人，将杀之。光禄大夫游子远谏曰："圣王用刑，惟诛元恶，不宜多杀。"曜怒，囚之，杀徐、彭等。于是巴众尽反，四山氐、羌、巴、羯应之者三十余万，关中大乱，城门昼闭。子远又从狱中上表谏争，曜手毁其表，叱左右速杀之。呼延晏等谏曰："子远幽囚[7]，不忘谏争，忠之至也，奈何杀之？子远朝诛[8]，臣等亦当夕死，以彰陛下之过。天下将舍陛下而去，陛下谁与居乎？"曜乃止。又欲自将讨之，子远又谏曰："彼非有大志，欲图非望[9]也，直畏威刑，欲逃死耳。莫若大赦，与之更始，其没入[10]者皆纵遣[11]之，使相招引，听其复业。彼得生路，何为不降？若其中自知罪重，屯结不散者，愿假臣弱兵五千，必为陛下枭之。"曜大

1　除名：除去名籍，取消原有身份。
2　檀丘：古地名，位于今山东省济宁市泗水县东南。
3　疑惮：疑忌畏惧。
4　失举：荐举的人选不当。
5　天梯山：古山名，位于今甘肃省武威市南。
6　左司马：古官名，为大司马之副，协助大司马掌军务，领兵作战。
7　幽囚：囚禁。
8　朝诛：早上被诛杀。
9　非望：非分的企望。
10　没入：没收财物、人口等入官。
11　纵遣：释放遣发。

悦，即日大赦，以子远为车骑大将军，出屯安定，反者皆降。惟句氏宗党保于阴密，进攻灭之。徙氏、羌二十余万于长安。曜以子远为大司徒、录尚书事。

赵立太学赵立太学，选民之可教者千五百人，择儒臣以教之。

赵以乔豫、和苞为谏议大夫赵主曜作酆明观及西宫陵霄台，又营寿陵。侍中乔豫、和苞谏曰："前营酆明，市道细民[1]咸曰：'以一观之功，足以平凉州矣。'今又欲拟阿房而建西宫，法琼台而起陵霄，其为劳费[2]，亿万酆明。若以给军，则可以兼吴、蜀而一齐、魏矣。又营寿陵，周围四里，铜樟金饰，其深三十五丈，殆非国内之所能办也。自古无不亡之国、不掘之墓，故圣人之俭葬[3]，乃深远之虑也。"曜下诏曰："二侍中恳恳[4]有古人之风，可谓社稷之臣矣。其悉罢诸役，寿陵制度，一遵霸陵之法。"以豫、苞领谏议大夫。又省酆水囿[5]以与贫民。

秋，七月，后赵兵退走，祖逖进屯雍丘。诏加号镇西将军祖逖将韩潜与后赵将桃豹分据陈川故城，相守四旬。逖以布囊盛土，使千余人运以馈潜。又使数人担米息于道，豹兵逐之，即弃而走。豹兵久饥，以为逖士众丰饱，大惧。后赵运粮馈豹，逖又使潜邀击，获之。豹宵遁[6]，逖使潜进屯封丘以逼之。逖镇雍丘，后赵镇戍[7]归逖者甚多。先是，李矩、郭默等互相攻击，逖驰使和解，示以祸福，遂皆受逖节度。诏加逖镇西将军。逖与将士同甘苦，约己务施[8]，劝课农桑，抚纳新附，虽疏、贱者皆结以恩礼[9]。河上诸坞，先有任子在后赵者，皆听两属[10]。时遣游军伪抄之，明其未附。坞主皆感恩，后赵有异谋，辄

1　市道细民：市道，市井及道路之人。细民，小民。
2　劳费：耗费人力、精力或财力。
3　俭葬：薄葬。
4　恳恳：诚挚殷切貌。
5　酆水囿：酆水旁的园囿。酆水，古水名，即沣水，位于今陕西省西安市长安区和咸阳市境内。囿，帝王养禽兽的园林。
6　宵遁：夜里逃跑。
7　镇戍：驻防军的营垒、城堡。
8　约己务施：约己，约束自己。务施，乐善好施。
9　恩礼：尊上对下的礼遇。
10　两属：同时分属两方。

密以告，由是多所克获。自河以南，多叛后赵归晋。逖练兵积谷，为取河北之计。后赵王勒患之，乃下幽州为逖修祖、父墓，置守冢三家，因与逖书，求通使及互市。逖不报书，而听其互市，收利十倍。逖牙门童建降于后赵，勒复斩送其首，曰："叛臣逃吏，吾之深仇，将军之恶，犹吾恶也。"自是后赵人叛归者，逖皆不纳，禁诸将，不使侵暴后赵之民，边境之间，稍得休息。

八月，梁州刺史周访卒，诏以甘卓代之访善于抚纳，士众皆为致死。知王敦有不臣之心，私常切齿，敦由是终访之世，未敢为逆。及卒，敦遣郭舒监其军，帝以甘卓镇襄阳，征舒为右丞，敦留不遣。

蔡豹与徐龛战败，伏诛，龛遂降后赵。

后赵定九品，举六科后赵王勒用法严峻，使张宾领选[1]，定九品。命公卿及州郡岁举秀才、至孝、廉清[2]、贤良、直言、武勇之士各一人。

冬，十二月，以谯王承为湘州刺史帝之始镇江东也，王敦与从弟导同心翼戴，帝亦推心任之。敦总征讨，导专机政[3]，群从子弟布列显要，时人为之语曰："王与马，共天下。"后敦恃功骄恣，帝畏而恶之，乃引刘隗、刁协等以为腹心，稍抑损王氏权，导亦渐见疏外[4]。中书郎孔愉陈导忠贤，有佐命[5]之勋，宜加委任[6]。帝出愉为长史。导能任真推分，澹如也[7]，而敦益怀不平。其参军沈充、钱凤皆巧诌凶狡[8]，知敦有异志，阴为画策，敦宠信之。敦上疏为导讼屈[9]，辞语怨望。左将军、谯王承忠厚有志行[10]，帝亲信之。夜召承，以敦疏示之。隗亦为帝谋，出心腹以镇方面。会敦表充为湘州刺史，帝谓承曰："敦奸

1　领选：兼管荐举官吏之事。
2　廉清：廉洁清白。
3　机政：国家枢机政务。
4　疏外：疏远见外。
5　佐命：古代帝王得天下，自称是上应天命，故称辅佐帝王创业为"佐命"。
6　委任：信任。
7　能任真推分，澹如也：能够听任自然，安守本分，性情澹泊。
8　巧诌凶狡：巧诌，巧诈逢迎。凶狡，凶顽狡诈。
9　讼屈：申辩冤屈。
10　志行：志向和操行。

逆已著，朕为惠皇[1]，其势不远。湘州据上流，控三州之会，欲以叔父居之，何如？"丞曰："臣奉承诏命，惟力是视，何敢有辞？然湘州经蜀寇之余，民物雕弊[2]，若及三年，乃可即戎[3]。苟未及此，虽灰身[4]，无益也。"诏以承为湘州刺史。行至武昌，敦与之宴，谓承曰："大王雅素[5]佳士，恐非将帅才也。"承曰："公未见知耳，铅刀岂无一割之用[6]？"敦谓钱凤曰："彼不知惧而学壮语[7]，无能为也。"乃听之镇[8]。时湘土困弊，承躬自俭约，倾心绥抚[9]，甚有能名。

辛巳**四年**（公元 321 年）

赵光初四年。后赵三年。

春，正月，徐龛复降。

三月，日中有黑子[10]著作佐郎[11]郭璞上疏，以为："阴阳错缪，皆繁刑[12]所致。赦不欲数，然子产知铸刑书非政之善，不得不作者，须以救弊故也。今之宜赦，理亦如之。"

后赵陷幽、冀、并州，抚军将军[13]、幽州刺史段匹磾死之后赵使石虎攻匹磾于厌次[14]，孔苌攻其统内诸城，悉拔之。文鸯出战，力尽被执，骂贼不已。匹磾欲单骑归朝，邵续之弟洎勒兵不听，复欲执台使[15]送虎。匹磾正色责之曰："卿不能遵兄之志，逼吾不得归朝，亦已甚矣。复欲执天子使者，我虽夷狄，

1　惠皇：指晋惠帝司马衷。
2　雕弊：衰落破败。
3　即戎：用兵，作战。
4　灰身：粉身碎骨。
5　雅素：平素，平生。
6　铅刀岂无一割之用：钝刀虽不锋利，偶尔用得得当，也能割断东西。铅刀，钝刀。
7　壮语：形容人的言语很豪壮。
8　之镇：去驻地上任。
9　绥抚：安定抚慰。
10　黑子：太阳光球上出现的斑点。
11　著作佐郎：古官名，属中书省，掌编撰国史。
12　繁刑：繁苛的刑罚。
13　抚军将军：古官名，杂号将军名，掌征伐等。
14　厌次：古县名，治所位于今山东省滨州市阳信县东南。
15　台使：朝廷使者。

所未闻也！"洎与缉、竺等出降。匹䃅见虎曰："我受晋恩，志在灭汝，不幸至此，不能为汝敬也。"虎素与匹䃅结为兄弟，即起拜之。于是幽、冀、并三州皆入于后赵。匹䃅不为勒礼，常着朝服，持晋节。久之，与文鸯、邵续皆见杀。

夏，五月，**免扬州僮客，以备征役**诏免中州良民遭难为扬州诸郡僮客者，以备征役[1]，刁协之谋也。由是众益怨之。

终南山崩。

秋，七月，**以戴渊都督司、豫，刘隗都督青、冀诸军事，王导为司空、录尚书事**以渊为征西将军，督六州，镇合肥。隗为镇北将军，督四州，镇淮阴。皆假节领兵，名为讨胡，实备王敦也。隗虽在外，而朝廷机事，进退士大夫，帝皆与之密谋。敦遗隗书，言欲与之戮力王室，共静海内。隗答曰："'鱼相忘于江湖，人相忘于道术。''竭股肱之力，效之忠贞'，吾之志也。"敦怒。帝以敦故，以导为司空，录尚书事，而实疏忌[2]之。御史中丞周嵩上疏，以为："不宜听孤臣[3]之言，放逐旧德，亏既往之恩，招将来之患。"帝颇感悟，导由是得全。

八月，**常山崩。**

九月，**豫州刺史祖逖卒，以其弟约代之**逖以戴渊吴士，虽有才望，无弘致远识[4]，且已翦荆棘，收河南地，而渊雍容[5]，一旦来统之，意甚怏怏。又闻王敦与刘、刁构隙[6]，将有内难，知大功不遂，感激[7]发病，卒于雍丘。豫州士女若丧父母，谯、梁间皆为立祠。敦由是益无所惮。约无绥御之才，不为士卒所附。范阳李产避乱依逖，至是见约志趣异常，乃率子弟十余人间行归乡里。

1　征役：徭役。
2　疏忌：疏远猜忌。
3　孤臣：孤陋无知的臣子。
4　弘致远识：远大的志趣和见识。
5　雍容：形容文雅大方，从容不迫。
6　构隙：结怨。
7　感激：激动。

后赵以李阳为都尉后赵王勒悉召武乡耆旧[1]，诣襄国欢饮。勒微时，与李阳邻居，数争沤麻池[2]相殴，阳由是独不敢来。勒曰："孤方兼容天下，岂仇匹夫乎？"遽召与饮，引阳臂曰："孤往日厌卿老拳，卿亦饱孤毒手。"因拜都尉。以武乡比丰、沛，复三世。

后赵禁酿酒勒以民始复业，资储未丰，于是重禁酿，郊祀、宗庙皆用醴酒[3]，行之数年，无复酿者。

以慕容廆为车骑将军、平州牧、辽东公诏听廆承制除官。廆于是备置僚属，立子皝为世子。作东横[4]，使皝与诸生同受业。廆得暇，亦亲临听之。皝雄毅[5]多权略，喜经术，国人称之。廆徙翰镇辽东，仁镇平郭[6]。翰抚安民夷，甚有威惠[7]。

代弑其君郁律，子贺傉立拓跋猗㐌妻惟氏忌代王郁律之强，恐不利其子，乃杀郁律而立子贺傉。郁律之子什翼犍幼在襁褓[8]，其母王氏匿于裤中，祝之曰："天苟存汝，则勿啼。"久之，不啼，乃得免。

壬午永昌元年（公元 322 年）

赵光初五年。后赵四年。

春，正月，王敦举兵反，谯王丞、甘卓移檄讨之。敦分兵寇长沙初，敦既与朝廷乖离，乃羁录[9]朝士有时望者置己幕府，以羊曼、谢鲲为长史。鲲终日酣醉，故不委以事。敦将作乱，谓曰："刘隗奸邪，将危社稷，吾欲除君

1　耆旧：年高望重者。
2　沤麻池：沤麻的水池。
3　醴酒：甜酒。
4　东横：古代贵族子弟学校。
5　雄毅：勇武刚毅。
6　平郭：古县名，治所位于今辽宁省营口市辖盖州市西南。
7　威惠：声威和恩泽。
8　襁褓：包裹婴儿的被子和带子。
9　羁录：羁留并录用。

侧之恶，何如？"鲲曰："隗诚始祸，然城狐社鼠[1]。"敦怒曰："君庸才，岂达大体？"至是举兵武昌，上疏称："刘隗佞邪谗贼，威福自由[2]。臣辄进军致讨，隗首朝悬，诸军夕退。昔太甲颠覆厥度，幸纳伊尹之忠，殷道复昌[3]。愿陛下深垂三思，则四海乂安，社稷永固矣。"沈充亦起兵于吴兴以应敦。敦至芜湖，又上表罪状刁协。帝大怒，诏曰："王敦凭恃宠灵[4]，敢肆狂逆[5]，方[6]朕太甲，欲见幽囚。是可忍也，孰不可忍！今亲率六军以诛大逆，有杀敦者，封五千户侯。"太子中庶子温峤谓仆射周颉曰："大将军此举似有所在，当无滥邪[7]？"颉曰："人主自非尧、舜，何能无失，安可举兵以胁之？举动如此，岂得云非乱乎？"敦初起兵，遣使告梁州刺史甘卓，约与俱下，卓许之。后更狐疑，不赴。或说卓："且伪许敦，待至都而讨之。"卓曰："昔陈敏之乱，吾先从而后图之，论者谓吾惧逼而思变，心常愧之。今若复尔，何以自明？"敦遣参军桓罴说谯王承，请为己军司。承叹曰："吾其死矣！地荒民寡，势孤援绝，将何以济？然得死忠义，夫复何求！"承檄长沙虞悝为长史。会悝遭母丧，承往吊之，曰："王室方危，金革[8]之事，古人所不辞，将何以教之？"悝曰："鄱州荒弊，难以进讨。宜且收众固守，传檄四方，敦势必分，分而图之，庶几可捷也。"承乃因罴，以悝为长史，弟望为司马，移檄远近，列敦罪恶，州内皆应之，惟敦姊夫[9]郑澹为湘东太守，不从命。承使望讨斩之，以徇四境。又遣主簿邓骞说甘卓曰："刘大连[10]虽骄蹇失众心，非有害于天下。大将

1　城狐社鼠：城墙洞里的狐狸，土地庙里的老鼠。比喻依仗权势作恶、一时难以驱除的小人。
2　威福自由：威福，原指统治者的赏罚之权，后多谓当权者妄自尊大，恃势弄权。自由，由自己做主。
3　太甲颠覆厥度，幸纳伊尹之忠，殷道复昌：商朝天子太甲败坏国家制度，幸好接纳了伊尹忠诚无私的处置，才使商朝国运重新昌盛。
4　宠灵：恩宠光耀。
5　狂逆：狂妄悖逆。
6　方：比拟。
7　似有所在，当无滥邪：似乎有一定的原因，应当不算过分吧。
8　金革：军械和军装。也借指战争。
9　姊夫：姐姐的丈夫。
10　刘大连：即刘隗，刘隗字大连。

军以私憾称兵向阙，此忠臣义士竭节[1]之时也。公受任方伯，奉辞伐罪，乃桓、文之功也。"卓参军李梁曰："昔隗嚣跋扈，窦融保河西以奉光武，卒受其福。今但当按兵坐待敦事，若捷，必委将军以方面，不捷，朝廷必以将军代之，何忧不富贵？而释此庙胜[2]，决存亡于一战耶？"骞曰："光武当创业之初，故隗、窦可以从容顾望。今将军之于本朝，非窦融之比也。襄阳之于大府[3]，非河西之固也。使敦克刘隗，还武昌，增石城[4]之戍，绝荆、湘之粟，将军欲安归乎？势在人手，而曰我处庙胜，未之闻也。且为人臣，国家有难，坐视不救，于义安乎？以将军之威名，杖节鸣鼓，以顺讨逆，举武昌，若摧枯拉朽耳。武昌既定，据其军实，招怀士卒，使还者如归，此吕蒙所以克关羽也。"敦恐卓于后为变，又遣参军乐道融往邀之。道融忿其悖逆，反说卓曰："王敦背恩肆逆[5]，举兵向阙。君受国厚恩，而与之同，生为逆臣，死为愚鬼，不亦惜乎？为君之计，莫若伪许应命，而驰袭武昌，必不战而自溃矣。"卓意始决，遂露檄数敦逆状，率所统致讨[6]。遣参军至广州，约陶侃。侃遣参军高宝率兵北下。武昌城中传卓军至，人皆奔散。敦遣魏乂率兵攻长沙。长沙城池不完，资储又缺，人情震恐。或说承南投陶侃，或退据零、桂[7]。承曰："吾之志欲死忠义，岂可贪生苟免，为奔败[8]之将乎？事之不济，令百姓知吾心耳！"乃婴城固守。虞望战死，甘卓亦遗承书劝之，且云："当以兵出沔口，断敦归路，则湘围自解矣。"承复书曰："足下能卷甲电赴[9]，犹有所及。若其狐疑，则求我于枯鱼之肆[10]矣。"卓不能从。

1　竭节：尽忠，坚持操守。
2　庙胜：朝廷预先制定的克敌制胜的谋略。
3　大府：公府，泛指上级官府。
4　石城：古地名，位于今湖北省荆门市辖钟祥市。
5　肆逆：背叛作乱，横行不法。
6　致讨：加以讨伐。
7　零、桂：零陵、桂阳两郡的并称。
8　奔败：覆败，溃败。
9　卷甲电赴：卷甲，卷起铠甲，形容轻装疾进。电赴，比喻快速奔赴。
10　枯鱼之肆：卖干鱼的店铺。比喻无法挽救的绝境。枯鱼，干鱼。肆，店铺。语出《庄子·外物》。

封子昱为琅邪王。

赵封杨难敌为武都王赵主曜自击杨难敌，难敌逆战不胜，退保仇池，遣使称藩，赵以为武都王。

陈安叛赵赵秦州刺史陈安求朝于曜，曜辞以疾。安怒，大掠而归。陇上氐、羌皆附之，有众十余万，自称凉王，获赵将呼延寔及鲁凭，将用之。二人不屈，皆杀之。

三月，**敦据石头，杀骠骑将军戴渊、尚书仆射周颛。甘卓还襄阳。夏，四月，敦还武昌**帝征戴渊、刘隗入卫。百官迎于道。隗岸帻大言[1]，意气自若[2]，与刁协劝帝尽诛王氏，帝不许。王导率宗族，每旦诣台[3]待罪。周颛将入，导呼之曰：“伯仁，以百口累卿[4]。”颛直入不顾。既见帝，言导忠诚，申救甚至[5]。帝纳其言。颛喜饮酒，至醉而出，导又呼之，颛不与言，顾左右曰：“今年杀诸贼奴[6]，取金印如斗大，系肘后。”既出，又上表明导无罪，言甚切。导不知，恨之。帝命还导朝服，召见之。导稽首曰：“逆臣贼子，何代无之？不意今者近出臣族！”帝跣而执其手曰：“茂弘，方寄卿以百里之命，是何言邪[7]？”以为前锋大都督。诏曰：“导以大义灭亲，可以吾为安东时节[8]假之。”将军周札素矜险好利[9]，帝使隗军金城[10]，札守石头。敦至石头，欲攻隗。杜弘曰：“隗死士多，未易可克。周札少恩，兵不为用，攻之必败，札败则隗走矣。”敦从之，以弘为前锋，札果开门纳弘。敦据石头，叹曰：“吾不复得为盛德事矣。”谢鲲曰：“何为其然也？但使自今以往，日忘日去耳！”帝命协、

1　岸帻大言：岸帻，推起头巾，露出前额，形容态度洒脱。大言，高声地说。
2　意气自若：神情自然。意气，神情，神气。自若，情绪镇定、自然，不变常态。
3　诣台：到尚书台拜见。
4　伯仁，以百口累卿：周颛，我把王氏宗族一百多人的性命托付给您了。伯仁，周颛的字。
5　申救甚至：极力为他辩白。甚至，至极，达到极点。
6　贼奴：对贼寇、仇敌的詈词。
7　方寄卿以百里之命，是何言邪：我正要把朝廷政务交给你，你这是说的什么话。
8　吾为安东时节：我任安东将军时的符节。
9　矜险好利：为人阴险，贪图财利。
10　金城：古地名，位于今江苏省南京市东北长江南岸。

隗、渊、导、颙等分道出战，皆大败。太子绍欲自率将士决战，温峤执鞚[1]谏曰：“殿下国之储副，奈何以身轻天下？”抽剑斩鞦[2]，乃止。敦拥兵不朝，放士卒劫掠，宫省奔散，惟将军刘超按兵直卫[3]，及侍中二人侍帝侧。帝遣使谓敦曰：“公若不忘本朝，于此息兵，则天下尚可共安，如其不然，朕当归琅邪以避贤路[4]。”协、隗败还，帝流涕执其手，劝令避祸。给人马，使自为计。协素无恩纪[5]，募从者，皆委[6]之，为人所杀。隗奔后赵，官至太子太傅而卒。帝令百官诣石头见敦，敦谓渊曰：“前日之战，有余力乎？”渊曰：“岂敢有余，但力不足耳。”敦曰：“吾今此举，天下以为何如？”渊曰：“见形者谓之逆，体诚者谓之忠。”敦笑曰：“卿可谓能言。”又谓周颙曰：“伯仁，卿负我。”颙曰：“公戎车犯顺[7]，下官亲率六军，不能其事，使王旅奔败，以此负公。”敦以太子有勇略，为朝野所向，欲诬以不孝而废之。大会百官，问温峤曰：“皇太子以何德称？”声色俱厉。峤曰：“钩深致远[8]，盖非浅局[9]所量。以礼观之，可谓孝矣。”众皆以为信然，敦谋遂沮。帝召周颙，谓曰：“近日大事，二宫无恙，诸人平安，大将军固副所望邪？”颙曰：“二宫自如明诏[10]，臣等尚未可知。”或劝颙避敦，颙曰：“吾备位大臣，朝廷丧败，宁可草间求活[11]，外投胡、越邪？”敦参军吕猗素以奸谄[12]为渊所恶，说敦曰：“周、戴皆有高名，足以惑众。近者之言，曾无怍色[13]，公不除之，恐必有再举[14]之忧。”敦然之，以问导曰：“周、

1　鞚：马笼头。
2　鞦：套在马颈或马腹上的皮带。
3　直卫：宫省的值宿警卫。
4　避贤路：避位让贤。语出《史记·万石张叔列传》：“愿归丞相侯印，乞骸骨归，避贤者路。”
5　恩纪：恩情。
6　委：推诿，推卸。
7　犯顺：叛乱。
8　钩深致远：探取深处的，使远处的到来。致，招致。
9　浅局：见识、才能等局限在狭小的范围内。
10　明诏：英明的诏示。
11　草间求活：苟且偷生。草间，草野之中。
12　奸谄：奸邪谄媚。
13　近者之言，曾无怍色：近来的言谈又毫无惭愧的意思。
14　再举：重新举兵讨伐。

戴，南北之望，当登三司无疑也。"导不答。又曰："止应令仆[1]邪？"又不答。敦曰："若不尔，正当诛尔！"又不答。敦遂遣部将收之。颛被收，路经太庙，大言曰："贼臣王敦，倾覆社稷，枉杀忠臣，神祇有灵，当速杀之！"收人以戟伤其口，流血至踵，容止自若，观者皆为流涕。并渊杀之。帝使敦弟彬劳敦。彬素与颛善，先往哭之，然后见敦。敦怪其容惨，问之。彬曰："向哭伯仁，情不能已。"敦怒曰："伯仁自致刑戮，且凡人遇汝[2]，汝何哀而哭之？"彬勃然数之曰："兄抗旌[3]犯顺，杀戮忠良，图为不轨，祸及门户矣！"辞气慷慨，声泪俱下。敦大怒，曰："尔以吾为不能杀汝邪？"导劝彬起谢[4]，彬曰："脚痛不能拜，且此复何谢？"敦曰："脚痛孰若颈痛？"彬殊[5]无惧容。导后料检中书故事[6]，乃见颛表，执之流涕曰："吾虽不杀伯仁，伯仁由我而死。幽冥之中，负此良友。"初，敦闻甘卓起兵，大惧。卓兄子卬为敦参军，敦遣卬归说卓，使旋军[7]。卓虽慕忠义，性多疑少决，闻周、戴死，流涕谓卬曰："吾之所忧，正为今日。若径据武昌，敦势逼[8]，必劫天子，以绝四海之望。不如更思后图。吾据敦上流，敦亦未敢图危社稷也。"即命旋军。乐道融曰："今分兵断彭泽[9]，使敦上下不得相赴，其众自然离散，可一战擒也。将军起义兵而中止，窃为将军不取也。"卓不从。道融忧愤而卒。卓本宽和，忽更强塞[10]，径还襄阳，意气骚扰[11]，识者知其将死矣。敦改易百官及诸军镇[12]，惟意所欲。将还武昌，谢鲲曰："公若朝天子，使君臣释然，则物情[13]皆悦服矣。"敦竟不朝而去。四月，

1　令仆：尚书令与仆射。亦泛指股肱重臣。
2　凡人遇汝：把你当作一般人看待。
3　抗旌：举旗。
4　起谢：起立谢过。
5　殊：很，甚。
6　料检中书故事：清理中书省的旧有档案。料检，查点，清理。
7　旋军：回师。
8　势逼：为形势所逼。
9　彭泽：古县名，治所位于今江西省九江市湖口县东南。
10　强塞：强暴固执。
11　骚扰：动荡喧扰，不宁静。
12　军镇：镇守边地的驻军。
13　物情：众情，民心。

还武昌。

敦兵陷长沙，湘州刺史、谯王承死之魏乂等攻湘州百日，拔之，执谯王承，杀虞悝，子弟对之号泣。悝曰："人生会当[1]有死，今阖门[2]为忠义之鬼，亦复何恨？"乂以槛车载承送武昌，主簿桓雄、书佐韩阶、从事武延毁服[3]为僮从承，不离左右。乂见雄姿貌举止非凡人，惮而杀之。王廙承敦旨，杀承于道。阶、延送承丧至都，葬之而去。

五月，敦杀甘卓卓家人皆劝卓备敦，卓不从，悉散兵佃作。襄阳太守周虑承敦意，袭杀之，传首于敦。敦以从事周抚代卓镇沔中。敦既得志，暴慢[4]滋甚，四方贡献多入其府，将帅岳牧[5]皆出其门。以沈充、钱凤为谋主，二人所谮，无不死者。

秋，七月，后赵拔泰山，杀徐龛。兖州刺史郗鉴退屯合肥鉴在邹山三年，有众数万。战争不息，百姓饥馑，为后赵所逼，退屯合肥。仆射纪瞻以鉴雅望清德，宜从容台阁[6]，疏请征之。乃征拜尚书。徐、兖间诸坞多降于后赵，赵置守宰以抚之。

冬，十月，后赵寇谯，祖约退屯寿春祖逖既卒，后赵屡寇河南，拔襄城、城父，围谯。祖约不能御，退屯寿春。后赵遂取陈留，梁、郑[7]之间复骚然[8]矣。

闰十一月，帝崩，司空导受遗诏辅政，太子绍即位帝恭俭有余而明断不足，故大业未复而祸乱内兴，竟以忧愤成疾而崩。太子即位，尊所生母荀氏为建安君。

1　会当：该当，当须。
2　阖门：全家。
3　毁服：除去官服，改为常装。
4　暴慢：凶暴傲慢。
5　岳牧：传说中尧舜时四岳十二牧的简称，后以"岳牧"泛称封疆大吏。
6　雅望清德，宜从容台阁：名望不错，道德高尚，应当在朝中不慌不忙地施展才能。
7　梁、郑：梁州、郑州。
8　骚然：扰乱貌，动荡不安貌。

后赵右长史[1]张宾卒宾卒，后赵王勒哭之恸，曰："天不欲成吾事邪，何夺吾右侯之早也？"程遐代为右长史。勒每与遐议，有不合，辄叹曰："右侯舍我去，岂非酷[2]乎？"因流涕弥日[3]。

张茂取陇西、南安，置秦州。

癸未肃宗明皇帝太宁元年（公元323年）

赵光初六年。后赵五年。

春，正月，成寇台登[4]，陷越巂、汉嘉郡。

二月，葬建平陵[5]。

三月，后赵寇彭城、下邳，徐州刺史卞敦退保盱眙。

夏，四月，敦移屯姑孰[6]，自领扬州牧，以王导为司徒敦谋篡位，讽[7]朝廷征己。帝手诏征之。敦移镇姑孰，屯于湖，以导为司徒，自领扬州牧。敦欲为逆，王彬谏之甚苦。敦变色，目左右，将收之。彬正色曰："君昔岁杀兄，今又杀弟邪？"敦乃止。

宁州刺史王逊卒成李骧攻宁州，刺史王逊遣将军姚岳拒战，大败之，追至泸水[8]而还。逊以岳不穷追，大怒，鞭之。怒甚，冠裂而卒。在州十四年，威行殊俗[9]。诏除其子坚为刺史。

六月，立皇后庾氏，以庾亮为中书监。

秋，七月，赵击陈安，斩之。封姚弋仲为平襄公赵主曜围安于陇城[10]，

1　右长史：古官名，总执朝政，实为国务长官之任，位次左长史。
2　酷：残酷。
3　弥日：终日。
4　台登：古县名，治所位于今四川省凉山彝族自治州冕宁县南。
5　建平陵：东晋元帝司马睿的陵墓，位于今江苏省南京市东北，鸡笼山南麓。
6　姑孰：古地名，又作姑熟、南洲，即今安徽省马鞍山市当涂县，因临姑孰溪得名。
7　讽：规劝。
8　泸水：古水名，即今雅砻江下流及与雅砻江合流后至云南巧家县一段金沙江，在四川、云南二省间。
9　威行殊俗：威仪举动不同寻常。
10　陇城：古地名，位于今甘肃省天水市张家川回族自治县境内。

安频出战，辄败，突围出奔，曜遣将军平先追斩之。安善抚将士，与同甘苦，及死，陇上人思之，为作《壮士之歌》。氐、羌皆送任[1]请降，以赤亭羌酋姚弋仲为平西将军，封平襄公。

八月，敦表江西[2]都督郗鉴为尚书令帝畏王敦之逼，以鉴为外援，使镇合肥。敦忌之，表鉴为尚书令。鉴还，过敦，敦与论西朝[3]人士，曰："乐彦辅[4]，短才耳，考其实，岂胜满武秋耶？"鉴曰："彦辅道韵[5]平淡，愍、怀之废，柔而能正。武秋失节之士，安能拟之？"敦曰："当是时，危机交急。"鉴曰："丈夫当死生以之。"敦恶其言，不复见。敦党皆劝杀之，不从。鉴还台[6]，遂与帝谋讨敦。

后赵寇青州，陷之石虎率步、骑四万击青州，郡县多降，遂围广固[7]。曹嶷出降，杀之，坑其众三万。虎欲尽杀嶷众，刺史刘征曰："今留征，使牧[8]民也。无民焉牧？征将归耳！"虎乃留男女七百口配征，使镇广固。

赵击凉州，张茂降。赵封茂为凉王赵主曜自陇上西击凉州，戎卒二十八万，凉州大震。参军马岌劝张茂亲出拒战，长史氾祎请斩之。岌曰："氾公糟粕[9]书生，不思大计，明公父子欲为朝廷诛曜有年矣，今曜自至，远近观公此举，当立信勇[10]之验以副秦、陇之望，力虽不敌，势不可以不出。"茂曰："善。"乃出屯石头[11]。问计于参军陈珍，珍曰："曜兵虽多，皆氐、羌乌合之众，恩信未洽，且有山东之虞[12]，安能旷日持久，与我争河西邪？若二旬不

1　送任：送亲属去当人质。
2　江西：隋唐以前，对长江下游北岸淮水以南地区的惯称。另外，与南京以下的长江南岸地区称为江东相对而言，又可泛称长江以北包括中原地区在内为江西。
3　西朝：指西京长安。
4　乐彦辅：即乐广，彦辅为其字。下文"满武秋"即满奋。均为当朝重臣。
5　道韵：气韵，气质。
6　还台：回到台阁。
7　广固：古地名，位于今山东省潍坊市辖青州市西北。
8　牧：统治，主管。
9　糟粕：原指酒滓，也喻指粗恶食物，或事物的粗劣无用者。此处指粗劣无用的人。
10　信勇：诚信勇敢的品德。
11　石头：与建业之"石头"不同，此"石头"亦为地名，位于今甘肃省武威市东。
12　山东之虞：代指后赵王石勒。

退，珍请得弊卒¹数千，为明公擒之。"赵诸将争欲济河，曜曰："吾军疲困，其实难用。今但按甲勿动，以威声震之，若出中旬茂表不至者，吾为负卿矣。"茂寻遣使称藩。曜拜茂太师，封凉王，加九锡。

杨难敌降成，复叛，杀成将李珰、李稚 难敌闻陈安死，大惧，请降于成。成将军李稚受其略，遣还武都，难敌遂据险不服。稚自悔失计，亟请讨之。成主雄遣稚兄珰击之，长驱至下辨，难敌遣兵断其归路，四面攻之。珰、稚深入无继，皆为所杀。

赵封故世子胤为永安王 初，赵主曜世子胤年十岁，长七尺五寸。既长，多力善射，骁捷²如风。靳准之乱，没于黑匿郁鞠部³。陈安既败，自言于郁鞠，郁鞠礼而归之。曜悲喜，谓群臣曰："义孙，故世子也，材器⁴过人，且涉历艰难。吾欲法周文王、汉光武，以固社稷而安义光⁵，何如？"左光禄大夫卜泰进曰："文王定嗣于未立之前，则可；光武以母失恩而废其子，岂足为法？向以东海为嗣，未必不如明帝也。胤文武才略，诚高绝于世，然太子孝友仁慈，亦足为承平贤主。况东宫，民、神所系，岂可轻动？臣等有死而已，不敢奉诏。"曜默然。胤进曰："父之于子，当爱之如一，今黜熙而立臣，臣何敢自安？苟以臣为颇堪驱策⁶，岂不能辅熙以承圣业乎？臣请效死于此，不敢闻命。"曜亦以熙羊后所生，时后已卒，不忍废也。泰，即胤之舅也，曜嘉其公忠，以为光禄大夫、领太子太傅。封胤永安王，都督二宫禁卫，录尚书事。命熙尽家人之礼。

赵凉王张茂城姑臧 茂大城姑臧，修灵钧台。别驾吴绍谏曰："明公所以

---

1 弊卒：疲惫的士卒。
2 骁捷：勇猛矫捷。
3 黑匿郁鞠部：古匈奴部落名。
4 材器：才能与器识。
5 吾欲法周文王、汉光武，以固社稷而安义光：我想效法周文王、汉光武帝的做法，为了巩固社稷，废了刘熙的太子之位而立刘胤，重新安排刘熙的爵位。文王、光武帝都曾改立太子。义光，刘熙的字。
6 驱策：驱使效劳。

修城筑台者，盖惩既往之患耳。愚以为苟恩未洽于人心，虽处层台[1]，亦无所益，适足以疑群下之志，示怯弱之形尔。"茂曰："亡兄一旦失身于物，岂无忠臣义士欲尽节者哉[2]？顾祸生不意，虽有智勇无所施耳。王公设险，勇夫重闭[3]，古之道也。"卒为之。

冬，十一月，**敦以王含督江西军**初，敦从子允之，方总角[4]，敦爱其聪警[5]，常以自随。敦常夜饮，允之辞醉先卧。敦与钱凤谋为逆，允之悉闻其言，即于卧处大吐，衣面并污。凤出，敦果照视[6]，见允之卧于吐中，不复疑之。会其父舒拜廷尉，允之求归省[7]，悉以其谋白舒。舒与王导俱启帝，阴为之备。敦欲强其宗族，故徙含督江西，以舒、彬为荆、江刺史。

甲申二年（公元 324 年）

赵光初七年。后赵六年。

春，正月，**敦杀其从事周嵩、周筵及会稽内史周札**札一门五侯，宗族强盛，王敦忌之。嵩以兄颙之死，心常愤愤，敦恶之。会道士李脱以妖术惑众，敦诬嵩及札兄子筵与脱谋不轨，杀之。遣沈充袭会稽，札拒战而死。

后赵陷东莞[8]、东海，攻赵河南，斩其守将自是二赵构隙，日相攻掠[9]，河东、弘农之间，民不聊生。

成主雄立其兄子班为太子成主雄后任氏无子，有妾子十余人。雄立其兄荡之子班为太子，使任后母之。群臣请立诸子，雄曰："吾兄，先帝之嫡统[10]，

1　层台：重台，高台。
2　亡兄一旦失身于物，岂无忠臣义士欲尽节者哉：亡兄忽然死于非命，难道没有忠臣义士想为他效死尽忠吗。
3　重闭：重重关闭，谓防护严密。
4　总角：古代未成年人把头发扎成的髻，借指幼年。
5　聪警：聪明机警。
6　照视：拿灯照着察看。
7　归省：回家探望父母。
8　东莞：古郡名，辖今山东省沂水、沂源、蒙阴、临朐等县地。
9　攻掠：袭击抢夺。
10　嫡统：正统。

有奇材大功，事垂克而早世[1]，朕常悼之。且班仁孝好学，必能负荷[2]先烈。"太傅骧谏曰："先王立嗣必子者，所以明定分[3]而防篡夺也。宋宣公、吴余祭，足以观矣。"雄不听。退而流涕曰："乱自此始矣。"班为人谦恭下士，动遵礼法，雄每有大议，辄令豫[4]之。

　　夏，五月，赵凉王张茂卒，世子骏嗣茂疾病，执骏手泣曰："吾家世以孝友忠顺著称，晋室虽微，汝奉承之，不可失也。"且下令曰："吾官非王命，苟以集事[5]，死之日，当以白帢入棺，勿以朝服敛。"及卒，赵以骏为凉州牧、凉王。

　　六月，加司徒导大都督、扬州刺史，督诸军讨敦。敦复反。秋，七月，至江宁[6]。帝亲征，破之。敦死，众溃，其党钱凤、沈充伏诛敦无子，养兄含子应为嗣。至是疾甚，矫诏拜为武卫将军[7]以自副。钱凤曰："脱[8]有不讳，便当以后事付应邪？"敦曰："非常之事，非常人所能为。且应年少，岂堪大事？我死之后，释兵归朝[9]，保全门户，上计也；退还武昌，收兵自守，贡献不废，中计也；及吾尚存，悉众而下，万一侥幸，下计也。"凤谓其党曰："公之下计，乃上策也。"遂与沈充定谋。以宿卫尚多，奏令三番休二[10]。帝亲任[11]中书令温峤，敦恶之，请为左司马。峤乃缪为勤敬[12]，综其府事，时进密谋以附其欲。深结钱凤，为之声誉，每曰："钱世仪精神满腹。"峤素有藻鉴[13]之名，

1　事垂克而早世：帝业即将成功却过早死去。早世，过早地死去。
2　负荷：继承。
3　定分：固定的名分。
4　豫：参与。
5　集事：成事，成功。
6　江宁：古县名，治所位于今江苏省南京市江宁区西南江宁镇。
7　武卫将军：古官名，杂号将军名，掌宿卫禁军。
8　脱：倘若。
9　释兵归朝：释兵，放下兵器。归朝，回归朝廷。
10　三番休二：宿卫分成三部分，一班轮班值守，另两班轮休。
11　亲任：亲近信任。
12　缪为勤敬：假装勤勉恭敬。缪，通"谬"。
13　藻鉴：品评和鉴别人才。

凤甚悦，深与结好。会丹杨尹[1]缺，峤言于敦曰："京尹咽喉之地，公宜自选。"敦然之，问："谁可者？"峤荐钱凤，凤亦推峤，峤伪辞。敦不听，遂表用之，使觇伺[2]朝廷。峤恐既去而凤于后间之，因敦饯别，起行酒，至凤，凤未及饮，峤佯醉，以手版击凤帻坠[3]而作色曰："钱凤何人，温太真行酒而敢不饮？"敦以为醉，两释之。峤与敦别，涕泗横流，出阁复入者再。行后，凤谓敦曰："峤于朝廷甚密，而与庾亮深交，未可信也。"敦曰："太真昨醉，小加声色[4]，何得便尔相谮？"峤至建康，尽以敦逆谋告帝，与亮画计讨之。敦闻之，大怒曰："吾乃为小物[5]所欺。"与王导书曰："太真别来几日，作如此事，当募人生致之，自拔其舌。"帝加导大都督、领扬州刺史，使峤与将军卞敦、应詹、郗鉴分督诸军。鉴请召临淮太守苏峻、兖州刺史刘遐等入卫。帝屯于中堂[6]。导闻敦疾笃，率子弟为之发哀，众以为敦信[7]死，咸有奋志。于是尚书腾诏[8]下敦府，曰："敦辄立兄息[9]以自承代[10]，不由王命。顽凶相奖，志窥神器[11]。天不长奸，敦以陨毙[12]，凤复煽逆。今遣司徒导等讨之，诸为敦所授用者，一无所问。敦之将士，从敦弥年[13]，违离[14]家室，朕甚愍之。其单丁遣归，终身不调。余皆与假三年，休讫还台，当与宿卫同例三番[15]。"敦见诏，甚怒，而病转笃。将举兵，使郭璞筮之，璞曰："无成。"敦素疑璞助峤，又问："吾寿几何？"璞曰："明

1　丹杨尹：古官名，改丹杨内史置，掌东晋京城行政诸务并诏狱，一度掌少府职事，地位颇重要。
2　觇伺：窥伺探察。
3　击凤帻坠：将钱凤的头巾击落在地。帻，一种头巾。
4　声色：争吵。
5　小物：小家伙，小东西。
6　中堂：古地名，又名南皇堂、中皇堂，故址位于今江苏省南京市南。
7　信：果真，的确。
8　腾诏：传递诏书。腾，传递。
9　息：子女。
10　承代：继承取代。
11　顽凶相奖，志窥神器：凶顽之徒相互奖掖，目的是窥视国家政权。
12　陨毙：死亡。
13　弥年：经年，终年。
14　违离：离别，分离。
15　同例三番：按三分休二的制度轮休。

公起事，祸必不久。若住武昌，寿不可测。"敦大怒曰："卿寿几何？"曰："命尽今日日中。"敦乃收璞，斩之。而使王含、钱凤、邓岳、周抚等率众向京师。凤问曰："事克之日，天子云何[1]？"敦曰："尚未南郊[2]，何称天子？便尽卿兵势，但保护东海王及裴妃而已。"七月，含水陆五万，奄至江宁南岸，人情恟惧。峤烧朱雀桁[3]以挫其锋。帝欲亲将击之，闻桥已绝，大怒。峤曰："今宿卫寡弱，征兵[4]未至，若贼豕突[5]，社稷且恐不保，何爱一桥乎？"司徒导遗含书曰："承大将军已不讳，兄此举谓可如昔年之事乎？昔年佞臣乱朝，人怀不宁，如导之徒，心思外济。大将军来屯于湖，渐失人心，临终之日，委重安期[6]。诸有耳者，皆知将为禅代[7]，非人臣之事也。先帝中兴，遗爱在民；圣主聪明，德洽朝野。兄乃欲妄萌逆节，凡在人臣，谁不愤叹[8]？导门户大小受国厚恩，今日之事，明目张胆为六军之首，宁为忠臣而死，不为无赖而生矣！"含不答。或以为含、凤众力百倍，苑城[9]小而不固，宜及军势未成，大驾[10]自出拒战。郗鉴曰："群逆纵逸[11]，势不可当，可以谋屈，难以力竞。且含等号令不一，抄盗相寻[12]，旷日持久，必启义士之心。今决胜负于一朝，万一蹉跌，虽有申胥之徒[13]，何补既往哉？"帝乃率诸军出屯南皇堂，夜募壮士，遣将军段秀等率千人渡水，掩其未备。平旦，战于越城[14]，大破之。秀，匹磾弟也。敦闻含败，

1　天子云何：怎么处置天子。
2　南郊：特指帝王祭天的大礼。
3　朱雀桁：亦称大航、大桁、朱雀航、朱雀桥，为建康（今南京）南城门朱雀门外的浮桥，横跨秦淮河。
4　征兵：被征入役的兵士。
5　豕突：像野猪一样奔突窜扰。
6　委重安期：将重任委托给王应。安期，即王应，王应字安期。
7　禅代：帝位的禅让和接替。
8　愤叹：愤慨叹息。
9　苑城：古地名，又名台城，位于今江苏省南京市鸡鸣山南，乾河沿北。
10　大驾：泛指天子的车驾，也代指天子。
11　纵逸：恣纵放荡。
12　相寻：相继，接连不断。
13　申胥之徒：伍子胥那样的人。
14　越城：古地名，又称蠡城、越台，位于今江苏省南京市中华门外长干桥附近。

大怒曰："我兄，老婢[1]耳。门户衰，世事去矣，我当力行。"因作势而起，困
乏，复卧。乃谓应曰："我死，汝便即位，先立朝廷百官，然后营葬[2]。"敦寻
卒，应秘不发丧，裹尸以席，蜡涂其外，埋于厅事[3]中，日夜纵酒淫乐。帝使
人说沈充，许以为司空。充不奉诏，遂举兵与含合。司马顾扬说充曰："今举
大事，而天子已扼其咽喉，锋摧气沮[4]，持久必败。若决破栅塘[5]，因湖水以灌京
邑[6]，纵舟师以攻之，上策也；藉初至之锐，并东西军，十道俱进，众寡过倍，
理必摧陷[7]，中策也；转祸为福，召钱凤计事，因斩之以降，下策也。"充不能
用。刘遐、苏峻等率精卒万人至，击充、凤，大破之。寻阳太守周光率千余
人赴敦，求见，应辞以疾。光退，见其兄抚曰："王公已死，兄何为与钱凤作
贼？"众皆愕然。含等遂烧营夜遁。明日，帝还宫。含欲奔荆州，应曰："不
如江州。"含曰："大将军平素与江州云何，而欲归之？"应曰："此乃所以宜
归也。江州当人强盛时，能立同异[8]，此非常人所及。今睹困厄，必有愍恻[9]之
心。荆州守文，岂能意外行事邪？"含不从，遂奔荆州。王舒遣军迎之，沉其
父子于江。王彬闻应当来，密具舟待之。不至，深以为恨。周光斩凤，诣阙自
赎。充为故将吴儒所杀，传首建康。敦党悉平。有司发敦瘗[10]，焚其衣冠，踞而
斩之，与充首同悬于南桁[11]。郗鉴曰："前朝诛杨骏等，皆先极官刑，后听私殡。
臣以为王诛加于上，私义行于下，宜听敦家收葬。"帝许之。导等皆以讨敦功
受封赏。有司奏："王彬等当除名。"诏曰："司徒导以大义灭亲，犹将百世宥
之，况彬等皆其近亲乎？"悉无所问。有诏："敦纲纪除名，参佐禁锢。"温

---

1 老婢：骂人的话，蔑视他人之词。
2 营葬：办丧事。
3 厅事：私人住宅的堂屋。
4 锋摧气沮：锐气受挫，士气低落。
5 栅塘：有栅栏围护的水塘。
6 京邑：指东晋都城建康（今南京）。
7 摧陷：摧毁攻陷。
8 同异：异议。
9 愍恻：怜悯。
10 瘗：坟墓。
11 南桁：即朱雀桁，因在台城南，也叫南桁。

峤上疏曰："敦刚愎不仁，忍[1]行杀戮，处其朝者，恒惧危亡，原其私心，岂遑安处[2]？必其赞导[3]凶悖，自当正以典刑[4]；如其枉陷[5]奸党，谓宜施之宽贷。"郗鉴以为："先王立君臣之教，贵于伏节死义。王敦佐吏虽多逼迫，然进不能止其逆谋，退不能脱身远遁，准[6]之前训，宜加义责。"帝卒从峤议。

代王贺傉徙居东木根山[7]是岁，贺傉始亲国政，以诸部多未服，乃筑城于东木根山，徙居之。

乙酉三年（公元325年）

赵光初八年。后赵七年。

春，二月，赠故谯王承、戴渊、周顗等官有差诏故谯王承、戴渊、周顗及甘卓、虞望、郭璞等赠官有差。周札故吏为札讼冤，尚书卞壸议以为："札开门延[8]寇，不当赠谥[9]。"王导以为："往年之事，敦奸逆[10]未彰，自臣等有识[11]以上，皆所未悟，与札无异。既悟其奸，札便以身许国，寻取枭夷[12]。臣谓宜与周、戴同例。"郗鉴以为："周、戴死节，周札延寇，事异赏均，何以劝沮[13]？如司徒议，则谯王、周、戴皆应受责，何赠谥之有？今三臣既褒，则札宜贬明矣。"导曰："札与谯王、周、戴，虽所见有异同，皆人臣之节也。"鉴曰："敦之逆谋，履霜[14]日久，君以往年之举，义同桓、文，则先帝可为幽厉

1　忍：狠心。
2　岂遑安处：怎么可能安然处之。
3　赞导：帮助引导。
4　典刑：受死刑。
5　枉陷：无辜而陷入。
6　准：依据，依照。
7　东木根山：古山名，位于今内蒙古乌兰察布市兴和县西北。
8　延：迎接，引入。
9　赠谥：古代帝王、官员死后，根据其生前事迹赠给一个表示褒贬的称号。
10　奸逆：叛逆不忠。
11　有识：有见识的人。
12　枭夷：诛戮。
13　劝沮：鼓励和禁止。
14　履霜：踏霜而知寒冬将至。用以喻事态发展已有产生严重后果的预兆。

邪？”然卒用导议。

许昌叛，降后赵。

立子衍为皇太子。

夏，五月，以陶侃都督荆、湘等州军事侃复镇荆州，士女相庆。侃性聪敏恭勤[1]，终日敛膝危坐[2]，军府[3]众事，检摄[4]无遗，未尝少闲。常语人曰："大禹圣人，乃惜寸阴[5]。至于众人，当惜分阴[6]。岂可逸游荒醉[7]，生无益于时，死无闻于后，是自弃也。"诸参佐以谈戏废事者，命取其酒器、蒲博[8]之具，悉投之于江，将吏则加鞭扑，曰："樗蒲[9]者，牧猪奴戏耳。老、庄浮华，非先王之法言，不益实用。君子当正其威仪，何有蓬头跣足，自谓宏达[10]邪？"有奉馈[11]者，必问其所由。若力作所致，虽微必喜，慰赐参倍[12]；若非理得之，则切厉诃辱[13]，还其所馈。尝出游，见人持一把未熟稻，侃问："用此何为？"人云："行道所见，聊[14]取之耳。"侃大怒曰："汝既不佃，而戏贼[15]人稻！"执而鞭之。是以百姓勤于农作，家给人足。尝造船，其木屑竹头，侃皆令藉而掌之[16]，人咸不解。后正会[17]，积雪始晴，听事前犹湿，乃以木屑布地。及桓温伐蜀，又以所贮竹头作丁[18]装船。其综理微密[19]，皆此类也。

1　聪敏恭勤：聪敏，聪明敏捷。恭勤，肃敬勤勉。
2　敛膝危坐：敛膝，盘腿。危坐，腰伸直坐，端坐，以示端正恭敬。
3　军府：将帅的府署。
4　检摄：约束监督。
5　寸阴：日影移动一寸的时间，指极短的时间。
6　惜分阴：极言珍惜时间。分阴，日影移动一分的时间。
7　逸游荒醉：逸游，放纵游乐。荒醉，沉湎于酒。
8　蒲博：亦称摴蒱，古代的一种博戏，后亦泛指赌博。
9　樗蒲：古代的一种博戏，后世亦以指赌博。
10　宏达：豁达，旷达。
11　奉馈：奉献馈赠。
12　慰赐参倍：慰勉赏赐的物品超出三倍。
13　切厉诃辱：切厉，切磋砥砺。诃辱，大声斥责，使觉得羞耻。
14　聊：姑且，暂且。
15　戏贼：随便毁坏。
16　藉而掌之：登记并且命人掌管。
17　正会：皇帝元旦朝会群臣、接受朝贺的礼仪，喻指元旦。
18　丁：榫钉。
19　综理微密：综理，总揽，管理。微密，精微周密。

后赵石生寇河南，司州降赵，赵主曜击生，大败，司、豫、徐、兖皆陷于后赵后赵将石生寇掠河南，司州刺史李矩、颍川太守郭默军数败，乃附于赵。赵主曜使刘岳、呼延谟围生于金墉。后赵石虎救之，败岳，击谟，斩之。曜自将救岳，虎逆战，曜军无故惊溃，遂归长安。虎擒岳杀之，曜愤恚成疾。郭默南奔建康，李矩卒于鲁阳。于是司、豫、徐、兖之地，率皆入于后赵，以淮[1]为境矣。

秋，闰七月，帝崩。司徒导、中书令庾亮、尚书令卞壶受遗诏辅政。太子衍即位，尊皇后为皇太后。太后临朝称制右卫将军虞胤、左卫将军南顿王宗俱为帝所亲任，典禁兵，值殿内，多聚勇士以为羽翼。王导、庾亮颇以为言，帝待之愈厚，宫门管钥[2]皆委之。帝寝疾，亮夜有所表，从宗求钥。宗不与，叱亮使曰："此汝家门户邪？"亮益忿之。及帝疾笃，群臣无得进者。亮疑宗、胤有异谋，排闼入见，请黜之。帝不纳。引太宰、西阳王羕、司徒导及尚书令卞壶、将军郗鉴、庾亮、陆晔、丹杨尹温峤，并受遗诏辅太子，更以亮为中书令而崩。帝明敏有机断[3]，故能以弱制强，诛翦[4]逆臣，克复大业。太子即位，生五年矣。群臣进玺，导以疾不至。壶正色于朝曰："王公非社稷之臣也！大行在殡，嗣皇未立，岂人臣辞疾之时耶？"导闻之，舆疾而至。太后临朝，以导录尚书事，与亮、壶参辅朝政，然大要[5]皆决于亮。尚书召乐谟为郡中正[6]，庾怡为廷尉评。谟，广之子；怡，珉族子也。各称父命不就。壶曰："人非无父而生，职非无事而立。有父必有命，居职必有悔。若父各私其子，则王者无民，而君臣之道废矣。广、珉受宠圣世，身非己有，况后嗣哉？"谟、怡不得已，就职。

1　淮：即今淮河。
2　管钥：钥匙。
3　明敏有机断：明敏，聪明机敏。机断，决断。
4　诛翦：剪除。
5　大要：大事，大计。
6　中正：古官名，负责品评人才。魏晋时采用九品中正制选取人才，州有州中正，郡有郡中正。

葬武平陵[1]。

冬，十一月朔，日食。

十二月，段辽弑其君牙而自立段氏自务勿尘以来，日益强盛，其地西接渔阳，东界辽水，所统胡、晋三万余户，控弦四五万骑。末柸卒，子牙代立。至是疾陆眷之孙辽攻牙，杀而代之。

代王贺傉卒，弟纥那嗣。

丙戌**显宗成皇帝咸和元年**（公元 326 年）

赵光初九年。后赵八年。

夏，四月，后赵石生寇汝南，执内史祖济。

六月，以郗鉴为徐州刺史司徒导称疾不朝，而私送鉴。卞壶奏导亏法从私，无大臣之节，请免官。虽事寝不行，举朝惮之。壶俭素廉洁，裁断切直，当官干实[2]，性不弘裕[3]，不肯苟同时好，故为诸名士所少[4]。阮孚谓曰："卿常无闲泰，如含瓦石，不亦劳乎[5]？"壶曰："诸君子以道德恢弘，风流相尚，执鄙吝者，非壶而谁？"时贵游子弟多慕王澄、谢鲲为放达，壶厉色于朝曰："悖礼伤教，罪莫大焉，中朝倾覆，实由于此。"欲奏推[6]之，导及庾亮不听，乃止。

秋，八月，以温峤都督江州军事，王舒为会稽内史初，王导以宽和得众。及庾亮用事，任法裁物[7]，颇失人心。祖约自以名辈[8]不后郗、卞，而不豫顾命。遗诏褒进[9]大臣，又不及约与陶侃，二人皆疑亮删之。历阳[10]内史苏峻

1　武平陵：东晋明帝司马绍的陵墓，位于今江苏省南京市东北鸡笼山南麓。
2　干实：正直诚实。
3　弘裕：宽宏。
4　少：轻视，看不起。
5　卿常无闲泰，如含瓦石，不亦劳乎：您常常没有闲暇舒泰的时候，好像嘴含瓦石，不是也很劳累吗。
6　推：审问，追究。
7　任法裁物：依法断事。
8　名辈：名望与行辈。
9　褒进：褒奖进用。
10　历阳：古郡名，辖今安徽省和县、含山两县地。

有功于国，威望渐著，卒锐器精，有轻朝廷之志。招纳亡命，众力日多，皆仰食县官，稍不如意，辄肆忿言[1]。亮既疑峻、约，又畏侃之得众，乃以峤镇武昌，舒守会稽，以广声援[2]，又修石头以备之。丹杨尹阮孚谓所亲曰："江东创业尚浅，主幼时艰，庾亮年少，德信未孚[3]，以吾观之，乱将作矣。"遂求出为广州刺史。

冬，十月，杀南顿王宗，降封西阳王羕为弋阳县王宗自以失职怨望，又素与苏峻善，庾亮欲诛之，宗亦欲废执政。中丞钟雅劾宗谋反，亮收杀之。降封其兄太宰、西阳王羕为弋阳县王。宗，宗室近属；羕，先帝保傅。亮一旦翦黜[4]，由是愈失远近之心。宗之死也，帝不之知，久之，帝问亮曰："常日白头公何在？"亮对以谋反伏诛。帝泣曰："舅言人作贼，便杀之，人言舅作贼，当如何？"亮惧，变色。

后赵使世子弘守邺后赵王勒用程遐之谋，营邺宫，使弘镇之。石虎自以功多，无去邺之意，及修三台，迁其家室[5]，由是怨遐。

十一月，后赵寇寿春，历阳内史苏峻击走之石聪攻寿春，祖约屡表请救，朝廷不为出兵。聪遂进寇阜陵，建康大震。苏峻遣其将韩晃击走之。朝议欲作涂塘以遏胡寇，约曰："是弃我也。"益怀愤恚。

十二月，下邳叛，降后赵。

后赵始定九流[6]，立秀、孝试经之制。

丁亥二年（公元327年）

赵光初十年。后赵九年。

1　辄肆忿言：立刻肆无忌惮地斥责辱骂。
2　声援：遥作支援。
3　未孚：未能令人信服。孚，使人信服。
4　翦黜：杀戮和废黜。
5　家室：房舍，住宅。
6　九流：即九品，古代官吏的等级，即上上、上中、上下、中上、中中、中下、下上、下中、下下。

夏，五月朔，日食。

张骏遣兵攻赵，赵击败之，遂取河南地骏闻赵兵为后赵所败，乃去赵官爵，复称晋大将军、凉州牧，遣辛岩等率众数万攻赵秦州。赵遣刘胤将兵击败之，乘胜追奔，济河，拔令居，据振武[1]。河西大骇。金城、枹罕降之，骏遂失河南之地。

冬，征苏峻为大司农。峻与祖约举兵反庚亮以苏峻在历阳，终为祸乱，欲下诏征之。司徒导曰："峻必不奉诏，不若且包容之。"亮曰："今纵不顺命，为祸犹浅，若复经年，不可复制，犹七国之于汉也。"卞壸曰："峻拥强兵，逼近京邑，路不终朝[2]，一旦有变，易为蹉跌，宜深思之。"温峤亦累书止亮，举朝以为不可，亮皆不听。峻闻之，遣司马诣亮辞，亮不许，征为大司农，以弟逸代领部曲。峻上表辞，复不许，峻遂不应命。温峤即欲率众下卫建康，三吴[3]亦欲起义兵，亮报峤书曰："吾忧西陲[4]，过于历阳，足下无过雷池[5]一步也。"亮复遣使谕峻，峻曰："台下[6]云我欲反，岂得活邪？我宁山头望廷尉，不能廷尉望山头。"峻知祖约亦怨朝廷，乃请共讨亮。约大喜，谯国内史桓宣曰："使君欲为雄霸[7]，助国讨峻，则威名自举。今乃与俱反，安得久乎？"约不从。宣遂绝之。约遣兄子沛、涣、婿许柳以兵会峻。

十二月，峻袭陷姑孰，诏庾亮督诸军讨之。宣城[8]内史桓彝起兵赴难尚书左丞孔坦、司徒司马陶回言于司徒导，请："及峻未至，急断阜陵，守江西当利诸口[9]，彼少我众，一战决矣。今不先往，而峻先至，则人心危骇[10]，难

1　振武：古地名，位于今甘肃省兰州市永登县北，天祝藏族自治县境内。
2　路不终朝：路上用不了一个早上便可到达。
3　三吴：古地名，晋指吴兴、吴郡、会稽。
4　西陲：西部边疆。
5　雷池：古水池名，其源为大雷水，自今湖北省黄梅县界东流，经今安徽省宿松县至望江县东南，积而成池，称为"雷池"。
6　台下：古时对人的尊称。
7　雄霸：有作为的霸主或盟主。
8　宣城：古县名，治所位于今安徽省芜湖市南陵县东弋江镇。
9　当利诸口：古地名，位于今安徽省马鞍山市和县东南，为当利浦入江口，系长江下游北岸滨江要地。
10　危骇：惶恐惊骇。

与战矣。"导然之，庾亮不从。至是峻使其将韩晃等袭陷姑孰，取盐、米，亮
方悔之。京师戒严，假亮节，都督征讨诸军。使左将军司马流将兵据慈湖¹以
拒之，宣城内史桓彝欲起兵赴朝廷，长史裨惠以郡兵寡弱，山民易扰，宜且按
甲以待之。彝厉色曰："'见无礼于其君者，若鹰鹯之逐鸟雀。'今社稷危逼，
义无宴安²。"遂进屯芜湖。韩晃击破之，因攻宣城，彝退保广德³。徐州刺史郗
鉴欲率所领赴难，诏以北寇⁴，不许。

戊子三年（公元 328 年）

赵光初十一年。后赵太和元年。

春，正月，温峤以兵赴难，至寻阳。二月，尚书令、成阳公卞壶督
军讨峻，战败，死之。庾亮奔寻阳，峻兵犯阙温峤欲救建康，军于寻阳。
韩晃袭司马流于慈湖。流素懦怯⁵，将战，食炙不知口处⁶，兵败而死。苏峻济自
横江，台兵⁷屡败。陶回谓庾亮曰："峻知石头有重戍⁸，必向小丹杨⁹南道步来，
宜伏兵邀之，可一战擒也。"亮不从。峻果如回言，而夜迷失道，无复部分。
亮始悔之。朝士多遣家人入东¹⁰避难，左卫将军刘超独迁妻孥入居宫内。诏以
卞壶都督大桁¹¹东诸军，及峻战于西陵¹²，大败。峻攻青溪¹³栅，壶又拒击之，峻

1　慈湖：古地名，位于今安徽省马鞍山市慈湖街道，北接江苏省南京市江宁区界。
2　宴安：安逸享受。
3　广德：古县名，治所位于今安徽省宣城市广德县西南。
4　北寇：北方边境有贼寇骚扰。
5　懦怯：胆小怕事。
6　食炙不知口处：吓得吃烤肉不知道往嘴里放。
7　台兵：由代表中央政府的行台派出的军队。
8　重戍：重兵戍守。
9　小丹杨：古地名，位于今安徽省马鞍山市当涂县东北五十里丹杨镇。
10　入东：向东迁徙。
11　大桁：亦称大航、朱雀航、朱雀桥，为建康（今南京）南城门朱雀门外的浮桥，横跨秦淮河。
12　西陵：古地名，即蒋陵，俗名松陵冈，又名孙陵，位于今江苏省南京市东，钟山南麓。
13　青溪：古地名，亦作清溪，位于今江苏省南京市东。

因风纵火，烧台省[1]诸营皆尽。壶背痈[2]新愈，创犹未合，力疾苦战而死。二子
眕、旰随之，亦赴敌死。其母抚尸哭曰："父为忠臣，子为孝子，夫何恨乎！"
丹杨尹羊曼、黄门侍郎周导、庐江太守陶瞻皆战死。瞻，侃子也。亮及郭默、
赵胤俱奔寻阳。将行，顾谓侍中钟雅曰："后事深以相委。"雅曰："栋折榱
崩[3]，谁之咎也？"峻兵入台城[4]，司徒导谓侍中褚翜曰："至尊当御正殿。"翜即
入抱帝登太极前殿，导及光禄大夫陆晔、荀崧、尚书张闿共登御床卫帝。刘
超、钟雅及翜侍立左右，太常孔愉朝服守宗庙。峻兵既入，叱翜令下。翜呵之
曰："苏冠军[5]来觐至尊，军人岂得侵逼[6]？"峻兵不敢上殿，突入后宫，宫人
皆见掠夺。驱役百官，裸剥士女。官有布二十万匹，金银五千斤，钱亿万，绢
数万匹，峻尽费之。或谓钟雅曰："国乱，君直，必不容于寇仇，盍早为计？"
雅曰："国乱不能匡，君危不能济，各遁逃以求免，何以为臣？"峻以王导有
德望，犹使以本官居己之右。以祖约为太尉，峻自录尚书事。弋阳王兼诣峻，
称述功德，峻复以为太宰、西阳王。温峤闻建康不守，号恸[7]。人有候之者，悲
哭相对。庾亮至寻阳，宣太后诏，以峤为骠骑将军、开府仪同三司。峤曰：
"今日当以灭贼为急，未有功而先拜官，何以示天下？"遂不受。峤素重亮，
亮虽奔败，峤愈推奉[8]，分兵给之。

　　三月，皇太后庾氏以忧崩。峻南屯于湖。

　　葬明穆皇后。

　　夏，五月，温峤以陶侃入讨峻。峻迁帝于石头。郗鉴、王舒来赴难

温峤将讨峻而不知建康声闻[9]，会范汪至，言："峻政令不一，贪暴纵横，虽强

1　台省：政府的中央机构。
2　背痈：中医病名，泛指背部痈疡，发生于背部的感染性疾患。
3　栋折榱崩：正梁和椽子都毁坏了，比喻当政的人倒台或死去。榱，椽子。
4　台城：古地名，位于今江苏省南京市鸡鸣山南，乾河沿北，为东晋台省和宫殿所在地，
　　故名。
5　苏冠军：即苏峻，时任冠军将军。
6　侵逼：侵犯逼迫。
7　号恸：号哭哀痛。
8　推奉：推戴尊奉。
9　声闻：音信。

易弱，宜时进讨。"峤深纳之。庾亮辟汪参护军事，与峤互相推为盟主。峤从弟充曰："陶征西位重兵强，宜共推之。"峤乃遣督护王愆期诣荆州，邀侃同赴国难。侃犹以不预顾命为恨，答曰："吾疆场外将，不敢越局[1]。"峤屡说不回，乃遣使谓曰："仁公且守，仆当先下。"使行二日，参军毛宝闻之，说峤曰："师克在和，不宜异同。假令可疑，犹当外示不觉，宜急追信改书，言必俱进，若不及，则更遣使可也。"峤从之。侃果遣督护龚登率兵诣峤。峤有众七千，于是列[2]上尚书，陈约、峻罪状，移告征镇，洒泣[3]登舟。侃复追登还。峤遗书曰："夫军有进而无退，可增而不可减。近已移檄远近，言于盟府[4]，惟须仁公军至，便齐进耳。今乃反追军还，疑惑远近，成败之由，将在于此。假令此州不守，则荆楚将来之危，乃当甚于此州之今日。仁公进当为大晋之忠臣，参桓、文之功；退当以慈父之情，雪爱子之痛。且峻、约无道，人皆切齿。今之进讨，如石投卵。若复召兵还，是为败于几成。而或者遂谓仁公缓于讨贼，此声难追，愿深察之。"愆期亦谓侃曰："峻豺狼也，如得遂志，公宁有容足之地乎？"侃深感悟，即戎服登舟。瞻丧至不临[5]，兼道而进。郗鉴在广陵，城孤粮少，逼近胡寇，人无固志[6]。得诏书，即流涕誓众，入赴国难，将士争奋[7]。遣将军夏侯长等间行谓峤曰："或闻贼欲挟天子东入会稽，当先立营垒，屯据要害，既防其越逸[8]，又断贼粮运，然后清野坚壁[9]以待贼。贼攻城不拔，野无所掠，必自溃矣。"峤深以为然。五月，侃至寻阳。议者谓侃欲诛亮以谢天下，亮甚惧，用峤计诣侃拜谢。侃惊，止之曰："庾元规乃拜陶士行邪？"

---

1 越局：超越自己掌管的部分。
2 列：依次。
3 洒泣：挥泪。
4 盟府：古代掌管保存盟约文书的官府。
5 临：为丧事而悲痛哭泣。
6 固志：稳定的情绪，坚定的主张。
7 争奋：竞相奋发。
8 越逸：逃跑，逃窜。
9 清野坚壁：将野外的粮食作物和重要物资清理收藏起来，加强工事，使堡垒坚固。壁，营垒。

亮引咎自责，侃乃释然曰："君侯修石头以拟老子，今日反见求邪[1]？"遂同趋建康，戎卒四万，旌旗七百余里。峻闻之，自姑孰还，迁帝于石头。司徒导固争，不从。帝哀泣升车。时天雨泥泞，刘超、钟雅步侍左右，峻给马，不肯乘，而悲哀慷慨。峻恶之。峻以仓屋[2]为帝宫，日肆丑言[3]。超、雅与荀崧、华恒、丁潭等不离帝侧。时饥馑米贵，峻问遗，超一无所受。缱绻[4]朝夕，臣节愈恭，虽居幽厄[5]之中，犹启帝，授《孝经》《论语》。导密令张闿以太后诏谕三吴，使起义兵。会稽内史王舒使庾冰将兵一万，西渡浙江。于是吴兴太守虞潭、吴国内史蔡谟、义兴太守顾众等皆虑之。潭母孙氏谓潭曰："汝当舍生取义，勿以吾老为累。"尽遣家僮[6]从军，鬻[7]环佩以给军费。峻遣其将管商等拒之。侃、峤军于茄子浦[8]，峤以南兵习水，峻兵便步，令："将士有上岸者死！"会峻送米万斛馈祖约，毛宝为峤前锋，告其众曰："兵法，军令有所不从。岂可视贼可击，不上岸击之邪？"乃往袭取之，约由是饥乏。峤表宝为庐江太守。侃表舒、潭监浙东、西军事，郗鉴都督扬州八郡军事。鉴遂率众渡江，与侃等会，舟师直指石头。峻望之，有惧色。侃部将李根请筑白石垒[9]，侃使庾亮守之，峻攻之不克。舒等数战，不利。孔坦曰："本不须召郗公，遂使东门无限[10]，今宜遣还，虽晚，犹胜不也。"侃乃令鉴还据京口，立大业、曲阿、庱亭[11]三垒以

---

1 君侯修石头以拟老子，今日反见求邪：您当年修缮石头城来对付老夫，今天倒反来有求于我吗。

2 仓屋：库房。

3 日肆丑言：每天大放厥词。

4 缱绻：纠缠萦绕，固结不解。也引申为不离散。

5 幽厄：困厄，灾难。

6 家僮：对私家奴仆的统称。

7 鬻：卖。

8 茄子浦：古地名，又名茄子洲，位于今江苏省南京市西南长江中。

9 白石垒：即白下城，故址位于今江苏省南京市金川门外，幕府山南麓，其地本名白石陂。

10 无限：没有限制，不加节制。

11 大业、曲阿、庱亭：大业，古地名，位于今江苏省镇江市辖丹阳市北。曲阿，古县名，治所即今江苏省镇江市辖丹阳市。庱亭，古地名，位于今江苏省常州市武进区西北，与丹阳市接界处。

分峻兵势。祖约遣祖涣、桓抚袭溢口[1]，毛宝中流矢，贯髀彻鞍[2]，宝使人蹋鞍[3]拔箭，血流满靴。还击，破走之。

峻分兵陷宣城，内史桓彝死之桓彝闻京城不守，进屯泾县。裨惠劝彝与峻通使，以纾交至之祸。彝曰："吾受国厚恩，义在致死，焉能忍耻与逆臣通问[4]？如其不济，此则命也。"彝遣将军俞纵守兰石[5]，韩晃攻之。将败，左右劝退军，纵曰："吾受桓侯恩厚，当以死报。吾之不可负桓侯，犹桓侯之不负国也。"遂力战而死。晃遂进军。至是城陷，执彝杀之。

秋，七月，后赵攻寿春。约众溃，奔历阳祖约诸将阴与后赵通谋，许为内应。后赵石聪引兵济淮，攻寿春。约众溃，奔历阳。

八月，后赵攻赵蒲阪，赵主曜击破走之，遂攻金墉石虎率众四万击赵，攻蒲阪。赵主曜自将救之，虎惧，引退。曜追及，与战，大破之，斩其将石瞻，枕尸二百余里。虎奔朝歌。曜攻石生于金墉，决千金堨[6]以灌之。荥阳、野王皆降，襄国大震。

九月，陶侃、温峤讨峻于石头，斩之。峻弟逸代领其众峻腹心路永、贾宁劝峻尽诛诸大臣，更树腹心。峻雅敬司徒导，不许。永等更贰于峻。导使袁耽诱永与皆奔白石[7]。西军与峻久相持不决，温峤军食尽，贷于陶侃。侃怒，欲西归。峤曰："凡师克在和，古之善教也。光武之济昆阳，曹公之拔官渡，以寡敌众，杖义[8]故也。峻、约小竖，凶逆滔天，何忧不灭？奈何舍垂立之功，设进退之计乎？且天子幽逼[9]，社稷危殆，乃臣子肝脑涂地之日。峤等与公并受

---

1 溢口：古地名，一名溢浦口，即今江西省九江市西古溢水（今龙开河）入江之口，历来为戍守重地。
2 贯髀彻鞍：射穿髀骨，插在马鞍上。
3 蹋鞍：踏住马鞍。
4 通问：相互问候，互通音信。
5 兰石：古地名，位于今安徽省宣城市泾县东南，下临藤溪。
6 千金堨：古地名，一名千金堰，位于今河南省洛阳市东北。
7 白石：即白石垒。见上文"白石垒"。
8 杖义：主持正义。
9 幽逼：被幽禁逼迫。

国恩，事若克济，则臣主同祚[1]；如其不捷，当灰身以谢先帝耳。今之事势，义无旋踵[2]，譬如骑虎，安可中下[3]哉？公若违众独返，人心必沮。沮众败事，义旗将回指于公矣。"毛宝说侃曰："军政有进无退，非直[4]整齐三军，示众必死而已，亦谓退无所据，终至灭亡。可试与宝兵，断贼资粮，若不立效，然后公去，人心不恨矣。"侃然而遣之。竟陵太守李阳说侃曰："大事不济，公虽有粟，安得而食诸？"侃乃分米五万石以饷峤军。宝烧峻句容、湖孰[5]积聚，峻军乏食，侃遂不去。韩晃等急攻大业垒，都鉴参军曹纳曰："大业，京口之捍蔽[6]也。一旦不守，则贼兵至矣。请还广陵，以俟后举。"鉴大会僚佐[7]，责纳，将斩之，久乃得释。侃将救大业，长史殷羡曰："吾兵不习步战，不如急攻石头，则大业自解。"侃从之，督水军向石头。亮、峤率步兵万人从白石南上。峻将八千人逆战，乘醉突阵，不得入，将回，马踬[8]，侃部将斩之，三军皆称万岁。余众大溃。峻司马任让等共立峻弟逸为主，闭城自守。峤乃立行台，布告远近，凡故吏二千石以下，皆令赴台。于是至者云集。

冬，十二月，后赵王勒大破赵兵于洛阳，获赵主曜以归，杀之后赵王勒欲自将救洛阳，程遐等固谏，勒大怒，按剑叱遐等出。召徐光谓曰："庸人之情皆谓刘曜锋不可当。曜带甲十万，攻一城而百日不克，师老、卒怠，以我初、锐击之，可一战而擒也。若洛阳不守，曜必自河以北，席卷而来，吾事去矣。卿以为何如？"对曰："曜不能进临襄国，更守金墉，此其无能为可知也。以大王威略[9]临之，彼必望旗奔败。平定天下，在今一举矣。"勒笑曰："光

1　同祚：同享国家的福运。祚，福运。
2　义无旋踵：在道义上只能奋勇向前，毫不退缩。旋踵，把脚后跟转过来，比喻退缩。
3　中下：中途跳下。
4　直：只。
5　句容、湖孰：句容，古县名，治所即今江苏常熟市句容县。湖孰，古地名，位于今江苏省南京市江宁区湖孰镇。
6　捍蔽：遮挡，护卫。
7　僚佐：官署中协助办事的官吏。
8　马踬：马匹失足绊倒。
9　威略：声威谋略。

言是也。"乃使内外戒严，命石堪等会荥阳，石虎进据石门[1]，勒自统步、骑济自大堨[2]。谓光曰："曜盛兵成皋关，上策也；阻洛水，其次也；坐守洛阳，此成擒耳。"至成皋，勒见赵无守兵，大喜，举手加额曰："天也！"卷甲衔枚，诡道兼行，出于巩、訾[3]之间。曜专与嬖臣饮博[4]，不抚士卒。左右或谏，曜以为妖言，斩之。俄而洛水候者与后赵前锋交战，擒羯[5]送之，曜问之，知勒自来，色变。使摄金墉之围，陈于洛西[6]，众十余万，南北十余里。勒望见，曰："可以贺我矣！"率步、骑四万入洛阳城。虎引步卒攻赵中军，堪以精骑击其前锋，大战于西阳门。勒躬贯[7]甲胄，出闾阖门[8]夹击之。曜素嗜酒，至是将战，饮数斗。至西阳门，挥陈就平[9]。堪因而乘之，赵兵大溃。曜昏醉坠马，为堪所执。勒下令曰："所欲擒者一人耳。今已获之，其抑锋止锐，纵其归命之路。"曜至襄国，勒严兵围守，使曜与其太子熙书，谕令速降。曜但敕熙与诸大臣"匡维社稷，勿以吾易意"，勒乃杀之。

己丑**四年**（公元 329 年）

赵光初十二年。后赵太和二年。○是岁赵亡。大国一，成、凉小国二，凡三僭国。

春，正月，逸杀右卫将军刘超、侍中钟雅初，峻逼居民聚之后苑，使其将匡术守之。至是，光禄大夫陆晔及弟玩说术，以苑城附于西军，百官皆赴之。钟雅谋奉帝出赴西军，事泄，苏逸使任让将兵入宫收超、雅。帝抱持悲泣

1　石门：古地名，位于今河南省郑州市辖荥阳市东北济水之上。
2　大堨：古津渡名，又称灵昌津，位于今河南省新乡市延津县北。
3　巩、訾：巩县和訾邑。巩县，古县名，治所位于今河南省郑州市辖巩义市西南。訾邑，古地名，位于今河南省郑州市辖巩义市西南。
4　饮博：饮酒博戏。
5　羯：羯族士兵。
6　使摄金墉之围，陈于洛西：让军队收敛对金墉的围守，在洛水西面驻扎。摄，收敛，聚。
7　贯：穿。
8　闾阖门：古城门名，位于今河南省洛阳市汉魏洛阳城宫城南墙中央偏西，为宫城正门。
9　挥陈就平：指挥军阵向平坦处移动。

曰："还我侍中、右卫！"让夺而杀之。

冠军将军[1]赵胤攻拔历阳，约奔后赵。

赵太子熙奔上邦，后赵取长安赵太子熙与南阳王胤谋保秦州。尚书胡勋曰："今虽丧君，境土尚完，将士不叛，当并力拒之。力不能拒，走未晚也。"胤以为沮众，斩之，遂奔上邦。关中大乱，蒋英拥众数十万据长安，遣使降于后赵，石生率众赴之。

二月，诸军讨逸，斩之，及西阳王羕诸军攻石头，建威[2]长史滕含大破其兵，获苏逸、韩晃，斩之。含部将曹据抱帝奔温峤船。群臣见帝，顿首号泣请罪。杀西阳王羕。陶侃与任让有旧，为请其死[3]。帝曰："是杀吾侍中、右卫者，不可赦也。"乃杀之。司徒导入石头，令取故节。侃笑曰："苏武节似不如是。"导有惭色。

以褚翜为丹杨尹时宫阙灰烬，峤欲迁都豫章，三吴之豪请都会稽。导曰："孙仲谋、刘玄德俱言：'建康，王者之宅。'古之帝王，不必以丰俭移都，苟务本节用，何忧凋弊？若农事不修，则乐土为墟矣。且北寇游魂，伺我之隙，一旦示弱，窜于蛮越[4]，求之望实[5]，惧非良计。今特宜镇之以静，群情自安。"由是不复徙都，而以翜为丹杨尹。翜收集散亡，京邑遂安。

三月，以陶侃为太尉，郗鉴为司空，温峤为骠骑将军、开府仪同三司，庾亮为豫州刺史论平苏峻功，侃、鉴、峤以下封拜有差。谥卞壹曰忠贞，其二子眕、盱及桓彝、刘超、钟雅、羊曼、陶瞻皆加赠谥。路永、匡术、贾宁皆峻党，先归朝廷，司徒导欲赏之。峤曰："永等首为乱阶，晚虽改悟，未足赎罪。得全首领[6]，为幸多矣。"乃止。侃以江陵偏远，移镇巴陵[7]。朝议欲

1　冠军将军：古官名，杂号将军名，掌领兵征伐。
2　建威：古县名，治所位于今甘肃省陇南市北。
3　请其死：为他求情免死。
4　蛮越：百越族群称谓之一。
5　求之望实：从对声名的影响和实际效果两方面考虑。
6　首领：头和脖子。
7　巴陵：古县名，治所即今湖南省岳阳市。

留峤辅政，峤以导先帝所任，固辞。又以京邑荒残，留资蓄[1]，具器用，而后还藩。庾亮泥首谢罪[2]，欲阖门投窜[3]山海。帝手诏慰谕曰："此社稷之难，非舅之责也。"亮乃求外镇自效，遂以为豫州刺史，出镇芜湖。侃之讨峻也，独湘州刺史卞敦拥兵不赴，又不给军粮。侃奏请槛车收付廷尉。司徒导以丧乱之后，宜加宽宥，乃以敦为广州刺史。敦忧愧[4]而卒。

司马公曰：庾亮以外戚辅政，首发祸机，国破君危，窜身苟免。卞敦位列方镇，兵粮俱足，朝廷颠覆，坐观胜负。人臣之罪，孰大于此？既不能明正典刑[5]，又以宠禄[6]报之，晋室无政，亦可知矣。任是责者，岂非王导乎？

夏，四月，骠骑将军、始安公温峤卒。以刘胤为江州刺史峤卒，时年四十二，谥曰"忠武"。胤，峤军司也。陶侃、郗鉴皆言胤非方伯才，王导不从。或谓导子悦曰："自江陵至于建康三千余里，流民万计，国之南藩[7]，要害之地。而胤以汏侈卧而对之，不有外变，必有内患矣。"

秋，八月，后赵石虎攻拔上邽，杀赵太子熙，遂取秦、陇赵南阳王胤率众数万自上邽趋长安，陇东[8]戎夏皆应之。石生婴城自守，虎救之，大破赵兵，乘胜追击，枕尸千里。上邽溃，虎执赵太子熙及胤以下三千余人，皆杀之。徙其台省文武、关东流民、秦雍大族于襄国，秦、陇悉平。蒲洪、姚弋仲俱降于虎，虎表洪监六夷军事，弋仲为六夷左都督[9]。徙氐、羌十五万落于司、冀州。

冬，十二月，将军郭默杀刘胤胤矜豪纵酒，不恤政事。郭默被征为右军将军，求资于胤，不得。会有司奏："朝廷空竭，百官无禄，惟资江州运漕，

1　资蓄：积蓄的资财。
2　泥首谢罪：用泥涂首谢罪，表示自辱服罪。
3　投窜：逃匿。
4　忧愧：忧虑而且羞愧。
5　明正典刑：依法公开处置。明，表明。正，治罪。典刑，执行法律。
6　宠禄：给予宠幸和富贵。
7　南藩：南方的屏障。
8　陇东：陇山以东。
9　六夷左都督：古官名，统辖六夷地区。六夷，指东夷、西南夷、西羌、西域、南匈奴、乌桓鲜卑各族。

而胤商旅继路[1]，以私废公。"诏免胤官。胤方自申理[2]。默遂诬胤以大逆，袭斩之，传首京师。招引[3]谯国内史桓宣，宣固守不从。太尉侃上宣为武昌太守。

代王纥那出奔宇文部，翳槐立翳槐，郁律之子也。

羌杀河南王吐延河南王吐延为羌酋所杀，其子叶延立，保于白兰。叶延孝而好学，以为"礼，公孙之子得以王父[4]字为氏"，乃自号其国曰吐谷浑。

庚寅**五年**（公元 330 年）

赵建平元年。

春，正月，太尉侃讨郭默，斩之刘胤首至建康。司徒导以郭默骁勇难制，枭胤首于大航，以默为江州刺史。陶侃闻之，投袂起曰："此必诈也。"即将兵讨之。上表言状，且与导书曰："默杀方州[5]即用为方州，害宰相便为宰相乎？"导乃收胤首，答侃书曰："默据上流之势，加有船舰成资[6]，故苞含[7]隐忍，以俟足下。岂非遵养时晦[8]以定大事者邪？"侃笑曰："是乃遵养时贼也！"兵至，默将缚默以降，侃斩之。

二月，赵王勒称赵天王，以石虎为太尉，封中山王赵群臣请勒即皇帝位，勒乃称大赵天王，行皇帝事。立妃刘氏为王后，世子弘为太子，子宏为大单于，中山公虎为太尉，进爵为王。虎怒，私谓其子邃曰："吾身当矢石[9]二十余年，以成大赵之业。大单于当以授我，乃与黄吻婢儿[10]，念之令人气塞，不能寝食！待主上晏驾后，不足复留种也。"

1　继路：不绝于路。
2　申理：申辩冤屈。
3　招引：引之使来。
4　王父：祖父。
5　方州：州郡长官。
6　成资：现成的基业。
7　苞含：宽容。苞，通"包"。
8　遵养时晦：原为颂扬周武王顺应时势，退守待时。后多指暂时隐居，等待时机。遵，遵循，按照。时，时势。晦，隐藏。
9　身当矢石：形容亲自抵挡敌人进攻。
10　黄吻婢儿：黄吻，黄口，指幼儿。婢儿，奴婢所生的孩子。

赵诛祖约，夷其族仆射程遐言于勒曰："天下粗定，当显明逆顺，故汉高祖赦季布，斩丁公。今祖约犹存，臣窃惑之。"姚弋仲亦以为言。勒族诛之。初，祖逖有胡奴[1]曰王安，甚爱之。在雍丘，谓曰："石勒是汝种类。"厚资遣之。安仕赵为左卫将军。及约诛，安叹曰："岂可使祖士稚无后乎？"乃往观刑，窃取逖庶子道重匿之。及石氏亡，复归江南。

夏，五月，诏太尉侃兼督江州侃遂移镇武昌。

六月，赵以张骏为凉州牧骏因前赵之亡，复收河南地，至于狄道，置五屯护军，与赵分境。赵拜骏凉州牧。骏耻为之臣，不受。及赵破休屠[2]王羌，骏始惧，乃称臣入贡。

秋，九月，赵王勒称皇帝。

赵寇陷襄阳赵郭敬寇襄阳，南中郎将周抚拒之。敬退屯樊城，偃藏[3]旗帜，寂若无人。侦者至，则告之曰："汝宜自爱[4]坚守，后七八日，大骑将至，相禁，不复得走矣。"使人浴马于津[5]，周而复始，昼夜不绝。侦者还告，抚以为赵兵大至，惧，奔武昌。敬毁襄阳，迁其民于沔北[6]，城樊城以戍之。抚坐免官。

更造新宫。

辛卯**六年**（公元331年）

赵建平二年。

春，三月朔，日食。

夏，赵举贤良方正，起明堂、辟雍、灵台赵令公卿以下岁举贤良方

1　胡奴：为奴的胡人。
2　休屠：古县名，治所位于今甘肃省武威市北。
3　偃藏：收卷藏起。
4　自爱：珍惜自己的名誉。
5　津：渡口。
6　沔北：沔水以北地区。

正，仍令举人¹得更相荐引²，以广求贤之路。起明堂、辟雍、灵台于襄国城西。

秋，九月，赵营邺宫初，赵主勒如邺，将营新宫。廷尉续咸苦谏，勒怒，欲斩之。徐光曰："咸言不可用，亦当容之，奈何一旦³以直言斩列卿乎？"勒叹曰："为人君，不得自专如是乎？匹夫家赀满百匹，犹欲市宅⁴，况富有四海乎？此宫终当营之，且敕停作，以成吾直臣之气。"因赐咸绢百匹。至是复营邺宫，以洛阳为南都，置行台。

冬，有事于太庙烝祭⁵太庙，诏归胙⁶于司徒导，且命无下拜，导辞疾，不敢当。初，帝即位冲幼⁷，每见导必拜，与导手诏则云"皇恐言"，中书⁸作诏则曰"敬问"。有司议："元会日，帝应敬导不？"博士郭熙以为："礼无拜臣之文。"侍中冯怀以为："天子临辟雍，拜三老，况先帝师傅？谓宜尽敬。"侍中荀奕曰："三朝之首⁹，宜明君臣之体。若他日小会，自可尽礼。"诏从之。

慕容廆遣使诣太尉侃廆僚属议共表请进廆官爵。参军韩恒驳曰："立功者患信义不著，不患名位不高。宜缮甲兵，除凶逆，功成之后，九锡自至。比于邀君¹⁰以求宠，不亦荣乎？"廆不悦。于是遣使与陶侃笺，劝以兴兵北伐，共清中原。而东夷校尉封抽等疏上侃府，请封廆为燕王。侃复书曰："夫功成进爵，古之成制¹¹也。车骑虽未能为官摧勒，然忠义竭诚。今腾笺上听，可不、迟速，当在天台¹²也。"

1　举人：所举之人才。
2　荐引：荐举，引荐。
3　一旦：突然，有朝一日。
4　市宅：购买宅第。
5　烝祭：冬祭。
6　归胙：把祭祀剩下的胙肉送出。
7　冲幼：年幼。
8　中书：古官名，中书舍人的省称，掌撰拟、缮写之事。
9　三朝之首：元会是一年中朝会的第一次。
10　邀君：要挟君主。
11　成制：已经形成的制度。
12　天台：尚书台、省。

壬辰**七年**（公元 332 年）

赵建平三年。

春，正月，赵大飨群臣赵主勒谓徐光曰："朕可方自古何等主？"对曰："陛下神武、谋略过于汉高。"勒笑曰："人岂不自知？卿言太过。朕若遇高祖，当北面事之，与韩、彭[1]比肩。若遇光武，当并驱中原，未知鹿死谁手。大丈夫行事，宜磊磊落落，如日月皎然[2]，终不效曹孟德、司马仲达欺人孤儿寡妇，狐媚[3]以取天下也。"勒虽不学，好使诸生读书而听之，时以其意论古今得失，闻者悦服。尝使人读《汉书》，闻郦食其劝立六国后，惊曰："此法当失，何以遂得天下？"及闻留侯谏，乃曰："赖有此耳。"

赵命太子弘省可[4]尚书奏事弘好属文，亲敬儒素[5]。勒谓中书令徐光曰："大雅恂恂[6]，殊不似将家子。"光曰："汉祖以马上取天下，孝文以玄默守之。圣人之后，必有胜残去杀[7]者，天之道也。"勒甚悦。光因说曰："中山王雄暴[8]多诈，陛下一旦不讳，臣恐社稷非太子所有也。宜渐夺其权，使太子早参朝政。"程遐亦曰："中山王勇悍残忍，威振外内，诸子皆典兵权，志愿[9]无极，若不除之，臣见宗庙不血食矣。"勒皆不听。徐光他日承间言曰："今国家无事，而陛下若有不怡[10]，何也？"勒曰："吴、蜀未平，恐后世不以吾为受命[11]之主。"光曰："陛下苞括[12]二都，平荡八州，帝王之统不在陛下，复当在谁？且陛下不忧腹心之疾，而更忧四肢乎？中山王资性[13]不仁，见利忘义，父子并据

1　韩、彭：韩信、彭越。
2　皎然：明亮洁白貌。
3　狐媚：谄媚，用恭维、奉承的手段迷惑人。
4　省可：批阅定夺。
5　儒素：宿儒，名儒。
6　大雅恂恂：大雅，指石弘。恂恂，柔弱貌。
7　胜残去杀：感化残暴的人使其不再作恶，便可废除死刑。也指以德化民，太平至治。
8　雄暴：骁勇暴躁。
9　志愿：志向和愿望。
10　不怡：不乐。
11　受命：受天之命。古帝王自称受命于天以巩固其统治。
12　苞括：包举，包括。苞，通"包"。
13　资性：资质，天性。

权位，而耿耿[1]常有不满之心。近于东宫侍宴，有轻皇太子色。臣恐陛下万年后，不可复制也。"勒默然，始命太子省可尚书奏事，以中常侍严震参综[2]可否，惟征伐断斩大事乃呈之。于是震权过于主相[3]，虎之门可设雀罗[4]矣。虎愈怏怏。

秋，太尉侃遣南中郎将桓宣攻拔襄阳，遂留镇之赵郭敬南掠江西，陶侃遣桓宣乘虚攻樊城，悉俘其众。敬旋救樊，宣与战于涅水[5]，破之。敬惧，遁去，遂拔襄阳。侃使宣镇之。宣招怀初附，简刑罚，略威仪，劝课农桑，或载锄耒于轺轩，亲率民芸获[6]。在襄阳十余年，赵再攻之。宣以寡弱拒守，赵不能胜。时人以为亚于祖逖、周访。

赵凉州牧张骏立其子重华为世子重华，骏之次子也。凉州僚属劝骏称凉王，置百官。骏曰："此非人臣所宜言也。敢言此者，罪不赦！"然境内皆称之为王。

癸巳八年（公元333年）

赵建平四年。

春，赵遣使来修好，诏焚其币[7]。

三月，宁州叛，降于成。

夏，五月，辽东公慕容廆卒，世子皝嗣。

秋，七月，赵主勒卒，太子弘立赵主勒寝疾，中山王虎入侍，矫诏，群臣、亲戚皆不得入。时秦王宏、彭城王堪将兵在外，皆召使还。勒疾小瘳[8]，

1　耿耿：烦躁不安，心事重重。
2　参综：参与总揽。
3　主相：宰相。
4　门可设雀罗：门外可以张网捕雀。形容门庭冷落，没有什么人来往。罗，网。
5　涅水：古水名，即今河南省南阳市镇平县西、邓县东赵河。
6　或载锄耒于轺轩，亲率民芸获：有时用轻便的车子装载锄头、耒等农具，亲自率领民众耕耘收获。
7　币：古人用作礼物的丝织品。
8　瘳：病愈。

见宏，惊曰："吾使王处藩，正备今日，有召王者邪？当按诛[1]之！"虎惧曰："秦王思慕，暂还耳，今遣之。"仍留不遣。至是勒疾笃，遗命曰："大雅兄弟，宜善相保，司马氏，汝曹之前车也。中山王宜深思周、霍，勿为将来口实[2]。"勒卒，虎劫太子弘，使收程遐、徐光，下廷尉，召其子邃，使将兵入宿卫。弘大惧，让位于虎，虎曰："若不堪重任，天下自有大义，何足豫论[3]？"弘乃即位。杀遐、光。夜，以勒丧潜瘗[4]山谷，乃备仪卫[5]，虚葬于高平陵[6]。

八月，赵石虎自为丞相、魏王。九月，弑其太后刘氏。冬，十月，赵河东王石生等举兵讨之，不克而死赵石虎自为丞相、魏王、大单于，加九锡。勒旧臣皆补散任，虎亲党悉署要职。刘太后谓彭城王堪曰："先帝甫晏驾，丞相遽相陵藉[7]如此，将若之何？"堪曰："官省之内，无可为者，请奔兖州，与兵诛之。"遂微服轻骑袭兖州，不克，南奔谯。虎遣将追获送襄国，并刘氏杀之。刘氏有胆略，佐勒建功业，有吕后之风。时石生镇关中，石朗镇洛阳，闻变，皆举兵讨虎。生遣使降晋，而蒲洪西附张骏。虎攻朗，斩之。进向长安，生麾下斩生以降。虎命麻秋讨洪，洪降于虎。说虎徙关中豪杰及氐、羌以实东方，虎从之。徙十余万户于关东。以洪为龙骧将军、流民都督，居枋头[8]；以姚弋仲为奋武将军、西羌大都督，居滠头[9]。虎还，建魏台，如魏武辅汉故事。

慕容皝兄翰奔段氏，弟仁据辽东慕容皝初嗣位，用法严峻，国人不安。主簿皇甫真切谏，不听。皝庶兄翰、母弟仁皆有勇略，屡立战功，得志，有宠于廆。皝忌之，翰乃与其子出奔段氏。段辽素闻其才，甚爱重之。仁据平郭，皝遣兵讨之，大败。于是仁尽有辽东之地。段辽及鲜卑诸部皆虑之。皝追思真

1　按诛：依法处决。
2　口实：假托的理由，可以利用的借口。
3　豫论：提前讨论。豫，提前，预先。
4　潜瘗：暗中埋葬。
5　仪卫：仪仗与卫士的统称。
6　高平陵：石勒的陵墓，位于今河北省邢台市百泉村。
7　陵藉：欺辱践踏。
8　枋头：古地名，又名枋堰，位于今河南省鹤壁市浚县西南。
9　滠头：古地名，亦名羌垒，位于今河北省衡水市枣强县东南。

言，以为平州别驾。

　　张骏遣张淳来上表张骏欲假道于成以通表建康，成主雄不许。骏乃遣治中从事张淳称藩于成以假道，雄伪许之，将使盗覆[1]诸东峡。或以告淳，淳谓雄曰："寡君[2]使小臣行无迹[3]之地，通诚[4]于建康者，以陛下嘉尚[5]忠义，能成人之美故也。若欲杀臣，当斩之都市，宣示众目曰：'凉州不忘旧德，通使琅邪，主圣臣明，发觉杀之。'如此，则义声远播，天下畏威。今使盗杀之江中，威刑不显，何足以示天下乎？"雄大惊曰："安有此耶？"司隶景骞言于雄曰："张淳壮士，请留之。"雄曰："壮士安肯留？且试以卿意观之。"骞谓淳曰："卿体丰大[6]，天热，可且遣下吏，小住须凉。"淳曰："寡君以皇舆播越，梓宫未返，生民涂炭，莫之振救，故遣淳通诚上都[7]。所论事重，非下吏所能传。使下吏可了，则淳亦不来矣。虽火山汤海[8]，犹将赴之，岂寒暑之足惮哉？"雄谓淳曰："贵主英名盖世，土险兵强，何不称帝，自娱一方？"淳曰："寡君祖考[9]以来，世笃忠贞，以仇耻[10]未雪，枕戈待旦，何自娱之有？"雄甚惭，厚为礼而遣之。淳卒致命于建康。

甲午**九年**（公元334年）

　　赵主石弘延熙元年。

　　春，正月，仇池王杨难敌卒，子毅嗣，遣使来称藩。

　　二月，以张骏为大将军自是每岁使者不绝。

1　覆：伏击，袭击。
2　寡君：臣下对别国谦称本国国君。
3　无迹：没有踪迹。
4　通诚：表达诚意。
5　嘉尚：崇尚，称赞。
6　丰大：丰满肥大，粗大。
7　上都：古代对京都的通称。
8　火山汤海：比喻艰难危险。
9　祖考：祖父、父亲。
10　仇耻：仇恨和耻辱。

段辽遣兵攻柳城，破之段辽遣其弟兰与慕容翰将兵共攻柳城，慕容皝遣慕容汗等救之，大败。兰欲乘胜穷追，翰恐遂灭其国，止之曰："受命之日，止求此捷。若贪进取败，何以返面[1]？"兰曰："此已成擒，卿正虑遂灭卿国耳？"翰曰："吾投身相依，无复还理。国之存亡，于吾何有？但欲为大国计耳。"乃命所部欲独还，兰不得已从之。

夏，六月，太尉、长沙公陶侃卒侃晚年深以满盈[2]自惧，不预朝权，屡欲告老归国，佐吏等苦留之。至是疾笃，上表逊位，奉送所假节、麾、幢、曲盖、侍中貂蝉[3]、太尉章、八州刺史印传、棨戟。军资、器仗、牛马、舟船，皆有定簿[4]，封印仓库，自加管钥。以后事付右司马王愆期。舆车[5]就船，将归长沙。顾谓愆期曰："老子婆娑，正坐诸君[6]。"薨，谥曰桓。侃在军四十一年，明毅[7]善断，识察纤密[8]，人不能欺。自南陵[9]迄于白帝，数千里中，路不拾遗。尚书梅陶尝谓人曰："陶公机神明鉴[10]似魏武，忠顺勤劳似孔明，陆抗诸人不能及也。"谢安每言："陶公虽用法而恒得法外意。"安，鲲之从子也。

成主雄卒，太子班立雄生疡[11]于头，身素多金创[12]。及病，旧痕皆脓溃，诸子恶而远之。独太子班昼夜侍侧，不脱衣冠，亲为吮脓。雄召建宁王寿受遗诏辅政。及卒，班即位，政事皆委于寿及司徒何点、尚书令王瓌，班居中行丧礼，一无所预。

---

1 何以返面：有什么脸面回去面对君主。
2 满盈：自满。
3 麾、幢、曲盖、侍中貂蝉：麾，古代供指挥用的旌旗。幢，古时作为仪仗用的一种旗帜。曲盖，仪仗用的曲柄伞。侍中貂蝉，貂尾和附蝉，古代为侍中、常侍等贵近之臣的冠饰。
4 定簿：确定的名册。
5 舆车：小车。
6 老子婆娑，正坐诸君：老夫现在蹒跚难行，正因你们阻拦。
7 明毅：英明刚毅。
8 纤密：细密。
9 南陵：古县名，治所位于今安徽省芜湖市繁昌县西北，即赭圻城。
10 机神明鉴：机神，细微玄妙。明鉴，明察。
11 疡：痈疮。
12 金创：刀、剑、枪等金属器械造成的伤口。

以庾亮都督江、荆等州军事亮镇武昌，辟殷浩为记室参军[1]。浩与褚裒、杜乂皆以识度[2]清远，善谈老、《易》，擅名[3]江东，而浩尤为风流[4]所宗。桓彝尝谓裒曰："季野[5]有皮里《春秋》。"言其外无臧否，而内有褒贬也。谢安曰："裒虽不言，而四时之气亦备矣。"

秋，以慕容皝为镇军大将军、平州刺史、辽东公。

冬，十月，成李越弑其主班，而立其弟期越，成主雄之子也，先出屯江阳，奔丧至成都，与其弟期谋作乱。班弟玕劝班遣越还江阳，以期为梁州刺史。班以未葬，不忍，推心待之，遣玕出屯于涪。至是越因班夜哭，弑之于殡宫[6]，奉期而立之。期以越为相国，加大将军寿大都督，皆录尚书事。

十一月，赵石虎弑其主弘，自立为居摄天王赵主弘自赍玺绶诣魏宫，请禅位。虎曰："帝王大业，天下自当有议，何为自论邪？"弘流涕还宫，请太后程氏曰："先帝种真无复遗矣！"于是尚书奏："魏台请依唐、虞禅让故事。"虎曰："弘愚暗[7]，居丧无礼，不可以君万国，便当废之，何禅让也？"遂废之。虎称居摄天王，幽弘及太后，寻皆杀之。姚弋仲称疾不贺，累召乃至。正色谓虎曰："弋仲常谓大王命世英雄，奈何把臂受托而反夺之邪？"虎心虽不平，然察其诚实，亦不之罪。

慕容皝攻辽东，克之皝欲悉坑辽东民，高诩谏曰："今元恶犹存，始克此城，遽加夷灭，则未下之城，无归善之路矣。"皝乃止。

乙未咸康元年（公元335年）

赵太祖石虎建武元年。○成主李期玉恒元年。

---

1 记室参军：古官名，又称记室参军事，为记室曹长官，掌文疏表奏。
2 识度：见识气度。
3 擅名：享有名声。
4 风流：杰出不凡的人物。
5 季野：即褚裒，字季野。
6 殡宫：停放灵柩的房舍。
7 愚暗：愚钝而不明事理。

春，正月朔，帝冠。

三月，幸司徒导府司徒导羸疾[1]，不堪朝会。帝幸其府，与群臣宴于内室，拜导及其妻曹氏。侍中孔坦密谏，以为初加元服，动宜顾礼。时帝方委政于导，坦复言曰：“陛下春秋已长，圣敬日跻[2]，宜博纳朝臣，咨诹善道。”导闻而恶之，出为廷尉。坦以疾去职。丹杨尹桓景谄巧[3]，导亲爱之。会荧惑守南斗[4]经旬[5]，导谓将军陶回曰：“斗，扬州之分，吾当逊位以厌[6]天谴。”回曰：“公以明德作辅，而与桓景造膝[7]，使荧惑何以退舍[8]？”导深愧之。导辟王濛、王述为掾属。濛不修小廉，而以清约[9]见称。与沛国[10]刘惔友善，惔常称濛性至通而自然有节。濛曰：“刘君知我，胜我自知。”当时称风流者，以惔、濛为首。述性沉静，每坐客辩论蜂起，而述处之恬如[11]也。年三十，尚未知名，人谓之痴。导以门地[12]辟之。既见，唯问江东米价，述张目[13]不答。导曰：“王掾不痴。”导每发言，一坐莫不赞美，述正色曰：“人非尧、舜，何得每事尽善？”导改容谢之。

夏，四月，赵王虎南游，临江而还。帝亲勒兵戒严，六日罢赵王虎南游，临江而还。有游骑[14]十余至历阳，太守袁耽表上之，不言多少。朝廷震惧。加司徒导大司马，都督征讨诸军事。帝观兵广莫门，分命诸将救历阳及戍慈湖、牛渚。郗鉴使广陵相陈光将兵入卫。俄闻赵骑至少，又已去，遂解严。

1　羸疾：衰弱生病。
2　圣敬日跻：圣明庄敬一天天提升。跻，登，上升。
3　谄巧：逢迎巧诈。
4　南斗：古星名，即斗宿，有星六颗，在北斗星以南，形似斗，故称。
5　经旬：历经一旬。
6　厌：抑制。
7　造膝：促膝亲近。
8　退舍：星辰后移位置。
9　清约：清廉俭约。
10　沛国：古诸侯国名，辖今安徽省萧县、亳州、固镇、五河、灵璧、淮北、濉溪、宿州、宿县及江苏省沛县、丰县、河南省永城等县市地。
11　恬如：安然，泰然。
12　门地：门第。
13　张目：睁大眼睛。
14　游骑：担任巡逻突击的骑兵。

导解司马，耽坐轻妄免官。

大旱。

秋，九月，赵迁都邺。

赵听其民事佛初，赵主勒以天竺僧佛图澄预言成败，数有验，敬事之。及虎即位，奉之尤谨，衣以绫锦[1]，乘以雕辇[2]。朝会之日，太子、诸公扶翼[3]上殿。国人化[4]之，争造寺庙，削发出家。至是或避赋役为奸宄。诏中书曰："佛，国家所奉，里间[5]小人无爵秩[6]者，应得事不？"著作郎[7]王度等议曰："王者祭祀，典礼具存。佛，外国之神，非天子所应祠也。汉、魏唯听西域人立寺都邑[8]，汉人皆不得出家。今宜禁公卿以下毋得诣寺烧香礼拜，其赵人为沙门[9]者，皆返初服[10]。"虎诏曰："朕生自边鄙，忝君诸夏，至于飨祀[11]，应从本俗。其夷、赵百姓乐事佛者，特听之。"

成杀其臣罗演及故主班母罗氏成太子班之舅罗演等谋杀成主期，立班子。事觉，期杀演等及班母罗氏。期自得志，轻诸旧臣，信任景骞、姚华、田褒、中常侍许涪等，刑赏大政，皆决于数人。褒无他才，尝劝雄立期为太子，故有宠。由是纪纲隳紊[12]，雄业衰矣。

冬，十月朔，日食。

建安君荀氏卒荀氏，明帝母也，在禁中尊重同于太后。卒，赠豫章郡君。

代王纥那复入，翳槐奔赵。

1　绫锦：绫，用桑蚕丝或桑蚕丝同人造丝交织而成，质地较缎轻薄。锦，有彩色花纹的丝织品。
2　雕辇：饰有浮雕、彩绘的车，华美的车。
3　扶翼：护持，搀扶。
4　化：感化。
5　里间：乡里。
6　爵秩：爵禄。
7　著作郎：古官名，属中书省，掌编纂国史。
8　都邑：城市。
9　沙门：出家的佛教徒总称。
10　初服：佛教指俗装，与"僧衣"相对。
11　飨祀：祭祀。
12　隳紊：败坏紊乱。

张骏遣使上疏，请北伐初，张轨及寔、茂保据河右[1]，军旅之事，无岁无之。及骏嗣位，境内渐平。骏勤修庶政，总御文武，咸得其用，民富兵强，远近称为贤君。骏遣将伐龟兹、鄯善，于是西域诸国皆诣姑臧朝贡。骏有兼秦、雍之志，遣使上疏，以为："勒、雄既死，虎、期继逆。先老消落[2]，后生不识，慕恋[3]之心，日远日忘。乞敕司空鉴、征西亮等泛舟江、沔[4]，首尾齐举。"

丙申二年（公元336年）

赵建武二年。

春，正月，彗星见奎娄[5]。

慕容皝讨其弟仁，杀之皝将讨仁，司马高诩曰："仁叛弃君亲，民神共怒。前此海未尝冻，自仁反以来，冻者三矣。天其或者欲使吾乘冰以袭之也。"皝从之。自昌黎东践冰[6]而进，凡三百余里。至历林口[7]，舍辎重，轻兵趋平郭。去城七里，候骑以告仁，仁狼狈出战。皝纵击，擒之。先为斩其帐下之叛者，然后赐仁死。

二月，立皇后杜氏帝临轩，遣使备六礼[8]逆之，群臣毕贺。后，预孙女也。

前廷尉孔坦卒坦疾笃，庾冰省之，流涕。坦慨然曰："大丈夫将终，不问以济国安民之术，乃为儿女子相泣邪？"冰深谢之。

赵作太武殿、东、西宫赵作太武殿于襄国，作东、西宫于邺，皆甃以文石，以漆灌瓦，金珰银楹，珠帘玉壁[9]，穷极工巧。选士民之女以实之，服珠

---

1 河右：河西的别称，泛指黄河以西地区，相当于今天宁夏回族自治区和甘肃省一带。
2 消落：消散凋落。
3 慕恋：思慕留恋。
4 江、沔：长江、沔水。
5 奎娄：亦名降娄，十二星次之一，配十二辰为戌时，配二十八宿为奎、娄二宿。
6 践冰：踩着冰面。
7 历林口：古地名，位于今辽宁省辽河下游以西一带，营口市和盖州市海滨。
8 六礼：从议婚至完婚过程中的六种礼节，即纳采、问名、纳吉、纳征、请期、亲迎。
9 甃以文石，以漆灌瓦，金珰银楹，珠帘玉壁：用有纹理的石块砌成，用漆涂饰屋瓦，用金子装饰瓦当，用银装饰楹柱，用珍珠穿成帘子，用玉装饰墙壁。甃，用砖砌。

玉、被绮縠者万余人。教宫人占星气、马步射。以女骑千人为卤簿[1]，皆着紫纶巾[2]，熟锦[3]裤，执羽仪[4]，鸣鼓吹，游宴以自随。于是境内大旱，金一斤直粟二斗，百姓嗷然[5]。而虎用兵不息，百役并兴。徙洛阳钟虡、九龙、翁仲[6]、铜驼、飞廉于邺。又于邺南投石于河，以作飞桥[7]，功费数千万亿，竟不成。

丁酉三年（公元337年）

赵建武三年。

春，正月，赵王虎称赵天王初，左校令成公段作庭燎[8]于杠末，高十余丈，上盘置燎，下盘置人，虎试而悦之。至是文武五百余人入上尊号，庭燎油灌下盘，死者二十余人。虎恶之，腰斩成公段。

立太学国子祭酒袁瓌、太常冯怀以江左[9]浸安，请兴学校，帝从之。立太学，征集生徒。而士大夫习尚老、庄，儒术终不振。

秋，七月，赵王虎杀其太子邃，更立子宣为太子邃素骁勇，虎爱之。常谓群臣曰："司马氏父子兄弟自相残灭，故使朕得至此，如朕，有杀阿铁[10]理否？"既而邃骄淫残忍，好妆饰美姬，斩其首，与宾客传观，又烹其肉共食之。虎荒耽酒色，喜怒无常。使邃省可尚书事，诮责笞棰[11]，月至再三。邃私谓中庶子李颜等曰："官家难称[12]，吾欲行冒顿之事，卿从我乎？"颜等伏，不敢对。邃遂称疾不视事。佛图澄谓虎曰："陛下不宜数往东宫。"虎将视邃疾，

1　卤簿：古代帝王车驾出行扈从的仪仗队。
2　纶巾：古代用青色丝带做的头巾。
3　熟锦：精制的锦缎。
4　羽仪：仪仗中以羽毛装饰的旌旗之类。
5　嗷然：哀嚎貌。
6　翁仲：铜铸或石雕的雕像。传说秦始皇初兼天下，有长人见于临洮，其长五丈，足迹六尺，仿写其形，铸金人以象之，称为翁仲。
7　飞桥：保障攻城部队通过城外护城河的一种器材，又叫壕桥。
8　庭燎：宫廷中照明的火炬。
9　江左：长江下游南岸和长江部分中游东南岸，古称江左，或称江东。
10　阿铁：即石邃。
11　笞棰：以竹木之类的棍条抽打。
12　难称：难以满足。

思澄言而还。命所亲信女尚书往察之。邃抽剑击之。虎怒，收颜等诘问，颜具言状，杀颜等三十余人。废邃，杀之，并男女二十六人，同埋一棺。而立宣为太子。

慕容皝自称燕王镇军长史封奕等劝皝称王，皝从之。因以奕为国相。

燕称藩于赵燕王皝欲伐段氏，以其数侵赵边，乃遣使称藩于赵，乞师讨辽，而请悉众以会之。赵王虎大悦，厚加慰答[1]，期以明年。

赵纳代王翳槐于代，纥那奔燕。

杨初杀杨毅，自称仇池公，附于赵。

1　慰答：抚慰酬答。

卷

二十

起戊戌晋成帝咸康四年，尽己未[1]晋穆帝升平三年凡二十二年。

戊戌**四年**（公元338年）

赵建武四年。○成改号汉，中宗李寿汉兴元年。○代高祖什翼犍建国元年。
○旧大国一，汉、凉小国二，新小国一，凡四僭国。

春，赵王虎、燕王皝合兵攻段氏，破之。虎拔令支[2]，悉取其地赵王
虎击段辽，使桃豹等将舟师十万出漂渝津[3]，支雄等率步、骑七万为前锋。燕王
皝引兵攻掠令支以北，段辽将追之，慕容翰曰："今赵兵在南，当并力御之。
而更共燕斗，万一失利，何以御南敌乎？"段兰怒曰："吾前为卿所误，以成
今日之患，今不复堕卿计中矣！"乃悉众追之。皝设伏邀击，大破之，掠五千
户而归。虎进屯金台[4]。支雄长驱入蓟，辽所署渔阳、上谷、代郡守相皆降，取
四十余城。北平[5]相阳裕率数千家登燕山[6]以自固。诸将恐其为后患，欲攻之。
虎曰："裕儒生，矜惜[7]名节，耻于迎降耳，无能为也。"遂退之，至徐无[8]。辽
不敢复战，弃令支，奔密云山[9]。慕容翰奔宇文氏。虎入令支宫，徙二万余户于
司、雍、兖、豫四州，士大夫之有才行者，皆擢叙[10]之。阳裕诣军门降。

夏，四月，成李寿弑其主期而自立，改国号汉成主期骄虐[11]日甚，多
所诛杀，大臣多不自安。尤忌汉王寿威名，使出屯涪。寿惧不免，每当入朝，

1　己未：即公元359年。
2　令支：古县名，治所位于今河北省唐山市迁安县西。
3　漂渝津：古渡口名，位于今天津市海河北。
4　金台：古地名，又称黄金台、燕台，战国燕昭王造，以招天下贤士，位于今河北省保定
　　市易县东南。
5　北平：古郡名，改右北平郡置，辖今河北省兴隆、天津市蓟运河下游以东，河北省遵
　　化、丰润及唐山以西地区。
6　燕山：古山名，即今河北省唐山市玉田县西北一带燕山。
7　矜惜：珍惜，怜惜。
8　徐无：古县名，治所位于今河北省唐山市辖遵化市东。
9　密云山：古山名，又称横山，位于今北京市密云区南，因"山藏云雾"，故名。
10　擢叙：提拔叙用。
11　骄虐：骄矜暴虐。

常诈为边书[1]，辞以警急。初，巴西处士龚壮，父、叔皆为李特所杀。壮欲报仇，积年不除丧。寿数以礼辟之，壮不应。而往见寿，寿问自安之策。壮曰："蜀民本皆晋臣，节下[2]若能发兵西取成都，称藩于晋，则福流子孙，名垂不朽，岂徒脱今日之祸而已？"寿然之。遂袭成都。寿世子势为翊军校尉[3]，开门纳之，遂克成都，屯兵官门。奏杀大臣数人，纵兵大掠，数日乃定。矫太后任氏令，废期为县公，幽之。期缢而卒。罗恒、解思明等劝寿如壮策。寿用任调等言，遂自称帝，改国号曰汉，尊父骧帝号，更以旧庙为大成庙，后竟尽杀成主雄诸子。以安车束帛[4]征龚壮为太师，壮誓不仕，赠遗一无所受。

五月，赵王虎击燕，不克。燕慕容恪追击，大败之赵王虎以燕不会攻段辽而自专其利，伐之。又遣使四出招诱民夷，得三十六城。遂进逼棘城。皝欲出亡[5]，帐下将慕舆根谏曰："赵强我弱，大王一举足则赵之气势遂成，不可复敌矣。今固守坚城，其势百倍。事之不济，不失于走，奈何望风委去[6]，为必亡之理乎？"皝乃止，然犹惧形于色。玄菟太守刘佩曰："事之安危，系于一人。大王当自强以励将士，不宜示弱。事急矣，臣请出击之，纵无大捷，足以安众。"乃将敢死数百骑出卫赵兵，所向披靡，斩获而还。于是士气自倍，皝意乃安。根等昼夜力战，凡十余日，赵兵不能克而退。皝遣其子恪率二千骑追击之，赵兵大败，斩获三万余级。诸军皆溃，惟游击将军石闵一军独全。闵本姓冉，虎养为子，能骁勇善战，多策略，虎爱之，比诸孙。虎还邺，蒲洪以功拜都督六夷诸军事。闵言于虎曰："洪雄隽[7]，得将士死力，诸子皆有非常之才，且握强兵，据近畿[8]，宜密除之，以安社稷。"虎曰："吾方倚其父子以取吴、蜀，奈何杀之？"待之愈厚。皝分兵讨诸叛城，皆下之，诛灭甚众。虎遣

1　边书：寄自边地的书信。
2　节下：对将领的敬称。古代授节予将帅以加重职权，故敬称将领为节下。
3　翊军校尉：古官名，地位与北军五校尉同，大驾出行时，与五校并行护驾。
4　束帛：捆为一束的五匹帛，古代用为聘问、馈赠的礼物。
5　出亡：出走逃亡。
6　委去：不顾而去。
7　雄隽：雄俊，英武健壮。
8　近畿：邻近国都的地方。

曹伏将青州之众戍海岛，运谷三百万斛以给之。又以船三百艘运谷诣高句丽，使王典率众万余屯田海滨，又令青州造船千艘，谋复击燕。

赵冀州大蝗赵冀州八郡蝗，司隶请坐[1]守宰。赵王虎曰："此朕失政所致，而欲委咎守宰，岂罪己之意耶？司隶不进谠言，佐朕不逮，而欲妄陷无辜，可白衣领职[2]！"

以司徒导为太傅，都督中外诸军事。郗鉴为太尉，庾亮为司空。六月，更以导为丞相，罢司徒官导性宽厚，委任诸将赵胤、贾宁等，多不奉法，大臣患之。亮与鉴笺曰："主上自八九岁以及成人，入则在官人之手，出则唯武官、小人，读书无从受音句[3]，顾问[4]未尝遇君子。秦政欲愚其黔首，天下犹知不可，况欲愚其主哉？人主春秋既盛，不稽首归政，甫居师傅之尊，多养无赖之士。公与下官并荷托付，大奸不扫，何以见先帝于地下乎？"欲共起兵废导，鉴不听。或劝导密为之备，导曰："吾与元规休戚[5]是同，悠悠之谈，宜绝智者之口。则如君言，吾便角巾还第，复何惧哉？"孙盛谏亮曰："王公常有世外之怀，岂肯为凡人事邪？此必佞邪之徒，欲间内外耳。"亮乃止。是时亮虽居外镇，而遥执朝权，既据上流，拥强兵，趣势[6]者多归之。导内不能平，常遇西风尘起，举扇自蔽，徐曰："元规尘污[7]人。"导以李充为掾。充以时俗崇尚浮虚，尝以为老子绝仁弃义，盖患乎情仁义者寡，而利仁义者众耳。而凡人见形逐迹，离本逾远，乃作《学箴》以祛[8]其蔽，曰："名之攸[9]彰，道之攸废，乃损所隆，乃崇所替[10]。非仁无以长物[11]，非义无以齐耻[12]。仁义固不可远，

1　请坐：请求追究责任。
2　白衣领职：革除爵位品秩，以庶民的身份履行职务。
3　音句：读音和断句。
4　顾问：供帝王咨询的侍从之臣。
5　休戚：有利和不利的遭遇。
6　趣势：趋附权势。
7　尘污：尘垢污染。
8　祛：除去，消除。
9　攸：所。
10　替：衰落，废弃。
11　长物：使万物生长。
12　齐耻：统一羞耻观念。

去其害仁义者而已。"

秋，汉霖雨蜀中久雨，百姓饥疫。汉主寿命群臣极言得失。龚壮上封事曰："陛下起兵之初，上指星辰，昭告天地，歃血盟众，举国称藩，天应人悦，大功克集[1]。而论者未谕[2]，权宜称制。今淫雨百日，饥疫并臻，天其或者将以监[3]示陛下故也。愚谓宜遵前盟，推奉建康，彼必不爱高爵重位以报大功。虽降阶一等，而子孙无穷，永保福祚，不亦休哉？"寿省书内惭，秘而不宣。

冬，十月，光禄勋颜含致仕颜含以老逊位。时论者以王导帝之师傅，百僚宜为降礼[4]。太常冯怀以问含，含曰："王公虽贵重，理无偏敬。降礼之言，或是诸君事宜，鄙人老矣，不识时务。"既而告人曰："吾闻伐国不问仁人。向冯祖思问佞[5]于我，我岂有邪德[6]乎？"郭璞尝欲为之筮，含曰："年在天，位在人，修己而天不与者，命也；守道而人不知者，性也。自有性命，无劳蓍龟[7]。"致仕二十余年，年九十三而卒。

代王翳槐卒，弟什翼犍立代王翳槐之弟什翼犍质于赵，翳槐疾病，命诸大人立之。翳槐卒，诸大人以什翼犍在远，来未可必，谋立次弟孤。孤不可，自诣邺迎什翼犍，请身留为质。赵王虎义而俱遣之。什翼犍即位于繁峙北，分国之半以与孤。代自猗卢卒，国多内难，部落离散。什翼犍雄勇有智略，能修祖业。始置百官，分掌众务。以代人燕凤为长史，许谦为郎中令。制反逆[8]、杀人、奸盗之法，号令明白，政事清简[9]，无系讯连逮[10]之烦，百姓安之。于是东

1　克集：能够达成。克，能够。
2　谕：明白，清楚。
3　监：借鉴。
4　降礼：跪拜之礼。
5　佞：用花言巧语谄媚。
6　邪德：奸邪的德行。
7　无劳蓍龟：不用蓍草和龟甲占卜，而吉凶已经大白。蓍龟，蓍草和龟甲，古人用以占卜。
8　反逆：叛逆，谋反。
9　清简：清正不苛细。
10　系讯连逮：逮捕、审讯、株连。

自涉貊，西及破落那[1]，南距阴山，北尽沙漠，率皆归服，有众数十万人。

十二月，赵遣兵迎段辽，燕慕容恪击败之，以辽归，杀之段辽自密云山遣使求迎于赵，既而中悔，复遣使于燕。赵王虎遣麻秋率众迎之，敕秋曰："受降如受敌，不可轻也。"燕王皝亦自将迎辽，辽密与燕谋覆[2]赵军。皝遣恪伏精骑于密云山，大败秋兵，获其司马阳裕，尽得辽东。待辽以上宾之礼，以裕为郎中令。久之，辽谋反，皝斩之。

己亥**五年**（公元 339 年）

赵建武五年。

春，三月，庾亮表请伐赵，诏谕[3]止之亮欲开复[4]中原，表以桓宣镇襄阳，弟怿镇魏兴，翼镇江陵，毛宝、樊峻戍邾城[5]。上疏："欲率大众十万移镇石城[6]，遣诸军罗布[7]江、沔，为伐赵之规[8]。"帝下其议。丞相导请许之。太尉鉴议，以为："资用未备，不可大举。"太常蔡谟议曰："时有否泰[9]，道有屈伸，苟不计强弱而轻动，则亡不终日，何功之有？为今之计，莫若养威以俟时。时之可否，系胡之强弱。胡之强弱，系虎之能否。自石勒举事，虎常为爪牙，百战百胜，遂定中原。勒死之后，虎挟嗣君，诛将相，内难既平，翦削外寇，四境之内，不失尺土。以是观之，虎为能乎，将不能也？今征西欲自将大军席卷河南，虎必亲率其众来决胜负，欲与之战，何如石生？若欲城守，何如金墉？欲阻沔水，何如大江？欲拒石虎，何如苏峻？石生猛将，关中精兵，征西之战殆不能胜也。金墉险固，刘曜十万众不能拔。又当是时，洛阳、关中皆举兵击

1　破落那：古西域国名，汉时为大宛国，位于今塔吉克斯坦、乌兹别克斯坦等国交界的费尔干纳盆地。
2　覆：伏击，袭击。
3　诏谕：皇帝命令，皇帝颁布文书以告喻天下。
4　开复：收复。
5　邾城：古地名，位于今湖北省黄冈市黄州区北。
6　石城：古地名，位于今湖北省潜江市西。
7　罗布：罗列分布。
8　规：谋划。
9　否泰：指世道盛衰，人世通塞，运气好坏。

虎，今此三镇反为其用。方之于前，倍半[1]之势也。石生不能敌其半，而征西欲当其倍，愚所疑也。苏峻之强不及石虎，沔水之险不及大江，大江不能御苏峻，而欲以沔水御石虎，又所疑也。昔祖士稚[2]在谯，佃于城北界，豫置军屯[3]以御其外。谷熟胡至，丁夫[4]战于外，老弱获于内，多持炬火，急则烧谷而走。如此数年，竟不获利。当是时，胡唯据河北，方之于今，四分之一耳。士稚不能捍其一，而征西欲以御其四，又所疑也。然此但论征西既至之后耳，尚未论道路之虑也。自沔以西，水急岸高，鱼贯溯流[5]，首尾百里。若胡无宋襄之义[6]，及我未阵而击之，将如之何？今王土与胡，水陆异势，便习[7]不同。胡若送死，则敌之有余，若弃江远进，以我所短，击彼所长，惧非庙胜之算也。"朝议多与谟同，乃诏亮不听移镇[8]。

代王什翼犍求婚于燕什翼犍会诸大人，议都灅源川[9]。其母王氏曰："吾自先世以来，以迁徙为业。今国家多难，若城郭而居，一旦寇来，无所避之。"乃止。什翼犍求婚于燕，燕王皝以其妹妻之。

秋，七月，丞相、始兴公王导卒。以何充为护军将军[10]，庾冰为中书监、扬州刺史，参录尚书事导简素[11]寡欲，善因事就功，虽无日用之益，而岁计有余。辅相三世，仓无储谷，衣不重帛[12]。初，导与庾亮共荐丹杨尹何充于帝，且曰："臣死之日，愿引充内侍，则社稷无虞矣。"及导卒，诏丧葬参用天子之礼，谥曰文献。征庾亮为丞相，亮固辞。遂以充及亮弟冰参录尚书事。

1　倍半：超出一倍和仅有其半。谓一多一少，差距甚大。
2　祖士稚：即祖逖，字士稚。
3　豫置军屯：预先布置好驻屯的部队。军屯，驻屯的部队。
4　丁夫：壮健的男子。
5　溯流：逆着水流方向。
6　宋襄之义：亦作宋襄之仁，指对敌人讲仁慈的可笑行为，出自《左传·僖公二十二年》。
7　便习：习惯。
8　移镇：古时地方军政长官改换辖地。亦泛指官员调任。
9　灅源川：古地名，位于今桑干河下游川地，即今河北省张家口市阳原县一带。
10　护军将军：古官名，典武官选举，与中领军（领军将军）同掌禁军，出征时督护诸将，隶属领军。
11　简素：简约朴素。
12　衣不重帛：不重叠穿着丝织的衣服。形容衣着朴素。

冰经纶[1]时务，不舍昼夜，宾礼朝贤，升擢后进，由是朝野翕然称为贤相。初，导辅政，每从宽恕，至冰颇任威刑，丹杨尹殷融谏之。冰曰："前相之贤，犹不堪其弘[2]，况如吾者哉？"范汪谓冰曰："顷天文错度[3]，足下宜尽消御[4]之道。"冰曰："玄象[5]岂吾所测？正当勤尽人事耳！"又隐实[6]户口，料出无名万余人，以充军实。冰好为纠察[7]，近于繁细[8]，后益矫违[9]，复存宽纵，疏密自由，律令无用矣。

八月，改丞相为司徒。

太尉、南昌公郗鉴卒。以蔡谟都督徐、兖军事鉴疾笃，上疏曰："臣所统错杂，率多北人，迁徙新附，皆有归本[10]之心。臣宣国恩，示以好恶，处与[11]田宅，渐得少安。闻臣疾笃，众情骇动，若当北渡，必启寇心。太常臣谟，平简贞正[12]，素望所归，可为徐州。"鉴卒，即以谟代之。时左卫将军陈光请伐赵，诏遣攻寿阳[13]，谟上疏曰："寿阳城小而固。又，王师在路五十余日，前驱未至，声息久闻，贼河北之骑，足以来赴。况停船水渚[14]，引兵造城，前对坚敌，顾临[15]归路，此兵法之所诫也。今光所将皆殿中精兵，以国之爪士[16]击寇之下邑[17]，得之则利薄而不足损敌，失之则害重而足以益寇，非长策也。"乃止。

1　经纶：整理丝缕、理出丝绪和编丝成绳，也引申为筹划治理国家大事。
2　弘：宽容。
3　错度：错误地估计形势。
4　消御：消除，防御。
5　玄象：天象。
6　隐实：审核，核定。
7　纠察：举发督察。
8　繁细：繁琐细微。
9　矫违：矫枉过正。
10　归本：回到正路。
11　处与：分给他们。
12　平简贞正：平简，平和简易。贞正，坚贞端方。
13　寿阳：古县名，东晋孝武帝为避郑太后名讳，改寿春县置，治所即今安徽省淮南市寿县。
14　水渚：水边。
15　顾临：回头靠近。
16　爪士：卫士，禁卫军将士。
17　下邑：小地方，小县。

　　九月，赵人入寇，攻沔南[1]及邾城，陷之初，陶侃在武昌，议者以江北有邾城，宜分兵戍之。侃每不答，而言者不已。侃乃渡水猎，引将佐语之曰："我所以御寇者，长江耳。邾城隔在江北，内无所倚，外接群夷。夷中利深，晋人贪利，夷不堪命，必引虏入寇。此乃致祸之由也。若羯虏有可乘之会，又不资于此矣。"至是庾亮使毛宝、樊峻戍之，赵王虎遣夔安等将兵数万入寇，败晋兵，杀五将军。以二万骑攻邾城，宝求救于亮，亮不时遣[2]。沔南、邾城皆陷，宝、峻突围赴江死。安进寇江夏，义阳皆降。进围石城，竟陵太守李阳拒击，败之，乃退。时亮犹欲迁镇[3]，闻邾城陷，乃止。

　　赵以李巨为御史中丞 赵王虎患贵戚豪恣[4]，乃擢巨为中丞，中外肃然。虎曰："朕闻良臣如猛虎，高步[5]旷野而豺狼避路，信哉！"

　　汉杀其臣李演 罗恒、解思明复议奉晋，汉主寿不从。李演复上书言之，寿怒，杀演。寿常慕汉武、魏明之为人，耻闻父兄时事，上书者不得言先世政教，自以为胜之也。

　　冬，燕王皝遣长史刘翔来献捷 燕王皝自以称王未受晋命，遂遣长史刘翔来献捷论功，且言权假[6]之意，并请刻期大举，共平中原。皝又使其子恪、霸击宇文别部。霸年十三，勇冠三军。

　　张骏立辟雍、明堂。

庚子**六年**（公元 340 年）

　　赵建武六年。

　　春，正月，司空庾亮卒。以何充为中书令，庾翼都督江、荆等州军

1　沔南：沔水以南地区。
2　时遣：及时派遣援兵。
3　迁镇：迁移指挥部。
4　豪恣：骄横放纵。
5　高步：阔步，大步。
6　权假：暂时代理其职。

事时人疑翼年少，不能继其兄。翼悉心为治，戎政[1]严明，数年之间，公私充实，人皆称其才。

慕容翰自宇文部归于燕宇文逸豆归忌翰才名，翰乃佯狂乞食，举国贱之，不复省录[2]。以故得往来自遂[3]，山川形便[4]，皆默记之。燕王皝以翰因猜嫌[5]出奔，虽在他国，常潜为燕计，乃遣商人王车通市[6]于宇文部以迎之。翰遂窃逸豆归名马，携其二子逃归。皝大喜，厚遇之。

有星孛于太微。

三月，代始都云中。

秋，汉大阅[7]于成都赵王虎遗汉主寿书，欲连兵入寇，中分江南。寿大喜，集士卒为舟师，大阅于成都。龚壮谏曰："陛下与胡通，孰若与晋通？胡，豺狼也，既灭晋，不得不北面事之。若与争天下，则强弱不敌，危亡之势也。"群臣亦皆叩头泣谏，寿乃止。壮以为人之行莫大于忠孝，既报父、叔之仇，又欲使寿事晋，寿不从。乃诈称耳聋，辞归，以文籍[8]自娱，终身不复至成都。

冬，赵大发兵以伐燕。燕人袭之，入赵高阳。赵师还赵王虎合兵五十万，具船万艘，自河通海，运谷千一百万斛于乐安城[9]。徙辽西、北平、渔阳万余户于兖、豫、雍、洛。自幽州以东至白狼[10]，大兴屯田。括取[11]民马，敢匿者腰斩，凡得四万余匹。大阅于宛阳[12]，欲以击燕。燕王皝曰："虎自以乐安城防守重复，

1 戎政：军政，军事和政治。
2 省录：检视省察。
3 自遂：自行其意。
4 形便：有利的地理形势。
5 猜嫌：猜忌嫌怨。
6 通市：通商。
7 大阅：大规模地检阅军队。
8 文籍：文章典籍，也泛指书籍。
9 乐安城：古地名，位于今河北省唐山市乐亭县东北。
10 白狼：古县名，治所位于今辽宁省朝阳市喀喇沁左翼蒙古族自治县西南。
11 括取：搜刮，掠夺。
12 宛阳：古地名，又称阅马台，位于今河北省邯郸市临漳县西南、漳河南岸、邺县故城西。

蓟城南北必不设备，今若诡路[1]出其不意，可尽破也。"遂率诸军入自蠮螉塞[2]，直抵蓟城。破武遂津[3]，入高阳，所至焚烧积聚，略三万余家而去。赵兵乃还。

赵命其太子宣及弟韬迭省[4]尚书奏事赵王虎以韬为太尉，与宣迭日省可尚书奏事，不复启白[5]。司徒申钟谏曰："太子职在视膳[6]，不当预政，庶人鉴覆车[7]未远也。且二政分权，鲜不阶祸[8]。爱之不以道，适所以害之也。"虎不听。中谒者令[9]申扁有宠于虎，宣亦昵之，使典机密。虎既不省事，而宣、韬皆好酣饮、畋猎[10]，由是除拜、生杀皆决于扁，自九卿以下，望尘而拜[11]。

汉遣使如赵，赵人报之汉主寿致书于后赵王虎，署曰"赵王石君"，虎不悦。中书监王波曰："寿既僭大号，今以制诏[12]与之，彼必酬返[13]，不若复为书与之。"会挹娄国[14]献楛矢石砮[15]于赵，波因请以遗汉，曰："使其知我能服远方也。"虎从之，遣汉亡将李闳归报。闳至成都，寿下诏曰："羯使来庭，贡其楛矢。"虎闻之，怒，黜波，以白衣领职。

辛丑七年（公元 341 年）

赵建武七年。

1　诡路：间道，捷径。
2　蠮螉塞：古地名，即今居庸关，位于今北京市昌平区西北。
3　武遂津：古水名，易水流经河北省保定市徐水县西北遂城镇一段的俗称。
4　迭省：轮流决断。迭，按日轮换。
5　启白：陈述，禀告。
6　视膳：古代臣下侍奉君主或子女侍奉双亲进餐的一种礼节。也指皇帝用餐前，担任试毒的太子的职责。
7　覆车：翻车，比喻失败的教训。
8　阶祸：召致祸患，惹祸。
9　中谒者令：古官名，中谒者的主官。中谒者掌宾赞受事，即为天子传达命令的近侍。
10　畋猎：打猎。
11　望尘而拜：指迎候有权势的人，看见车扬起的尘土就下拜。形容卑躬屈膝的神态。
12　制诏：皇帝的命令。
13　酬返：以同样的形式回报。
14　挹娄国：古东北地区国名，辖我国东北黑龙江流域的一部分和远东地区一部分，前身为肃慎国。
15　楛矢石砮：楛矢，用长白山地区的楛木制作的箭杆。石砮，用松花江中坚硬的青石磨制的箭头。

春，正月，燕筑龙城[1]燕筑城于柳城之北、龙山[2]之西，立宗庙、宫阙，命曰龙城。

二月朔，日食。

封慕容皝为燕王刘翔至建康，帝引见，问慕容镇军[3]平安。对曰："臣受遣之日，朝服拜章[4]。"翔为皝求大将军、燕王章玺。朝议以为："故事，大将军不处边，异姓不封王。"翔曰："自刘、石构乱，长江以北，鞠为戎薮[5]，未闻中华公卿之胄有能摧破凶逆者也。独慕容镇军心存本朝，屡殄强敌，使石虎畏惧，蹙[6]国千里。功烈如此，而惜海北[7]之地不以为封邑，何哉？吾非苟尊所事，窃惜圣朝疏忠义之国，使四海无所劝慕[8]耳。"尚书诸葛恢，翔之姊夫也，独主异议，以为："夷狄相攻，中国之利。惟器与名，不可轻许。"乃谓翔曰："借使慕容镇军能除石虎，乃是复得一石虎也，朝廷何赖焉？"翔曰："嫠妇犹知恤宗周之隙[9]。今晋室阽危，君位侔元凯[10]，曾无忧国之心。慕容镇军枕戈待旦，志殄凶逆，而君更唱邪惑[11]之言。四海所以未一，良由君辈耳！"翔留岁余，众议终不决。会皝上表，罪状庾氏兄弟，又与冰书，责其当国[12]不能雪耻。冰惧，乃与何充奏从其请。以皝为大将军、幽州牧、大单于、燕王，备物典策，皆从殊礼。以翔为代郡太守。翔固辞不受。翔疾江南士大夫以骄奢酗纵[13]相尚，

1　龙城：古县名，即和龙城，又名黄龙城、龙都，治所即今辽宁省朝阳市。
2　龙山：古山名，一名和龙山，位于今辽宁省朝阳市东。
3　镇军：镇军将军的省称。
4　拜章：拜受慰问表彰。
5　鞠为戎薮：完全成为战乱聚集地。
6　蹙：缩小，减削。
7　海北：泛指僻远的北方。
8　劝慕：因受奖勉而有所企慕、向往。
9　嫠妇犹知恤宗周之隙：寡妇尚且知道怜悯周朝的陨灭。嫠妇，寡妇。
10　位侔元凯：地位和当年的八元八恺相当。
11　邪惑：为邪道所惑。
12　当国：执政，主持国事。
13　酗纵：纵酒。

尝因宴集[1]，谓充等曰："四海板荡[2]，奄逾三纪，宗社为墟，黎民涂炭，斯乃庙堂焦虑之时，忠臣毕命之秋也。而诸君宴安江沱[3]，肆情纵欲，以奢靡为荣，以傲诞[4]为贤。謇谔之言不闻，征伐之功不立，将何以尊主济民乎？"充等甚惭。乃遣使持节册命[5]，与翔偕北。公卿饯之，翔曰："昔少康资一旅以灭有穷，句践凭会稽以报强吴，蔓草[6]犹宜早除，况寇仇乎？今石虎、李寿，志相吞噬，王师纵未能澄清北方，且当从事巴蜀。一旦石虎先人举事，并寿而有之，据形便之地以临东南，虽有智者，不能善其后矣。"中护军谢广曰："是吾心也。"

三月，皇后杜氏崩。夏，四月，葬恭皇后。

诏正土断、白籍[7]。

秋，代筑盛乐城。

燕慕容恪镇平郭燕王皝以恪为度辽将军，镇平郭。恪抚旧怀新，屡破高丽兵。高丽畏之，不敢入境。

汉杀其仆射蔡兴、李嶷初，成主雄以俭约、宽惠得蜀人心。及李闳还，盛称邺中繁庶[8]，宫殿壮丽，且言赵王虎以刑杀御下，故能控制境内。寿慕之，大修宫室。人有小过，辄杀以立威。仆射蔡兴、李嶷皆坐直谏死，民疲于赋役，思乱者众。

壬寅**八年**（公元342年）

赵建武八年。

春，正月朔，日食。

---

1 宴集：宴饮集会。
2 板荡：《诗经·大雅》有《板》《荡》两篇，都是写当时政治黑暗、人民痛苦的，后来用"板荡"指政局混乱，社会动荡不安。
3 江沱：长江流域和沱江流域。
4 傲诞：骄傲放诞。
5 册命：古代帝王封立继承人、后妃及诸王、大臣的命令。
6 蔓草：爬蔓的草。
7 正土断、白籍：确定现在居住的籍贯，著录于户口版籍。
8 繁庶：繁荣富庶。

二月，**豫州刺史庾怿有罪，自杀**怿以酒饷[1]江州刺史王允之。允之觉其毒，饮犬，犬毙，密奏之。帝曰："大舅已乱天下，小舅复欲尔邪？"怿遂饮鸩[2]而卒。

夏，六月，**帝崩，琅邪王岳即位**帝幼冲嗣位，既长，颇有勤俭之德。至是不豫，或诈为尚书符，敕宫门无得内[3]宰相，众皆失色。庾冰曰："此必诈也。"推问，果然。帝二子丕、弈皆在襁褓。冰恐易世之后，亲属愈疏，为人所间，请以母弟琅邪王岳为嗣，帝许之。中书令何充曰："父子相传，先王旧典。且今将如孺子[4]何？"冰不听。帝乃诏冰、充及武陵王晞、会稽王昱、尚书令诸葛恢并受顾命而崩。琅邪王即位，亮阴[5]不言，委政于冰、充。

封成帝子丕为琅邪王，弈为东海王。

秋，七月，**葬兴平陵[6]。以何充都督徐州军事**帝徒行送丧，至阊阖门，乃升素舆[7]。既葬，临轩，庾冰、何充侍坐。帝曰："朕嗣鸿业[8]，二君之力也。"充曰："陛下龙飞[9]，臣冰之力也。若如臣议，不睹升平之世。"帝有惭色。充避诸庾，出镇京口。

冬，十月，**燕迁都龙城。**

十一月，**燕王皝击高句丽，入丸都，载其王钊父尸及母以归**慕容翰言于燕王皝曰："宇文屡为国患。今逸豆归篡窃得国，群情不附。加之庸暗[10]，将帅非才，国无防卫，军无部伍。臣久在其国，悉[11]其地形。今若击之，百举百克。然高句丽去国密迩，必乘虚掩吾不备。此心腹之患也，宜先除之。还取

1　饷：用酒食等款待。
2　饮鸩：喝用鸩鸟羽毛泡制的毒酒。也泛指服毒。
3　内：纳。
4　孺子：小孩子。
5　亮阴：帝王居丧。
6　兴平陵：东晋成帝司马衍的陵墓，位于今江苏省南京市东北鸡笼山南麓。
7　素舆：白车。
8　鸿业：大业。
9　龙飞：比喻帝王的兴起或即位。
10　庸暗：低下愚昧。
11　悉：熟悉。

宇文，如反手耳。二国既平，利尽东海，国富兵强，无返顾[1]之忧，然后中原可图也。"皝曰："善。"高句丽有二道，北道平阔，南道险狭，众欲从北道。翰曰："虏必重北而轻南。王宜率锐兵[2]从南道击之，出其不意，丸都不足取也。别遣偏师出北道，纵有蹉跌，其腹心已溃，四肢无能为也。"皝从之。自将劲兵四万出南道，以翰及慕容霸为前锋。别遣长史王寓等将兵万五千出北道以伐高句丽。其王钊果遣弟武率精兵拒北道，自率羸兵备南道。翰等先至，与钊合战，皝以大众继之，高句丽兵大败。诸军乘胜，遂入丸都。钊单骑走，获其母、妻。会王寓等战于北道，皆败没，皝不复穷追，遣使招钊，不出。韩寿曰："高句丽之地，不可戍守。今其主亡民散，潜伏山谷，大军既去，必复鸠聚[3]，收其余烬，犹足为患。请载其父尸，囚其生母而归。俟其束身[4]自归，然后返之。抚以恩信，策之上也。"皝遂发钊父墓，载其尸，虏男女五万余口，毁丸都城而还。

十二月，立皇后褚氏时征后父、豫州刺史褚衷为侍中。衷以后父，不愿居中任事，乃除江州刺史，镇半洲[5]。

赵作长安、洛阳宫赵王虎作台、观四十余所于邺，又营长安、洛阳二宫，作者四十余万人。又敕境内治南伐、西讨、东征之计，皆三五发卒[6]。造甲者五十余万人，船夫十七万人。公侯、牧宰，竞营私利，百姓失业。贝丘[7]人李弘因众怨，谋作乱，事发，诛之，连坐者数千家。

赵征兵入寇济南平陵[8]城北石虎一夕移于城东南，有狼、狐千余迹随之，迹皆成蹊[9]。虎喜曰："石虎者，朕也；自西北徙而东南，天意欲使朕平荡江南

1　返顾：回头看。
2　锐兵：精锐的士卒。
3　鸠聚：聚集。
4　束身：自缚其身，表示归顺。
5　半洲：古地名，位于今江西省九江市西。
6　三五发卒：五人中征发三人服役。
7　贝丘：古县名，治所位于今山东省聊城市辖临清市南。
8　平陵：古县名，治所位于今山东省济南市辖章丘市西北平陵城。
9　成蹊：变成了一条小路。

也。其敕诸州兵明年悉集，朕当亲董[1]六师，以奉天命。"群臣皆贺，上《皇德颂》者一百七人。制："征士[2]五人出车一乘，牛二头，米十五斛，绢十匹，不办者斩。"民鬻子以供，犹不能给，自经于道树者相望。

癸卯**康皇帝建元元年**（公元 343 年）

赵建武九年。

春，二月，高句丽王钊朝贡于燕燕还其父尸，留母为质，数年而后归之。

秋，七月，诏议经略中原。庾翼表遣梁州刺史桓宣伐赵翼在武昌，数有妖怪，欲移镇乐乡。王述与庾冰笺曰："乐乡去武昌千有余里，数万之众，一旦移徙，兴立城壁[3]，公私劳扰。又江州当溯流供给，力役增倍。且武昌实江东镇戍之中，非但捍御上流而已。缓急赴告[4]，骏奔[5]不难。若移乐乡，远在西陲，一朝江渚[6]有虞，不相接救。方岳重将，固当居要害之地，为内外形势，使窥觎[7]之心不知所向。昔秦忌亡胡之谶，卒为刘、项之资；周恶檿弧之谣，而成褒姒之乱[8]。是以达人君子，直道而行，禳避[9]之道，皆所不取。正当择人事之胜，理社稷之长计耳。"翼乃止。翼为人慷慨，喜功名，不尚浮华。琅邪内史桓温，彝之子也，尚南康公主，豪爽有风概[10]。翼与之友善，尝荐于成帝曰："温有英雄之才，愿勿以常婿畜之。宜委以方、邵之任[11]，必有弘济之勋。"

1　董：监督管理。
2　征士：出征的士兵。
3　兴立城壁：兴立，兴办，创建。城壁，城墙。
4　赴告：以崩薨及祸福之事相告。
5　骏奔：急速奔走。
6　江渚：江边。
7　窥觎：觊觎。
8　秦忌亡胡之谶，卒为刘、项之资；周恶檿弧之谣，而成褒姒之乱：秦王嬴政忌惮胡人将灭亡秦国的谶言，最终被刘邦、项羽所利用；周宣王厌恶檿弧的童谣，却造成周幽王时的褒姒之乱。檿弧，山桑木制的弓。西周宣王时有童谣曰："檿弧箕服，实亡周国。"
9　禳避：祭神避祸。
10　风概：风骨，节操。
11　方、邵之任：像周宣王时方叔、邵虎所担任的重任。

时杜乂、殷浩并才名冠世，翼独弗之重也，曰："此辈宜束之高阁，俟天下太平，然后徐议其任耳。"浩累辞征辟，屏居十年，时人拟之管、葛[1]。谢尚、王濛常伺其出处，以卜江左兴亡。尝相与省[2]之，知浩有确然[3]之志，既退，相谓曰："深源不起，当如苍生何？"翼请浩为司马。诏除侍中、安西军司，浩不应。翼遗之书曰："王夷甫[4]立名非真，虽云谈道，实长华竞[5]。明德君子，遇会处际[6]，宁可然乎？"浩犹不起。浩父羡为长沙相，在郡贪残，庾冰与翼书属之。翼报曰："殷君骄豪，亦似由有佳儿，弟故小令物情容之。大较江东之政，妪煦[7]豪强。时有行法，辄施之寒劣[8]。如往年偷石头仓米一百万斛，皆是豪将[9]辈，而杀仓督监[10]以塞责。山遐为余姚[11]长，为官出豪强所藏二千户，而众共驱之，令不得安席。虽皆前宰惛谬[12]，江东事去，实此之由。兄弟不幸，横陷此中，不能拔足于风尘之外，当共明目[13]而治之。荆州所统二十余郡，唯长沙最恶。恶而不黜，与杀督监者复何异邪？"翼以灭胡取蜀为己任，使约燕、凉，刻期大举。朝议多以为难，唯冰意与之同，而桓温、谯王无忌皆赞成之。至是，诏议经略中原。翼欲悉众北伐，表桓宣督诸军趋丹水，桓温为前锋小督，率众入临淮，并发所统六州奴及车牛驴马，百姓嗟怨[14]。

汉主寿卒，太子势立。

庾翼移镇襄阳。诏以翼都督征讨军事，庾冰都督荆、江等州军事。

1　管、葛：管仲、诸葛亮。
2　省：探望，问候。
3　确然：刚强，坚定。
4　王夷甫：即王衍，字夷甫，西晋琅邪王氏代表人物，玄学清谈领袖，王澄之兄，王敦之族兄。
5　虽云谈道，实长华竞：虽说是在谈论玄道，其实助长了浮华豪奢之风。
6　遇会处际：遇到机会。
7　妪煦：纵容，生养覆育。
8　寒劣：贫穷或地位低下的人。
9　豪将：强横的将领。
10　仓督监：古官名，负责管理仓库。
11　余姚：古县名，治所即今浙江省余姚市，姚江北岸。
12　惛谬：糊涂荒谬。
13　明目：使眼睛看得清楚。
14　嗟怨：嗟叹怨恨。

征何充为扬州刺史、录尚书事翼欲移镇襄阳，恐朝廷不许，乃奏移镇安陆。帝遣使譬止[1]之。翼遂违诏北行，至夏口，复请镇襄阳。翼时有众四万，诏加翼都督征讨诸军事。遣冰出镇武昌以为继援。征充辅政，又征褚裒为卫将军，领中书令。裒以近戚[2]畏嫌，寻复出，督兖州，镇金城。

甲辰二年（公元344年）

赵建武十年。汉主李势太和元年。

春，正月，赵大阅罢兵赵主虎享群臣于太武殿，有白雁百余集马道[3]之南。时诸州兵集者百余万，太史令赵揽曰："白雁集庭，宫室将空之象，不宜南行。"虎乃临宣武观，大阅而罢。

燕王皝击灭宇文部，逸豆归走死。皝还，杀其兄翰燕王皝与左司马高诩谋伐宇文逸豆归，诩曰："伐之必克，然不利于将。"出而告人曰："吾往必不返，然忠臣不避也。"于是皝自将，以慕容翰为前锋。逸豆归遣南罗大[4]涉夜干将兵逆战，皝遣人谓翰曰："涉夜干勇冠三军，宜小避之。"翰曰："涉夜干素有勇名，一国所赖。今吾克之，其国不攻自溃矣。然吾熟其为人，虽有虚名，实易与耳。不宜避之，以挫吾兵气。"遂进战，斩之。宇文士卒不战而溃，燕兵乘胜逐之，遂克其都城。逸豆归走死漠北，宇文氏由是散亡。皝徙其部众于昌黎，辟地千余里。高诩中流矢卒。诩善天文，皝尝谓曰："卿有佳书而不见与，何以为忠尽[5]？"诩曰："臣闻人君执要，人臣执职。执要者逸，执职者劳。是以后稷播种，尧不预焉。占候[6]、天文，晨夜甚苦，非至尊之所宜亲，殿下将安用之？"皝默然。翰与宇文氏战，为流矢所中，卧病积时。后渐差，

1　譬止：劝阻。
2　近戚：近亲。
3　马道：校场或城墙上跑马的路。
4　南罗大：即涉夜干城。胡三省注："南罗，城名。大，城大也。"南罗，位于今内蒙古辽河上源西拉木伦河或老哈河流域。
5　忠尽：尽忠。
6　占候：视天象变化以附会人事，预言吉凶。

于其家试骋马[1]。或告翰欲为变，虓虽藉[2]翰勇略，然终忌之，乃赐翰死。翰曰：
"吾负罪出奔，既而复还，死已晚矣。然羯贼跨据[3]中原，吾不自量，欲为国家
荡一区夏[4]，此志不遂，没有遗恨[5]。"饮药而卒。

荧惑守房心[6]。赵杀其中书监王波赵太子宣怒领军王朗，会荧惑守房，
使赵揽言于赵王虎曰："宜以贵臣王姓者当之。"虎曰："谁可者？"揽曰："无
贵于王领军。"虎问其次，揽无以对，因曰："唯王波耳。"虎乃下诏，追罪波
前议楛矢事，腰斩之。既而愍其无罪，追赠司空。

桓宣及赵兵战于丹水，败绩宣击赵将李罴于丹水，为罴所败，惭愤而
卒。庾翼遣子方之代领宣众。

秋，九月，帝崩，太子聃即位，尊皇后曰皇太后。太后临朝称制帝
疾笃，庾冰、庾翼欲立会稽王昱为嗣，何充建议立皇子聃。乃立聃为皇太子。
帝崩，充奉太子即位，由是冰、翼深恨充。帝方二岁，太后临朝称制。充荐褚
衰宜综朝政，衰固请居藩，改督徐、兖，镇京口。尚书奏："衰见太后，在公
庭则如臣礼，私觌[7]则严父。"从之。

冬，十月，葬崇平陵[8]。

荆、江都督庾冰卒。庾翼还镇夏口冰卒，翼留方之戍襄阳，还镇夏口。
诏翼复督江州。翼缮修[9]军器，大佃[10]积谷，以图后举。

乙巳**孝宗穆皇帝**永和元年（公元345年）

赵建武十一年。〇燕王慕容皝十二年。〇旧大国一，汉、凉、代小国三，

1　骋马：纵马奔驰。
2　藉：借助。
3　跨据：据有，跨有。
4　荡一区夏：荡平统一华夏。区夏，诸夏之地，指华夏，中国。
5　没有遗恨：死了也会有遗憾。
6　房心：二十八宿中房宿和心宿的并称，旧时象征明堂。
7　私觌：非公事相见。
8　崇平陵：东晋康帝司马岳的陵墓，位于今江苏省南京市东紫金山西南麓。
9　缮修：修缮，修补。
10　大佃：大规模地屯田。

新小国一，凡五僭国。

春，正月，赵大发民治长安、洛阳宫赵王虎发诸州四十余万人治未央、洛阳宫，造猎车[1]千乘，刻期校猎。自灵昌津[2]南至荥阳数千里为猎场。犯其禽兽者，罪至死。增置女官二十四等，大发民女三万余人以配之。郡县多强夺人妻，杀其夫，荆楚、扬、徐流叛[3]略尽。守、令坐不能绥怀，下狱诛者五十余人。光禄大夫逯明切谏，虎怒，杀之。

燕罢苑囿以给[4]新民燕王皝以牛假贫民，使佃苑中，税其什之八，自有牛者税其七。记室参军封裕谏，以为：“古者什一而税，天下之中正[5]也。降及魏、晋，仁政衰薄，犹不取其什八也。今殿下拓地三千里，增民十万户，其无田者十有三四，是宜悉罢苑囿以赋[6]新民，无牛者官赐之牛，不当更收重税也。今官司猥多[7]，皆宜澄汰[8]。工商末利，宜立常员[9]。学生三年无成，当归之于农。参军王宪、大夫刘明近以言忤旨，免官禁锢。长史宋该阿媚[10]苟容，轻劾[11]谏士，不忠之甚者也。”皝乃下令，悉从其言。仍赐裕钱五万，宣示内外，欲陈过失者，勿有所讳。皝雅好文学，常亲临庠序讲授，考校[12]学徒至千余人，颇有妄滥[13]者，故裕及之。

以会稽王昱为抚军大将军，录尚书六条事[14]诏征褚裒辅政。尚书刘遐说之曰：“会稽王令德雅望[15]，足下宜以大政授之。”裒乃固辞，归藩。昱清虚寡

1　猎车：帝王等出猎时所乘之车。
2　灵昌津：古黄河重要渡口之一，位于今河南省新乡市延津县北。
3　流叛：流亡叛变。
4　给：供应。
5　中正：正道。
6　赋：给予。
7　猥多：众多，繁多。
8　澄汰：清洗，淘汰。
9　工商末利，宜立常员：从事工商业获利，应当设置固定人数。
10　阿媚：阿谀奉承。
11　轻劾：轻率地弹劾。
12　考校：考试。
13　妄滥：随意且不加节制。
14　录尚书六条事：参录、分录尚书事之意。
15　令德雅望：令德，高尚的道德。雅望，清高的名望。

欲，尤善玄言[1]，常以刘惔、王濛、韩伯为谈客，郗超、谢万为掾属。超，鉴之孙也，少卓荦不羁[2]。父愔，简默冲退[3]而啬[4]于财，积钱至数千万。尝开库任超所取，超散施亲故，一日都尽。万，安之弟也，清旷秀迈[5]，亦有时名[6]。

二龙见于燕之龙山燕有黑白二龙见于龙山，交首游戏，解角[7]而去。燕王皝祀以太牢，命所居新宫曰和龙。是岁始不用晋年号，自称十二年。

秋，七月，江州都督庾翼卒，以桓温都督荆、梁等州军事翼病，表子爱之为荆州刺史，委以后任[8]。及卒，朝议以诸庾世在西藩[9]，人情所安，欲从其请。何充曰："荆楚，国之西门，户口百万，北带强胡，西邻劲蜀。得人则中原可定，失人则社稷可忧。陆抗所谓'存则吴存，亡则吴亡'者也。岂可以白面少年当之哉？桓温英略[10]过人，有文武器干[11]，西夏[12]之任，无出温者。"丹杨尹刘惔每奇温才，然知其有不臣之志，谓会稽王昱曰："温不可使居形胜之地，其位号常宜抑之。"劝昱自镇上流，以己为军司。昱不听，以温代翼，又以惔监沔中军，代庾方之。

汉主势杀其弟广汉主势之弟广，以势无子，求为太弟，不许。马当、解思明谏曰："陛下兄弟不多，若复有所废，将益孤危。"固请，许之。势疑其与广有谋，收斩之。袭广于涪城，广自杀。思明被收，叹曰："国之不亡，以我数人在也。今其殆矣。"思明有智略，敢谏诤。当素得人心，及其死，士民无不哀之。

1　玄言：魏晋间崇尚老、庄玄理的言论或言谈。
2　卓荦不羁：卓越超群，不甘受拘束。
3　简默冲退：简默，简约沉默。冲退，谦让。
4　啬：过分爱惜。
5　清旷秀迈：清旷，清朗开阔。秀迈，俊秀超逸。
6　时名：当时的声名或声望。
7　解角：脱角。
8　后任：继任某一职务的人。
9　西藩：西部边境地区。
10　英略：英明而有谋略。
11　器干：才干。
12　西夏：河西及荆、襄一带。

冬，十二月，张骏自称凉王是岁，骏分境内二十二郡三营为凉、河、沙州，骏自称大都督、大将军、假凉王，督摄[1]之。始置祭酒等官，车服拟于王者。

赵以姚弋仲为冠军大将军弋仲清俭鲠直[2]，不治威仪，言无畏避，赵王虎甚重之。

丙午二年（公元 346 年）

赵建武十二年。汉嘉宁元年。

春，正月，扬州刺史、都乡侯何充卒充有器局[3]，临朝正色，以社稷为己任。所选用皆以功效，不私亲旧。卒，谥曰"文穆"。

燕袭夫余，拔之，虏其王玄以归。

二月，以光禄大夫蔡谟领[4]司徒。

三月，以顾和为尚书令，殷浩为扬州刺史褚裒荐顾和、殷浩。诏以和为尚书令，浩为扬州刺史。和有母丧，固辞不起，谓所亲曰："古人有释衰绖从王事者，以其才足干时[5]故也。如和者，正足以亏孝道、伤风俗耳。"浩亦固辞。会稽王昱与浩书曰："属当厄运，危弊理极，足下沈识淹长，足以经济[6]。若复深存挹退[7]，苟遂本怀[8]，吾恐天下之事于此去矣。足下去就，即时之废兴也。国家不异，宜深思之。"浩乃就职。

夏，四月朔，日食。

五月，凉王张骏卒，世子重华立。

1　督摄：监督代理。
2　鲠直：刚直，率直。
3　器局：器量，度量。
4　领：兼任。
5　干时：治世，用世。
6　属当厄运，危弊理极，足下沈识淹长，足以经济：国家正当困厄的命运，危殆的弊病已经到达顶点，足下的见识深远、广博、出众，足以经世救国。
7　挹退：谦抑退让。
8　本怀：本来的心愿。

赵杀其尚书朱轨，立私论朝政法赵中黄门严生恶朱轨，会久雨，谮轨不修道路，谤讪朝政，赵王虎囚之。蒲洪谏曰：“陛下德政不修，天降淫雨[1]，七旬乃霁。霁方二日，虽有鬼兵百万，亦未能去道路之涂潦[2]，而况人乎？愿止作徒[3]，罢苑囿，出宫女，赦朱轨，以副众望。”虎虽不悦，亦不之罪，为之罢长安、洛阳作役，而竟诛轨。又立私论朝政之法，听吏告其君，奴告其主。公卿以下朝觐以目，不敢相过谈语。

赵攻凉州，张重华遣主簿谢艾将兵逆战，大破之赵遣将军王擢、麻秋击凉州，张重华悉发境内兵，使裴恒将以御之。久而不战，司马张耽曰：“国之存亡在兵，兵之胜败在将。今议者举将，多推宿旧[4]。夫韩信之举，非旧德也。盖才之所堪，则授以事。主簿谢艾，兼资文武，可用也。”重华召艾，问以方略。艾愿请兵七千人，必破赵以报。重华拜艾中坚将军[5]，给步、骑五千。艾引兵出，夜有二枭[6]鸣于牙中[7]，艾曰：“六博得枭者胜[8]。今枭鸣牙中，克敌之兆也。”进与赵战，大破之。麻秋之克金城也，县令车济不降，伏剑而死。秋又遣书诱致宛戍都尉宋矩，矩曰：“为人臣，功既不成，唯有死节耳！”先杀妻子，而后自刭。秋曰：“皆义士也。”收而葬之。

冬，汉李弈举兵攻成都，不克而死汉主势骄淫，不恤国事，罕接公卿，信任左右，谗谄并进，刑罚苛滥[9]，由是中外离心。太保李弈自晋寿[10]举兵反，众至数万。势登城拒战，射杀之。蜀土先无獠[11]，至是始出，自巴西至犍为、梓潼，布满山谷十余万落，不可禁制，大为民患。加以饥馑，四境萧条。

1　淫雨：下个不停的雨。
2　涂潦：道路泥泞积水。
3　作徒：被判徒刑而罚作劳役的人。
4　宿旧：旧交，老友。
5　中坚将军：古官名，杂号将军名，掌领兵征战。
6　枭：猫头鹰。
7　牙中：牙中军军营。牙中军即牙兵，亲兵。
8　六博得枭者胜：玩六博棋时，得到“枭”的人获胜。
9　苛滥：过严或过宽。
10　晋寿：古县名，治所位于今四川省广元市西南。
11　獠：即僚，古族名，分布于今广东、广西、湖南、四川、云南、贵州等地区。

十一月，**桓温率师伐汉**桓温将伐汉，将佐皆以为不可。江夏相袁乔曰："夫经略大事，固非常情所及，智者了于胸中，不必待众言皆合也。今为天下患者，胡、蜀二寇而已。蜀虽险固，比胡为弱，将欲除之，宜先其易者。李势无道，臣民不附，且恃其险远，不修战备。宜以精卒万人轻赍疾趋[1]，比其觉之，我已出其险要，可一战擒也。蜀地富饶，户口繁庶，诸葛武侯用之抗衡中夏。若得而有之，国家之大利也。论者恐大军既西，胡必窥觎[2]，此似是而非。胡闻我万里远征，以为内有重备，必不敢动。纵有侵轶[3]，缘江[4]诸军足以拒守，必无忧也。"温拜表即行，委长史范汪以留事。朝廷以蜀道险远，温众少而深入，皆以为忧，惟刘惔以为必克。或问其故，惔曰："以博[5]知之。温善博者也，不必得则不为。但恐克蜀之后，专制朝廷耳。"

丁未三年（公元 347 年）

赵建武十三年。〇是岁汉亡，大国一，凉、代、燕小国三，凡四僭国。

春，三月，桓温败汉兵于笮桥[6]，进至成都，汉主势降。诏以为归义侯温军至青衣[7]，汉大发兵，趋合水[8]以拒之。诸将欲设伏于江南以待晋兵，将军昝坚不从，引兵向犍为。温军至彭模[9]，议者欲分为两军，异道俱进，以分汉兵之势。袁乔曰："今悬军深入，当合势力，以取一战之捷。万一偏败，大事去矣。不如全军而进，弃去釜甑[10]，赍三日粮，以示无还心，胜可必也。"温从

1　轻赍疾趋：轻装迅速前进。轻赍，随身携带少量的粮食。
2　窥觎：伺隙图谋。
3　侵轶：侵犯袭击。
4　缘江：沿江。
5　博：古代的一种棋戏，后来泛指赌博。
6　笮桥：古桥名，又名夷星桥、夷里桥、竺桥，战国时秦建，位于今四川省成都市西南南河上。
7　青衣：古地名，指今四川省乐山市。
8　合水：古水名，位于今四川省眉山市彭山县东北府河注入岷江处。《水经·江水》："又东南过犍为武阳县，青衣水、沫水从西南来，合而注之，故名合水。"
9　彭模：古地名，亦名彭亡城、平无城，位于今四川省眉山市彭山县东北。
10　釜甑：釜和甑，皆古煮饭器具名。

之。留参军孙盛将羸兵守辎重，自将步卒直指成都。进遇汉将李权，三战三捷，汉兵散走。昝坚至犍为，乃知与温异道，还，至则温军于成都之十里陌[1]矣，坚众自溃。势悉众出战于笮桥，温前锋不利，矢及温马首。众惧，欲退，而鼓吏[2]误鸣进鼓，袁乔拔剑督士卒力战，遂大破之。温乘胜长驱，至成都，纵火烧其城门。汉人惶惧，无复斗志。势舆榇面缚诣军门，温送势于建康，引汉司空谯献之等以为参佐，举贤旌善[3]，蜀人悦之。留成都三十日，振旅还江陵。诏封势归义侯。

夏，四月，赵攻凉州。张重华遣谢艾将兵击破之赵麻秋攻枹罕。晋昌[4]太守郎坦欲弃外城。武成太守张悛曰："弃外城则动众心，大事去矣。"固守大城。秋率众八万围堑数重，云梯地突，百道皆进。城中御之，秋众死伤数万，退保大夏[5]。张重华遣谢艾率步、骑三万进军临河。艾乘轺车[6]，戴白帽[7]，鸣鼓而行。秋望见，怒曰："艾年少书生，冠服如此，轻我也。"命黑矟龙骧[8]三千人驰击之，艾左右大扰。艾踞胡床，指麾处分[9]，赵人以为有伏兵，惧不敢进。别将张瑁自间道引兵截赵军后，赵军退，艾乘势追击，大破之。赵王虎复遣孙伏都率步、骑二万会秋军，长驱济河。艾又破之。虎叹曰："吾以偏师定九州，今以九州之力困于枹罕，彼有人焉，未可图也。"

赵筑华林苑赵王虎据十州之地，聚敛财物，不可胜纪。犹以为不足，悉发前代陵墓，取其金宝。沙门吴进言于虎曰："胡运将衰，晋当复兴，宜苦役晋人以厌其气。"虎遂发近郡男女十六万人，车十万乘，运土筑华林苑及长墙于邺北。燃烛夜作，暴风大雨，死者数万人。郡国前后送苍麟十六、

1　十里陌：古地名，位于今四川省成都市南十里。
2　鼓吏：掌鼓的官吏。
3　举贤旌善：举拔贤能，奖掖善事。
4　晋昌：古郡名，辖今甘肃省酒泉市安西县和肃北蒙古族自治县北部、玉门市西部地。
5　大夏：古县名，治所位于今甘肃省临夏回族自治州广河县西北。
6　轺车：一匹马拉的轻便车。
7　白帽：白色便帽。
8　黑矟龙骧：装备黑色矛的龙骧兵。
9　指麾处分：指麾，指挥。处分，调度，指挥。

白鹿七，虎命司虞[1]调之以驾芝盖[2]。命太子宣祈福于山川，因行游猎。宣乘大辂[3]，羽葆华盖[4]，建天子旌旗，戎卒十八万，出自金明门。虎升陵霄观望之，笑曰："我家父子如是，自非天崩地陷，当复何愁？但抱子弄孙，日为乐耳。"宣所舍，纵猎，士卒饥冻，死者万余人。所过三州十五郡，资储皆无孑遗[5]。虎复命秦公韬继出，自并州至于秦、雍，亦如之。宣怒其与己钧敌[6]，宦者赵生劝宣除之。

冬，十月，以张重华为凉州刺史、西平公遣侍御史俞归授重华官爵。重华欲称凉王，未肯受诏，使所亲私谓归曰："主公弈世为晋忠臣，今曾不如鲜卑，何也？"归曰："吾子失言！昔三代之王也，爵之贵者莫若上公。及周之衰，吴、楚始僭号称王，而诸侯亦不之非，盖以蛮夷畜之也。借使齐、鲁称王，诸侯岂不四面攻之乎？汉高祖封韩、彭为王，寻皆诛灭，盖权时之宜，非厚之也。圣上以贵公[7]忠贤，故爵以上公，任以方伯，宠荣极矣，岂鲜卑夷狄所可比哉？且吾闻之，功有大小，赏有重轻。今贵公始继世而为王，若率河右之众，东平胡、羯，修复陵庙，迎天子返洛阳，将何以加之乎？"重华乃止。

杨初遣使称藩，诏以初为雍州刺史、仇池公。

戊申**四年**（公元348年）

赵建武十四年。

秋，八月，赵太子宣杀其弟韬，伏诛秦公韬有宠于赵王虎，欲立之，以太子宣长，犹豫未决。宣谓所幸杨杯、赵生曰："汝能杀韬，当以韬之国邑分封汝等。韬死，主上必临丧，吾因行大事，蔑不济矣。"八月，杯等杀韬，

---

1 司虞：古官名，掌牧养白鹿、苍麟，以作为驾乘。
2 芝盖：车盖或伞盖。芝形如盖，故名。
3 大辂：亦作大路，玉辂，古时天子所乘之车。
4 羽葆华盖：帝王仪仗中以鸟羽联缀为饰的华盖。
5 孑遗：残存，遗留。
6 钧敌：均等，势均力敌。
7 贵公：对居上公贵位者的尊称。

虎哀惊气绝，久之方苏。将出临其丧，司空李农谏曰："害秦公者未知何人，銮舆[1]不宜轻出。"虎乃止。既而事觉，虎囚宣，杀之邺北，穷极惨酷，纵火焚之。虎登中台观。取灰分置诸门交道[2]中。杀其妻子九人，宣小子才数岁，虎素爱之，抱之而泣，欲赦之。大臣不听，取杀之。儿挽虎衣大叫，至于绝带[3]，虎因此发病。东宫卫士十余万人，皆谪戍[4]凉州。

加桓温征西大将军朝廷论平蜀之功，欲以豫章郡封桓温。左丞荀蕤曰："温若复平河、洛，将何以赏之？"乃加温征西大将军、开府仪同三司，封临贺郡公。温既灭蜀，威名大振，朝廷惮之。会稽王昱以殷浩有盛名，朝野推服[5]，乃引为心膂，与参综朝权，欲以抗温，由是与温浸相疑贰。浩以王羲之为护军将军。羲之以为内外协和[6]，然后国家可安，劝浩不宜与温构隙[7]，浩不从。

九月，燕王皝卒，世子儁立皝有疾，召儁属之曰："今中原未平，方资贤杰以经世务。恪智勇兼济，才堪任重，汝其委之。阳士秋士行[8]高洁，忠干贞固[9]，可托大事，汝善待之。"卒，谥曰"文明"。

赵立子世为太子赵王虎议立太子，太尉张举曰："燕公斌有武略，彭城公遵有文德，惟陛下所择。"虎之拔上邽也，将军张豺获前赵主曜幼女，有殊色[10]，纳于虎。虎嬖之，生齐公世。豺乃说虎曰："陛下再立太子，其母皆贱，故祸乱相寻[11]，今宜择母贵子孝者立之。"虎纳其言，令公卿上疏请之。大司农曹莫不肯署名，虎问其故，莫顿首曰："天下重器，不宜立少，故不敢署。"虎称其忠而不能用，遂立世为太子，以刘昭仪为后。

1　銮舆：皇帝的车驾。
2　交道：十字路口。
3　绝带：拽断腰带。
4　谪戍：因罪而被遣送至边远地方担任守卫。
5　推服：推许佩服。
6　协和：和睦，融洽。
7　构隙：结怨。
8　阳士秋士行：阳士秋，即阳骛，字士秋。士行，士大夫的操行，多含褒义。
9　忠干贞固：忠干，忠诚干练。贞固，坚守正道。
10　殊色：绝色，特别美丽的姿色。
11　祸乱相寻：指灾祸、战乱一个接一个地发生。寻，接连不断而来。

冬，十二月，以蔡谟为司徒谟上疏固让，谓所亲曰："我若为司徒，将为后代所哂，义不敢拜也。"

己酉**五年**（公元349年）

赵太宁元年。

春，正月，赵主虎称皇帝。

赵谪戍梁犊反，虎遣兵击斩之赵主虎以即位大赦，故东宫高力[1]等万余人谪戍凉州，行达雍城，不在赦例。高力督梁犊因众怨作乱，攻拔下辨，掠民斧，施一丈柯[2]，攻战若神，所向崩溃。长驱而东，比至长安，众已十万。乐平王苞尽锐[3]拒之，一战而败。犊遂趋洛阳。虎遣李农统步、骑十万讨之，大败，虎大惧，以燕王斌为大都督，统姚弋仲、蒲洪等讨之。弋仲将其众八千余人至邺，求见虎。虎病，未之见，引入赐食。弋仲怒曰："主上召我来击贼，当面授方略，我岂为食来邪？且主上不见我，我何以知其存亡？"虎力疾见之，弋仲让虎曰："儿死，愁邪，何为而病？儿幼时不择善人教之，使至于为逆。既诛之，又何愁焉？且汝久病，所立儿幼，汝若不愈，天下必乱，当先忧此，勿忧贼也。犊等穷困思归，相聚为盗，何所能至？老羌[4]为汝一举了之。"弋仲性狷直[5]，人无贵贱皆"汝"之，虎亦不之责。赐以铠马。弋仲曰："汝看老羌堪破贼否？"乃被铠跨马于庭中，因策马南驰，不辞而出。遂与斌等击犊于荥阳，大破斩之。虎命弋仲剑履上殿，入朝不趋，进封西平郡公。以蒲洪为雍州刺史，都督秦、雍，封略阳郡公。

夏，四月，赵主虎卒，太子世立。其兄遵弑之，及其太后刘氏，而

1　东宫高力：后赵石勒太子挑选出来的东宫卫士，身强力壮，统称高力。
2　一丈柯：一丈来长的斧柄。
3　尽锐：把精锐部队都派出去。
4　老羌：老夫，姚弋仲自称。姚弋仲为羌人。
5　狷直：耿直。

自立赵主虎病甚，以彭城王遵镇关右[1]，燕王斌为丞相，张豺为镇卫大将军[2]，并受遗诏辅政。刘后恐斌不利于太子，矫诏免，归第。遵自幽州至邺，敕朝堂受拜，遣之，涕泣而去。虎临西阁，龙腾中郎[3]二百余人列拜于前，曰："圣体不安，宜令燕王入宿卫，典兵马。"虎曰："燕王不在内邪？召以来！"左右言："王酒病[4]，不能入。"虎曰："促持辇迎之[5]，当付玺绶。"亦竟无行者。寻惛眩[6]而入。豺遂矫诏杀斌。虎卒，世即位，刘氏临朝称制。遵至河内，闻丧，姚弋仲、蒲洪及征虏将军[7]石闵等讨梁犊还，遇遵于李城[8]，共说遵曰："殿下长且贤，先帝亦有意以为嗣。末年惛惑[9]，为张豺所误。今若声豺之罪，鼓行而讨之，其谁不开门倒戈而迎殿下者？"遵从之。遂还趋邺，耆旧、羯士[10]皆出迎之。豺惶怖，亦出迎。遵命执之，擐甲曜兵[11]，入升前殿，擗踊[12]尽哀，斩豺于市，夷其三族。假刘氏令，以遵嗣位。封世为谯王，废刘氏为太妃。寻皆杀之。以石闵为都督中外诸军事。于是邺中暴风拔树，震雷，雨雹大如盂升[13]。太武、晖华殿灾，及诸门观、阁荡然无余，金石[14]皆尽，火月余乃灭。时沛王冲镇蓟，起兵讨遵。遵使闵等讨之，冲兵大败。获冲，杀之，坑其士卒三万。

蒲洪遣使来降石闵言于赵主遵曰："蒲洪，人杰也。今镇关中，恐秦、雍之地非复国家之有，宜改图之。"遵从之，罢洪都督。洪怒，归枋头，遣使来降。

1　关右：潼关以西。在地理上古人以西为右。
2　镇卫大将军：古官名，在武职中地位仅次于大将军，握有实际兵权。
3　龙腾中郎：古官名。石虎将击辽西段辽，募有勇力者三万人，以为近卫，悉拜为龙腾中郎。
4　酒病：因饮酒过量而生病。
5　促持辇迎之：赶快用我乘坐的车子把他接来。
6　惛眩：头昏眼花。
7　征虏将军：古官名，杂号将军名，掌征伐。
8　李城：古县名，治所位于今河南省焦作市温县西南。
9　惛惑：糊涂困惑。
10　耆旧、羯士：耆旧，年高望重者。羯士，羯族士兵。
11　擐甲曜兵：身穿铠甲，炫耀武力。
12　擗踊：悲痛时捶胸顿足。
13　盂升：盂钵和称粮食的升。
14　金石：金和玉石之类。

　　燕以慕容恪为辅国将军[1] 慕容霸上书于燕王儁曰："石虎穷凶极暴，天人所弃，余烬仅存，自相鱼肉。今中国倒悬，企望仁恤[2]，若大军一振，势必投戈[3]。"儁以新遭大丧，弗许。霸曰："难得而易失者，时也。万一石氏复兴，或有英豪据其成资，岂惟失此大利，亦恐更为后患。"儁犹豫未决，将军封弈、慕舆根曰："用兵之道，敌强则用智，敌弱则用势。今中国之民困于石氏之乱，咸思易主以救汤火之急，此千载一时，不可失也。自武宣王[4]以表[5]，招贤养民，务农训兵，正俟今日。若复顾虑，岂天意未欲使海内平定邪，将大王不欲取天下也？"儁从之。以慕容恪、慕容评、阳骛为三辅将军，霸为前锋都督，选精兵二十余万，讲武戒严，为进取之计。

　　秋，七月，征讨都督褚裒率师伐赵，不克而还桓温闻赵乱，出屯安陆，遣诸将经营北方。赵扬州刺史王浹举寿春降，西中郎将陈逵进据寿春。征北大将军褚裒上表请伐赵，即日戒严，直指泗口[6]。朝议以裒事任贵重，不宜深入，宜先遣偏师。裒奏言："前已遣前锋王颐之等径造彭城，后遣督护糜嶷进据下邳，今宜速发，以成声势。"乃加裒征讨大都督。裒率众三万，径赴彭城，北方士民降附者日以千计。朝野皆以中原指期可复，蔡谟独谓所亲曰："胡灭诚为大庆，然恐更贻朝廷之忧。"其人曰："何谓也？"谟曰："夫能顺天乘时、济群生于艰难者，非上圣[7]与英雄不能为也，自余则莫若度德量力。观今日之事，殆非时贤[8]所及，必将经营分表[9]，疲民以逞。既而材略[10]疏短，不能副心，财殚力竭，智勇俱困，安得不忧及朝廷乎？"鲁郡[11]民五百余家起兵附晋，

　　1　辅国将军：古官名，杂号将军名，掌征伐。
　　2　仁恤：仁爱体恤。
　　3　投戈：放下武器，谓休战。
　　4　武宣王：即慕容庑。
　　5　以表：以后。
　　6　泗口：古地名，古泗水入淮之口，又名清口，位于今江苏省淮安市西，当淮北通往江南的要冲。
　　7　上圣：德智超群的人。
　　8　时贤：当代贤能的人。
　　9　分表：分兵屯戍，画境而守。
　10　材略：才能与谋略。
　11　鲁郡：古郡名，辖今山东省曲阜、滕州、泗水等市县地。

求援于衰，衰遣部将王龛将锐卒迎之。与赵将李农战于代陂[1]，败没不还。衰退屯广陵，陈逵亦焚寿春积聚，毁城遁还。衰还镇京口，解征讨都督。时河北大乱，遗民二十余万口渡河欲来归附，会衰已还，威势不接，皆不能自拔[2]，死亡略尽。

九月，张重华自称凉王重华屡以钱、帛赐左右，又喜博弈，颇废政事。索振谏曰："先王勤俭以实府库，正以仇耻未雪，志平海内故也。今蓄积已虚，而寇仇尚在，岂可轻有耗散，以与无功之人乎？汉光武躬亲万机，章奏[3]诣阙，报不终日[4]，故能隆中兴之业。今章奏停滞，下情不得上通，沉冤困于囹圄，殆非明主之事也。"重华谢之。

梁州刺史司马勋伐赵，拔宛城赵乐平王苞谋率关右之众攻邺。苞贪而无谋，雍州豪杰知其无成，并遣使告晋，梁州刺史司马勋率众赴之。出骆口[5]，破赵戍，壁于悬钩[6]，去长安二百里。三辅豪杰多杀守、令以应之。赵主遵遣王朗率精骑二万以拒勋为名，因劫苞送邺。勋兵少，不敢进，拔宛城，杀赵南阳太守而还。

冬，十一月，赵石鉴弑其主遵而自立初，赵主遵之发李城也，谓闵曰："努力！事成，以尔为太子。"既而立太子衍。闵素骁勇，屡立战功，既总内外兵权，乃抚循殿中将士。中书令孟准劝遵诛之。十一月，遵召义阳王鉴等入议于郑太后前，太后不可。鉴出告闵，闵遂劫李农，使将军苏彦、周成率甲士执遵及太子衍杀之，推鉴即位。鉴以闵为大将军，李农为大司马，并录尚书事。

秦、雍流民立蒲洪为主秦、雍流民相率西归，路由枋头，共推蒲洪为主，众至十余万。鉴惧其逼，欲以计遣之，乃以洪为雍州牧。洪会官属，议应

---

1 代陂：古地名，位于今山东省枣庄市辖滕州市东。
2 自拔：主动摆脱痛苦或罪恶的境地。
3 章奏：臣僚呈报皇帝的文书。
4 报不终日：不到一天就批复了。
5 骆口：即骆谷谷口。
6 壁于悬钩：在悬钩设置营垒。悬钩，古地名，位于今陕西省西安市周至县西南骆谷北口。

受与不。主簿程朴请且与赵连和，分境而治。洪怒曰："吾不堪为天子邪？"引朴斩之。

十二月，徐、兖都督褚裒卒，以荀羡监徐、兖军事裒还至京口，闻哭声甚多，以问左右，对曰："皆代陂死者之家也。"裒惭愤发疾，卒。以羡代之，时羡年二十八。中兴方伯未有如羡之少者。

赵石闵幽其主鉴，杀胡、羯二十万人赵主鉴使乐平王苞夜攻石闵、李农，不克。鉴惧，伪若不知者，夜杀苞。将军孙伏都、刘铢等结羯士三千，欲诛闵、农。鉴曰："卿好为官陈力[1]，勿虑无报也。"于是伏都等攻闵、农，又不克。闵、农攻，斩伏都等，以兵守鉴于御龙观，悬食给之[2]。下令城中曰："孙、刘构逆[3]，支党伏诛，良善无一预也。今日以后，与官同心者留，不同者各任所之。敕城门不禁。"于是赵人百里内悉入城，胡、羯去者填门[4]。闵知胡之不为己用，遂率赵人诛胡、羯，无贵贱、男女、少长皆斩之，死者二十余万。其屯戍四方者，皆命赵人为将帅者诛之，或高鼻多须滥死者半。

燕遣使如凉州约张重华共击赵。

庚戌**六年**（公元350年）

赵主石祗永宁元年。〇魏主冉闵永兴元年。〇旧大国一，凉、代、燕小国三，新大国一，凡五僭国。

春，闰正月，赵石闵弑鉴而自立，改国号魏闵欲灭去石氏之迹，托以谶文有"继赵李"，更国号曰卫，易姓李氏。时新兴王祗镇襄国，公、侯、卿、校出奔，从之者万余人。诸将张沈、张贺度等拥众各数万，亦皆不附于闵。汝阴王琨率众伐邺，闵与战于城北，败之，遂与农击张贺度于石渎[5]。鉴密召张

1　陈力：贡献、施展才力。
2　悬食给之：用绳子把食品悬吊进去让石鉴吃。
3　构逆：造反，发动叛乱。
4　填门：门户填塞，形容登门的人多。
5　石渎：古地名，即石窦堰，位于今河北省邯郸市临漳县西南古邺城东。

沈，使乘虚袭邺。宦者以告闵、农，废鉴，杀之，并杀赵主虎二十八孙，尽灭石氏。司徒申钟等上尊号于闵，闵以让农，农固辞。闵曰："吾属故晋人也，请与诸君分割州郡，各称牧、守、公、侯，奉迎天子还都洛阳，何如？"尚书胡睦曰："陛下圣德应天，宜登大位。晋氏衰微，远窜江表，岂能总驭英雄，混一四海乎？"闵曰："尚书可谓识机知命矣。"乃即皇帝位，国号大魏。

以殷浩督扬、豫等州军事朝廷闻中原大乱，复谋进取。故以浩为中军将军，督扬、豫、徐、兖、青州。蒲洪为征北大将军，督河北诸军事。

蒲洪自称三秦王，改姓苻姚弋仲、蒲洪各有据关右之志。弋仲遣其子襄击洪，洪迎击，破之，自称大都督、大将军、大单于、三秦王，改姓苻氏。以雷弱儿、梁楞、鱼遵、段陵为将相。

二月，燕王儁击赵。拔蓟城，徙都之燕王儁与慕容霸、慕舆于将兵三道出塞以伐赵。赵守将皆走，儁遂拔蓟，欲悉坑其士卒。霸谏曰："赵为暴虐，王兴师伐之，将以拯民于涂炭而抚有中州也。今始得蓟而坑其士卒，恐不可以为王师之先声[1]。"乃释之。儁入都于蓟，中州士女降者相继。燕兵至范阳，太守李产欲为石氏拒燕，众莫为用，乃率八城令、长出降。儁悉置幽州郡县守宰，引兵还蓟。

魏主闵复姓冉氏闵以李农为太宰、录尚书事。遣使者持节赦诸军屯，皆不从。

故赵将麻秋杀苻洪。洪子健斩秋，遣使来请命初，赵将麻秋为苻洪所获，以为军师将军，说洪曰："冉闵、石祗方相持，中原未可平也。不如先取关中，基业已固，然后东争天下。"洪深然之。既而秋因宴鸩洪，欲并其众。世子健收秋，斩之。洪谓健曰："吾所以未入关者，以为中州可定。今不幸为竖子所困，中州非汝兄弟所能办，我死，汝急入关。"言终而卒。健代统其众，乃去王号，称晋官爵，告丧请命。

───────────

1　先声：前导。

赵石祇称帝于襄国祇既称帝，六夷据州郡拥兵者皆应之。祇以姚弋仲为右丞相，待以殊礼。弋仲子襄，雄勇多才，祇以为骠骑将军。又以苻健为镇南大将军。

魏杀其太宰李农魏主闵既杀农，遣使临江告晋曰："逆胡[1]乱中原，今已诛之。能共讨者，可遣军来也。"朝廷不应。

夏，五月，庐江太守袁真攻魏合肥，克之。

杜洪据长安，苻健击败之王朗闻赵乱，自长安赴洛，其司马杜洪据长安，自称晋征北将军，关西夷夏[2]皆应之。苻健欲取之，乃治宫室于枋头，课[3]民种麦，示无西意。既而自称晋征西大将军、都督关中、雍州刺史，悉众而西。以鱼遵为前锋，为浮梁[4]以济孟津[5]。遣弟辅国将军雄率众五千自潼关入，兄子扬武将军菁率众七千自轵关[6]入。临别，谓菁曰："若事不捷，汝死河北，我死河南，不复相见。"既济，焚桥，自率大众随雄而进。洪使张先逆战于潼关之北，大败，走还。洪惧，固守长安。

故赵将张贺度等会兵讨魏，不克赵故将张贺度等会于昌城，将攻邺。魏主闵自将击之，战于苍亭[7]，贺度等大败，尽俘其众而归。闵戎卒三十余万，旌旗、钲鼓百余里，虽石氏之盛，无以过也。

魏主闵征故散骑常侍辛谧为太常，谧不食而卒故晋散骑常侍、陇西辛谧有高名，历刘、石之世，征辟皆不就。魏主闵备礼征为太常。谧遗闵书，以为："物极则反，致至则危。君王功已成矣，宜因兹大捷，归身晋朝，必有由、夷之廉，享松、乔之寿[8]矣。"因不食而卒。

1　逆胡：旧称侵扰中原地区的北方少数民族。
2　夷夏：夷狄与华夏的并称，古代常以指中国境内的各族人民。
3　课：督促。
4　浮梁：浮桥。
5　孟津：古黄河津渡名，又名盟津、富平津等，位于今河南省孟州市南、孟津县东北。
6　轵关：古关隘名，位于今河南省济源市西北，关当轵道之险，故名。
7　苍亭：古地名，位于今山东省聊城市莘县南古黄河上。
8　有由、夷之廉，享松、乔之寿：有许由、伯夷那样的正直名声，享有赤松子、王子乔那样的高寿。

秋，九月，燕徇冀州，取章武[1]、河间初，勃海贾坚，少尚气节，仕赵为殿中督。及赵亡，坚还乡里，拥部曲数千家。燕慕容评徇勃海，招之，不降，与战，擒之。以为乐陵太守。

冬，十一月，苻健入长安，遣使来献捷健长驱至长安，杜洪奔司竹[2]。健以民心思晋，乃遣参军杜山伯诣建康献捷，并修好于桓温。于是秦、雍夷夏皆附之。

十二月，免蔡谟为庶人谟除司徒，三年不就职。诏书屡下，终不受。于是帝临轩，遣侍中、黄门征之，谟陈疾笃。自旦至申[3]，使者十余返。时帝方八岁，甚倦，问左右曰："所召人何以至今不来？临轩何时当竟[4]？"太后乃诏罢朝。会稽王昱令曹[5]曰："蔡公傲违[6]上命，无人臣之礼。若人主卑屈于上，大义不行于下，亦不复知所以为政矣。"公卿乃奏请送廷尉。谟惧，率子弟素服诣阙稽颡，自到廷尉待罪。殷浩欲加谟大辟，会荀羡入朝，语浩曰："蔡公今日事危，明日必有桓、文之举。"浩乃止。诏免谟为庶人。

辛亥七年（公元 351 年）

赵永宁二年。魏永兴二年。○秦主苻健皇始元年。○是岁赵亡，旧大国一，凉、代、燕小国三，新大国一，凡五僭国。

春，正月，日食。

鲜卑段龛以青州来降初，段兰死于令支，龛领其众，因石氏之乱，南徙广固。至是来降，以为镇北将军，封齐公。

苻健自称秦天王健左长史贾玄硕等请依刘备称汉中王故事，表健为都督

---

1 章武：古郡名，辖今河北省大清河、海河以南，文安、大城县以东，沧州市、海兴县以北地区。
2 司竹：古地名，即司竹园，位于今陕西省西安市周至县东司竹乡。
3 自旦至申：从早上到申时。申时，下午三点至五点。
4 竟：完毕，终了。
5 令曹：给尚书曹下令。
6 傲违：傲慢地违背。

关中诸军事、大单于、秦王。健怒曰："吾岂堪为秦王邪？且晋使未返，我之官爵，非汝曹所知也。"既而密使梁安讽玄硕等上尊号，遂即天王、大单于位，国号大秦。

二月，魏主闵围赵主祗于襄国，姚弋仲及燕王儁遣兵救之魏主闵攻襄国百余日，赵主祗危急，乃去帝号，称王，遣太尉张举乞师于燕，许送传国玺。将军张春乞师于姚弋仲。弋仲遣其子襄救之，诫襄曰："冉闵弃仁背义，屠灭石氏。我受人厚遇，当为复仇，老病不能自行。汝才十倍于闵，若不枭擒[1]，不必复见我也。"燕王儁遣悦绾将兵往会之。闵遣中郎常炜使于燕。儁使封裕诘玺所在，炜曰："在邺。"裕曰："张举言在襄国，何也？"炜曰："彼求救者，为妄诞[2]之辞耳。"儁乃积柴其旁，使裕以其私诱之，炜辞不变。左右请杀之，儁曰："彼不惮杀身以徇其主，忠臣也。"使出就馆。夜，使其乡人往劳之，且曰："君何以不实言？王怒，欲处君于辽、碣之表[3]，奈何？"炜曰："吾结发以来，尚不欺布衣，况人主乎？曲意苟合，性所不能；直情尽言，虽沉东海，不敢避也。"遂卧向壁，不复言。儁乃囚之于龙城。后知张举之妄，乃杀举而释炜之囚。

三月，魏主闵及赵、燕、姚襄之兵战，败绩姚襄及赵石琨各引兵东救襄国。魏主闵遣将军胡睦拒襄于长芦[4]，孙威拒琨于黄丘[5]，皆败还。闵欲自出击之，卫将军王泰谏曰："今襄国未下，外救云集，若我出战，必腹背受敌，此危道也。不若固垒以挫其锐，徐观其衅而击之。"道士法饶进曰："太白入昴，当杀胡王，百战百克，不可失也。"闵攘袂大言曰："吾战决矣，敢沮众者斩！"乃悉众出，与襄、琨战。悦绾适以燕兵至，去魏兵数里，疏布[6]骑卒，曳柴扬尘，魏人望之惝惧。襄、琨、绾三面击之，赵主祗自后冲之，魏兵大

---

1 枭擒：砍下他的脑袋或者生擒。
2 妄诞：虚妄不实。
3 辽、碣之表：辽海、碣石山以外。
4 长芦：古水名，位于今河北省衡水市东。
5 黄丘：古地名，位于今河北省辛集市东南。
6 疏布：稀疏地分布。

败，闵与十余骑走还邺，将士死者十余万人。姚襄还滠头，姚弋仲怒其不擒闵，杖之一百。闵之为赵相也，所徙青、雍、幽、荆之民及氐、羌、胡、蛮数百万口，以赵法禁不行，各还本土。道路交错，互相杀掠，其能达者什有二三。中原大乱，因以饥疫，人相食，无复耕者。

赵遣其将刘显伐魏，不克赵王祗使其将刘显攻邺，闵悉众出战，大破显军，斩首三万余级。显惧，密使请降，求杀祗以自效，闵乃引归。

秦遣使问民疾苦秦王健分遣使者问民疾苦，搜罗俊异[1]，宽重敛之税，弛离宫之禁[2]，罢无用之器，去侈靡之服，凡赵之苛政不便于民者，皆除之。

夏，四月，司马勋会杜洪等兵击秦，败还杜洪遣使召梁州刺史司马勋，勋率步、骑三万赴之。秦王健御之于五丈原。勋屡战皆败，退归南郑。健以贾玄硕始者不上尊号，衔之，使人告玄硕与勋通，杀之。

赵刘显弑其主祗而自立。

秋，八月，魏徐、兖、荆、豫、洛州来降。

燕慕容恪取中山恪入中山，迁其将帅、土豪[3]数千家诣蓟，余皆安堵，军令严明，秋毫不犯。

姚弋仲遣使来降诏以弋仲为车骑大将军、六夷大都督；子襄为平北将军，督并州。

冬，十二月，桓温移军武昌，寻复还镇初，桓温请经略中原，事久不报。知朝廷仗殷浩以抗己，甚忿之。然素知浩之为人，亦不之惮。以国无他衅，遂得相持弥年，虽有君臣之迹，羁縻而已，八州士众资调[4]殆不为国家用。屡求北伐，不听。至是拜表辄行，率众四五万顺流而下，军于武昌。朝廷大惧。浩欲去位以避温，又欲以驺虞幡[5]驻温军。吏部尚书王彪之言于会稽王昱曰：

1　俊异：才智卓越、迥异于一般人的人。
2　宽重敛之税，弛离宫之禁：放宽了横征暴敛的赋税，开放了为修建离宫划定的禁区。
3　土豪：地方上有钱有势的家族或个人。
4　资调：财政赋税。
5　驺虞幡：一种绘有驺虞图形的旗帜，用以传旨解兵。驺虞，传说中的义兽名。

"若浩去职，人情离骇[1]，必有任其责者，非殿下而谁乎？"又谓浩曰："彼若抗表[2]问罪，卿为之首。欲作匹夫，岂有全地邪[3]？且当静以待之。令相王手书，为陈成败，彼必旋师；若不从，则遣中诏；又不从，乃当以正义相裁。奈何无故忽忽，先自猖蹶[4]乎？"浩曰："决大事正自难，顷日[5]来欲使人闷。闻卿此谋，意始得了。"抚军司马高崧为昱草书曰："寇难宜平，时会[6]宜接。此实为国远图，经略大算，能弘[7]斯会，非足下而谁？然异常之举，众之所骇，游声噂沓[8]，想足下亦少闻之。苟或望风振扰[9]，一时崩散，则望、实并丧，社稷之事去矣。吾与足下，虽职有内外，安社稷，保家国，其致一也。当先思宁国而后图其外，区区诚怀[10]，岂可顾嫌[11]而不尽哉？"温即上疏，惶恐致谢，回军还镇。朝廷将行郊祀，昱问于彪之曰："应有赦否？"彪之曰："自中兴以来，郊祀往往有赦，愚谓非宜，凶愚之人[12]，必将生心于侥幸矣。"昱从之。

壬子八年（公元 352 年）

魏永兴三年。秦皇始二年。燕主慕容儁元玺元年。〇是岁魏亡。旧大国二，凉、代小国二，凡四僭国。

春，正月朔，日食。

秦王健称皇帝健以单于统一百蛮[13]，非天子所宜领，以授太子苌。

1　离骇：分离震惊。
2　抗表：向皇帝上奏章。
3　岂有全地邪：难道还能保全自己吗。
4　猖蹶：凶猛而放肆。
5　顷日：近日。
6　时会：当时的机遇或特殊情况。
7　弘：扩充，光大。
8　游声噂沓：游声，流言，谣言。噂沓，议论纷纷。
9　振扰：震恐惊扰。
10　诚怀：真诚的情怀。
11　顾嫌：避嫌。
12　凶愚之人：凶顽愚昧的人。
13　百蛮：古代南方少数民族的总称，后也泛称其他少数民族。

杜洪司马张琚杀洪，自称秦王杜洪、张琚屯宜秋。洪自以右族[1]轻琚，琚遂杀洪而自立。

魏克襄国，杀刘显，迁其民于邺。

赵汝阴王琨来奔，斩之石氏遂绝。

殷浩使督统谢尚、荀羡进屯寿春，张遇据许昌叛，降于秦尚书左丞孔严言于殷浩曰："比来众情，良可寒心，不知使君将何以镇之？愚谓宜明受任[2]之方，韩、彭专征伐，萧、曹[3]守管钥，深思廉、蔺[4]屈身之义，平、勃[5]交欢之谋，令穆然[6]无间，然后可以保大定功[7]。降附之徒，皆人面兽心，恐难以义感也。"浩不从，上疏请北出许、洛[8]。以谢尚、荀羡为督统，进屯寿春。初，魏豫州牧张遇以州来降。至是尚等不能抚慰之，遇怒，据许昌叛，降于秦。浩军不能进，命羡镇下邳。

三月，姚弋仲卒，子襄率众来归，诏屯谯城弋仲有子四十二人，及病，谓诸子曰："石氏待吾厚，本欲为之尽力。今已灭矣，中原无主。我死，汝亟自归于晋，当执臣节，无为不义也。"及襄与秦兵战，败，遂率众归晋。诏襄屯谯城。襄单骑渡淮，见谢尚于寿春。尚闻其名，命去仗卫[9]，幅巾[10]待之，欢若平生[11]。襄博学，善谈论，江东人士皆重之。

夏，四月，燕慕容恪等击魏，大破之，执其主闵以归，杀之魏主闵既克襄国，因游食常山、中山诸郡。夏，燕王儁遣恪等击之。闵趋常山，恪追

1　右族：豪门大族。
2　受任：接受委任。
3　萧、曹：萧何、曹参。
4　廉、蔺：廉颇、蔺相如。
5　平、勃：陈平、周勃。
6　穆然：和敬貌。
7　保大定功：保大，安稳地居于高位。定功，建立功业。
8　许、洛：许昌、洛阳。
9　仗卫：手持兵仗的侍卫。
10　幅巾：古代男子以全幅细绢裹头的头巾，多为布衣庶人戴用。
11　欢若平生：像平素久已相交一样欢乐。

及于魏昌之廉台[1]。燕兵十战皆不胜。闵素有勇名，所将兵精锐，燕人惮之。恪巡阵，谕将士曰："闵勇而无谋，一夫敌耳。其士卒饥疲，甲兵虽精，其实难用，不足破也。"闵所将多步卒，将趋林中。恪参军高开曰："吾骑兵利平地，若闵得入林，不可复制。宜亟遣轻骑邀之，既合而佯走，诱致平地，然后可击也。"恪从之。魏兵还就平地。恪分军为三部，谓诸将曰："闵性轻锐，又自以众少，必致死于我。我厚集中军之阵以待之，俟其合战，卿等从旁击之，无不克矣。"乃择鲜卑善射者五千人，以铁锁连其马，为方阵而前。闵乘千里马，左操双刃矛，右执钩戟，以击燕兵，斩首三百余级。望见大幢[2]，知其为中军，直冲之。燕两军从旁夹击，大破之。围闵数重。闵溃围东走，其马忽毙，为燕兵所执。送于龙城，斩之。遣慕容评率精骑攻邺。魏大将军蒋干及太子智闭城拒守，城外皆降于燕。

五月，秦主健击张琚，斩之。

魏人遣使请降邺中大饥，人相食，故赵时宫人被食略尽。蒋干遣侍中缪嵩奉表请降，且求救于谢尚。

六月，谢尚得传国玺，献之初，谢尚使戴施据枋头。施闻蒋干求救，乃率壮士百余人入邺，助守三台。绐干，得传国玺，宣言使督护何融迎粮，阴令怀玺送于枋头。尚迎至建康，百僚毕贺。

谢尚攻张遇于许昌，秦人救之，尚等败绩。殷浩退屯寿春尚及姚襄共攻张遇。秦主健遣丞相、东海王雄等救之。战于颍水之诫桥[3]，尚等大败，奔还淮南。殷浩自许昌退屯寿春。雄徙遇及陈、颍、许、洛之民五万余户于关中，以杨群为豫州刺史，镇许昌。尚降号[4]建威将军。

秋，八月，燕慕容评攻邺，克之，遂留守邺。

1　魏昌之廉台：魏昌，古县名，治所位于今河北省定州市东南。廉台，古地名，位于今河北省石家庄市无极县西。
2　大幢：宽大的旌旗。幢，旌旗的木竿，后借指帐幕、伞盖、旌旗。
3　诫桥：古桥名，位于今河南省漯河市临颍县、周口市西华县之间颍河上。
4　降号：贬降名号。

　　九月，殷浩进屯泗口浩之北伐也，中军将军王羲之以书止之，不听。既而无功，复谋再举。羲之遗浩书曰：“今以区区江左，天下寒心，固已久矣。力争武功[1]，非所当作。自顷[2]处内外之任者，未有深谋远虑，而疲竭根本，各从所志，竟无一功可论，遂令天下将有土崩之势。任其事者，岂得辞四海之责哉？今军破于外，资竭于内，保淮之志，非所复及。莫若返保长江，督将各复旧镇。自长江以外，羁縻而已。引咎责躬[3]，更为善治，省其赋役，与民更始[4]，庶可以救倒悬之急也。若犹以前事为未工，复求之于分外，宇宙虽广，自容何所？此愚智所不解也。”又与会稽王昱笺曰：“今虽有可喜之会，内求诸己，而所忧乃重于所喜。功未可期，遗黎[5]歼尽，以区区吴、越经纬[6]天下十分之九，不亡何待？而不度德量力，不弊不已，此封内[7]所痛心叹悼[8]者也。愿殿下先为不可胜之基，须根立势举，谋之未晚。”浩不从。进屯泗口，遣戴施据石门，刘遁戍仓垣。

　　罢遣太学生徒[9]浩以军兴，罢遣太学生徒，学校由此遂废。

　　冬，十月，谢尚攻许昌，克之。

　　十一月，燕王儁称皇帝故赵将拥兵据州郡者，各遣使降燕。群僚共上尊号，儁许之。始置百官，即皇帝位。诈言获传国玺，改元“元玺”。时晋使适至燕，儁谓曰：“汝还白汝天子，我承人乏[10]，为中国所推，已为帝矣。”改司州为中州，建留台于龙都[11]。以乙逸为尚书，专委留务[12]。

　　────────────

1　武功：军事方面的功绩。
2　自顷：近来。
3　引咎责躬：主动承担错误的责任并作自我批评。
4　与民更始：原指封建帝王即位改元或采取某些重大措施，后比喻改革旧状。更始，重新开始。
5　遗黎：亡国之民。
6　经纬：规划治理。
7　封内：泛指国内或辖境之内。
8　叹悼：叹息哀悼。
9　生徒：学生，门徒。
10　承人乏：趁着其他人疲惫的时机。
11　龙都：即龙城，又名和龙城、黄龙城，即今辽宁省朝阳市。
12　留务：留守、留台等所掌的政务。

癸丑**九年**（公元353年）

秦皇始三年。燕元玺二年。

夏，五月，张重华攻秦上邽，拔之。诏进重华凉州牧。

秋，七月，秦杀其司空张遇初，张遇降秦，秦主健以为司空，而纳其继母韩氏为昭仪，数于众中谓遇曰："卿，吾假子[1]也。"遇耻之，阴结关中豪杰，欲灭苻氏，以其地来降。事觉，伏诛。于是关中豪杰数人各拥众数万，遣使来请兵，秦皆攻灭之。

殷浩遣兵袭姚襄，不克。冬，十月，遂率诸军北伐，襄邀败[2]之。浩走谯城姚襄屯历阳，以燕、秦方强，未有北伐之志。乃夹淮广兴屯田，训厉[3]将士。浩在寿春，恶其强盛，囚襄诸弟，屡遣刺客刺之，客皆以情告襄。浩潜遣将军魏憬率众五千袭之，襄斩憬，并其众。浩愈恶之，迁襄蠡台[4]，表授梁国内史。襄益疑惧，遣参军权翼使于浩，浩曰："身与姚平北共为王臣，平北每举动自专，甚失辅车[5]之理。"翼曰："平北英姿绝世，拥兵数万而远归晋室者，以朝廷有道，宰辅明哲[6]故也。今将军轻信谗慝，与之有隙，愚谓猜疑之端，在此而不在彼也。"浩曰："平北生杀自由，又掠吾马，王臣之体，固若是乎？"翼曰："奸究之人，亦王法所不容也，杀之何害？"浩曰："然则掠马何也？"翼曰："将军谓平北雄武难制，终将讨之，故取以自卫耳。"浩笑曰："何至是也？"初，浩阴遣人诱秦梁安、雷弱儿，使杀秦主健，许以关右之任。弱儿等伪许之，且请兵应接。浩闻张遇作乱，以为安等事成，遂自寿春率众七万北伐，欲进据洛阳，修复园陵。王彪之上会稽王昱笺，以为："容[7]有诈伪，未应轻进。"不从。浩以襄为前驱。襄度浩将至，伪遁而阴伏甲以邀

1　假子：养子，义子。
2　邀败：拦截击败。
3　训厉：教诲勉励。
4　蠡台：古地名，位于今河南省商丘市南古睢阳城内。
5　辅车：颊辅与牙床，一说车夹木与车舆。比喻事物互为依存的利害关系。
6　明哲：通达事理。
7　容：或许，也许。

之。浩追至山桑[1]，襄纵兵击之，浩大败，弃辎重，走保谯城。襄俘斩万余，悉收其资仗，使兄益守山桑而复如淮南。昱谓彪之曰："君言无不中，张、陈[2]无以过也。"

十一月，**西平公张重华卒，子曜灵立**重华有疾，曜灵才十岁，立为世子。重华庶兄祚有勇力、吏干[3]，而倾巧，善事内外，与嬖臣赵长等结异姓兄弟。谢艾以枹罕之功，有宠，左右谮之，出为酒泉太守。艾上言："权幸[4]用事，公室将危，乞听臣入侍。"且言："祚及长等将为乱，宜尽逐之。"重华疾甚，手令征艾辅政。祚、长等匿而不宣。重华卒，曜灵立，称凉州刺史、西平公。长等矫遗令，以祚辅政。

十二月，**姚襄徙屯盱眙**襄济淮[5]，屯盱眙，招掠流民，众至七万。分置守宰，劝课农桑，遣使诣建康罪状殷浩，并自陈谢[6]。

以谢尚都督江西、淮南军事镇历阳。

凉州废其主曜灵，立张祚为凉公凉州长史赵长等以时难未夷[7]，宜立长君，乃废曜灵而立祚。祚既得志，恣为淫虐，杀重华妃裴氏及谢艾。

燕以慕容霸守常山慕容恪屡荐霸有命世之才，宜总大任，故燕主用之。

甲寅**十年**（公元354年）

秦皇始四年。燕元玺三年。凉王张祚和平元年。

春，正月，张祚自称凉王祚自称凉王，改元，置百官，郊祀天地。尚书马岌切谏，坐免官。郎中丁琪复谏曰："自武公[8]以来，世守臣节，抱忠履

1　山桑：古县名，治所位于今安徽省巢湖市南。
2　张、陈：张良、陈平。
3　吏干：为政的才干。
4　权幸：有权势而得到帝王宠爱的奸佞之人。
5　济淮：渡过淮河。
6　陈谢：表示谢意。
7　夷：平定。
8　武公：指张祚的曾祖张轨，谥号武穆。

谦[1]，故能以一州之众，抗举世之虏，师徒[2]岁起，民不告疲。今而自尊[3]，则中外离心，安能以一隅之地拒天下之强敌乎？"祚大怒，斩之。

殷浩以罪免为庶人，徙信安[4]。以王述为扬州刺史浩连年北伐，师徒屡败，粮、械都尽。桓温因朝野之怨，上疏请废之。朝廷不得已，免浩为庶人，徙之信安。自此内外大权一归于温矣。浩少与温齐名，而心竞[5]不相下，温常轻之。浩既废黜，虽愁怨，不形辞色，常书空[6]作"咄咄怪事"字。久之，温谓掾郗超曰："浩有德有言，向为令仆，足以仪刑百揆[7]，朝廷用违其才[8]耳。"将以浩为尚书令，以书告之。浩欣然许焉，将答书，虑有谬误，开闭者十数，竟达空函[9]。温大怒，由是遂绝，卒于徙所。

二月，桓温率师伐秦温统步、骑四万发江陵，水军自襄阳入均口[10]，至南乡[11]；步兵自淅川[12]趋武关，命司马勋出子午道[13]以伐秦。

姚襄叛，降于燕。

夏，四月，桓温大败秦兵于蓝田，进军灞上，三辅皆降桓温别将攻上洛[14]，获秦荆州刺史郭敬，进击青泥[15]，破之。秦主健遣太子苌等率众五万拒温。战于蓝田，秦兵大败。温转战而前，追至灞上。苌等退屯城南，健与老弱六千固守长安小城。悉发精兵三万，遣大司马雷弱儿等与苌合以拒温。三辅郡县皆

---

1 抱忠履谦：胸怀忠诚，行事谦恭。
2 师徒：士卒，亦借指军队。
3 自尊：自加尊号。
4 信安：古县名，治所即今浙江省衢州市。
5 心竞：暗自争胜。
6 书空：用手在空中书写。
7 仪刑百揆：仪刑，做楷模。百揆，百官。
8 用违其才：用人没有很好地发挥他的才能。
9 竟达空函：送达桓温手里的竟然只是一个空信封。
10 均口：古地名，位于今湖北省十堰市辖丹江口市西，当古均水入汉水处。
11 南乡：古县名，治所位于今河南省南阳市淅川县西南。
12 淅川：古县名，治所位于今河南省南阳市淅川县南。
13 子午道：古代从关中到汉中的南北通道，自今陕西省长安县子午镇向南穿过秦岭，通往今安康市境。
14 上洛：古县名，治所即今陕西省商洛市商州区。
15 青泥：古地名，位于今陕西省西安市蓝田县南。

来降。温抚谕[1]居民，使安堵复业。民争持牛酒迎劳，男女夹路观之，耆老有垂泣者，曰："不图今日复睹官军！"

燕以慕容恪为大司马燕王儁以恪为大司马、录尚书事，封太原王，评为司徒，封上庸王，霸为吴王，德为梁公，旽为中山王，阳骛为司空。初，燕王皝奇霸之才，故名之曰"霸"，将以为世子，群臣谏而止，然宠遇犹逾于世子。由是儁恶之，以其尝坠马折齿，更名曰"缺"，寻以其应谶文，更名曰"垂"，迁侍中，录留台事，徙镇龙城。垂大得东北之和，儁愈恶之，复召还。

五月，江西流民叛，降姚襄。诏屯兵中堂，谢尚入卫江西流民郭敞等千余人，执陈留内史刘仕降于姚襄。建康震骇，以尚书周闵为中军将军，屯中堂。谢尚自历阳还卫京师，固江备守。

桓温及秦兵战，不利。六月，师还北海王猛，少好学，倜傥有大志，不屑细务，人皆轻之。猛悠然自得，隐居华阴。闻温入关，披褐[2]诣之，扪虱而谈[3]当世之务，旁若无人。温异之，问曰："吾奉天子之命，将锐兵十万为百姓除残贼，而三秦豪杰未有至者，何也？"猛曰："公不远数千里，深入敌境，今长安咫尺而不渡灞水，百姓未知公心，所以不至。"温嘿然无以应，徐曰："江东无卿比[4]也。"乃署[5]猛军谋祭酒[6]。温与秦丞相雄等战于白鹿原[7]，温兵不利，死者万余人。初，温指麦以为粮，既而秦人悉艾[8]麦清野以待之，温军乏食。徙关中三千余户而归。欲与猛俱还，猛辞不就。秦太子苌等随温击之，比至潼关，温军屡败，失亡以万数。苻雄击司马勋，勋亦奔还汉中。温之屯灞上也，顺阳太守薛珍劝温径进逼长安，温弗从。珍以偏师独济，颇有所获。及温退，

---

1 抚谕：安抚晓谕。
2 披褐：身穿短褐，多指生活贫苦。褐，粗布或粗布衣服。
3 扪虱而谈：一边按着虱子一边谈，形容谈吐从容，无所畏忌。扪，按。
4 无卿比：没有比得上你的。
5 署：代理，暂任。
6 军谋祭酒：古官名，本名军师祭酒，为避司马师讳，改称军谋祭酒，参掌戎律，位在左、右军师之下。
7 白鹿原：古地名，亦名霸陵原，位于今陕西省西安市东灞河与浐河之间。
8 艾：割。

乃还，显言于众，自矜其勇而咎[1]温之持重，温杀之。

秦东海王苻雄卒秦主健弟东海王雄卒，健哭之呕血，曰："天不欲吾平四海邪？何夺吾元才[2]之速也！"雄以佐命元勋，位兼将相，权侔人主，而谦恭泛爱，遵奉法度，故健重之，常曰："元才，吾之周公也。"子坚袭爵。坚性至孝，幼有志度[3]，博学多能，交结英豪，吕婆楼、强汪及略阳梁平老皆与之善。

秦大饥。

乙卯**十一年**（公元 355 年）

秦主苻生寿光元年。燕元玺四年。凉去年号。

春，二月，秦大蝗百草无遗，牛马相啖毛。

夏，秦立子生为太子秦太子苌拒桓温，中流矢死。淮南王生幼无一目，性粗暴。其祖洪尝戏之曰："吾闻瞎儿一泪，信乎？"生怒，引佩刀自刺出血，曰："此亦一泪也。"洪大惊，鞭之。生曰："性耐刀槊[4]，不堪鞭棰[5]！"洪谓健曰："此儿狂悖，宜早除之。不然，必破人家[6]。"健将杀之，雄曰："儿长自应改，何可遽尔？"及长，力举千钧，手格猛兽，走及奔马，击刺骑射，冠绝一时。强后欲立少子晋王柳。秦王健以谶文有"三羊五眼"，乃立生为太子。

姚襄据许昌襄所部多劝北还，襄乃进据许昌。

六月，秦王健卒，太子生立健勤于政事，数延公卿咨讲[7]治道，承赵人苛虐[8]奢侈之后，易以宽简节俭，崇儒礼士，由是秦人悦之。至是寝疾，引太师鱼遵、丞相雷弱儿、太傅毛贵、司空王堕、尚书令梁楞、仆射梁安、段纯

1　咎：责备。
2　元才：即苻雄，苻雄字元才。
3　志度：气度。
4　刀槊：刀和长矛，也泛指兵器。
5　鞭棰：鞭打。
6　人家：家业。
7　咨讲：咨询讲论。
8　苛虐：严厉残暴。

等受遗诏辅政。谓太子生曰："六夷酋帅[1]及大臣执权者，若不从汝命，宜渐除之。"健卒，生即位，大赦，改元。群臣奏曰："未逾年而改元，非礼也。"生怒，穷推议主[2]，得段纯，杀之。

司马公曰：顾命大臣，所以辅导嗣子，为之羽翼也。而教使翦之，能无毙乎？知其不忠，则勿任而已矣，任以大柄[3]，又从而猜之，鲜有不召乱者也。

秋，九月，秦杀其后梁氏及太傅毛贵等中书监胡文言于秦主生曰："比有星孛于大角，荧惑入东井。不出三年，国有大丧，大臣戮死。愿陛下修德以禳[4]之。"生曰："皇后与朕对临[5]天下，可以应大丧矣。毛太傅、梁车骑、梁仆射受遗辅政，可以应大臣矣。"乃杀皇后及毛贵、梁楞、梁安。

闰月，凉州弑其君祚，立张玄靓为凉王凉王祚淫虐，上下怨愤。恶河州[6]刺史张瓘之强，使索孚代之。瓘斩孚起兵，传檄州郡，废祚，复立曜灵。将军宋混合众万余人以应之。祚杀曜灵，混闻之，为之发哀。军至姑臧，张瓘弟琚开门纳之。赵长等惧罪，入阁[7]呼张重华母马氏立曜灵弟玄靓为主。诸将收长等，杀之。祚素失众心，莫肯为之斗者，遂见杀，枭其首，城内咸称万岁。混、琚上玄靓为大将军、西平公，复称建兴四十三年。时玄靓始七岁。瓘至，推为凉王，自为都督中外诸军事、尚书令，以混为尚书仆射。

冬，十月，诏谢尚镇寿春。

十一月，燕慕容恪击段龛龛与燕主儁书，抗中表之仪[8]，非其称帝。儁怒，遣恪击之。

---

1 酋帅：为首的人，部落的首领。
2 穷推议主：深入追查提议的主谋。
3 大柄：治事的大权。
4 禳：向鬼神祈祷消除灾殃。
5 对临：一起统治。
6 河州：古州名，辖今甘、青两省洮河、大夏河中下游，湟水下游及桑园峡、积石峡间黄河流域地。
7 入阁：进入屋子。阁，旧时的一种楼房。
8 抗中表之仪：使用中表亲戚的礼仪。中表，跟祖父、父亲、祖母、母亲姐妹的子女之间的亲戚关系。

十二月，秦杀其丞相雷弱儿弱儿性刚直，以仆射赵韶、董荣乱政，每公言[1]于朝，见之常切齿。韶、荣谮之于秦主生，杀弱儿及其九子、二十七孙。于是诸羌皆有离心。生虽在谅阴[2]，游、饮自若，弯弓露刃以见朝臣，锤、钳、锯、凿，备置左右。即位未几，后妃、公卿下至仆隶，凡杀五百余人。

丙辰十二年（公元356年）

秦寿光二年。燕元玺五年。

春，正月，燕慕容恪大破段龛兵，进围广固段龛弟罴骁勇有智谋，言于龛曰："慕容恪善用兵，加之众盛，若听其济河，进至城下，恐虽乞降，不可得也。请兄固守，罴率精锐拒之于河，幸而战捷，兄率大众继之。若其不捷，不若早降，犹不失为千户侯也。"龛不从。罴固请不已，龛怒，杀之。恪遂引兵济河，龛率众逆战，恪大破之。龛友辟闾蔚被创，恪闻其贤，遣使求之，则已死矣。龛还城固守，恪进军围之。

秦杀其司空王堕堕性刚峻[3]，董荣及侍中强国皆以佞幸[4]进，堕疾之如仇。会有天变，荣、国言于生曰："宜以贵臣应之。"生乃杀堕。

凉州遣使称藩于秦秦晋王柳遣参军阎负、梁殊使于凉，张瓘见之，曰："我，晋臣也，臣无境外之交，二君何以来辱？"负、殊曰："晋王与君邻藩，故来修好，君何怪焉？"瓘曰："吾尽忠事晋，于今六世矣。若与征东[5]通使，是上违先君之志，下隳[6]士民之节，其可乎？"负、殊曰："晋室衰微久矣，凉之先王北面二赵，唯知机[7]也。今大秦威德方盛，凉王若欲自帝河右，则非秦之敌；欲以小事大，则曷若舍晋事秦，长保福禄乎？"瓘曰："中州好食言，

1　公言：公开谈论。
2　谅阴：同"谅暗"，帝王居丧。
3　刚峻：刚正严峻。
4　佞幸：因谄媚而得到宠幸。
5　征东：指秦征东大将军、晋王苻柳。
6　隳：毁坏。
7　知机：有预见，看出事物发生变化的隐微征兆。

向者石氏使车适返，而戎骑已至，吾不敢信也。"负、殊曰："张先、杨初皆阻兵不服，先帝讨而擒之，赦其罪戾[1]，宠以爵秩，固非石氏之比也。"瓘曰："必如君言，秦之威德无敌，何不先取江南，则天下尽为秦有，征东何辱命焉？"负、殊曰："江南文身[2]之俗，道污先叛，化隆后服。主上以为江南必须兵服，河右可以义怀，故遣行人先申大好。若君不达天命，则江南得延数年之命，而河右恐非君之土也。"瓘曰："我跨据三州，带甲十万，西苞[3]葱岭，东距大河，伐人有余，况于自守，何畏于秦？"负、殊曰："贵州山河之固，孰若崤函[4]？民物之饶，孰若秦、雍？杜洪、张琚，因赵氏成资，有囊括关中、席卷四海之志，先帝戎旗西指，冰消云散，旬月之间，不觉易主。主上若以贵州不服，赫然奋怒[5]，控弦百万，鼓行而西，未知贵州将何以待之？"瓘笑曰："兹事当决之于王，非身所了。"负、殊曰："凉王虽英睿凤成[6]，然年在幼冲，国家安危，系君一举耳。"瓘惧，乃以玄靓之命遣使称藩于秦，秦因玄靓所称官爵而授之。

以桓温为征讨大都督，督诸军讨姚襄温请移都洛阳，修复园陵，不许，而诏温讨襄。

夏，四月，秦太后强氏以忧卒长安大风，发屋拔木。秦宫中惊扰，或称贼至，宫门昼闭，五日乃止。秦主生推告贼者[7]，刳[8]出其心。强太后弟平谏曰："天降灾异，陛下当爱民事神，缓刑崇德以应之，乃可弭也。"生怒，凿其顶而杀之。太后以忧恨[9]卒。生复下诏曰："朕受天命，君临万邦，有何不善，而谤讟之音，扇[10]满天下？杀不过千，而谓之残虐？行者比肩，未足为希[11]。方

1　罪戾：罪过，罪恶。
2　文身：在身体上刺画有色的花纹或图案。
3　苞：包裹，怀抱。
4　崤函：崤山和函谷关，自古均为险要的关隘。
5　赫然奋怒：形容大怒，火冒三丈的样子。
6　英睿凤成：英睿，明智，多用于颂扬人主。凤成，早成，早熟。
7　推告贼者：追查谎称寇贼来了的人。
8　刳：挖，挖空。
9　忧恨：忧愁怨恨。
10　扇：煽动，鼓动。
11　行者比肩，未足为希：行人还比肩摩踵，不能说稀少。

当峻刑极罚，复如朕何？"自去春以来，潼关之西，至于长安，虎狼食人。群臣请禳之，生曰："野兽饥则食人，饱当自止，何禳之有？且天岂不爱民哉？正以犯罪者多，故助朕杀之耳。"

康熙御批：维天好生，故立君以子民，其所以爱养、生全之者，宜无所不至也。秦主生乃以杀千人为常事，又谓野兽食人，正天所以助朕杀之。草菅民命[1]，自有载籍以来，莫甚于此。

秋，八月，桓温败姚襄于伊水，遂入洛阳，修、谒诸陵，置戍而还。襄北走，据襄陵 初，魏将周成降晋，反据洛阳。姚襄攻之，逾月不克。长史王亮谏曰："今顿兵坚城之下，力屈威挫，或为他寇所乘，此危道也。"襄不从。桓温自江陵北伐，遣督护高武据鲁阳，将军戴施屯河上，自率大兵继进。与寮属登平乘楼，望中原，叹曰："遂使神州陆沉[2]，百年丘墟，王夷甫诸人不得不任其责！"记室袁宏曰："运有兴废，岂必诸人之过？"温作色曰："昔刘景升有千斤大牛，啖刍豆[3]十倍于常牛，负重致远，曾不若一羸特[4]。魏武入荆州，杀以享军。"至伊水，襄撤围拒之，匿精锐于水北林中，遣使谓温曰："承亲率王师以来，襄今奉身归命，愿敕三军小却，当拜伏路左。"温曰："我自开复中原，展敬山陵，无豫君事[5]。欲来便前，何烦使人。"襄拒水战，败，奔北山。襄勇而爱人，虽战屡败，民知襄所在，辄扶老携幼，驰而赴之。温追而不及。弘农杨亮自襄所来奔，温问襄之为人，亮曰："襄神明器宇[6]，孙策之俦，而雄武过之。"周成率众出降，温屯金墉。谒诸陵，修毁坏，各置陵令。表谢尚镇洛阳，留颍川太守毛穆之等戍之，徙降民三千余家于江、汉之间。襄奔平阳，秦并州刺史尹赤复以众降襄，襄遂据襄陵。

冬，十月朔，日食。

1　草菅民命：把杀人看得像割草一样随便。后用以形容漠视人的生命，任意加以残害。
2　神州陆沉：中国大陆沉沦，比喻领土被敌人侵占。神州，中国。陆沉，陆地无水而沉。
3　刍豆：草和豆，指牛马的饲料。
4　羸特：瘦弱有病的母牛。
5　展敬山陵，无豫君事：祭拜皇陵，和你们无关。展敬，祭拜。山陵，帝王的陵墓。
6　神明器宇：神明，明智如神。器宇，度量，胸怀。

十一月，**段龛降燕，慕容恪悉定齐地**燕诸将请急攻广固，恪曰："用兵之势，有宜缓者，有宜急者。若彼我势敌，外有强援，恐有腹背之患，则攻之不可不急。若我强彼弱，无援于外，当羁縻守之，以待其毙。兵法，十围五攻[1]，正谓此也。龛兵尚众，未有离心。今凭阻坚城，上下戮力，我尽锐攻之，计数旬可拔，然杀吾士卒必多矣。自有事中原，兵不暂息，吾每念之，夜而忘寐，奈何轻用其死乎？要在取之，不必求功之速也。"军中闻之，人人感悦。于是为高墙深堑以守之。龛婴城自守，樵采路绝[2]，城中人相食。龛面缚出降。恪抚安新民，悉定齐地。龛竟为儁所杀，并坑其徒三千人。

遣司空车灌如洛阳，修五陵诏遣灌等持节如洛阳，修五陵。帝及群臣皆服缌[3]，临于太极殿三日。

丁巳**升平元年**（公元 357 年）

秦主坚永兴元年。燕光寿元年。

春，正月朔，帝冠。太后归政，徙居崇德宫。

燕以乙逸为左光禄大夫逸自幽州刺史被征，夫妇共载鹿车。子璋从数十骑，服饰甚丽，奉迎于道。逸大怒，闭车不与言。到城，深责之，璋犹不悛。逸常忧其败，而璋更被擢任[4]，历中书令、御史中丞，逸乃叹曰："吾少自修立[5]，克己守道，仅能免罪。璋不治节检[6]，专为奢纵，而更居清显[7]，此岂唯璋之忝幸[8]，实时世之陵夷也。"

二月，太白入东井秦有司奏："太白罚星，东井秦分，必有暴兵起京

1　十围五攻：兵力超过敌人十倍就可以包围它，超过五倍就可以攻击它。
2　樵采路绝：连砍柴的小路也被切断。
3　服缌：穿细麻布丧服。
4　擢任：提拔任用。
5　修立：修身而有所成就。
6　节检：检点节制。
7　清显：清要显达的官位。
8　忝幸：受之有愧的幸运。

师。”秦主生曰：“太白入井，自为渴耳，何所怪乎？”

　　夏，四月，姚襄据黄落[1]，秦遣兵击斩之。弟苌以众降秦襄将图关中，进屯杏城[2]，羌、胡及秦民归之者五万余户，遂据黄落。秦遣广平王黄眉、东海王坚、将军邓羌御之。襄坚壁不战。羌谓黄眉曰：“襄为桓温所败，锐气丧矣。然其为人强狠[3]，若鼓噪扬旗，直压其垒，彼必忿恚而出，可一战擒也。”乃率骑三千压其垒门而陈。襄怒，出战。羌伴败走，襄追至三原[4]，羌回骑击之，黄眉等以大众继至，襄兵大败，擒而斩之。弟苌率其众降。秦以公礼[5]葬襄。黄眉等还长安，生不之赏，数众辱之。黄眉怒，谋弑生，发觉，伏诛。

　　六月，秦苻坚弑其君生，自立为天王生梦大鱼食蒲[6]，又长安谣曰：“东海大鱼化为龙，男皆为王，女为公。”生乃诛鱼遵及其子孙。自以眇目[7]，讳言“残、缺、偏、只、少、无、不具”之类，误犯而死者，不可胜数。剥人面皮，使之歌舞以为乐。群臣得保一日，如度十年。东海王坚素有时誉，与故姚襄参军薛赞、权翼善。赞、翼密说坚宜早为计，勿使他姓得之。坚以问尚书吕婆楼，婆楼曰：“仆，刀镊上人[8]耳，不足以办大事。仆里舍有王猛者，其人谋略不世出，宜请而咨之。”坚因婆楼以招猛，一见如旧友。语及时事，坚大悦，自谓如玄德之遇孔明也。会太史令康权言于生曰：“昨夜三月并出，孛星[9]入太微，连东井，自去月上旬，沉阴不雨，以至于今，将有下人谋上之祸。”生怒，以为妖言，扑杀之。夜对侍婢言曰：“阿法兄弟亦不可信，明当除之。”婢以告坚及坚兄清河王法。法与梁平老率壮士潜入云龙门，坚与吕婆楼率麾下[10]继进，

1　黄落：古地名，亦名黄堡镇，即今陕西省铜川市西南黄堡镇。
2　杏城：古地名，位于今陕西省延安市黄陵县西南。相传汉将韩胡伐杏木为栅，以抗北狄，故名。
3　强狠：强横凶狠。
4　三原：古县名，治所位于今陕西省咸阳市淳化县东。
5　公礼：公爵应享有的礼仪。
6　蒲：蒲草，多年生草本植物，生于水边或池沼内。苻生先祖苻洪本姓“蒲”，名蒲洪。
7　眇目：一目失明。
8　刀镊上人：魏晋之际多以刀镊筑杀人，故称将被杀者为“刀镊上人”。或说刀以锋刃为用，刀镊以上没有用处，故以“刀镊上人”喻无用之人。
9　孛星：彗星，亦指彗星的一类。旧时星相术士亦以指灾厄之星。
10　麾下：将帅的部下。

宿卫将士皆舍仗归坚。生犹醉寐，坚兵杀之。坚以位让法，法曰："汝嫡嗣，且贤，宜立。"坚乃去帝号，称大秦天王，诛生幸臣董荣、赵韶等二十余人。大赦，改元。立子宏为太子，法为丞相，弟融为阳平公，子丕为长乐公，李威为左仆射，吕婆楼为司隶校尉，王猛为中书侍郎。又以权翼为黄门侍郎，薛赞为中书侍郎，与猛并掌机密。融好文学，明辩[1]过人，耳闻则诵，过目不忘。力敌百夫，善骑射击刺，少有令誉[2]。坚爱重之，常与共议国事。融经综[3]内外，刑政修明，荐才扬滞[4]，补益弘多。丕亦有文武才干，治民断狱，皆亚于融。威，苟太后之姑子也，生屡欲杀坚，赖威营救得免。威知王猛之贤，常劝坚以国事任之。坚谓猛曰："李公知君，犹鲍叔牙之知管仲也。"猛以兄事之。

秋，七月，**秦冀州牧张平降**平，故赵将，据新兴、雁门、西河、太原、上党、上郡之地，壁垒三百余，夷夏十余万户。初降燕，又降秦，至是来降，欲以中立自固。

八月，**立皇后何氏**故散骑侍郎准之女也，礼如咸康[5]而不贺。

十一月，**燕徙都邺**燕主儁梦赵主虎啮其臂，乃发虎墓，求尸不获。购以百金，得于东明观下，僵而不腐。儁数其残暴之罪而鞭之，投于漳水。

秦王坚杀其兄东海公法秦太后苟氏游宣明台，见东海公法之第门车马辐凑，恐终不利于秦王坚，乃与李威谋，赐法死。坚与法诀于东堂，恸哭呕血。封其子阳为东海公，敷为清河公。

秦以王猛为尚书左丞秦王坚行至尚书，以文案不治免左丞程卓官，以王猛代之。举异才，修废职[6]，课农桑，恤困穷，礼百神，立学校，旌节义，继绝

1　明辩：明智并能言善辩。
2　令誉：美好的名声。
3　经综：谋划治理。
4　扬滞：提拔不得志的人。
5　咸康：晋成帝司马衍第二个年号。咸康二年（336年），晋成帝立杜氏为后，群臣都来祝贺，到该锁宫门时才走。
6　举异才，修废职：任用有特出才能的人，整治废弛的政事。异才，有特出才能的人。

世[1]，秦民大悦。

　　燕作铜雀台。

　　以王彪之为左仆射。

戊午二年（公元358年）

　　秦永兴二年。燕光寿二年。

　　春，二月，秦王坚击张平，降之秦王坚自将击平，以邓羌为前锋，军于汾上[2]。平使养子蚝御之。蚝多力趫捷，能曳牛却走，超越高城[3]。坚募人生致之，邓羌擒之以献，平众大溃。请降，拜右将军。以蚝为虎贲中郎将，常置左右。秦人称羌、蚝皆万人敌。

　　秋，八月，以谢万监司、豫等州军事会稽王昱欲以桓温弟云为豫州刺史，仆射王彪之曰："温居上流，已割天下之半，其弟复处西藩，兵权萃于一门，非深根固蒂[4]之宜也。"昱乃更以谢万代之。王羲之与温笺曰："谢万才流经通[5]，使处廊庙[6]，固是后来之秀。今以之俯顺荒余[7]，则违才易务[8]矣。"又遗万书曰："以君迈往不屑之韵[9]，而俯同群辟[10]，诚难为意也。然所谓通识[11]，正当随事行藏耳。愿君每与士卒之下者同甘共苦，则尽善矣。"万不能用。

　　秦大旱秦王坚减膳撤乐，命后妃以下悉去罗纨[12]。开山泽之利，息兵养民，旱不为灾。

1　继绝世：恢复已经断绝的世祀。
2　汾上：汾水之滨。
3　多力趫捷，能曳牛却走，超越高城：身强力壮又很矫健敏捷，能够拽着牛倒退行走，多高的城墙都可以翻越而过。趫捷，矫健敏捷。
4　深根固蒂：使根基深固而不可动摇。
5　才流经通：才流，才智横溢。经通，通晓经世济用之道。
6　廊庙：殿下屋和太庙。也借指朝廷。
7　俯顺荒余：俯顺，顺从，多用于上对下。荒余，荒乱后的灾民。
8　违才易务：违才，屈才。易务，处理过于容易的事务。
9　迈往不屑之韵：超越前贤、不屑于琐碎事务的风韵。
10　群辟：谓四方诸侯，亦统指王侯、公卿、大夫、士。
11　通识：学识渊博。
12　罗纨：泛指精美的丝织品。

秦杀其特进樊世王猛日亲幸用事，勋旧[1]多疾之。樊世本氏豪[2]，佐秦主健定关中，谓猛曰："吾辈耕之，君食之邪？"猛曰："非徒使君耕之，又将使君炊之。"世大怒，曰："要当悬汝头于长安城门，不然，吾不处世[3]！"猛以白坚，坚曰："必杀此老氐，然后百寮可肃。"会世入言事，与猛争论于坚前，世欲起击猛，坚怒，斩之。于是群臣见猛皆屏息。

燕击张平，平复降燕。

冬，燕陷河南泰山太守诸葛攸攻燕东郡，入武阳[4]。燕主儁遣大司马恪击之，攸败走，还泰山。恪遂渡河略地，分置守宰。儁欲遂经营秦、晋，令州郡校实见丁[5]，户留一丁，余悉发为兵，欲使步卒满一百五十万，期来春大集洛阳。刘贵上书，极陈百姓凋弊，发兵非法，必致土崩之变。儁善之，乃更令三五发兵，以来冬集邺。时燕调发繁数[6]，官司[7]各遣使者，道路旁午[8]，郡县苦之。太尉封弈奏请："非军期严急[9]，不得遣使，自余赋发[10]皆责成州郡。"从之。

荀羡伐燕，不克而还。以郗昙督徐、兖军事燕泰山太守贾坚屯山茌[11]，羡引兵击之。坚所将才七百余人，羡兵十倍。坚叹曰："吾自结发，志立功名，而每值穷厄，岂非命乎？与其屈辱而生，不若守节而死。"乃开门直出。羡兵四集[12]，擒之，遂拔山茌。羡谓坚曰："君父、祖世为晋臣，奈何背本不降？"坚曰："晋自弃中华，非吾叛也。民既无主，强则托命[13]。既已事人，安可改节？吾束修自立，涉赵历燕，未尝易志。君何匆匆相谓降乎？"羡怒，执置雨

1　勋旧：有功勋的旧臣。
2　氏豪：氏族的豪强。
3　处世：生活在人世间。
4　武阳：古地名，位于今河北省保定市易县东南，中易水与北易水之间。
5　校实见丁：核实现有的成年男子。丁，成年男子，或从事某种劳动的人。
6　繁数：频繁。
7　官司：泛指官吏或官府。
8　旁午：交错，纷繁。
9　军期严急：军期，军事方面约定的限期，泛指军令。严急，危急，紧急。
10　赋发：征收赋税和调兵。
11　山茌：古县名，治所位于今山东省济南市长清县东南。
12　四集：由四方会集一处。
13　托命：托寄生命。

中。数日，愤惋而卒。燕青州刺史慕容尘遣司马悦明救泰山，羌兵大败，燕复取山茌。燕主以坚子活为任城[1]太守。羡疾笃，征还。以郗昙督徐、兖军，镇下邳。

燕使慕容垂守辽东燕吴王垂娶段末柸女，生子令、宝。段氏才高性烈，自以贵姓，不尊事可足浑后，后衔之。中常侍涅皓希旨，告段氏为巫蛊，欲以连污垂。收下廷尉考验[2]，终无挠辞。故垂得免祸，而段氏竟死狱中。出垂为平州刺史，镇辽东。垂以段氏女弟为继室，可足浑后黜之，以其妹妻垂。垂不悦，由是益恶之。

己未三年（公元 359 年）

秦甘露元年。燕光寿三年。

春，二月，燕主宴群臣于蒲池[3]初，燕太子晔早死，立其弟㬒。至是燕主儁宴群臣，语及周太子晋[4]，潸然[5]流涕曰："才子难得。自景先[6]之亡，吾须发中白[7]。卿等谓景先何如？"司徒长史李绩对曰："献怀太子至孝，聪敏，沉毅，疾谀[8]，好学，多艺，谦恭，好施。"儁曰："卿誉之虽过，然此儿在，吾死无忧矣。景茂何如？"时太子㬒侍侧，绩曰："皇太子天资岐嶷[9]，然好游畋而乐丝竹，此其所以为损也。"儁顾谓㬒曰："伯阳之言，药石之惠[10]也，汝宜诫之。"㬒甚不平。

凉宋混诛张瓘张瓘猜忌苛虐，专以爱憎为赏罚。郎中殷郇谏之，瓘曰：

1　任城：古郡名，辖今山东省济宁、嘉祥、巨野等市县地。
2　考验：审讯验实。
3　蒲池：古地名，位于今河北省邯郸市临漳县西南。
4　周太子晋：东周灵王太子姬晋，有贤名，因被奉为王氏始祖，所以后世又称他王子乔或王乔。
5　潸然：流泪的样子。
6　景先：故太子慕容晔的字。下文"景茂"为现太子慕容㬒的字。
7　中白：半白。
8　疾谀：痛恨阿谀奉承。
9　岐嶷：形容幼年聪慧。语出《诗·大雅·生民》："诞实匍匐，克岐克嶷。"
10　药石之惠：有苦口良药的作用。

"虎生三日,自能食肉,不须人教也。"由是人情不附。宋混性忠鲠[1],瓘惮之,欲杀混,因废凉王玄靓而代之。混率壮士奄入南城,宣告诸营曰:"张瓘谋逆,被太后令诛之。"瓘出战,不胜,与弟琚皆自杀。混辅政,请玄靓去王号,复称凉州牧。

秦以王猛为京兆尹秦主坚以邓羌为御史中丞,王猛领京兆尹。强太后弟德酗酒豪横[2],掠人财货子女。猛下车收德,奏未及报,已陈尸于市。坚驰使[3]赦之,不及。与羌同志,疾恶纠案,无所顾忌,数旬之间,权豪贵戚,杀戮、刑、免者二十余人,朝廷震栗,奸猾屏气,路不拾遗。坚叹曰:"吾始今知天下之有法也。"

泰山太守诸葛攸伐燕,败绩。冬,十月,谢万、郗昙复伐之。昙病,引还,万众溃,免为庶人攸将水、陆二万击燕,入自石门,屯于河渚[4]。燕上庸王评率步、骑五万与战东阿,攸兵大败。诏万、昙复伐之。万矜豪傲物,但以啸咏[5]自高,未尝抚众。兄安深忧之,谓万曰:"汝为元帅,宜数接对[6]诸将以悦其心,岂有傲诞[7]如此而能济事也?"万乃召其诸将,一无所言,直以如意指四坐云:"诸将皆劲卒。"诸将益恨之。安虑万不免,乃自队帅[8]以下,无不亲造[9],厚相亲托。既而万率众入涡、颍[10]以援洛阳。昙以病退屯彭城。万以为燕兵大盛,故昙退,即引兵还,众遂惊溃。万狼狈单归,军士欲图之,以安故止。诏废万为庶人,降昙号建武将军。于是许昌、颍川、谯、沛诸城相次皆没[11]于燕。

1　忠鲠:忠诚耿直。
2　豪横:强横,仗势欺人。
3　驰使:速派使者。
4　河渚:黄河岸边。
5　啸咏:歌咏。
6　接对:接待应对。
7　傲诞:骄傲放纵。
8　队帅:古官名,军中小官,为一队兵卒的首领。
9　亲造:亲自拜访。
10　涡、颍:涡水、颍水。
11　没:沦落,落入。

十二月，大旱。

秦以王猛兼司隶校尉秦主坚以猛为辅国将军、司隶校尉，居中宿卫，仆射、詹事、侍中、中书令，领选如故。猛荐阳平公融、光禄[1]任群、处士朱彤自代。坚不许，而以融为中书监，华为太子家令，彤为太子庶子[2]。猛时年三十六，岁中五迁，权倾内外。人有毁之者，坚辄罪之，于是群臣莫敢复言。

1　光禄：光禄大夫的省称。
2　太子庶子：古官名，太子属官，相当于皇帝身边的侍中。

卷

二十一

起庚申晋穆帝升平四年，尽甲申[1]晋孝武帝太元九年凡二十五年。

庚申**四年**（公元 360 年）

秦甘露二年。燕幽帝暐建熙元年。

春，正月，燕主儁卒，太子暐立初，燕主儁寝疾，谓太原王恪曰："今二方未平，景茂[2]冲幼，社稷属汝，何如？"恪曰："太子虽幼，胜残致治[3]之主也。臣何敢干正统？"儁怒曰："兄弟之间，岂虚饰[4]邪？"恪曰："陛下若以臣能荷天下之任者，岂不能辅少主乎？"儁喜曰："汝能为周公，吾复何忧？李绩清方忠亮[5]，汝善遇[6]之。"召吴王垂还邺。至是疾笃，召恪及司空阳骛、司徒评、将军慕舆根受遗辅政，乃卒。太子暐即位，年十一。

二月，燕以慕容恪为太宰，专录朝政。太师慕舆根伏诛燕人以太原王恪为太宰，专录朝政。上庸王评为太傅，阳骛为太保，慕舆根为太师，参辅朝政。根自恃勋旧，心不服恪，欲为乱，乃言于恪曰："主上幼冲，母后干政，俟毕山陵，殿下宜自取之。"恪曰："公醉邪！何言之悖也？吾与公受遗诏，云何遽有此议？"根愧谢而退。恪以告吴王垂，垂劝恪诛之。恪曰："今新遭大丧，二邻观衅[7]，而宰辅自相诛夷，恐乖远近之望，且可忍之。"根又言于可足浑后及燕王暐曰："太宰、太傅将谋不轨，臣请率禁兵诛之。"后将从之，暐曰："二公，国之亲贤[8]，先帝托以孤嫠[9]，必不肯尔，安知非太师欲为乱也？"乃止。根又思恋旧土，谋欲还东。恪乃密奏根罪状，诛根并其党与。时新遭大丧，诛夷狼藉，内外恟惧，恪举止如常，人不见其有忧色，每出入，一人步

1　甲申：即公元 384 年。
2　景茂：即太子慕容暐，慕容暐字景茂。
3　胜残致治：胜残，遏制残暴的人，使之不能作恶。致治，使国家在政治上安定清平。
4　虚饰：过分褒奖。饰，奖饰。
5　忠亮：忠诚坚贞。
6　遇：对待。
7　观衅：窥伺敌人的可乘之机。
8　亲贤：亲戚与贤臣。
9　孤嫠：孤儿寡妇。

从。或说以宜自严备，恪曰："人情方惧，当安重[1]以镇之，奈何复自惊扰？"恪虽综[2]大任，而朝廷之礼，兢兢[3]严谨，每事必与司徒评议之。虚心待士，咨询善道，量才授任，人不逾位。朝臣或有过失，不显其状，随宜他叙[4]，时人以为大愧，莫敢犯者。或有小过，自相责曰："尔复欲望宰公迁官邪？"朝廷初闻儁卒，皆以为中原可图，桓温曰："慕容恪尚在，忧方大耳。"

三月，**燕遣慕容垂守鲎台**燕所征郡国兵去冬集邺，欲遣伐晋，以燕主儁病，大阅而罢。至是以燕朝多难，互相惊动[5]，擅自散归，自邺以南，道路断塞。太宰恪以吴王垂为征南将军，镇鲎台。孙希、傅颜率骑二万，观兵河南、临淮而还，境内乃安。

匈奴刘卫辰降秦刘卫辰遣使降秦，请田[6]内地，春来秋返。秦王坚许之。夏，云中护军贾雍率骑袭之，大获而还。坚怒曰："朕方以恩信怀戎狄，而汝贪小利以败之，何也？"黜雍以白衣领职，遣使还其所获，慰抚之。卫辰于是入居塞内，贡献相寻。

秋，八月朔，日食，既。

桓温以谢安为征西司马安少有重名[7]，前后征辟皆不就，寓居[8]会稽，以山水、文籍自娱。虽为布衣，时人皆以公辅期之，士大夫至相谓曰："安石不出，当如苍生何？"安每游东山[9]，常以妓女自随。会稽王昱闻之，曰："安石既与人同乐，必不得不与人同忧，召之必至。"安妻，刘惔之妹也，见家门贵盛而安独静退[10]，谓曰："丈夫不如此也。"安掩鼻曰："恐不免耳。"及弟万废黜，安始有仕进之志，时已年四十余。桓温请为司马，安乃赴召，温深礼

1　安重：安详稳重。
2　综：治理。
3　兢兢：小心谨慎的样子。
4　随宜他叙：根据情况加以官职调动。
5　惊动：骚扰。
6　田：耕作。
7　重名：盛名，很高的名望或很大的名气。
8　寓居：寄居，侨居。
9　东山：古山名，位于今江苏省南京市江宁区东山镇。
10　静退：恬淡谦逊，不竞名利。

重[1]之。

冬，十月，乌桓独孤部、鲜卑没弈干降秦独孤部及没弈干各率众数万降秦，秦王坚处之塞内。阳平公融谏曰："戎狄人面兽心，不知仁义。其稽颡内附，实贪地利，非怀德[2]也；不敢犯边，实惮兵威，非感恩也。今与民杂居，彼窥郡县虚实，必为边患，不如徙之塞外。"坚从之。

燕李绩卒太宰恪欲以绩为右仆射，燕主㬥不许。恪屡以为请，㬥曰："万机之事，皆委之叔父，伯阳一人，㬥请独裁之。"出为章武太守，以忧卒。

辛酉五年（公元 361 年）

秦甘露三年。燕建熙二年。〇是岁凉奉升平之号[3]。

春，正月，刘卫辰叛秦降代。

燕河内太守吕护遣使来降，燕人围之吕护遣使来降，拜冀州刺史，欲引晋兵以袭邺。燕太宰恪将兵讨之，护婴城自守。将军傅颜请急攻之，恪曰："老贼经变多矣，观其守备，未易猝攻。然内无蓄积，外无救援，我深沟高垒，坐而守之，休兵养士，离间其党，于我不劳，而贼势日蹙，不过十旬，取之必矣，何为多杀士卒以求旦夕之功乎？"乃筑长围守之。

夏，四月，凉宋混卒混疾甚，张玄靓及其祖母马氏往省之，曰："将军万一不幸，寡妇孤儿将何所托？"混曰："臣弟澄政事愈于臣，但恐其儒缓[4]，机事不称耳。殿下策励[5]而使之，可也。"混戒澄曰："吾受国大恩，当以死报，无恃势位以骄人。"又见朝臣，皆戒之以忠贞。及卒，行路[6]为之挥涕。玄靓以澄为领军将军，辅政。

1　礼重：礼敬尊重。
2　怀德：感念恩德。
3　奉升平之号：尊奉晋朝"升平"的年号。
4　儒缓：宽柔，柔弱。
5　策励：督促勉励。
6　行路：路人，在路上行走的人。

五月，帝崩，琅邪王丕即位帝崩，无嗣。皇太后令曰："琅邪王丕，中兴正统，义望情地[1]，莫与为比，其以王奉大统。"于是百官备法驾迎入，即位。

秋，七月，葬永平陵[2]。

燕拔野王，吕护奔荥阳。

九月，立皇后王氏后，濛之女也。

尊何皇后为穆皇后。

凉张邕杀宋澄。冬，十月，张天锡诛之。诏以张玄靓为凉州刺史、西平公张邕既杀宋澄，与玄靓叔父天锡同辅政，骄淫专权，多所刑杀[3]。天锡杀之，尽灭其族。玄靓以天锡为大将军，辅政。始奉升平年号，故有是命。

秦灭张平。

秦举四科秦王坚命牧、伯、守、宰各举孝悌、廉直、文学、政事，察其所举，得人者赏之，非其人者罪之。由是人莫敢妄举，而请托不行。士皆自励[4]，虽宗室外戚，无才能者皆弃不用。当是之时，内外之官，率皆称职。田畴修辟[5]，仓库充实，盗贼屏息[6]。

吕护复奔燕。

壬戌哀皇帝隆和元年（公元362年）

秦甘露四年。燕建熙三年。

春，正月，减田租，亩收二升。

二月，以庾希为徐、兖刺史，袁真监豫、司等州军事希镇下邳，真镇汝南。

1　义望情地：义望，节义名望。情地，亲族地位。
2　永平陵：东晋穆帝司马聃的陵墓，位于今江苏省南京市北幕府山南麓。
3　刑杀：处以死刑。
4　自励：自己勉励或激励自己。
5　修辟：修整开垦。
6　屏息：敛迹，消失。

尊母贵人周氏为皇太妃。

燕吕护攻洛阳，桓温遣兵救之。秋，七月，燕师引还吕护攻洛阳，守将陈祐告急。桓温遣庾希、竟陵太守邓遐率舟师三千人助祐守之。因上疏请迁都洛阳，自永嘉之乱播流¹江表者，一切北徙，以实河南。朝廷畏温，不敢为异。著作郎孙绰上疏曰："昔中宗龙飞²，非惟信顺³协于天人，实赖万里长江画而守之耳。丧乱已来，六十余年，河、洛丘墟，函夏⁴萧条。士民播流江表，已经数世，存者老子长孙，亡者丘陇成行，虽《北风》之思感其素心⁵，目前之哀实为交切⁶。温今此举，诚为远图，而百姓震骇，岂不以反旧之乐赊⁷，而趋死之忧促哉？臣愚以为宜遣将帅有威名、资实者，先镇洛阳，扫平梁、许⁸，清一⁹河南。运漕之路既通，开垦之积已丰，豺狼远窜，中夏小康，然后可徐议迁徙耳。奈何舍百胜之长理，举天下而一掷哉？"绰少慕高尚¹⁰，尝著《遂初赋》以见志。温见绰表，不悦，曰："致意兴公¹¹，何不寻君《遂初赋》，而知人家国事邪？"时朝廷忧惧，将遣侍中止温。王述曰："温欲以虚声威朝廷耳，非事实也。但从之，自无所至。"诏从其计，温果不行。温又议移洛阳钟虡，述曰："永嘉不竞¹²，暂都江左，方当荡平区宇，旋轸旧京¹³。若其不尔，宜改迁园陵，不应先事钟虡。"温乃止。七月，护退，希等亦还。

1　播流：流亡，迁徙。
2　中宗龙飞：晋元帝即位。中宗，即晋元帝。龙飞，帝王的兴起或即位。
3　信顺：诚信不欺，顺应物理。
4　函夏：全国。
5　《北风》之思感其素心：《北风》描写的场景一直牵动着他们的本心。《北风》，《诗经·邶风》中的一首，描写北狄破卫，公子申带领卫人逃难的场景。素心，本心，素愿。
6　交切：紧急，紧迫。
7　反旧之乐赊：返回故土的欢乐很遥远。赊，遥远。
8　梁、许：梁国、许昌。
9　清一：统一。
10　高尚：高洁的节操。
11　致意兴公：告诉孙绰。致意，问候。兴公，即孙绰，孙绰字兴公。
12　不竞：不强，不振。
13　荡平区宇，旋轸旧京：荡平天下，回到过去的都城。区宇，境域，天下。旋轸，还车，回车。

秦王坚临太学秦王坚亲临太学，考第[1]诸生经义，与博士讲论，自是每月一至焉。

冬，十二月朔，日食。

庾希退屯山阳，袁真退屯寿阳。

癸亥**兴宁元年**（公元363年）

秦甘露五年。燕建熙四年。

春，三月，皇太妃周氏薨太妃薨于琅邪第[2]，帝就第治丧，诏会稽王昱总内外众务。帝欲为太妃服三年，仆射江虨启："于礼，应服缌麻[3]。"帝犹欲服期[4]，虨曰："厌屈私情，所以上严祖考[5]。"乃服缌麻。

夏，五月，加桓温大司马、都督中外诸军、录尚书事温以王坦之为长史。坦之，述之子也。又以郗超为参军，王珣为主簿，每事必与二人谋之。府中为之语曰："髯参军，短主簿[6]，能令公喜，能令公怒。"温气概高迈[7]，罕有所推[8]，与超言，常自谓不能测，倾身待之。超亦深自结纳。珣，导之孙也，与谢玄皆为温掾，温俱重之，曰："谢掾年四十必拥旄杖节[9]，王掾当作黑头公[10]，皆未易才[11]也。"玄，安兄弈之子也。

1　考第：考核评定等第。
2　琅邪第：琅邪王王府。
3　缌麻：丧服五服中最轻的一种，孝服用细麻布制成，服期三月。凡本宗为高祖父母，曾伯叔祖父母，族伯叔父母，族兄弟及未嫁族姊妹，外姓中为表兄弟，岳父母等，均服之。
4　服期：服丧一年。
5　厌屈私情，所以上严祖考：抑制并暂时委屈自己的私人感情，这是为了尊重祖先。严，尊敬，尊重。
6　髯参军，短主簿：长胡子参军，矮个子主簿。即郗超、王珣。
7　高迈：高超，超逸。
8　推：推测，推断。
9　拥旄杖节：拥旄，持旄，借指统率军队。杖节，执持旄节。帝王授予兵权或遣使四方，给旄节以为凭信。
10　黑头公：指少年而居高位者。
11　未易才：难得的人才。

秋，八月，有星孛于角、亢[1]。

凉张天锡弑其君玄靓而自立张玄靓庶母[2]郭氏以张天锡与政，与大臣谋诛之。事泄，天锡皆杀之，遂弑玄靓，自称凉州牧、西平公，时年十八。遣司马奉章诣建康请命。

汝南太守朱斌袭燕许昌，克之。

甲子二年（公元364年）

秦甘露六年。燕建熙五年。〇凉西平悼公张天锡一年。

春，二月，燕慕容评略地[3]河南。

三月，大阅户口[4]，令所在土断谓之"庚戌制"。

帝寝疾，皇太后临朝摄政帝信方士言，断谷饵药[5]以求长生。侍中高崧谏，不听。寻以药发，不能亲万机，太后复摄政。

夏，四月，燕陷许昌[6]、汝南、陈郡[7]燕李洪败晋兵于悬瓠[8]，汝南太守朱斌奔寿春，陈郡太守朱辅退保彭城。大司马温遣袁真等御之，温率舟师屯合肥。燕人遂拔许昌、汝南、陈郡，遣将军慕容尘屯许昌。

五月，以王述为尚书令述每受职，不为虚让，其所辞必于不受。及为尚书令，子坦之白述："故事，当让。"述曰："汝谓我不堪邪？"曰："非也，但克让自美事耳。"述曰："既谓堪之，何为复让？人言汝胜我，定不及也。"

加大司马温扬州牧时召温入参朝政，辞不至。

六月，秦以张天锡为西平公。

1　角、亢：角宿、亢宿。角宿，古星宿名，二十八宿之一，东方青龙七宿之首，为青龙之角。亢宿，古星宿名，二十八宿之一，东方青龙七宿第二，为青龙之颈。
2　庶母：子女称父亲的妾室。
3　略地：巡视边境。
4　大阅户口：大规模地核查户数人口。
5　断谷饵药：不吃饭仅吃药。饵药，服药。
6　许昌：古郡名，辖今河南省许昌市一带。
7　陈郡：古郡名，辖今河南省淮阳、沈丘、鹿邑等县及西华县一部分地。
8　悬瓠：古地名，即今河南省驻马店市汝南县。

秋，七月，大司马温城赭圻[1]诏复征温入朝。温至赭圻，诏止之。温遂城赭圻居之，固辞内录[2]，遥领扬州牧。

秦苻腾谋反，伏诛秦汝南公腾，秦主生之弟也，以谋反诛。时生弟犹有五人，王猛曰："不去五公，终必为患。"坚不从。

燕徙其宗庙、百官于邺。

燕陷河南诸城太宰恪将取洛阳，先遣人招纳士民，远近诸坞皆归之，乃使悦希军盟津[3]，孙兴军成皋。初，沈充之子劲以其父死于逆乱，志欲立功，以雪旧耻。年三十余，以刑家[4]不得仕。及燕人逼洛阳，陈祐守之，兵不过二千。劲自表求配[5]祐效力。诏补长史，令自募壮士，得千余人以行。屡以少击众，摧破燕军。而洛阳粮尽援绝，祐自度不能守，乃以救许昌为名，留劲以五百人守之。劲喜曰："吾志欲致命，今得之矣。"悦希引兵略河南诸城，尽取之。

秦平阳公融等降爵为侯秦王坚命公国[6]各置三卿，并余官皆听自采辟[7]，独为置郎中令。富商赵掇等车服僭侈，诸公竞引以为卿。坚乃诏："有司推检[8]，辟召非其人者。自今国官皆委之铨衡[9]。非命士[10]，不得乘马。工商皂隶，不得服金银、锦绣，犯者弃市。"于是五公降爵为侯。

乙丑三年（公元 365 年）

秦建元元年。燕建熙六年。

春，正月，皇后王氏崩。

---

1 赭圻：古地名，位于今安徽省芜湖市繁昌县西北。
2 内录："录尚书事"的省称。
3 盟津：古渡口名，又名富平津、孟津，位于今河南省焦作市辖孟州市西南黄河上。
4 刑家：受刑者的家族。
5 配：分配，配给。
6 公国：古代封爵为公的诸侯国。
7 采辟：征召选拔。
8 推检：审问追查。
9 铨衡：主管选拔官吏的职位，亦指主管选拔官吏的部门之长。
10 命士：古代称受有爵命的士。

刘卫辰复叛代，代王什翼犍击走之代王什翼犍性宽厚，郎中令许谦盗绢二匹，知而匿之，谓左长史燕凤曰："吾不忍视谦之面，卿慎勿泄，若谦惭而自杀，是吾以财杀士也。"尝讨西部叛者，流矢中目。既而获射者，群臣欲脔割[1]之。什翼犍曰："彼各为其主耳，何罪？"遂释之。

大司马温移镇姑孰，以弟豁监荆、扬等州军事。

三月，帝崩，琅邪王奕即位帝崩，无嗣，皇太后诏以奕承大统。

燕陷洛阳，将军沈劲死之燕太宰恪及吴王垂共攻洛阳。恪谓诸将曰："卿等常患吾不攻，今洛阳城高而兵弱，勿畏也。"乃攻克之，执沈劲。劲神气自若，恪将宥之。将军慕舆虔曰："劲虽奇士，观其志度，终不为人用。"遂杀之。恪略地至崤渑，关中大震，秦王坚自将屯陕城[2]以备之。燕以慕容筑镇金墉，吴王垂镇鲁阳。恪还邺，谓僚属曰："吾前平广固，不能济[3]辟闾蔚。今定洛阳，使沈劲为戮。虽皆非本情，实有愧于四海。"朝廷嘉劲之忠，赠东阳[4]太守。

司马公曰：沈劲耻父之恶，致死以涤之，变凶逆之族为忠义之门，可谓能为子矣。

恪为将不事威严，专用恩信。抚士卒务综大要，不为苛令，使人人得便安[5]。平时营中宽纵，似若可犯，然警备严密，敌至莫能近，故未尝败。

葬安平陵[6]。

夏，四月，燕以阳骛为太尉骛历事四朝，年耆[7]望重，自太宰恪以下

1　脔割：分割，切碎。
2　陕城：古地名，位于今河南省三门峡市陕县西南。周成王时，周、召二公以此为界。
3　济：救助。
4　东阳：古郡名，以郡在金华山之阳、毂水之东而得名，辖今浙江省金华江、衢江流域各市县。
5　便安：便利安适，便利安稳。
6　安平陵：东晋哀帝司马丕的陵墓，位于今江苏省南京市东北鸡笼山南麓。
7　耆：老，年老。

皆拜之。而鸷谦恭谨厚，过于少时。戒束[1]子孙，虽朱紫罗列[2]，无敢违犯其法度者。

六月，益州刺史周抚卒抚在益州三十余年，甚有威惠。诏以其子楚代之。

秋，七月，徙会稽王昱为琅邪王昱固让，卒自称会稽王。

立皇后庾氏后，冰之女也。

匈奴曹毂、刘卫辰叛秦，秦击降之。

冬，十一月，梁州刺史司马勋反，围成都。大司马温遣江夏相朱序救之勋为政暴酷[3]，治中、别驾言语忤意，即于坐斩之。常有据蜀之志，惮周抚，不敢发。及抚卒，遂举兵反，自号成都王。引兵入剑阁，围成都。温表序为征讨都护以救之。

以王彪之为仆射。

丙寅帝奕太和元年（公元366年）

秦建元三年。燕建熙七年。

夏，五月，皇后庾氏崩。

朱序及益州刺史周楚击司马勋，斩之。

代王什翼犍遣使入贡于秦。

秋，七月，葬孝皇后。

秦寇荆州，掠万余户而还。

冬，十月，以会稽王昱为丞相、录尚书事，加殊礼入朝不趋，赞拜不名，剑履上殿。

---

1 戒束：告诫约束。
2 朱紫罗列：朱衣紫绶加身，即身为高官。
3 暴酷：暴虐残酷。

燕寇兖州，陷鲁、高平[1]数郡。

南阳督护赵亿以宛城叛，燕遣赵盘戍之。

丁卯二年（公元 367 年）

秦建元三年。燕建熙八年。

春，二月，燕太宰慕容恪卒恪疾病，燕王暐亲视之，问以后事。恪曰："吴王垂文武兼资，管、萧之亚，若任以政，国家可安。不然，秦、晋必有窥窬之计。"言终而卒。

匈奴曹毂遣使如燕秦王坚闻慕容恪卒，阴有图燕之计，命毂发使如燕，以西戎主簿[2]郭辩为之副。燕司空皇甫真兄腆及从子奋、覆皆仕秦。辩至燕，谓真曰："仆本秦人，家为秦所诛，故寄命曹王。贵兄常侍[3]及奋、覆兄弟并相知有素[4]。"真怒曰："臣无境外之交，此言何以及我？君似奸人，得无因缘假托乎[5]？"白暐，请穷治之，太傅评不许。辩还，为坚言："燕政无纲，可图。鉴机识变[6]，唯皇甫真耳。"坚曰："以幽州之众，岂得不使有智士一人哉？"毂寻卒，秦分其部落为二，使其二子分统之，号东、西曹。

桓豁攻宛，拔之，获赵盘。

秋，九月，以郗愔都督徐、兖等州军事。

冬，十月，秦苻柳、双、廋、武举兵反，秦遣兵讨之秦晋公柳、赵公双与魏公廋、燕公武谋作乱，坚闻，征之。柳据蒲坂、双据上邽、廋据陕

1　鲁、高平：鲁，古郡名，辖今山东省曲阜、滕州、泗水等市县地。高平，古郡名，辖今山东省微山县独山湖及金乡、巨野、邹城等市县之间地。
2　西戎主簿：古官名，西戎校尉的属官，协助掌管雍州少数民族事务。
3　常侍："散骑常侍"的省称。时皇甫真兄腆任此官职。
4　相知有素：一向互相了解的好朋友。素，向来。
5　得无因缘假托乎：莫非是借此来冒充吗。假托，假冒。
6　鉴机识变：察看时机，了解动向。

城、武据安定¹反。坚遣使谕以罢兵安位，啮梨²以为信。皆不从。

代王什翼犍击匈奴刘卫辰，走之什翼犍击卫辰，河冰未合，命以苇絙约流澌³。俄而冰合，然犹未坚，乃散苇于其上，冰草相结，有如浮梁，兵乘以渡。卫辰不意兵猝至，遂西走，什翼犍收其部落什六七而还。卫辰奔秦，秦送还朔方，遣兵戍之。

戊辰三年（公元368年）

秦建元四年。燕建熙九年。

春，二月，燕以慕容冲为大司马初，太宰恪有疾，以燕主㬒幼弱，政不在己，太傅评多猜忌，谓㬒兄乐安王臧曰："今南有遗晋，西有强秦，常蓄进取之志。大司马总统六军，不可任非其人。我死之后，以亲疏言之，当在汝及冲。汝曹虽才识明敏⁴，然年少，未堪多难。吴王天资英杰，智略超世，汝曹若推以授之，必能混一四海，况外寇乎？慎无冒利⁵而忘害。"又以语评。及恪卒，评不能用。

秦苻廋以陕城降燕秦魏公廋以陕降燕，请兵应接，秦人大惧。燕范阳王德以为："苻氏骨肉乖离，投诚请援，是天以秦赐燕也。天与不取，反受其殃。吴、越之事，足以观矣。宜命皇甫真引并、冀之众径趋蒲阪，吴王垂引许、洛之兵驰解廋围，太傅总京师虎旅⁶为二军后继，传檄三辅，示以祸福，彼必望风响应。"太傅评曰："秦，大国也，今虽有难，未易可图。朝廷虽明，未如先帝；吾等智略，又非太宰之比。但能闭关保境足矣。"廋遗垂及真笺曰：

1　安定：古县名，治所位于今甘肃省平凉市泾川县北。
2　啮梨：咬梨子。古代劝谕部属同心同德的一种方式，表示不能同心，则国力如梨之脆弱，易为敌人所乘。
3　以苇絙约流澌：用苇草绳阻拦流动的冰块。絙，绳索。流澌，江河解冻时流动的冰块。
4　才识明敏：才识，才能和见识。明敏，聪明机敏。
5　冒利：贪图利益。
6　虎旅：勇猛的军队。

"苻坚、王猛，皆人杰也，谋为燕患久矣。今不乘机取之，恐异日有甬东之悔[1]矣。"垂谓真曰："主上富于春秋，太傅识度，岂能敌坚、猛乎？"

三月朔，日食。

秋，七月，秦讨苻双、武、柳，皆斩之。

冬，燕罢荫户[2]燕王公贵戚多占民为荫户，国之户口，少于私家，仓库空竭，用度不足。悦绾请罢荫户，尽还郡县。燕主暐从之，使绾专治其事，纠摘奸伏，无敢蔽匿，出户二十余万，举朝怨怒。

十二月，秦拔陕城，斩苻廋王猛等拔陕城，获魏公廋，送长安。秦王坚问之，对曰："臣本无反心，但以弟兄屡谋逆乱，臣惧并死，故耳。"坚泣曰："汝素长者，固知非汝心也。且高祖[3]不可以无后。"乃赐廋死，原[4]其七子，以长子袭[5]魏公，余子嗣诸弟之无后者。

加大司马温殊礼位在诸侯王上。

以仇池公杨世为秦州荆史世亦称臣于秦，秦以为南秦州[6]刺史。

己巳四年（公元369年）

秦建元五年。燕建熙十年。

夏，四月，大司马温率师伐燕，秦人救之。秋，九月，温及燕人战于枋头，不利而还。袁真以寿春叛，降于燕桓温请与徐、兖刺史郗愔、江州刺史桓冲、豫州刺史袁真等伐燕。初，愔在北府[7]，温常云："京口酒可饮，

1　甬东之悔：春秋时吴越争霸，吴王夫差击垮了来犯的越国，但却听从伍子胥的劝告，没把越国消灭，以致养虎遗患，最后吴国被灭，夫差被安置到越国东鄙甬东去，悔恨不已，史称"甬东之悔"。

2　荫户：官僚、贵族等依仗特权和势力控制的一部分户口。

3　高祖：指苻健。

4　原：宽恕。

5　袭：继承。

6　南秦州：古州名，辖今甘肃省文县、礼县、西和、武都、徽县、康县、成县等县地。

7　北府：东晋建都建康，军府设在建康之北的广陵，故称军府曰北府。

兵可用。"深¹不欲愔居之。愔遗温笺，欲共奖王室，请督所部出河上²。愔子超为温参军，取视，毁之。更作愔笺，自陈非将帅才，加以老病，乞闲地自养，劝温并领己所统。温大喜，即以愔为会稽内史，而自领徐、兖。夏，率步、骑五万发姑孰。将自兖州伐燕。郗超曰："道远汴浅，漕运难通。"温不从。六月，至金乡³。天旱水绝，使将军毛虎生凿巨野⁴三百里，引汶⁵会于清⁶，引舟自清入河，舳舻数百里。超曰："清水入河，难以通运。若寇不战，运道又绝，因敌为资，复无所得，此危道也。不若举众趋邺，彼必望风逃溃，北归辽、碣。若能出战，则事可立决。若恐胜负难必，务欲持重，则莫若顿兵河、济，控引⁷漕运，俟资储充备，来夏乃进。舍此二策而连军北上，进不速决，退必愆乏⁸。贼因此势以日月相引⁹，渐及秋冬，水更涩滞¹⁰。北土早寒，三军裘褐¹¹者少，恐于时所忧，非独无食而已。"温又不从。遣攻湖陆¹²，拔之。燕主暐使下邳王厉逆战，败还。前锋邓遐、朱序亦败燕兵于林渚¹³。七月，温至枋头，暐及太傅评大惧，谋奔和龙¹⁴。吴王垂曰："臣请击之，若其不捷，走未晚也。"暐乃使垂率众五万以拒温。垂表申胤、封孚、悉罗腾从军。暐又遣乐嵩请救于秦，许赂¹⁵虎牢以西之地。秦群臣议曰："昔桓温伐我，燕不我救。今温伐燕，我何救焉？"王猛曰："燕虽强大，慕容评非温敌也。若温举山东，进屯洛邑¹⁶，收幽、冀之

1 深：很，十分。
2 河上：黄河边上。
3 金乡：古县名，治所位于今山东省济宁市嘉祥县南。
4 巨野：即大野泽，位于今山东省菏泽市巨野县北。
5 汶：即大汶河，古水名，发源于山东省旋崮山北麓沂源县境内，自东向西流经莱芜、新泰、泰安、肥城、宁阳、汶上、东平等县、市，汇注东平湖。
6 清：古水名，济水自巨野泽北纳汶水以下的别称。
7 控引：贯通。
8 愆乏：因失误而导致匮竭。
9 以日月相引：日月，时令，时光。引，引导。
10 涩滞：不流畅。
11 裘褐：泛指御寒衣服。
12 湖陆：古县名，治所位于今山东省济宁市鱼台县东南。
13 林渚：古地名，位于今河南省郑州市辖新郑市东北。
14 和龙：古地名，亦名龙城、黄龙城、龙都，即今辽宁省朝阳市。
15 赂：用财物买通别人。
16 洛邑：古地名，即今河南省洛阳市。

兵，引并、豫之粟，观兵崤渑，则陛下大事去矣。不如与燕合兵以退温。温退，
燕亦病矣，然后我承其弊而取之，不亦善乎？"坚从之。遣苟池、邓羌率步、
骑二万以救燕。封孚问于申胤曰："事将何如？"胤曰："以温声势，似能有
为。然吾观之，必无成功。何则？晋室衰弱，温专制其国，晋之朝臣未必皆
与之同心，必将乖阻[1]以败其事。又，温骄而恃众，怯于应变。大众深入，值
可乘之会，反更逍遥中流，不出赴利，欲望持久[2]，坐取全胜。若粮廪愆悬[3]，情
见势屈[4]，必不战自败，此自然之数也。"初，温使袁真攻谯、梁，开石门以通
水运，不克。九月，燕范阳王德率骑屯石门，李邦率兵断温粮道。德使慕容宙
率骑一千为前锋，与晋兵遇。宙曰："晋人轻剽[5]，怯于陷敌，勇于乘退[6]，宜设
饵以钓之。"乃使二百骑挑战，分余骑为三伏。挑战者兵未交而走，晋兵追之，
宙率伏击之，晋兵死者甚众。温战数不利，粮储复竭，又闻秦兵将至，焚舟，
弃辎重铠仗，自陆道奔还。自东燕[7]出仓垣，凿井而饮，行七百余里。燕将争
欲追之，吴王垂曰："温初退，必严设警备，简精锐为后拒，不如缓之。彼幸
吾未至，昼夜疾趋，俟其气衰击之，无不克矣。"乃率八千骑行蹑其后。温果
兼道而进。数日，垂曰："可矣。"乃急追之，及于襄邑[8]。德先率劲骑伏于东涧
中，与垂夹击温，大破之，斩首三万级。秦苟池邀击温于谯，又破之。温收散
卒，屯于山阳[9]。深耻丧败，乃归罪袁真，奏免为庶人。真不服，表温罪状。朝
廷不报。遂据寿春叛，降燕。

　　燕遣郝晷、梁琛如秦　秦、燕既结好，燕使郝晷、梁琛相继如秦。晷与王

1　乖阻：违背，背离。
2　反更逍遥中流，不出赴利，欲望持久：反而让部队在中途徘徊，不出击争取胜利，指望
　　一直相持下去。
3　粮廪愆悬：粮廪，粮食。愆悬，失期不至。
4　情见势屈：指军情已被敌方了解，又处在劣势的地位。情，真情。见，通"现"，暴露。
5　轻剽：轻浮，躁急。
6　乘退：借机后退。
7　东燕：古县名，治所位于今河南省新乡市延津县东北。
8　襄邑：古县名，治所即今河南省商丘市睢县。
9　山阳：古县名，治所位于今河南省焦作市东南。

猛有旧，猛接以平生，问暨东方之事。暨知燕将亡，阴欲自托[1]，颇泄其实。琛至长安，秦王坚方畋于万年[2]，欲引见琛，琛曰："秦使至燕，燕之君臣朝服备礼，洒扫宫廷，然后敢见。今秦主欲野见之，使臣不敢闻命！"尚书郎辛劲谓琛曰："天子称'乘舆'，所至曰'行在所'，何常居之有？又，《春秋》亦有遇礼[3]，何为不可乎？"琛曰："桓温窥我王略[4]，燕危秦孤，是以秦主恤患[5]结好，交聘[6]方始，谓宜崇礼笃义，以固二国之欢。若忽慢[7]使臣，是卑燕也，岂修好之义乎？夫天子以四海为家，故行曰'乘舆'，止曰'行在'。今海县瓜裂[8]，天光分曜[9]，安得以是为言哉？礼，不期而见曰遇。盖因事权行，其礼简略，岂平居容与[10]之所为哉？客使单行[11]，诚势屈于主人。然苟不以礼，亦不敢从也。"坚乃为设行宫，百像陪位，然后延之。琛从兄弈为秦尚书郎，坚使典客，馆琛于弈舍。琛曰："昔诸葛瑾为吴聘蜀，与诸葛亮惟公朝相见，退无私面。今使之即安[12]私室，所不敢也。"弈数问琛东事，琛曰："兄弟本心，各有所在。欲言国美，恐非所欲闻。欲言其恶，又非使臣之所得论也。"坚使太子延琛相见。秦人欲使琛拜，先讽之曰："邻国之君，犹其君也。邻国之储君，亦何以异乎？"琛曰："天子之子，尚不敢臣其父之臣，况他国之臣乎？礼有往来，情岂忘恭？但恐降屈[13]为烦耳。"乃不果[14]拜。王猛劝坚留琛，坚不许。

　　冬，十一月，燕慕容垂出奔秦，秦以为冠军将军吴王垂自襄邑还邺，

1　自托：自己有所依托。
2　畋于万年：畋，打猎。万年，古县名，治所位于今陕西省西安市东北。
3　遇礼：诸侯相见的礼节。王肃："会遇之礼，礼之简略者也。"
4　王略：国家的疆土。
5　恤患：济人于患难。
6　交聘：两国互相遣使通好往来。
7　忽慢：轻慢。
8　海县瓜裂：海县，神州，中国。瓜裂，喻国土分裂。
9　天光分曜：天空的光辉分别照耀两个国家。
10　容与：悠闲自得的样子。
11　客使单行：使者只身单行。
12　即安：休息，就枕。
13　降屈：降身屈节。
14　果：果然，当真。

威名益振，太傅评愈忌之。垂奏将士功赏，皆抑而不行。太后可足浑氏素恶垂，与评谋诛之。太宰恪之子楷及垂舅兰建知之，以告曰："先发制人，但除评及乐安王臧，余无能为矣。"垂曰："骨肉相残而首乱于国，吾不忍为也，宁避之于外耳。"世子令曰："主上暗弱，委任太傅，一旦祸发，疾于骇机[1]。今欲保族全身，不失大义，莫若逃之龙城，逊辞谢罪，以待主上之察，感寤得还，幸之大者。如其不然，则内抚燕、代，外怀群夷，守肥如之险以自保，亦其次也。"垂曰："善。"十一月，请畋于大陆[2]，因微服将趋龙城。至邯郸，少子麟，素不为垂所爱，逃还告状。燕主暐遣精骑追之。垂散骑灭迹，得免。世子令请给数骑袭邺，垂曰："不可。"乃与段夫人及令、宝、农、隆、楷、建及郎中令高弼俱奔秦。初，秦王坚闻恪卒，阴有图燕之志，惮垂不敢发。及闻垂至，大喜，郊迎，执手曰："天生贤杰，必相与共成大功，此自然之数也。要当与卿共定天下，告成岱宗[3]，然后还卿本邦，世封幽州，使卿去国不失为子之孝，归朕不失事君之忠，不亦美乎？"坚复爱令及楷之才，皆厚礼之。王猛曰："垂父子譬如龙虎，非可驯之物，若借以风云，将不可复制，不如早除之。"坚曰："吾方收揽英雄，以清四海，奈何杀之？且其始来，吾已推诚纳之矣。匹夫犹不弃言[4]，况万乘乎？"乃以垂为冠军将军。梁琛归，言于评曰："秦人日阅军旅，聚粮陕东，和必不久。今吴王又往，宜为之备。"评曰："秦主何如人？"琛曰："明而善断。"问王猛，曰："名不虚得。"既又以告燕主暐，皆不然之。唯皇甫真深以为忧，上疏请选将益兵，以防未然。不听。

秦遣使如燕秦石越聘于燕，太傅评示之以奢。尚书郎高泰曰："越言诞而视远，乃观衅也[5]。宜曜兵以折其谋。今乃示之以奢，益为所轻矣。"评不从。

1　骇机：突然触发的弩机，也比喻猝发的祸难。
2　大陆：古泽薮名，又称巨鹿泽、广阿泽，位于今河北省邢台市隆尧、巨鹿、任县之间。
3　岱宗：即泰山。
4　弃言：背弃诺言。
5　言诞而视远，乃观衅也：嘴里说着荒诞之词，眼睛窥视远方，正是来观察祸端的。

泰遂谢病归。时太后侵桡[1]国政，评贪昧[2]无厌，货赂上流[3]，官非才举，群下怨愤。尚书左丞申绍上疏，以为："宜精择守宰，并官省职，存恤兵家，使公私两遂，节抑浮靡[4]，爱惜用度，赏必当功，罚必当罪。如此，则温、猛可枭，二方可取，岂特保境安民而已？"疏奏，不省。

秦遣王猛等伐燕。十二月，取洛阳初，燕人许割虎牢以西赂秦。晋兵既退，燕人谓曰："行人[5]失辞。有国有家者，分灾救患，理之常也。"秦王坚大怒，遣猛及将军梁成、邓羌率步、骑三万伐之。攻洛阳，洛阳降。

大司马温徙镇广陵温发徐、兖州民筑广陵城，徙镇之。时征役既频，加之疫疠[6]，死者十四五，百姓嗟怨。秘书监[7]孙盛作《晋春秋》，直书时事。温见之，怒谓盛子曰："枋头诚为失利，何至乃如尊君[8]所言？若此史遂行，自是关君门户事。"其子遽拜谢，请改之。时盛年老家居，性方严[9]，有轨度[10]，子孙虽班白[11]，待之愈峻[12]。至是诸子号泣稽颡，请为百口计。盛大怒，不许，诸子遂私改之。盛先已写别本，传之外国。及孝武帝购求异书，得之于辽东人，与见本[13]不同，遂两存之。

庚午**五年**（公元370年）

秦建元六年。燕建熙十一年。〇是岁燕亡，大国一，代、凉二小国，凡三僭国。

1　侵桡：干扰。
2　贪昧：贪图财利。
3　上流：有权势的社会集团。
4　浮靡：浪费。
5　行人：使者的通称。
6　疫疠：瘟疫。
7　秘书监：古官名，秘书省的长官，掌邦国经籍、图书、著作等事。
8　尊君：令尊，你父亲。
9　方严：方正严肃。
10　轨度：法度。
11　班白：须发花白。班，通"斑"。
12　峻：严厉。
13　见本：当时所见的版本。

春，正月，慕容令自秦奔燕王猛之发长安也，请慕容令参其军事，以为乡导。将行，造慕容垂，饮酒，从容谓曰："今当远别，卿何以赠我？使我睹物思人。"垂脱佩刀赠之。猛至洛阳，略垂所亲，使诈为垂使者，谓令曰："吾父子来此，以逃死也。今王猛疾人如仇，秦王心亦难知。闻东朝比来悔寤[1]，吾今还东，汝可速发。"令疑之，踌躇终日，又不可审覆[2]，乃奔燕军。猛表令叛状，垂惧而出走，及蓝田，为追骑所获。秦王坚劳之曰："卿家国失和，委身投朕。贤子心不忘本，亦各其志。然燕之将亡，非令所能存，惜其徒入虎口耳。且父子兄弟，罪不相及，卿何为过惧而狼狈如是乎？"待之如旧。燕人以令叛而复还，疑为反间，徙之沙城[3]。

司马公曰：敌国材臣[4]，来为己用，进取之良资也。慕容垂以材高功盛，无罪见疑，穷困归秦，故秦王坚礼之以收燕望，亲之以尽燕情，宠之以倾燕众，信之以结燕心，未为过矣。猛何汲汲于杀垂，至乃为市井鬻卖[5]之行，有如嫉其宠而谮之者，岂雅德[6]君子所宜为哉？

燕慕容臧将兵拒秦师，秦王猛击走之燕乐安王臧自新乐[7]进屯荥阳，猛遣梁成、邓羌击走之，留羌镇金墉，以桓寅代羌戍陕城而还。秦王坚以猛为司徒、录尚书事，封平阳郡侯。猛固辞曰："今燕、吴未平，戎车方驾[8]，而始得一城，即受三事[9]之赏，若克殄二寇，将何以加之？"坚曰："苟不暂抑朕心，何以显卿谦光之美？"遂寝司徒、尚书之命。

二月，袁真死，子瑾代领其众，燕、秦皆遣兵助之。夏，四月，大

---

1 闻东朝比来悔寤：听说东方的燕国近来开始翻然悔悟。东朝，东方的燕国。寤，通"悟"。
2 审覆：审查。
3 沙城：古地名，按《资治通鉴》记载："在龙都东北六百里。"龙都即龙城，位于今辽宁省朝阳市。
4 材臣：有才能之臣，干练之臣。
5 鬻卖：出卖，出售。
6 雅德：德行高尚。
7 新乐：古地名，即今河南省新乡市。
8 戎车方驾：战车正在行驶，意指正在开战。
9 三事：三公。

司马温遣兵击破之。

五月，慕容令袭燕龙城，不克而死令自度终不得免，密谋起兵，沙城中谪戍士数千人，皆厚抚之。率以东袭威德城[1]，据之，诸戍皆应。将袭龙城，弟麟以告[2]，令出走，遂为其下所杀。

六月，秦王猛督诸军复伐燕秦王坚送猛于灞上，曰："今委卿以关东之任，当先破壶关，平上党，长驱取邺，所谓'疾雷不及掩耳'。吾当亲督万众，继卿星发[3]，舟车粮运，水陆俱进，卿勿以为后虑也。"猛曰："臣杖威灵，奉成算[4]，荡平残胡，如风扫叶，不烦銮舆亲犯尘雾[5]，但速敕所司部置鲜卑之所[6]。"坚大悦。

秋，七月朔，日食。

八月，秦克壶关王猛攻壶关，燕主㬮命太傅评将中外精兵三十万以拒之。畏猛，不敢进。猛克壶关，所过郡县皆望风降附，燕人大震。申胤叹曰："邺必亡矣。然越得岁[7]而吴伐之，卒受其祸。今福德在燕，秦虽得志，而燕之复建，不过一纪耳[8]。"

大司马温败袁瑾于寿春，遂围之。

九月，秦王猛入晋阳。冬，十月，及燕慕容评战于潞川[9]，败之，遂围邺秦杨安攻晋阳，久未下。猛引兵助攻，为地道，使将军张蚝率壮士数百潜入城中，大呼斩关[10]，纳秦兵，遂入晋阳。评屯潞川，猛进兵与相持。遣将军徐成觇燕军，期以日中，及昏而返，猛将斩之，邓羌固请曰："成，羌郡将

1　威德城：即南罗大，公元344年慕容皝改称威德城，位于今内蒙古西辽河上源西拉木伦河或老哈河流域。
2　弟麟以告：他的弟弟慕容麟将这一消息告诉了燕勃海王慕容亮。
3　星发：天未明即起程。
4　成算：已定的计划。
5　尘雾：尘土飞扬如雾。常用以比喻浊世，污浊。
6　部置鲜卑之所：准备好安置鲜卑人的地方。
7　得岁：受到岁星的照临。古人以岁星为祥星，得岁者有福。
8　燕之复建，不过一纪耳：燕国的复兴，不会超过十二年。一纪，岁星（木星）绕地球一周约需十二年，故古称十二年为一纪。
9　潞川：古水名，一作潞水，即今山西省中部的漳河上游。
10　斩关：砍断门闩，泛指攻破城门。

也，愿与效战[1]以赎罪。"猛弗许。羌怒，还营，严鼓勒兵，将攻猛。猛赦之。羌诣猛谢，猛执其手曰："吾试将军耳。将军于郡将尚尔，况国家乎？"评为人贪鄙[2]，鄣固[3]山泉，鬻樵及水，积钱帛如丘陵。士卒怨愤，莫有斗志。猛闻之，笑曰："慕容评真奴才，虽亿兆[4]之众不足畏，况数十万乎？"乃遣将军郭庆率骑五千，夜从间道出评营后，烧评辎重，火见邺中。燕主晡惧，让评曰："府库之积，朕与王共之，何忧于贫？若家国丧亡，王持钱帛欲安所[5]置之？"乃命悉以其钱帛散之军士，且趣使战。评大惧，请战。猛陈于渭源[6]而誓之曰："王景略[7]受国厚恩，任兼内外，今与诸君深入贼地，当竭力致死，有进无退，共立大功，以报国家。受爵明君之朝，称觞[8]父母之室，不亦美乎！"众皆踊跃，破釜弃粮，大呼竞进。猛望燕兵之众，谓邓羌曰："今日非将军不能破勍敌[9]，将军勉之。"羌曰："若能以司隶见与[10]者，公勿以为忧。"猛曰："此非吾所及也。必以安定太守、万户侯相处。"羌不悦而退。俄而兵交，猛召羌，羌寝，弗应。猛驰就许之，羌乃大饮帐中，与张蚝、徐成等跨马运矛，驰赴燕阵，出入数四，旁若无人，所杀伤数百。及日中，燕兵大败，俘、斩五万余人。乘胜追击，所杀及降又十万余。评单骑走还邺。

崔鸿[11]曰：邓羌请郡将以挠法，徇私也；勒兵欲攻王猛，无上也；临战豫求司隶，邀君[12]也。有此三者，罪孰大焉？猛能容其所短，收其所长，若驯猛

1　效战：效力死战。
2　贪鄙：贪婪卑鄙。
3　鄣固：鄣，通"障"，阻塞，阻隔。固，禁锢，闭塞。
4　亿兆：极言其数之多。
5　安所：何处。
6　渭源：渭水不出潞川，杜佑《通典》作"潞源"，《司马温公稽古录》作"清源"，待考。
7　王景略：王猛的自称，王猛字景略。
8　称觞：举杯祝酒。
9　勍敌：强敌。
10　能以司隶见与：能够任命我为司隶校尉。
11　崔鸿：北魏史学家，曾奉命参修国史，撰写孝文帝和宣武帝世宗《起居注》，著有《十六国春秋》。
12　邀君：要挟君主。

虎，驭悍马，以成大功。"采葑采菲，无以下体[1]。"猛之谓矣。

　　秦兵长驱围邺，号令严明，军无私犯，法简政宽，燕民各安其业，更相谓曰："不图今日复见太原王。"猛闻之，叹曰："慕容玄恭[2]可谓古之遗爱[3]矣！"设太牢以祭之。秦王坚诏猛曰："朕今亲率六军，星言电赴[4]，将军其休养将士，以俟朕至，然后取之。"

　　十一月，秦王坚入邺，执燕主㬜。以王猛为冀州牧，都督关东六州军事秦王坚留李威辅太子，自率精锐十万赴邺，七日而至安阳，宴祖父时故老。燕主㬜与慕容评等奔龙城。坚入邺宫。慕容垂见燕公卿及故僚吏，有愠色[5]。高弼密言曰："今虽家国倾覆，安知其不为兴运[6]之始邪？宜恢江海之量，慰结[7]其心，以立覆篑之基，成九仞之功[8]，奈何以一怒捐之？"垂悦，从之。㬜既出城，卫士皆散，惟将军孟高扶侍，极其勤瘁。所在遇盗，转斗而前，与将军艾朗俱死于贼。㬜失马步走，坚使将军郭庆追之，及于高阳，执以诣坚。坚诘其不降之状，对曰："狐死首丘[9]，欲归死于先人坟墓耳！"坚哀而释之，令还宫，率文武出降。㬜称高、朗之忠于坚，坚命厚加敛葬，拜其子为郎中。评奔高句丽，高句丽执送于秦。凡得郡百五十七，户二百四十六万，口九百九十九万。以燕宫人、珍宝分赐将士。评之败也，㬜疑琛知秦谋，收系狱。至是坚召释之，谓曰："卿不能见几而作，反为身祸，可谓智乎？"对曰："臣闻'几者，动之微，吉凶之先见者也'。如臣愚暗[10]，实所不及。然为臣莫

1　采葑采菲，无以下体：语出《诗经·邶风·谷风》。采摘葑和菲，不要因为其根、茎有苦味不能食用，就连其叶子也不要了。
2　慕容玄恭：即慕容恪，慕容恪字玄恭。
3　遗爱：留于后世而被人追怀的德行、恩惠、贡献等。
4　星言电赴：星言，泛言及早，急速。电赴，比喻快速奔赴。
5　愠色：恼怒的脸色。
6　兴运：时运昌隆。
7　慰结：抚慰结纳。
8　以立覆篑之基，成九仞之功：从倒一筐土开始，成就宏大的功业。覆篑，倒一筐土，谓积小成大，积少成多。九仞，形容极高或极深。
9　狐死首丘：传说狐狸将死时，头必朝向出生的山丘。比喻不忘本，也比喻暮年思念故乡。
10　愚暗：愚钝而不明事理。

如忠，为子莫如孝，是以烈士临危不改，见死不避，以徇君亲。彼知几者，心达安危，身择去就，不顾家国，臣虽知之，尚不忍为，况非所及邪？"坚闻悦绾之忠，恨不及见，拜其子为郎中。坚以猛为使持节都督关东六州诸军事、冀州牧，镇邺，悉以评第中之物赐之。守、令有阙，令以便宜补授。将士封赏各有差，州、县守、长皆因其旧。以燕申绍与韦儒俱为绣衣使者，循行关东，观省[1]风俗，劝课农桑，振恤穷困，收葬死亡，旌显节行。燕政有不便于民者，皆变除之。

十二月，**秦迁故燕主㬙及鲜卑四万户于长安**秦王坚迁慕容㬙及其百官并鲜卑四万余户于长安。猛表留梁琛为主簿。他日，与僚属宴，语及燕使，猛曰："人心不同，昔梁君专美本朝，郝君微说国弊。"参军冯诞曰："敢问取臣[2]之道何先？"猛曰："郝君知几为先。"诞曰："然则明公[3]赏丁公而诛季布也。"猛大笑。秦封㬙为新兴侯，以评为给事中，皇甫真为奉车都尉。燕故太史黄泓叹曰："燕必中兴，其在吴王乎？恨吾老，不及见耳！"初，燕以宜都王桓将兵为评后继，闻败，走和龙，攻辽东。时辽东已降秦，秦迫将击而杀之。其子凤年十一，阴有复仇之志，鲜卑、丁零有气干[4]者皆倾身与之交。权翼谓曰："儿方以才望自显，勿效尔父不识天命！"凤厉色曰："先王欲建忠而不遂，此乃人臣之节。君侯之言，岂奖劝[5]将来之义乎？"翼改容谢之，言于坚曰："凤忼慨有才器，但狼子野心，恐终不为人用耳！"

辛未**六年**（公元371年）

太宗简文皇帝昱咸安元年。〇秦建元七年。

春，正月，大司马温拔寿春，获袁瑾，斩之袁瑾求救于秦，秦遣将军

---

1 观省：观察，观看。
2 取臣：任用臣下。
3 明公：此处借指刘邦。
4 气干：气魄和才干。
5 奖劝：褒奖鼓励。

王鉴、张蚝率步、骑二万救之。温遣桓伊等击鉴、蚝于石桥[1]，大破之，遂拔寿春，擒瑾，送建康斩之。

秦徙关东豪杰及杂夷十五万户于关中。

凉州张天锡称藩于秦秦王坚命王猛为书谕天锡曰："昔贵先公称藩刘、石者，惟审于强弱也。今秦之威，旁振无外[2]。关东既平，将移兵河右，恐非六郡士民所能抗也。"天锡大惧，遣使称藩。坚拜天锡凉州刺史、西平公。

吐谷浑入贡于秦吐谷浑王辟奚遣使献马千匹、金银五百斤于秦，秦以为漒川侯。辟奚好学，仁厚而无威断。三弟专恣，国人患之，长史钟恶地与司马乞宿云收杀之。辟奚由是发病恍惚，命世子视连曰："吾祸及同生[3]，何以见之于地下？国事汝自治之，吾余年残命，寄食[4]而已。"遂以忧卒。视连立，不饮酒游畋者七年，军国之事，委之将佐。恶地谏，以为人主当自娱乐，建威布德。视连泣曰："孤自先世以来，以仁孝、忠恕相承。先王念友爱之不终，悲愤而亡。孤虽纂业[5]，尸存[6]而已，声色游娱，岂所安也？威德之建，当付之将来耳。"

代世子寔卒初，代将长孙斤谋弑代王什翼犍，寔格之，伤胁[7]。至是卒。寔娶东部大人贺野干之女，有遗腹子[8]，什翼犍名之曰涉圭。

秦伐仇池，克之，执杨纂以归。

秦以邓羌为镇军将军王猛以漒川之功，请以羌为司隶。秦王坚下诏曰："司隶校尉，董牧[9]皇畿，吏责甚重，非所以优礼名将。光武不以吏事处功臣，实贵之也。羌有廉、李[10]之才，朕方委以征伐之事，北平匈奴，南荡扬、越，

1　石桥：古桥名，位于今安徽省淮南市寿县北肥河上。
2　旁振无外：只要一动作就没有谁能够阻挡。
3　同生：同父所生，因以指兄弟。
4　寄食：依附别人生活。
5　纂业：继承大业。
6　尸存：空占着位置。
7　胁：从腋下到肋骨尽处的部分。
8　遗腹子：父亲死后才出生的子女。
9　董牧：监督治理。
10　廉、李：廉颇、李牧。

羌之任也，司隶何足以婴¹之？其进号镇军将军，位特进。"

　　冬，十月，秦王坚如邺秦王坚至邺，猎于西山，旬余忘返。伶人²王洛叩马谏曰："陛下群生所系，今久猎不归，一旦患生不虞，奈太后、天下何？"坚为之罢猎还宫。王猛因进言曰："畋猎诚非急务，洛之言不可忘也。"坚赐洛帛百匹，拜官箴³左右，自是不复猎。

　　十一月，大司马温入朝，废帝为东海王，迎会稽王昱入即位温恃其材略位望⁴，阴蓄不臣之志，尝抚枕叹曰："男子不能流芳百世，亦当遗臭万年！"术士杜炅能知人贵贱，温问之，炅曰："明公勋格⁵宇宙，位极人臣。"温不悦。温欲先立功河朔以收时望，还受九锡。及枋头之败，威名顿挫。既克寿春，谓郗超曰："足以雪枋头之耻乎？"超曰："未也。"久之，超就温宿⁶，中夜，谓曰："明公不为伊、霍⁷之举，无以立大威权，镇压四海。"温遂与定议。以帝素谨，无过，而床第易诬⁸，乃扬言："帝早有痿疾⁹，嬖人朱灵宝等参侍内寝，二美人生三男，将移皇基。"人莫能审其虚实。温乃诣建康，讽褚太后，请废帝而立会稽王昱，并作令草¹⁰，呈之太后。太后曰："我本自疑此！"便索笔益之曰："未亡人不幸罹此百忧，感念存没¹¹，心焉如割！"温集百官于朝堂，百官震栗，温亦色动¹²，不知所为。尚书仆射王彪之命取《霍光传》，礼度仪制，定于须臾。彪之朝服当阶，神采毅然。于是宣太后令，废帝为东海王。帝乘犊车出神虎门，侍御史将兵卫送东海第¹³。温率百官迎昱即位。温有足疾，

1　婴：通"撄"，触犯。
2　伶人：乐人。
3　箴：劝告，规诫。
4　位望：地位和声望。
5　勋格：功勋的品级。
6　超就温宿：郗超到桓温的住所留宿。
7　伊、霍：伊尹、霍光。
8　床第易诬：床第之事容易诬陷。
9　痿疾：身体某部分萎缩或失去机能的病，也特指阳痿。
10　令草：诏令的草稿。
11　存没：生者和死者。
12　色动：脸色改变。
13　东海第：东海王的王府。

诏乘舆入殿。温撰辞，欲陈述废立本意，帝引见，便泣下数十行，温兢惧，竟不能一言而出。太宰、武陵王晞好习武事，温忌之，表免其官。尊褚太后曰崇德太后。逼新蔡王晃，自列与晞及殷浩之子涓及庾蕴弟倩、柔等谋反，收付廷尉。又杀东海王三子及其母。有司承温旨，请诛晞。诏曰："悲惋惶怛[1]，非所忍闻。"温固请，帝手诏曰："若晋祚灵长[2]，公便宜奉行前诏。如大运去矣，请避贤路。"温览之，流汗。乃奏废晞，徙新安，免晃为庶人，涓、倩、柔皆族诛。侍中谢安见温遥拜。温惊曰："安石，卿何事乃尔？"安曰："未有君拜于前，臣揖于后。"温遂还姑孰。秦王坚闻温废立，谓群臣曰："温前败灞上，后败枋头，不能思愆自贬以谢百姓，方更废君以自说，六十之叟，举动如此，将何以容于四海乎？谚曰：'怒其室而作色于父[3]。'温之谓矣。"

十二月，降封东海王为海西县公 大司马温奏："废放[4]之人，不可以临黎元。东海王宜依昌邑故事。"太后诏封海西县公。温威震内外，帝虽处尊位，拱默而已。先是荧惑守太微端门[5]，逾月而海西废。至是，又逆行入太微。帝甚恶之，谓中书侍郎郗超曰："命之修短，本所不计，故当无复近日事邪？"超曰："大司马臣温，方内固社稷，外恢经略，非常之事，臣以百口保之。"及超请急省其父，帝曰："致意尊公，家国之事，遂至于此，由吾不能以道匡卫。"因咏庾阐诗云："志士痛朝危，忠臣哀主辱。"遂泣下沾襟。帝美风仪[6]，善容止，留心典籍，凝尘满席，湛如也[7]。虽神识恬畅[8]，然无济世大略，谢安以为惠帝[9]之流，但清谈差胜耳。超以温故，朝中皆畏事之。谢安尝与左卫将军

1　悲惋惶怛：悲惋，悲愤怨恨。惶怛，惶恐不安。
2　灵长：广远绵长。
3　怒其室而作色于父：生妻子的气却向父亲耍脸色。
4　废放：废黜放逐。
5　太微端门：太微垣南藩二星，东曰左执法，西曰右执法，左、右执法之间叫端门，为太微垣的南门。
6　风仪：风度仪容。
7　凝尘满席，湛如也：翻阅典籍常常弄得满席尘土，也是一派安然的样子。湛如，安然。
8　神识恬畅：神识，器局识见。恬畅，恬静豁达。
9　惠帝：即晋惠帝司马衷，西晋第二位皇帝。

王坦之共诣超，日旰[1]未得前，坦之欲去，安曰："独不能为性命忍须臾邪？"

壬申 太宗简文皇帝咸安二年（公元372年）

秦建元八年。

春，二月，秦以慕容评为范阳太守慕容垂言于秦王坚曰："臣叔父评，燕之恶来[2]辈也，不宜复污圣朝，愿为燕戮之。"坚乃出之范阳。

司马公曰：古之人，灭人之国而人悦，何哉？为人除害故也。秦王坚不以评为诛首，又从而宠秩之，是爱一人而不爱一国之人也，其失人心多矣。是以施恩于人而人莫之恩，尽诚于人而人莫之诚，卒于功名不遂，容身无所，由不得其道故也。

三月，秦命关东礼送经艺[3]之士秦王坚诏："关东之民学通一经、才成一艺者，在所郡县以礼送之。在官百石以上[4]，学不通一经、才不成一艺者，罢遣还民。"

夏，四月，迁海西公于吴县[5]。

六月，秦以王猛为丞相，苻融为冀州牧。

秋，七月，帝崩，太子昌明即位帝不豫，急召大司马温入辅，一日一夜发四诏，温辞不至。诏立皇子昌明为皇太子，生十年矣。道子为琅邪王，领会稽国，以奉帝母郑太妃之祀。遗诏温依周公居摄故事。又曰："少子可辅者辅之，如不可，君自取之。"侍中王坦之持诏入，于帝前毁之。帝曰："天下，傥来之运，卿何所嫌[6]？"坦之曰："天下，宣、元[7]之天下，陛下何得专之？"

1　日旰：天色晚，日暮。
2　恶来：商纣王大臣，以勇力闻名，战国时秦国的祖先。《史记·殷本纪》："恶来善毁谗，诸侯以此益疏。"
3　经艺：经学，亦为儒家经书的统称。
4　在官百石以上：享受百石以上俸禄的官吏。
5　吴县：古县名，春秋时吴国都城，治所即今江苏省苏州市。
6　傥来之运，卿何所嫌：意外得来的幸运，你有什么不满意的。傥来，意外得来，偶然得到。
7　宣、元：即晋宣帝司马懿、晋元帝司马睿。

帝乃使改诏曰："家国事一禀大司马，如诸葛武侯、王丞相[1]故事。"是日，帝崩。群臣曰："当须大司马处分。"王彪之正色曰："天子崩，太子代立，大司马何容得异[2]！"朝议乃定。太子即位，太后欲令温居摄。彪之曰："此异常大事，大司马必当固让，使万机停滞，稽废山陵[3]，未敢奉令。"事遂不行。温望简文[4]临终禅位，不尔[5]便当居摄。既不副所望，与弟冲书曰："遗诏使吾依武侯、王公故事耳。"疑王坦之、谢安所为，心衔之。

八月，秦加王猛都督中外诸军事猛至长安，复加都督中外诸军事。辞章[6]三四上，秦王坚不许，曰："朕方混一四海，非卿，谁可委者？卿之不得辞宰相，犹朕不得辞天下也。"猛为相，坚端拱[7]于上，百官总己于下，军国之事，无不由之。猛刚明清肃，善恶著白，放黜尸素，显拔幽滞[8]，劝课农桑，练习军旅，官必当才，刑必当罪。由是国富兵强，战无不克，秦国大治。坚敕太子宏及长乐公丕等曰："汝事王公，如事我也。"阳平公融年少，在冀州为政好新奇，贵苛察[9]。治中、别驾申绍数规正[10]，导以宽和，融虽敬之，未能尽从。后绍出为济北太守，融屡以过失闻，数致谴让[11]，乃恨不用绍言。尝坐擅起学舍[12]，为有司所纠，问绍："谁可使者？"绍曰："燕尚书郎高泰，清辩有胆智，可使也。"使至长安，见猛曰："昔鲁僖公以泮宫发颂，齐宣王以稷下垂声[13]，今

1 王丞相：即王导。
2 何容得异：怎么可以提出异议。
3 稽废山陵：耽误先帝陵墓的修筑。稽废，稽延荒废。
4 简文：即东晋简文帝司马昱。
5 不尔：不如此，不然。
6 辞章：推辞的奏章。
7 端拱：帝王庄严临朝，清简为政。
8 刚明清肃，善恶著白，放黜尸素，显拔幽滞：清正严明，褒贬鲜明，放逐罢免尸位素餐者，提拔重用有才而不得志的人。著白，明白，显著。刚明，严明。清肃，清正严明。尸素，居位食禄不尽职的人。
9 苛察：以烦琐苛刻为明察。
10 规正：规劝匡正。
11 谴让：谴责，责备。
12 学舍：学校。
13 僖公以泮宫发颂，齐宣王以稷下垂声：鲁僖公因为在泮水建立学宫而被歌颂，齐宣王因为在稷下建立学宫而声名远扬。

阳平公开建学官，乃烦有司举劾，明公惩劝[1]如此，下吏[2]何所逃罪乎？"猛曰：
"是吾过也。"事遂释。猛因叹曰："高子伯岂阳平所宜吏乎？"言于秦王坚。
坚召见，问以为治之本，对曰："治本在得人，得人在审举[3]，审举在核真[4]，未
有官得其人而国家不治者也。"坚曰："可谓辞简而理博矣。"以为尚书郎。固
请还州，许之。

冬，十月，葬高平陵[5]。

三吴大旱，饥。

癸酉**烈宗孝武皇帝宁康元年**（公元373年）

秦建元九年。

春，二月，大司马温来朝桓温来朝，诏吏部尚书谢安、侍中王坦之迎
于新亭。时都下恟恟[6]，云欲诛王、谢，因移晋祚。坦之甚惧，安神色不变，曰：
"晋祚存亡，决于此行。"温既至，百官拜于道侧。温大陈兵卫[7]，延见朝士[8]。坦
之流汗沾衣，倒执手版。安从容就席，谓温曰："安闻诸侯有道，守在四邻，
明公何须壁后置人[9]邪？"温笑曰："正自不能不尔[10]。"遂命撤之，与安笑语移
日。郗超卧帐中听其言，风动帐开，安笑曰："郗生可谓入幕之宾[11]矣。"时天
子幼弱，外有强臣，安与坦之尽忠辅卫，卒安晋室。三月，温有疾，还姑孰。

秋，七月，大司马温卒。以桓冲都督扬、豫、江州军事初，温疾笃，

1　惩劝：惩罚邪恶，劝勉向善。
2　下吏：低级官吏。
3　审举：审慎选拔。
4　核真：核实真实情况。
5　高平陵：东晋简文帝司马昱的陵墓，位于今江苏省南京市东紫金山西南麓。
6　都下恟恟：都下，京都。恟恟，喧扰貌。
7　兵卫：士兵和守卫之具。
8　朝士：朝廷之士，泛称中央官员。
9　壁后置人：墙壁后面埋伏人。
10　正自不能不尔：正是由于不能不这样做。
11　入幕之宾：比喻关系亲近的人，或参与机密的人。幕，帐幕。宾，客人。

讽朝廷求九锡，屡使人趣¹之。谢安、王坦之故缓其事，使袁宏具草。宏以示王彪之，彪之叹其文辞之美，因曰："卿固大才，安可以此示人？"安见其草，辄改之，由是历旬不就。温弟江州刺史冲问安、坦之所在，温曰："渠²等不为汝所处分也。"温以世子熙才弱，使冲领其众。温卒，熙及弟济谋杀冲，冲徙之长沙。称温遗命，以少子玄为嗣，时方五岁，袭封南郡公。冲既代温居任³，尽忠王室。或劝诛除⁴时望，冲不从。始，温在镇，死罪皆专决⁵。冲以为生杀之重，当归朝廷，须报后行。

皇太后临朝摄政，以王彪之为尚书令，谢安为仆射谢安以天子幼冲，欲请崇德太后临朝。彪之曰："上年垂及冠婚⁶，反令从嫂⁷临朝，岂所以光扬⁸圣德乎？"安不欲委任桓冲，故使太后临朝，己得专决，遂不从其言。彪之与共掌朝政。安每叹曰："朝廷大事，众所不能决者，以咨王公，无不立决。"

秦寇梁、益，陷之秦王坚使王统、朱肜率卒二万出汉川，毛当、徐成率卒三万出剑门⁹，以寇梁、益。梁州刺史杨亮拒之，战败，肜遂拔汉中。徐成亦克剑门。杨安进攻梓潼，太守周虓固守涪城，遣步、骑送母妻趋江陵，肜邀而获之，虓遂降。十一月，秦取二州，邛笮、夜郎¹⁰皆附之。秦以杨安镇成都，毛当镇汉中，姚苌屯垫江，王统镇仇池¹¹。坚欲以周虓为尚书郎，虓曰："蒙晋厚恩，但老母见获¹²，失节于此。母子获全，秦之惠也。虽公侯之贵，不以为

1　趣：督促，催促。
2　渠：他。
3　居任：就任，担任官职。
4　诛除：诛灭剪除。
5　专决：独自决断。
6　垂及冠婚：快到加冠、完婚的年龄了。垂及，将至。
7　从嫂：从兄之妻。
8　光扬：发扬光大，荣宠褒扬。
9　剑门：古地名，即剑门关，位于今四川省广元市剑阁县北大剑山山口。大小剑山峰峦连绵，下有隘路如门，故名。
10　邛笮、夜郎：邛笮，古西南夷二国，位于今四川省西南部荥经南至西昌市一带。夜郎，古郡名，辖今贵州省西南部及云南省一隅。
11　仇池：古地名，位于今甘肃省陇南市西和县南洛峪。
12　见获：被抓获。

荣。”遂不仕。每见坚，或箕踞而坐，呼为氐贼。尝值元会，仪卫甚盛，坚问之曰：“晋朝元会，与此何如？”虓攘袂厉声曰：“犬羊相聚，何敢比拟天朝？”秦人以虓不逊，屡请杀之，坚待之弥厚。

以王坦之为中书令，领丹杨尹。

彗星见彗星出于尾箕[1]，长十余丈，经太微，扫东井。自四月见，及冬不灭。秦太史令张孟言：“尾箕，燕分；东井，秦分也。今彗起尾箕而扫东井，十年之后，燕当灭秦。二十年之后，代当灭燕。慕容氏布列朝廷，臣窃忧之，宜剪其魁杰[2]以消天变。”坚不听。阳平公融亦上疏言之，坚报曰：“朕方混六合为一家，视夷狄为赤子，汝宜息虑[3]，勿怀耿介[4]。夫惟修德可以攘灾，苟能内求诸己，何惧外患乎？”其后有人入秦明光殿大呼曰：“甲申、乙酉，鱼羊[5]食人，悲哉，无复遗！”坚命执之，不获。朱肜、赵整固请诛诸鲜卑，坚不听。整，宦官也，博闻强记，能属文，好直言面谏。慕容垂夫人得幸于坚，坚与之同辇游于后庭[6]。整歌曰：“不见雀来入燕室，但见浮云蔽白日。”坚改容谢之，命夫人下辇。

甲戌二年（公元374年）

秦建元十年。

春，二月，以王坦之都督徐、兖等州军事。诏谢安总中书[7]安好声律，期功[8]之惨，不废丝竹，士大夫效之，遂以成俗。坦之屡书苦谏曰：“天下

---

1 尾箕：尾宿和箕宿的并称。尾宿，二十八宿之一，西方七宿第三宿。箕宿，二十八宿之一，东方七宿第七宿。
2 魁杰：杰出的人，为首的人。
3 息虑：消除担忧。
4 耿介：心中不安。
5 鱼羊：合起来为“鲜”字，暗指鲜卑。
6 后庭：宫庭或房室的后院。
7 总中书：总领中书省职事。
8 期功：期，服丧一年。功，按关系亲疏分大功和小功，大功服丧九个月，小功服丧五个月。

之宝，当为天下惜之。"安不能从。又尝与王羲之登冶城[1]，悠然遐想，有高世之志。羲之谓曰："夏禹勤王，手足胼胝[2]；文王旰食，日不暇给[3]。今四郊多垒，宜思自效。而虚谈废务[4]，浮文妨要[5]，恐非当世所宜。"安曰："秦任商鞅，二世而亡，岂清言[6]致患耶？"

乙亥三年（公元 375 年）

秦建元十一年。

夏，五月，徐兖都督、蓝田侯王坦之卒坦之临终，与谢安、桓冲书，惟以国家为忧，言不及私。卒，谥曰献。

以桓冲为徐州刺史，谢安领扬州刺史冲以安素有重望[7]，以扬州让之，自求外出。桓氏族党莫不苦谏，冲处之澹然。

秋，七月，秦丞相、清河侯王猛卒猛寝疾，秦王坚亲为祈郊庙、社稷，分遣侍臣遍祷河岳[8]。疾少瘳[9]，为之赦殊死[10]以下。猛上疏曰："不图陛下以臣之命而亏天地之德，开辟[11]以来，未之有也。臣闻报德莫如尽言，谨以垂没之命[12]，窃献遗款[13]。夫善作者不必善成，善始者不必善终。古先哲王，知功业之不易，战战兢兢，如临深谷。伏惟陛下，追踪前圣，天下幸甚。"坚览之悲恸。七月，坚亲至猛第视疾，访以后事。猛曰："晋虽僻处江南，然正朔相承，上

1　冶城：古地名，位于今江苏省南京市朝天宫一带。
2　胼胝：手掌、脚底因长期劳动摩擦而生茧子。
3　文王旰食，日不暇给：旰食，晚食，指事务繁忙不能按时吃饭。日不暇给，事情繁多，来不及做完。
4　废务：旷废职务。
5　妨要：妨害要务。
6　清言：魏晋时期何晏、王衍等崇尚《老》《庄》，摈弃世务，竞谈玄理的风气。
7　重望：很高的声望。
8　河岳：黄河和五岳的并称。
9　瘳：病愈。
10　殊死：斩首的死刑。
11　开辟：盘古氏开天辟地。
12　垂没之命：接近完结的生命。指人至晚年，快要死去。垂，快要，接近。没，终。
13　款：真诚。

下安和[1]，臣没之后，愿勿以晋为图。鲜卑、西羌，我之仇敌，终为人患。宜渐除之，以便社稷。"言终而卒。坚比敛[2]，三临哭，谓太子宏曰："天不欲使吾平一六合耶，何夺吾景略之速也？"葬之如汉霍光故事。谥曰武。

康熙御批：王猛之事秦，竭忠尽智，至于临没之时，犹惓惓以善作善，成望秦王追踪前圣，宜其主眷优隆[3]，为人臣之所当勉也。

八月，立皇后王氏后，濛之孙也。

九月，以徐邈为中书舍人[4]帝讲《孝经》，始览典籍，延儒士。谢安荐邈补中书舍人，每被顾问，多所匡益[5]。帝或宴集，酣乐[6]之后，好为诗章，文词秽杂[7]。邈应时收敛，还省刊削，经帝重览，然后出之[8]。

冬，十月朔，日食。

秦置听讼观。遣太子入学。禁老、庄、图谶之学秦王坚诏曰："新丧贤辅，百司或未称朕心。可置听讼观，五日一临，以求民隐[9]。今天下虽未大定，权可偃武修文[10]，以称武侯雅旨[11]。其增崇儒教，禁老、庄、图谶之学，犯者弃市。"妙简学生，太子及群臣之子皆就学受业。尚书郎王佩读谶，坚杀之，谶学遂绝。

丙子**太元元年**（公元 376 年）

秦建元十二年。〇是岁凉、代皆亡，凡僭国一。

---

1 安和：安定和睦。
2 比敛：等到入殓。比，及，等到。
3 主眷优隆：主眷，主上的眷顾，主上的宠信。优隆，优待尊崇。
4 中书舍人：古官名，掌诏诰及呈奏之事。
5 匡益：匡正补益。
6 酣乐：沉湎于饮酒游乐。
7 秽杂：杂乱。
8 邈应时收敛，还省刊削，经帝重览，然后出之：徐邈按时把这些诗章搜集起来带回中书省加以修改，使它们全都适宜观览，经过孝武帝重新审阅，然后再传播出去。
9 民隐：民众的痛苦。
10 偃武修文：停止武事，振兴文教。偃，停止。修，昌明，修明。
11 以称武侯雅旨：以实现王猛高雅的旨趣。武侯，王猛谥曰"武"，称武侯。

春，正月朔，帝冠，太后归政。以谢安为中书监、录尚书事。

秦遣侍臣[1]分巡郡县秦王坚下诏曰："往得丞相，常谓帝王易为。自丞相违世[2]，须发半白。今天下既无丞相，或政教沦替[3]，可遣侍臣分巡郡县，问民疾苦。"

秋，七月，秦遣兵击凉州。八月，败其兵。凉将掌据死之，张天锡降天锡荒于酒色，不亲庶务，黜世子大怀而立嬖妾[4]之子大豫，人情愤怨[5]。秦王坚以天锡臣道未纯，遣将军苟苌、梁熙等将兵临西河，尚书郎阎负、梁殊奉诏征之。若有违命，即进师扑讨[6]。负、殊至姑臧。天锡会官属谋之，皆怒曰："吾世事晋朝，忠节著于海内。今一旦委身贼庭，丑莫大焉！且河西天险，若悉境内精兵，右招西域、北引匈奴以拒之，何遽知其不捷也？"天锡攘袂大言曰："孤计决矣，言降者斩！"使谓负、殊曰："君欲生归乎，死归乎？"殊等辞气不屈，天锡怒，射杀之。其母严氏泣曰："秦主横制[7]天下，兵不留行[8]。汝若降之，犹可延数年之命。今既抗衡，又杀其使者，亡无日矣。"天锡使将军马建率众二万拒秦。八月，秦师济河，天锡又遣掌据率众三万军于洪池[9]。苟苌使姚苌为前驱，马建迎降。据兵败，就帐免胄，西向稽首，伏剑而死。秦兵遂至姑臧，天锡面缚出降，凉州郡县悉下。秦以梁熙为凉州刺史，镇姑臧。封天锡归义侯。初，秦兵之出也，先为天锡筑第于长安，至则居之。熙清俭爱民，河右安之。初，桓冲闻秦攻凉州，遣兵分道挠[10]秦以救凉，不克而罢。

诏除度田收租之制初，哀帝减田租，亩收二升。至是除之。王公以下口

1　侍臣：皇帝左右的近臣。
2　违世：去世。
3　沦替：衰落。
4　嬖妾：爱妾。
5　愤怨：愤怒怨恨。
6　扑讨：讨伐。
7　横制：广泛控制。
8　留行：停止行进。
9　洪池：古地名，位于今甘肃省武威市东南。
10　挠：骚扰。

税[1]米三斛，蠲在役之身。

冬，十一月朔，日食。

秦遣兵击代，败之。十二月，代寔君弑其君什翼犍，秦讨杀之，遂分代为二部刘卫辰为代所逼，求救于秦，秦王坚遣行唐公洛、邓羌、朱肜等将兵击之，以卫辰为乡导。代王什翼犍使南部大人刘库仁将兵拒战，大败。什翼犍病，不能自将，乃奔阴山之北。闻秦兵稍退，复还云中。初，什翼犍世子寔早卒，寔子珪尚幼，慕容妃诸子皆长，继嗣未定。庶长子[2]寔君遂杀诸弟，并弑什翼犍。秦兵趋云中，部众逃溃，国中大乱。珪母贺氏以珪走依贺讷。秦王坚召代长史燕凤，问代乱故，凤具以对。坚曰："天下之恶一也。"乃执寔君至长安，车裂[3]之。坚欲迁珪于长安，凤固请曰："代王遗孙冲幼，莫相统摄。库仁勇而有知，卫辰狡猾多变，皆不可独任。宜分诸部为二，令此两人统之。两人素有深仇，而势莫敢先发。俟其孙稍长立之，是陛下有存亡继绝之德于代，使其子孙永为不侵不叛之臣，此安边之良策也。"坚从之。分代为二部，自河以东属库仁，自河以西属卫辰，使统其众。贺氏以珪依库仁。库仁招抚离散，恩信甚著。奉事拓跋珪恩勤周备[4]，不以废兴易意。常谓诸子曰："此儿有高天下之志，必能恢隆[5]祖业，汝曹当谨遇[6]之。"慕容绍私谓其兄楷曰："秦恃其强大，务胜不休[7]。北戍云中，南守蜀、汉，转运万里，道殣相望[8]，兵疲民困，危亡近矣。"

丁丑二年（公元 377 年）

秦建元十三年。

1　口税：按人缴纳的税收。
2　庶长子：低于正室的嫔妃所生之子称为庶子，其中年龄最大的称之为庶长子。
3　车裂：俗称五马分尸，即将人头和四肢分别拴在五辆马车上，马车同时分驰，将肢体撕裂。
4　恩勤周备：恩勤，父母尊长抚育晚辈的慈爱和辛劳。周备，周到。
5　恢隆：振兴。
6　谨遇：礼遇，厚待。
7　务胜不休：求胜不止。
8　道殣相望：道路上饿死的人到处都是。殣，饿死。

春，高句丽、新罗、西南夷皆遣使朝贡于秦。

秦以熊邈为将作长史[1]赵故将作功曹[2]熊邈屡为秦王坚言石氏官室器玩之盛，坚以邈为将作长史，大修舟舰、兵器，饰以金银，颇极精巧。慕容农私言于垂曰："自王猛之死，秦之法制日以颓靡[3]。今又重之以奢侈，殃将至矣。大王宜结纳英杰，以承天意。"垂笑曰："天下事非尔所及。"

以朱序为梁州刺史，镇襄阳。

秋，七月，以谢安都督扬、豫等州军事。

冬，十月，以桓冲都督江、荆等州军事，谢玄监江北军事桓冲以秦人强盛，欲移阻[4]江南，奏自江陵徙镇上明[5]，使刘波守江陵，杨亮守江夏。初，中书郎郗超自以其父愔位遇[6]应在谢安之右，而优游散地[7]，常愤邑形于词色，由是与谢氏有隙。时朝廷方以秦寇为忧，诏求文武良将可镇御北方者，安以兄子玄应诏。超闻之，叹曰："安之明，乃能违众[8]举亲；玄之才，足以不负所举。"众咸以为不然。超曰："吾尝与玄共在桓公府，见其使才[9]，虽履屐间[10]未尝不得其任，是以知之。"玄镇广陵，募骁勇之士，得彭城刘牢之等数人。以牢之为参军，常领精锐为前锋，战无不捷。时号"北府兵"，敌人畏之。

散骑常侍王彪之卒初，谢安欲增修官室，彪之曰："中兴之初，即东府[11]为官，殊为俭陋[12]。苏峻之乱，成帝止兰台都坐[13]，不蔽风雨，是以更营新宫。比之汉、魏则为俭，比之初过江则为侈矣。今寇敌方强，岂可大兴功役，劳扰百

1　将作长史：古官名，将作大匠的属官。
2　将作功曹：古官名，为皇帝制作器具的部门里的掌事官员。
3　颓靡：颓丧，不振作。
4　移阻：移师固守。
5　上明：古地名，位于今湖北省荆州市辖松滋市北。
6　位遇：地位和待遇。
7　散地：闲散之地，多指闲散的官职。
8　违众：与众不同，违反常规。
9　使才：运用与施展才华。
10　履屐间：比喻小事。履屐，鞋，也借指脚。
11　东府：东晋、南朝定都建业时丞相兼领扬州刺史的治所，故址位于今江苏省南京市内。
12　俭陋：俭朴粗陋。
13　兰台都坐：御史台官吏办公的地方。兰台，御史台。

姓邪？"安曰："宫室弊陋[1]，后世谓人无能。"彪之曰："凡任天下之重者，当保国宁家，缉熙[2]政事，乃以修室屋为能邪？"安不能夺[3]，故终彪之之世，无所营造。

临海太守郗超卒初，超党于桓氏，以父愔忠于王室，不令知之。及病甚，出一箱书授门生曰："公年尊[4]，我死之后，若以哀悗[5]害寝食者，可呈此。不尔，即焚之。"超卒，愔果成疾。门生呈箱，皆与桓温往反密计。愔大怒，曰："小子死已晚矣。"遂不复哭。

戊寅三**年**（公元378年）

秦建元十四年。

春，二月，作新宫。

秦寇梁州。夏，四月，陷南阳秦王坚遣长乐公丕、将军苟苌、石越、慕容垂等四道会攻襄阳。梁州刺史朱序以秦无舟楫[6]，不以为虞。既而石越率骑五千浮渡汉水，序惶骇[7]，固守中城[8]。越克其外郭[9]，获船百余艘以济余军。丕督诸将攻中城。序母韩氏闻秦兵将至，自登城履行[10]西北隅，以为不固，率百余婢及城中女丁[11]筑邪城[12]于其内。及秦兵至，西北隅果溃，移守新城，襄阳人谓之夫人城。桓冲在上明，拥众七万，惮秦兵，不敢进。丕欲急攻襄阳，苟苌曰："吾众十倍于敌，糇粮[13]山积，但稍迁汉、沔之民于许、洛，塞其运道，绝其援

1　弊陋：破旧粗劣。
2　缉熙：光明。
3　夺：胜过，压倒。
4　年尊：年纪大。
5　哀悗：悲伤惋惜。
6　舟楫：船只。
7　惶骇：惊骇。
8　中城：内城。
9　外郭：内城外围加筑的一道城墙。
10　履行：巡行，巡视。
11　女丁：成年女性。
12　邪城：在城的一角修筑的斜向城墙。
13　糇粮：干粮。

兵，譬如网中之禽，何患不获，而多杀将士，急求成功哉？"丕从之。慕容垂拔南阳，执太守郑裔，与丕会。

秋，七月，新宫成。

秦遣兵分道寇盱眙[1]、彭城、魏兴彭超请攻沛郡太守戴遯于彭城，且曰："愿更遣重将攻淮南，为棋劫[2]之势，东西并进，丹杨[3]不足平也。"秦王坚从之，使俱难率步、骑七万寇淮阳、盱眙。八月，超攻彭城。诏右将军毛虎生率众镇姑孰以御之。秦又使韦钟围魏兴太守吉挹于西城。

九月，秦王坚宴群臣秦王坚与群臣饮酒，以极醉为限。赵整作《酒歌》曰："地列酒泉，天垂酒池，杜康妙识[4]，仪狄[5]先知。纣丧殷邦，桀倾夏国，由此言之，前危后则[6]。"坚大悦，命整书之以为酒戒，自是宴群臣，礼饮[7]而已。

冬，十月，大宛献马于秦，不受大宛献汗血马于秦。秦王坚曰："吾尝慕汉文帝为人，用千里马何为？"命群臣作《止马诗》而反之。

秦豫州刺史苻重谋反，赦，就第北海公重镇洛阳，谋反。秦王坚曰："长史吕光忠正，必不与之同。"即命光收重，槛车送长安，赦之，以公就第。

己卯四年（公元 379 年）

秦建元十五年。

春，二月，秦陷襄阳，执刺史朱序以归秦御史中丞李柔劾奏："长乐公丕等拥众十万，攻围小城，日费万金，久而无效，请征下廷尉。"秦王坚遣使持节切让丕等，赐丕剑曰："来春不捷，汝可自裁，勿复持面见吾也！"丕等惶恐，命诸军并力攻襄阳。坚欲自将来攻，阳平公融谏曰："陛下欲取江南，

1　盱眙：古郡名，辖今江苏省盱眙县一带。
2　棋劫：胡三省注："棋劫者，以棋势喻兵势也。围棋者，攻其右而敌手应之，则击其左取之，谓之劫。"
3　丹杨：古县名，治所即今江苏省镇江市辖丹阳市。
4　妙识：深知，精通。
5　仪狄：夏禹时掌造酒的官员，相传是我国最早的酿酒人，虞舜的后人。
6　前危后则：前人的危亡，后人应引以为戒。
7　礼饮：按照一定礼节宴饮群臣。胡三省注："礼，臣侍君宴，不过三爵。"

固当博谋熟虑，不可仓猝。若止取襄阳，亲劳大驾，所谓'以随侯之珠，弹千仞之雀[1]'也！"乃止。朱序屡破秦兵，遂不设备。丕命诸军进攻，督护李伯护为内应，遂克襄阳，执序送长安。坚以序能守节，拜度支尚书。以伯护为不忠，斩之。秦将慕容越拔顺阳，执太守丁穆。坚欲官之，穆固辞不受。坚以梁成为荆州刺史，镇襄阳。选其才望，礼而用之。

秦陷彭城、淮阴[2]谢玄率众万余救彭城，军于泗口，欲遣间使报戴遯而不可得。部曲将田泓请没水[3]潜行，玄遣之，为秦人所获。厚赂，使云南军已败[4]，泓伪许之。既而告城中曰："南军垂至，勉之。"秦人杀之。彭超置辎重于留城[5]。玄扬声遣军向留城，超闻之，释彭城围，引兵还保辎重。遯率众奔玄，超遂据彭城，留徐褒守之，南攻盱眙。俱难克淮阴，留邵保戍之。

三月，诏减省用度诏："以疆场多虞[6]，年谷不登，其供御[7]所须，事从俭约。九亲[8]供给，众官廪俸[9]，权可减半。凡诸役费，非军国事要，皆宜停省。"

夏，四月，秦陷魏兴，太守吉挹死之秦韦钟拔魏兴，吉挹引刀欲自杀，左右夺其刀。会秦人至，执之，挹不言、不食而死。秦王坚叹曰："周孟威[10]不屈于前，丁彦远洁己于后，吉祖冲闭口而死，何晋氏之多忠臣也？"挹参军史颖逃归，得挹临终手疏[11]，诏赠益州刺史。

五月，秦陷盱眙，进围三阿[12]，谢玄连战败走之秦俱难、彭超拔盱眙，

1　以随侯之珠，弹千仞之雀：出自《庄子·让王》。用随侯之珠去弹射千仞高的飞鸟，形容耗费太贵重，所追求的太轻微。随侯之珠，古代名珠名。
2　淮阴：古郡名，辖今江苏省淮安市及洪泽、盱眙二县。
3　没水：潜水。
4　使云南军已败：让他报告说南军已经失败。
5　留城：古地名，位于今山东省济宁市微山县微山岛西南，今已被水淹没。
6　多虞：多忧患，多灾难。
7　供御：进奉于帝王。
8　九亲：九族，高祖至玄孙的九代直系亲属。
9　廪俸：俸禄。
10　周孟威：指周虓。下文"丁彦远"指丁穆，"吉祖冲"指吉挹。
11　手疏：亲笔书写奏章。
12　三阿：古地名，位于今江苏省淮安市金湖县东南。

执内史毛璩之，遂围田洛于三阿，去广陵百里。朝廷大震，临江列戍[1]。谢玄自广陵救三阿，难、超战败，退保盱眙。六月，玄进攻之，又败，退屯淮阴。玄遣何谦率舟师乘潮[2]而上，夜焚淮桥，难、超退屯淮北。玄、谦共追之，战于君川[3]，复大破之，难、超北走，仅以身免。玄还广陵，加领徐州刺史。秦王坚大怒，征超下廷尉。超自杀，难削爵为民。谢安为相，秦人屡入寇，众心危惧，安每镇以和静[4]。其为政，务举大纲，不为小察。时人比安于王导，而谓文雅过之。

秦大饥。

庚辰五年（公元380年）

秦建元十六年。

春，秦复以苻重为镇北大将军，守蓟。

秦作教武堂秦作教武堂于渭城，命太学生明阴阳、兵法者教授诸将。朱肜谏曰："陛下四海之地，什得其八。宜稍偃武修文，乃更始立学舍，教人战斗之术，殆非所以驯致[5]升平也。且诸将皆百战之余，何患不习于兵，而更使受教于书生？非所以强其志气也。此无益于实而有损于名。"坚乃止。

夏，四月，秦幽州刺史苻洛及苻重举兵反。秦遣兵击之，斩重，擒洛，赦之秦行唐公洛勇而多力，能坐制奔牛，射洞犁耳[6]。自以有灭代之功，求开府仪同三司，不得，由是怨愤。秦王坚以洛为益州牧。洛谓官属曰："孤不得入为将相，而又投之西裔[7]，于诸君意何如？"治中平规曰："主上穷兵黩武，民思息肩者，十室而九。宜声言受诏，尽幽州之兵，南出常山，阳平公必

1　列戍：排列防守要塞。
2　乘潮：趁着潮水行船。
3　君川：古地名，今江苏省淮安市盱眙县北六里有君山，君川即君山下的平地。
4　和静：平和安静，和谐。
5　驯致：逐渐达到。驯，逐渐地，循序渐进。
6　射洞犁耳：射穿坚硬而厚实的犁耳铁。
7　西裔：西部边远的地方。

郊迎，因而执之，进据冀州。总关东之众以图西土[1]，天下可指麾而定也。"洛从之。四月，率众七万发和龙。坚遣将军窦冲、吕光讨之。北海公重悉蓟城之众与洛会，屯中山。五月，冲等与战，败之，擒洛送长安。重走还蓟，光追斩之。幽州悉平。坚赦洛不诛，徙西海郡[2]。

司马公曰：夫有功不赏，有罪不诛，虽尧、舜不能为治，况他人乎？秦王坚每得反者辄宥之，使其臣狃于为逆，行险徼幸，虽力屈被擒，犹不忧死，乱何自而息哉？

以谢安为卫将军，与桓冲并开府，仪同三司 朝廷以秦兵之退为谢安、桓冲之功，故有是命。

六月，秦以苻融为中书监、都督诸军、录尚书事，苻丕为冀州牧，苻晖为豫州牧 秦王坚以诸氏种类繁滋，分三原、九嵕[3]、武都、汧、雍氏十五万户，使诸宗亲领之，散居方镇，如古诸侯。以其子长乐公丕镇邺，平原公晖镇洛阳，石越、梁谠、毛兴、王腾等皆为诸州刺史。坚送丕至灞上，丕所领氏三千户别其父兄，皆恸哭。赵整因侍宴，援琴而歌曰："阿得脂，阿得脂，博劳舅父是仇绥，尾长翼短不能飞。远徙种人留鲜卑，一旦缓急当语谁？"坚笑而不纳。

秋，九月，皇后王氏崩。冬，十一月，葬定皇后。

辛巳**六年**（公元 381 年）

秦建元十七年。

春，正月，立佛精舍[4]于内殿 帝初奉佛法，立精舍于殿内，引诸沙门居之。左丞王雅谏，不从。

二月，东夷、西域六十二国朝贡于秦。

---

1 西土：指西安。
2 西海郡：古郡名，辖今内蒙古自治区额济纳河流域。
3 九嵕：古山名，位于今陕西省咸阳市礼泉县东北。
4 佛精舍：佛教僧人修炼居住的地方。

夏，六月朔，日食。

冬，十一月，秦寇竟陵，桓冲击破之，遂拔管城[1]，获其将阎振、吴仲。

江东大饥。

壬午**七年**（公元 382 年）

秦建元十八年。

春，三月，秦司农苻阳、侍郎王皮、尚书郎周虓谋反，事觉，徙边秦东海公阳及王皮、周虓谋反，事觉，收下廷尉。秦王坚问其反状，阳曰："臣父哀公死不以罪，臣为父复仇耳！"坚泣曰："哀公之死，事不在朕。"皮曰："臣父丞相，有佐命之勋，而臣不免贫贱，欲图富贵耳。"坚曰："丞相临终托卿，以十具[2]牛为治田之资，未尝为卿求官。知子莫若父，何其明也。"虓曰："世荷晋恩，生为晋臣，死为晋鬼，复何问乎！"先是，虓屡谋反，左右请杀之。坚曰："孟威烈士，秉志[3]如此，岂惮死乎？杀之适足成其名耳。"皆赦不诛，徙阳高昌[4]，皮、虓朔方之北。以皮兄永清修好学，擢为幽州刺史。

秦徙邺铜驼、马、飞廉、翁仲于长安。

秦以苻融为征南大将军谋伐晋也。

夏，五月，秦幽州蝗蝗生广袤千里，秦王坚遣使发民扑除[5]之。

秋，八月，秦以裴元略为巴西、梓潼太守为伐晋故，使密具[6]舟师也。

九月，秦遣将军吕光将兵击西域车师、鄯善入朝于秦，请为乡导，以伐西域之不服者，因如汉法置都护以统理[7]之。秦王坚以吕光为都督，总兵

1　管城：古地名，位于今湖北省钟祥市北，接宜城市界。
2　具：量词，表示尸体和某些器物的数量。
3　秉志：持志。
4　高昌：古郡名，辖今新疆维吾尔自治区吐鲁番盆地东部哈拉和卓以东一带。
5　扑除：扑灭，消灭。
6　密具：秘密准备。
7　统理：统辖治理。

十万以伐西域。阳平公融谏曰："西域荒远[1]，得其民不可使，得其地不可食，汉武征之，得不补失，臣窃惜之。"不听。

桓冲遣兵伐襄阳桓冲遣将军朱绰击襄阳，焚践[2]沔北屯田，掠六百余户而还。

冬，十月，秦会群臣于太极殿[3]秦王坚会群臣于太极殿，议曰："今四方略定[4]，唯东南一隅，未沾王化。计吾士卒可得九十七万，欲自将讨之，何如？"左仆射权翼曰："昔纣为无道，三仁[5]在朝，武王犹为之旋师。今晋虽微弱，未有大恶。谢安、桓冲皆江表伟人，君臣辑睦，未可图也。"太子左卫率石越曰："今岁镇守斗[6]，福德在吴，伐之必有天殃[7]。且彼据长江之险，民为之用，殆未可伐也。"坚曰："天道幽远，未易可知。以吾之众，投鞭于江，足断其流，又何险之足恃乎？"于是群臣各言利害，久之不决。坚曰："此所谓筑室道旁，无时可成[8]。吾当内断于心耳。"群臣皆出，独留阳平公融，问之，对曰："今伐晋有三难：天道不顺；晋国无衅；我数战兵疲，民有畏敌之心。群臣言晋不可伐者，皆忠臣也。愿陛下听之。"坚作色曰："汝亦如此，吾复何望？"融泣曰："晋未可灭，昭然甚明。且臣之所忧，不止于此。陛下宠育[9]鲜卑、羌、羯，布满畿甸[10]。太子独与弱卒留守京师，臣惧变生肘腋，不可悔也。臣之顽愚，诚不足采。王景略一时英杰，陛下常比之诸葛武侯，独不记其

---

1 荒远：遥远。
2 焚践：焚烧践踏。
3 太极殿：宫城的中心正殿。
4 略定：攻克平定。
5 三仁：三位仁人，指商朝末年的微子、箕子、比干。
6 岁镇守斗：木星、土星守在斗宿。岁、镇，古时称木星和土星。斗宿，古星宿名，俗称南斗，共六颗星。
7 天殃：天降的灾祸。
8 筑室道旁，无时可成：语出《诗经·小雅·小旻》："如彼筑室于道谋，是用不溃于成。"意思是说盖房子的时候随便向过路的人请教，那是肯定盖不好的。后用以比喻无主见，盲目地征询意见，办不成事。
9 宠育：厚养。
10 畿甸：京城地区。

临没¹之言乎？"坚不听。于是朝臣进谏者众，坚曰："以吾击晋，犹疾风之扫秋叶，而内外皆言不可，何也？"太子宏曰："今岁在吴分²，又晋君无罪，若大举不捷，恐威名外挫，财力内竭耳。"坚曰："昔吾灭燕，亦犯岁而捷。秦灭六国，岂皆暴虐乎？"冠军慕容垂独言于坚曰："陛下神武，威加海外，而蕞尔江南，独违王命，岂可复留之以遗子孙哉？《诗》云：'谋夫孔多，是用不集³。'陛下断自圣心足矣。晋武平吴，所仗者张、杜⁴二三臣而已，若从众言，岂有混一之功乎？"坚大悦曰："与吾共定天下者，独卿而已。"坚锐意欲取江东，寝不能旦⁵。融复谏曰："自古穷兵极武，未有不亡者。江东虽微弱，然中华正统，天意必不绝之。"坚曰："帝王历数，岂有常邪？惟德之所在耳。"坚素信重沙门道安，群臣使乘间进言。坚与游东苑，曰："朕将与公南游吴越，泛长江，临沧海，不亦乐乎？"安曰："陛下应天御世⁶，居中土而制四维⁷，自足以比隆尧、舜，何必栉风沐雨⁸，经略遐方⁹？"坚不听。所幸张夫人谏曰："天地之生万物，圣王之治天下，皆因其自然而顺之，故功无不成。黄帝服牛乘马¹⁰，因其性也；禹浚九川，障¹¹九泽，因其势也；后稷播殖¹²百谷，因其时也；汤、武率天下而攻桀、纣，因其心也。今朝野皆言晋不可伐，陛下独决意行之，妾不知何所因也？自秋冬以来，鸡夜鸣，犬哀嗥¹³，厩马多惊，武库兵器自动，皆非出师之祥也。"坚曰："军旅之事，非妇人所当预。"坚幼子诜最有宠，

1　临没：临终。
2　岁在吴分：木星在吴地的分野。
3　谋夫孔多，是用不集：参与意见的谋士太多，各人都以主观意见为依据，反而没什么作用。
4　张、杜：张华、杜预。
5　寝不能旦：连睡觉也不能睡到早晨。
6　御世：治理天下。
7　四维：东南、西南、东北、西北四隅，也指四方或四方边境。
8　栉风沐雨：疾风梳头，大雨洗发。后用以形容经常在外面奔波劳碌。栉，梳头发。沐，洗头。
9　遐方：远方。
10　服牛乘马：役使牛马驾车。
11　障：阻塞，遮挡。
12　播殖：播种，种植。
13　哀嗥：痛苦地嚎叫。

亦谏曰："国之兴亡，系贤人之用舍。今阳平公，国之谋主，而陛下违之。晋有谢安、桓冲，而陛下伐之，臣窃惑焉。"坚曰："天下大事，孺子安知？"

秦大熟[1]秦刘兰讨蝗，不能灭。有司请征下廷尉。秦王坚曰："灾降自天，非人力所能除。此由朕之失政，兰何罪乎？"是岁大熟，蝗不食麻豆[2]。

癸未八年（公元383年）

秦建元十九年。

夏，五月，桓冲率师伐秦，拔筑阳[3]桓冲率众十万伐秦，攻襄阳。别将攻筑阳，拔之。秦遣慕容垂来救，进临沔水。夜命军士人持十炬，系于树枝，光照数十里。冲惧，退还上明，表其兄子石民领襄城太守，戍夏口。自求领江州刺史，诏许之。

秋，八月，秦王坚大举入寇。诏征讨都督谢石、冠军将军谢玄等率师拒之秦王坚下诏大举[4]，民每十丁遣一兵。其良家子[5]年二十以下，有材勇[6]者，皆拜羽林郎[7]。又曰："其以司马昌明为尚书左仆射，谢安为吏部尚书，桓冲为侍中，先为起第[8]。"良家子至者三万余骑，拜赵盛之为少年都统。是时，朝臣皆不欲坚行，独慕容垂、姚苌及良家子劝之。阳平公融谏曰："垂、苌，我之仇雠。良家少年，皆富饶[9]子弟，不闲军旅，何可听也？"坚不听。八月，遣融督张蚝、慕容垂等步、骑二十五万为前锋，以姚苌为龙骧将军，督益、梁州诸军。谓曰："昔朕以龙骧建业[10]，未尝轻以授人，卿其勉之。"窦衡曰："王者无戏言，此不祥之征也。"坚默然。慕容绍言于垂曰："主上骄矜已甚，叔父

---

1 大熟：大丰收。
2 麻豆：直立常绿灌木植物，幼枝黄绿色，后变成黄褐色，树皮灰黑色，北方俗称麻豆。
3 筑阳：古县名，治所位于今湖北省襄阳市谷城县东北，以在筑水之阳而名。
4 大举：大兴军旅。后也泛指进行其他大规模活动。
5 良家子：从军不在七科谪内者，或非医、巫、商贾、百工的子女。
6 材勇：有才能而且勇武。
7 羽林郎：古官名，也简称"羽林"，掌宿卫侍从。
8 起第：建造府第。
9 富饶：富足有余。
10 以龙骧建业：我在龙骧将军的职位上建立了功业。建业，建立功业。

建中兴之业，在此行也。"坚遂发长安戎卒六十余万，骑二十七万。九月，至项城[1]，凉州兵始达咸阳，蜀、汉兵方顺流而下，幽、冀兵至于彭城，东西万里，水陆齐进，运漕万艘。融等兵三十万先至颍口[2]。诏以谢石为征讨大都督，谢玄为前锋都督，与将军谢琰、桓伊、胡彬等督众八万拒之。时都下震恐，玄入，问计于谢安，安夷然[3]，答曰："已别有旨。"既而寂然[4]。遂命驾出游山墅[5]，亲朋毕集[6]，与玄围棋赌墅。安棋常劣于玄，是日，玄惧，便为敌手[7]而又不胜。安遂游陟[8]，至夜乃还。桓冲深以根本为忧，遣精锐三千入援。安固却之，曰："朝廷处分已定，兵甲无缺，宜留以防西藩。"冲叹曰："安石有庙堂之量[9]，不闲将略。今大敌垂至，方游谈[10]不暇，遣诸不经事少年拒之，众又寡弱，天下事已可知，吾其左衽矣。"

以琅邪王道子录尚书六条事。

冬，十一月，谢石、谢玄等大破秦兵于肥水，杀其大将苻融，秦王坚走还长安秦阳平公融等攻寿阳，克之。胡彬退保硖石，融进攻之。梁成等屯于洛涧[11]，栅淮以遏东兵[12]。谢石、谢玄等惮，不敢进。彬粮尽，潜遣使告石等曰："今贼盛粮尽，恐不复见大军。"秦人获之，送于融。融驰使白秦王坚曰："贼少易擒，但恐逃去，宜速赴之。"坚乃留大军于项城，引轻骑八千，兼道就融。遣朱序来说石等，不如速降。序私谓石等曰："若秦众尽至，诚难与为敌。今乘诸军未集，宜速击之。若败其前锋，则彼已夺气，可遂破也。"十一月，玄遣广

1　项城：古地名，即今河南省周口市辖沈丘县。
2　颍口：古地名，颍河入淮之口，位于今安徽省阜阳市颍上县东南。
3　夷然：平静镇定的样子。
4　寂然：寂静的样子。
5　山墅：山中别墅。
6　毕集：全部聚集。
7　敌手：能力相当的对手。
8　游陟：漫游，漫步。
9　庙堂之量：形容人气量大，遇事沉着冷静。庙堂，帝王之宗庙，喻宏大。
10　游谈：闲谈，清谈。
11　洛涧：古水名，又称洛水、青洛河，即今安徽省淮南市东淮河支流洛河。
12　栅淮以遏东兵：沿淮河设营寨布防以遏制东面的部队。

陵相刘牢之率精兵五千趋洛涧，成阻涧[1]为阵以待之。牢之直前渡水，击成，大破，斩之。分兵断其归津[2]，秦步、骑崩溃，赴淮死者万五千人。于是石等水陆继进。坚与融登寿阳城望之，见晋兵部阵[3]严整，又望见八公山[4]上草木，皆以为晋兵，顾谓融曰："此亦劲敌，何谓弱也？"怃然[5]始有惧色。秦兵逼肥水而阵，玄使谓融曰："君悬军深入，而置阵逼水，此乃持久之计，非欲速战者也。若移阵小却，使我兵得渡，以决胜负，不亦善乎？"秦诸将皆曰："我众彼寡，不如遏之，使不得上，可以万全。"坚曰："但使半渡，我以铁骑蹙而杀之，蔑不胜矣。"融亦以为然，遂麾兵使却。秦兵遂退，不可复止。玄等引兵渡水击之。融驰骑略阵[6]，欲以率退者，马倒，为晋兵所杀，秦兵遂溃。玄等乘胜追击，至于青冈[7]。秦兵大败，自相蹈藉而死者，蔽野塞川[8]。其走者闻风声鹤唳[9]，皆以为晋兵且至，昼夜不敢息，草行露宿[10]，重以饥冻，死者什七八。初，秦兵小却，朱序在阵后呼曰："秦兵败矣。"众遂大奔。序因与张天锡皆来奔。获坚所乘云母车[11]及仪服、器械不可胜计。复取寿阳。坚中流矢，单骑走至淮北，饥甚，民有进壶飧豚髀[12]者，坚赐之帛，辞曰："陛下厌苦[13]安乐，自取危困。臣为陛下子，陛下为臣父，安有子饲其父而求报乎？"弗顾而去。坚谓张夫人曰："吾今复何面目治天下乎？"潸然流涕。是时惟慕容垂所将三万人独全，坚以千余骑赴之。世子宝言于垂曰："此时不可失，愿不以意气、微恩忘社稷之重。"垂曰："彼

1　阻涧：扼守山涧。
2　归津：归途上的渡口。
3　部阵：军伍行阵。
4　八公山：古山名，又称北山、淝陵山，位于今安徽省淮南市寿县北，南滨东淝河，西、北面临淮河。
5　怃然：形容失望的样子。
6　驰骑略阵：驰骑，驱马疾行。略阵，巡视阵地。
7　青冈：古地名，位于今安徽省淮南市寿县西北。
8　蔽野塞川：遮蔽山野，堵塞山川。
9　鹤唳：鹤鸣。
10　草行露宿：走在野草里，睡在露天下。形容走远路的人艰苦和匆忙的情形。
11　云母车：古车名，为帝、后所乘，以云母为饰，故名。一说用云母代替车上的窗纱，四望透明。
12　豚髀：猪大腿。
13　厌苦：厌烦以为苦事。

以赤心[1]投我，若之何害之？天苟弃之，何患不亡？不若保护其危以报德，徐俟其衅而图之，既不负宿心[2]，且可以义取天下。"慕容德曰："此为报仇，非负宿心也。"垂曰："吾昔为太傅[3]所不容，置身无所，秦主以国士遇我，后复为王猛所卖，秦主独能明之，此恩何可忘也？若氏运[4]必穷，吾当怀集[5]关东，以复先业耳。"悉以兵授坚。谢安得驿书，知秦兵已败，方与客围棋，摄书[6]置床上，了无喜色，围棋如故。客问之，徐答曰："小儿辈遂已破贼。"既罢，还内，过户限[7]，不觉屐齿之折[8]。石等归建康，得秦乐工，能习旧声，于是宗庙始备金石之乐。坚收集离散，比至洛阳，众十余万。慕容农谓垂曰："尊不迫人于险，其义声[9]足以感动天地。夫取果于未熟与自落，不过晚旬日之间，然其难易美恶，相去远矣。"垂善其言，行至渑池，言于坚曰："北鄙[10]闻王师不利，轻相扇动，臣请奉诏书以镇慰之。"坚许之。权翼谏曰："垂勇略过人，世豪东夏[11]，譬如养鹰，饥则附人，每闻风飙[12]之起，常有陵霄[13]之志。正宜谨其绦笼[14]，岂可解纵，任所欲哉？"坚曰："卿言是也。然朕已许之，匹夫犹不食言，况万乘乎？若天命有废兴，固非智力所能移也。"翼曰："陛下重小信而轻社稷，臣见其往而不返，关东之乱，自此始矣。"坚不听。翼密遣壮士邀垂于河桥，垂疑之，自凉马台[15]结草筏以渡。坚至长安，哭阳平公融而后入。

以谢石为尚书令。进谢玄号前将军，固让不受。

1　赤心：赤诚的心。
2　宿心：本来的心意，向来的心愿。
3　太傅：即慕容评。
4　氏运：氏族人的国运。
5　怀集：怀柔安集。
6　摄书：拿着驿书。摄，拿，执持。
7　户限：门槛。
8　不觉屐齿之折：高兴得竟然连屐齿被折断都没有发觉。屐齿，木屐底的齿。
9　义声：德义的名声。
10　北鄙：北方边境地区。鄙，边邑，边境。
11　世豪东夏：世代都是中原以东地区的豪杰。
12　风飙：暴风。
13　陵霄：直上云霄，形容飞得极高。
14　绦笼：丝带和笼子，亦比喻束缚人的事物。
15　凉马台：古台名，位于今河南省洛阳市辖偃师市北黄河南岸。

以王国宝为尚书郎谢安婿王国宝，坦之之子也。安恶其为人，每抑而不用，由是怨安。国宝从妹[1]为会稽王道子妃，帝与道子皆嗜酒狎昵[2]，国宝乃谮安于道子，使离间之。安功名既盛，而险诐[3]求进之徒，多毁短安，帝稍疏忌之。

初开酒禁，增民税米，口五石。

秦吕光攻龟兹吕光行越流沙[4]，焉耆等诸国皆降，惟龟兹王帛纯固守，光进攻之。

秦将军乞伏国仁叛，据陇右国仁本陇西鲜卑，居勇士川[5]，为秦前将军，从秦王坚入寇。叔父步颓闻秦师败，率陇西叛之。秦使国仁讨之，国仁遂与步颓合，众至十万，据陇右。

丁零翟斌起兵攻洛阳，秦使慕容垂讨之。垂叛秦，与斌合慕容垂至安阳，修好于长乐公丕。丕身自迎之。赵秋劝垂于座取丕，因据邺起兵，垂不从。丕谋袭击垂，侍郎姜让谏曰："垂反形未著，而擅杀之，非臣子之义。不如待以上宾，严兵卫之，密表情状，听敕[6]而后图之。"丕从之，馆垂于邺西。垂潜与燕故臣谋复燕祚。会丁零翟斌叛秦，谋攻洛阳。秦王坚驿书使垂讨之。石越言于丕曰："垂有兴复旧业之心，今复资之以兵，此为虎傅翼也。"丕曰："垂在此常恐为肘腋之变，今远之于外，不犹愈乎？"乃以羸兵弊铠[7]给之，又遣符飞龙率氐骑一千为之副。密戒飞龙曰："垂为三军之帅，卿为谋垂之将，行矣，勉之！"垂请入邺城拜庙，丕弗许，乃潜服[8]而入。亭吏[9]禁之，垂怒，斩吏烧亭而去。石越言于丕曰："垂反形已露，可因此除之。"丕曰："淮南之败，垂侍卫乘舆，此功不可忘也。"越退告人曰："公父子皆为小仁，不顾大

1　从妹：堂妹。
2　嗜酒狎昵：嗜酒，饮酒成瘾。狎昵，过分亲近而态度轻佻。
3　险诐：阴险邪僻。
4　行越流沙：穿越沙漠。流沙，西北的沙漠地区。
5　勇士川：古水名，即今甘肃省兰州市榆中县宛川河，以在汉勇士县境内，故名，又称苑川。
6　敕：皇帝的诏令。
7　羸兵弊铠：老弱的士兵以及残次的铠甲兵器。
8　潜服：衣内藏甲。
9　亭吏：亭长。

计，终当为人擒耳。"垂留慕容农及楷、绍于邺，行至安阳，闻丕与飞龙谋，因激怒其众曰："吾尽忠于苻氏，而彼专欲图吾父子，吾虽欲已[1]，得乎？"乃停河内募兵，旬日间，有众八千。夜袭飞龙氏兵，尽杀之。以书遗秦王坚言其故。而慕容凤等亦各率部曲归翟斌。会秦豫州牧、平原公晖遣毛当讨斌。凤击破，斩之。垂遂济河，焚桥，有众三万。遣人告农等使起兵，农等遂以晦日，将数十骑微服出邺，奔列人，止于乌桓鲁利家。利为之置馔[2]，农笑而不食。利谓其妻曰："恶奴，郎贵人[3]，家贫无以馔之，奈何？"妻曰："郎有雄才大志，今无故而至，必将有异，非为饮食来也。君亟出，远望以备非常。"利从之。农谓利曰："吾欲集兵列人以图兴复，卿能从我乎？"利曰："死生唯郎是从。"农乃诣乌桓张骧，说之，骧再拜曰："得旧主而奉之，敢不尽死？"

甲申**九年**（公元 384 年）

秦建元二十年。○燕世祖慕容垂元年。后秦太祖姚苌白雀元年。○旧大国一，新大国二，凡三僭国。

春，正月，慕容垂自称燕王，大破秦兵，斩其将石越正月朔，秦长乐公丕大会宾客，请慕容农不得，始觉有变。遣人四出求之，乃知其在列人已起兵矣。慕容凤劝翟斌奉垂为盟主，斌从之。垂至洛阳，平原公晖闭门拒之。斌劝垂称尊号，垂曰："新兴侯[4]，吾主也，当迎归反正[5]耳。"垂以洛阳四面受敌，欲取邺而据之，乃引兵东至荥阳。群下固请上尊号，垂乃称燕王，立统府[6]，承制行事。封德为范阳王，楷为太原王，翟斌为河南王。率众二十余万，自石门济河，长驱向邺。而农亦驱列人居民为卒，斩桑榆[7]为兵，裂襜裳[8]为旗，使赵秋说

1　已：停止，结束。
2　置馔：准备好饭菜。
3　恶奴，郎贵人：慕容农，他是贵人。恶奴，慕容农的别称。郎，仆人称主人。
4　新兴侯：即前燕皇帝慕容㬒。
5　反正：帝王复位。
6　统府：统帅府。
7　桑榆：桑树与榆树。
8　襜裳：围裙。

屠各及东夷、乌桓各率部众数千赴之。攻破馆陶，收其军资器械，取康台[1]牧马数千匹。于是步\骑云集，众至数万。推农为骠骑大将军，监统诸将，随才部署，上下肃然。农以垂未至，不敢行赏。赵秋曰："军无赏，士不往。今之来者，皆欲建功规利[2]，宜承制封拜，以广中兴之基。"农从之，于是赴者相继。农号令整肃，军无私掠，士女喜悦。长乐公丕使石越讨之。农曰："越有智勇之名，今不南拒大军而来此，是畏王而陵[3]我也。必不设备，可以计取之。"众请治列人城，农曰："今起义兵，唯敌是求。当以山河为城池，何列人之足治也？"越至列人西，农参军赵谦请急击之，农曰："彼甲在外，我甲在心，昼战，则士卒见其外貌而惮之，不如待暮击之，可以必克。"令军士严备以待，毋得妄动。越立栅[4]自固，农笑曰："越兵精士众，不乘其初至之锐以击我，方更立栅，吾知其无能为也。"向暮[5]，农鼓噪出，陈于城西。牙门刘本率壮士四百，腾栅而入，农督大众随之，大败秦兵，斩越。越与毛当皆秦骁将，相继败没，秦人骚动，盗贼群起。垂至邺，改元，服色、朝仪皆如旧章。农引兵会垂，遂立世子宝为太子，封拜王公百余人。丕使姜让诮让垂，垂曰："孤受主上不世之恩，故欲安全长乐公，使赴京师，然后修复旧业，永为邻好。若不以邺城见归[6]，当穷极兵势，恐单马求生，亦不可得也。"让厉色责之曰："将军不容于家国，投命圣朝[7]，燕之尺土，将军岂有分乎？主上与将军风殊类别[8]，一见倾心，亲如宗戚[9]，宠逾勋旧。一旦因王师小败，遽有异图。长乐公受分陕[10]之任，宁可束手输将军以百城之地乎？将军欲裂冠毁冕[11]，自可极其兵势，但惜将军以七十之年，悬首白旗，高世

1　康台：古驿站名，即康台驿，位于今河北省邯郸市曲周县东南。
2　规利：谋求利益。
3　陵：欺侮，侵犯。
4　立栅：建起营寨。
5　向暮：傍晚。
6　以邺城见归：将邺城交还给我。
7　圣朝：尊称本朝。
8　风殊类别：风俗不同，种族有异。
9　宗戚：泛称皇室亲族。
10　分陕：周初周公旦、召公奭分陕而治，周公治陕以东，召公治陕以西。后谓官员出任地方官为"分陕"。
11　裂冠毁冕：比喻诸侯背弃礼法。冕，古代王侯卿大夫所戴的礼帽。

之忠，更为逆鬼[1]耳！"垂默然。左右请杀之，垂曰："彼各为其主耳，何罪？"礼而归之。上秦王坚表，请送丕归长安。坚怒，复书切责之。

遣将军刘牢之伐秦，拔谯城。桓冲伐秦，拔魏兴、上庸、新城。

二月，荆江都督、丰城公桓冲卒冲闻谢玄等有功，自以失言，惭恨成疾而卒，谥曰宣穆。朝议欲以玄为荆州刺史。谢安自以父子名位太盛，又惧桓氏失职怨望，乃以桓石民为荆州，桓石虔为豫州，桓伊为江州。

燕王垂围邺燕王垂攻邺，拔其外郭。长乐公丕退守中城，垂筑长围守之。关东六州郡县多降于燕。秦征东府官属疑参军高泰有贰心，泰惧，与同郡吴韶逃归勃海。韶曰："燕军近在肥乡[2]，宜从之。"泰曰："吾以避祸耳。去一君，事一君，吾所不为也。"

燕击秦枋头、馆陶，取之燕范阳王德击秦枋头，取之。东胡王晏据馆陶，为邺中声援。夷夏不从燕者亦尚众。燕王垂遣太原王楷与陈留王绍击之。楷谓绍曰："今大业始尔，人心未洽，唯宜绥之以德，不可震之以威。"乃屯于辟阳[3]。绍率骑数百往说王晏。晏降，于是民夷降者数十万口。楷留其老弱，置守宰以抚之，发其丁壮十余万，与晏诣邺。垂大悦，曰："汝兄弟才兼文武，足以继先王矣。"

三月，以谢安为太保。

燕慕容泓起兵华阴，慕容冲起兵平阳。秦遣苻睿击泓，败死。夏，四月，睿司马姚苌起兵北地，自称秦王泓为秦北地长史，闻燕王垂攻邺，亡奔关东，收集[4]鲜卑，还屯华阴，其众遂盛，自称雍州牧。秦王坚谓权翼曰："不用卿言，使鲜卑至此。关东之地，吾不复争，将若泓何？"乃使广平公熙镇蒲坂，征钜鹿公睿都督中外诸军事，配兵五万，以窦冲为长史，姚苌为司马，以讨泓。平阳太守慕容冲亦起兵于平阳，进攻蒲坂，坚使窦冲讨之。泓闻秦兵且至，惧，

---

1 高世之忠，更为逆鬼：往日超越世俗的忠诚，反而要变成叛逆之鬼。
2 肥乡：古县名，治所位于今河北省邯郸市肥乡县西。
3 辟阳：古县名，治所位于今河北省衡水市辖冀州市东南。
4 收集：招收聚集。

率众将奔关东。睿粗猛[1]轻敌，欲驰兵邀之。姚苌谏曰："鲜卑皆有思归之志，故起而为乱。宜驱令出关，不可遏也。夫执鼩鼠[2]之尾，犹能反噬于人，但可鸣鼓随之，彼将奔败[3]不暇矣。"睿弗从，与战，果败，见杀。苌遣其长史诣坚谢罪，坚怒，杀之。苌惧，奔渭北马牧[4]，于是天水伊纬、伊详、南安庞演等纠扇[5]羌豪五万余家，推苌为盟主。苌自称秦王，进屯北地，羌、胡降者十余万。

秦苻定、苻绍以信都、高城[6]降燕。

秦遣兵击慕容冲，破之。冲奔华阴，泓遂进逼长安秦窦衝击冲，破之。冲奔华阴。泓众至十余万，遣使谓秦王坚曰："吴王已定关东，可速备大驾，送家兄皇帝还邺都，与秦以虎牢为界。"坚大怒，召慕容晖责之曰："卿之宗族，可谓人面兽心，不可以国士期也。"命晖以书招谕[7]泓、冲及垂。晖密遣使谓泓曰："吾笼中之人，必无还理。且燕室之罪人也，不足复顾。汝勉建大业，听吾死问[8]，便即尊位。"泓于是进向长安。

竟陵太守赵统伐襄阳，克之。梁州刺史杨亮率兵伐蜀，屯巴郡。

五月，秦洛州[9]刺史张五虎据丰阳[10]来降。

六月，崇德太后褚氏崩。

秦王坚击后秦，败之后秦王苌进屯北地，秦华阴、北地、新平、安定羌胡降之者十余万。秦王坚自率步、骑二万以击之。后秦兵屡败，军中无井，秦人塞安公谷、堰水[11]以困之，有渴死者。会天大雨，后秦营中水三尺，营外寸

1　粗猛：粗鲁凶猛。
2　鼩鼠：鼠类最小的一种，古人以为有毒，啮人畜至死不觉痛，故又称甘口鼠。
3　奔败：溃败。
4　马牧：牧苑，牧场。
5　纠扇：纠集煽动。
6　高城：古县名，治所位于今河北省沧州市盐山县东南。
7　招谕：帝王招抚敌对势力的谕旨。亦指以帝王名义对敌对势力进行招抚。
8　死问：死讯。
9　洛州：古州名，辖今河南省济源市、温县以南，嵩县、及登封、禹州二市以北，洛宁、渑池等县以东，荥阳市汜水镇及新密市以西地。
10　丰阳：古县名，治所即今陕西省商洛市山阳县。
11　塞安公谷、堰水：堵塞了安公谷，拦截了同官水。

余而已，后秦军复振。坚叹曰："天亦佑贼乎？"

燕诸将杀慕容泓，立冲为皇太弟慕容泓谋臣高盖等以泓德望不如冲，且持法苛峻[1]，乃杀泓，立冲为皇太弟，承制行事，置百官。后秦王苌遣其子嵩为质于冲以请和。

燕将军慕容麟拔常山、中山，慕容冲大破秦兵，遂据阿房城[2]秦平原公晖率洛阳、陕城之众七万归于长安。秦王坚闻冲去长安浸近，乃引兵归，遣晖拒冲，战于郑西[3]，冲大破之，遂据阿房城。

秋，七月，秦梓潼太守垒袭以涪城来降。

葬康献皇后。

燕杀丁零翟斌翟斌恃功骄纵，邀求[4]无厌。又以邺城久不下，潜[5]有贰心。太子宝请除之，燕主垂曰："河南之盟，不可负也。若其为难，罪由于斌。今事未有形而杀之，人必谓我忌其功能[6]。吾方收揽豪杰以隆大业，不可示人以狭，失天下之望。藉[7]彼有谋，吾以智防之，无能为也。"斌果密与秦长乐公丕通谋，事觉，垂杀之。

秦吕光大破龟兹，入据其城龟兹王帛纯窘急，重赂狯胡[8]以求救。狯胡王引诸国兵七十余万以救之。吕光与战，大破之，帛纯出走，光入其城。城如长安市邑，宫室甚盛。光抚宁[9]西域，威恩甚著，远方诸国，前世所不能服者，皆来归附。光立帛纯弟震为龟兹王。

八月，燕王垂解邺围，趋新城初，燕王垂以邺城犹固，会僚佐议之。

1　苛峻：苛刻严厉。
2　阿房城：古地名，位于今陕西省西安市西，阿房宫位于其中。
3　郑西：郑县以西。郑县，古县名，治所即今河南省郑州市辖新郑市。
4　邀求：要求，企求。
5　潜：暗中。
6　功能：才能。
7　藉：通"借"，假使。
8　狯胡：西域国名，辖境位于龟兹以西。
9　抚宁：安抚平定。

右司马封衡请引漳水灌之，从之。垂行围[1]，因饮于华林园[2]，秦人密出兵掩之，矢下如雨，垂几不得出。冠军隆将骑冲之，垂仅而得免。至是，邺中刍粮[3]俱尽，削松木以饲马。垂曰："符丕必无降理，不如开丕西归之路，以谢秦王畴昔之恩。"乃解围趋新城。遣慕容农徇清河、平原，征、督租赋。农明立约束，均适[4]有无，军令严整，无所侵暴。由是谷帛属路[5]，军资丰给[6]。

遣都督谢玄率师伐秦，取河南太保安奏请乘符氏倾败[7]，开拓中原，以玄为前锋都督，率桓石虔等伐秦。玄至下邳，秦徐州刺史赵迁弃彭城走，玄进据之。使彭城内史刘牢之攻秦兖州刺史张崇，崇弃鄄城奔燕。牢之据鄄城，河南城堡皆来归附。

加太保安都督十五州诸军事，假黄钺。

慕容冲进逼长安。

冬，十月朔，日食。

谢玄遣兵攻秦青州，降之。

燕慕舆文杀刘库仁库仁欲救符丕，发雁门、上谷、代郡兵，屯繁畤。燕慕舆句之子文在库仁所，知三郡兵不乐远征，因作乱，夜攻库仁，杀之，窃其骏马奔燕。库仁弟头眷代领部众。

加谢玄都督七州军事秦长乐公丕进退路穷，谋于僚佐。司马杨膺请自归于晋，丕未许。会谢玄遣刘牢之等据碻磝[8]，郭满据滑台[9]，颜肱、刘袭军于河北。袭克黎阳，丕惧，乃遣参军焦逵致书于玄，称欲假途求粮，西赴国难。逵与参军姜让密告杨膺，改书为表，许以王师之至，当致身南归。且议丕若不从，则

1　行围：打猎。
2　华林园：古地名，位于今河北省邯郸市临漳县西南邺镇东。
3　刍粮：粮草，多指供军队用的饲料和粮食。
4　均适：调节适应。
5　属路：相续于路。
6　丰给：丰裕富足。
7　倾败：失败，大败。
8　碻磝：古地名，位于今山东省聊城市茌平县西南古黄河南岸，碻磝津东。
9　滑台：古地名，位于今河南省滑县东滑县故城。

逼缚与之。于是玄遣晋陵[1]太守滕恬之渡河守黎阳。朝廷以兖、青、司、豫既平，加玄都督徐、兖、青、司、冀、幽、并州诸军事。

后秦王苌攻新平后秦王苌闻慕容冲攻长安，会群僚议进止，皆曰："宜先取长安，建立根本，然后经营四方。"苌曰："燕人因其众思归以起兵，若得志，必不久留关中。吾当移屯岭北[2]，广收资实，以待秦亡燕去，然后拱手取之耳。"乃留长子兴守北地，自将其众攻新平。初，新平人杀其郡将，秦王坚缺其城角以耻之[3]，新平民望深以为病，欲立忠义以雪之。及苌至，太守苟辅欲降，郡人冯杰等谏曰："昔田单以一城存齐，今秦犹连城过百，奈何遽为叛臣乎？"辅喜曰："此吾志也。但恐久而无救，郡人横被无辜。诸君能尔，吾岂顾生[4]哉？"于是凭城[5]固守。后秦为土山地道，辅亦于内为之，或战地下，或战山上，后秦之众死者万余人。辅诈降以诱苌，苌将入城，觉之而返。辅伏兵邀击，几获之，又杀万余人。

十二月，秦杀其新兴侯慕容暐鲜卑在长安城中者犹千余人，慕容肃与慕容暐谋伏兵杀坚，事觉，坚召暐、肃曰："吾相待何如，而起此意？"肃曰："家国事重，何论意气？"坚乃并鲜卑无少长男女皆杀之。燕王垂幼子柔与太子宝之子盛乘间得出，奔慕容冲。

燕王垂复围邺。谢玄遣刘牢之救之，且馈[6]之粟。

秦梁州刺史潘猛弃汉中走。

1　晋陵：古郡名，辖今江苏省镇江、常州、无锡、江阴、武进、丹阳、金坛等市地。
2　岭北：五岭以北。
3　缺其城角以耻之：把他们的城墙去掉了一个角，用以羞辱他们。
4　顾生：贪生怕死。
5　凭城：据城以守。
6　馈：运送。

卷

二十二

起乙酉晋孝武帝太元十年，尽戊戌[1]晋安帝隆安二年凡十四年。

乙酉十年（公元385年）

秦王苻丕大安元年。燕二年。后秦白雀二年。〇西燕主慕容冲更始元年。西秦王乞伏国仁建义元年。〇旧大国三，新大国一，小国一，凡五僭国。

春，正月，燕慕容冲称帝于阿房是为西燕。冲称帝改元，颇有自得之志，赏罚任情[2]。慕容盛年十三，谓慕容柔曰："十人之长，亦须才过九人然后得安。今中山王才不逮人，功未成而骄已甚，殆难济乎？"

西燕主冲袭长安。秦王坚与战，败之秦王坚与西燕主冲战于仇班渠及雀桑[3]，皆破之。又战于白渠[4]，秦兵败。冲遣尚书令高盖夜袭长安，入其南城，秦将军窦冲等击破之。秦王坚与战于城西，又大破之，追奔至阿城[5]而还。

秦益州刺史王广弃成都走。

燕将军平规攻蓟，拔之。

西燕冯翊太守韦谦来奔西燕主冲执秦尚书韦钟，以其子谦为冯翊太守，使招集三辅。垒主[6]邵安民责之曰："君雍州望族，今乃从贼，与之为不忠不义，何面目以行于世乎？"谦以告钟，钟自杀，谦来奔。

荥阳郡降。

燕遣将军慕容麟屯信都，温屯中山燕王垂攻邺，久不下。将北诣冀州，乃命赵王麟屯信都，乐浪王温屯中山，召辽西王农还邺。于是远近以燕为不振，颇怀去就。农至高邑[7]，遣从事睦邃近出，违期不还。长史张攀请讨之，农

1　戊戌：即公元398年。
2　任情：任性，恣意。
3　仇班渠及雀桑：仇班渠，古地名，位于今陕西省咸阳市泾阳县西。雀桑，古地名，位于今陕西省咸阳市泾阳县西北。
4　白渠：古代关中平原的人工灌溉渠，为赵中大夫白公建议，故称。自谷口（今泾阳县西北）分泾水东南流，经高陵（今高陵县鹿苑镇）、栎阳（今西安市临潼区栎阳镇东北）东至下邽（今渭南市临渭区下吉镇东南），向南注入渭水。
5　阿城：即阿房城，位于今陕西省西安市西，阿房宫位于其中。
6　垒主：营垒的首领。
7　高邑：古县名，治所位于今河北省邢台市柏乡县北。

不应，假[1]邃高阳太守，参佐家在赵北者，悉假署遣归[2]。退谓攀曰："君所见殊[3]误，当今岂可自相鱼肉？俟吾北还，邃等当迎于道左耳。"温在中山，兵力甚微。抚旧招新，劝课农桑，民归附者相继，壁垒争送军粮，仓库充溢。翟真夜袭中山，温击破之。乃遣兵运粮以饷垂，且营中山宫室。

夏，四月，刘牢之进兵至邺，燕王垂逆战，败走中山。牢之追击，大败而还牢之至枋头，杨膺、姜让谋泄，长乐公丕收杀之。牢之闻之，盘桓不进。及是乃至邺，燕王垂逆战而败，遂撤围北遁。牢之引兵追之，疾趋二百里，至五桥泽[4]，争燕辎重。垂邀击，大破之。牢之单马走，会秦救至，得免。邺中饥甚，丕率众就晋谷于枋头。牢之入屯邺城，兵复少振。寻坐军败，征还。丕亦还邺。燕、秦相持经年，幽、冀人相食，邑落萧条。垂以桑椹为军粮，北趋中山，使农先驱，眭邃等皆来迎，上下如初。

太保安出镇广陵会稽王道子专权，复为奸谄所构，与安有隙。会秦来求救，安乃请自将救之。出镇广陵，筑新城而居之。

蜀郡太守任权攻拔成都，复取益州。

后秦攻秦新平，拔之秦新平太守苟辅坚守以拒后秦，粮竭矢尽，外救不至。后秦王苌使人谓曰："吾方以义取天下，岂仇忠臣邪？卿但率众还长安，吾止欲得城耳。"辅率民出，苌围而坑之。

五月，西燕攻长安，秦王坚出奔五将山[5]西燕主冲攻长安，秦王坚身自督战，飞矢满体。冲纵兵暴掠，士民流散，道路断绝。有堡壁三十余结盟，冒难[6]遣兵、粮助坚，多为西燕兵所杀。三辅民为冲所略者，密遣人告坚，欲纵火为内应。坚曰："甚哀诸卿忠诚！吾以猛士利兵，困于乌合之虏，岂非天

1　假：授予。
2　参佐家在赵北者，悉假署遣归：僚属中凡是家在赵地以北的人，全都派他们回去代理官职。
3　殊：很，非常。
4　五桥泽：古地名，位于今河北省邢台市广宗县东。
5　五将山：古山名，又名武将山，位于今陕西省宝鸡市岐山县东北。
6　冒难：不避祸患。

乎？恐徒使诸卿夷灭，吾不忍也。"其人固请，果不克而死。坚骁将杨定战复被擒，坚大惧，以谶书云："帝出五将久长得。"乃留太子宏守长安，率骑数百与张夫人、中山公诜奔五将山，告州郡，期以孟冬[1]救长安。

六月，秦太子宏奔下辨，西燕主冲入长安宏不能守，出奔。冲入长安，纵兵大掠，死者不可胜计。

秋，七月，旱、饥，井竭。

后秦围五将山，执秦王坚以归。

秦太子宏来奔，处之江州。

八月，太保、建昌公谢安卒安有疾求还，至建昌[2]而薨。诏加殊礼以葬，谥曰"文靖"。

以琅邪王道子领扬州刺史、录尚书、都督中外诸军事。

后秦王苌弑秦王坚后秦王苌幽秦王坚于别室，使求传国玺。坚叱之曰："五胡[3]次序，无汝羌名。玺已送晋，不可得也。"苌复遣右司马尹纬说坚，坚问纬："在朕朝何官？"纬曰："尚书令史。"坚叹曰："卿，王景略之俦，而朕不知，宜其亡也。"坚自以平生遇苌有恩，尤忿之，数骂苌求死。苌遣人缢之，张夫人、中山公诜皆自杀。后秦将士亦皆哀恸。苌欲隐其名，谥坚曰壮烈天王。

司马公曰：论者皆以为坚之亡，由不杀慕容垂、姚苌，臣独以为不然。使坚治国无失其道，则垂、苌皆秦之能臣也，乌能为乱哉？李克[4]有言："数战则民疲，数胜则主骄，以骄主御疲民，未有不亡者也。"坚似之矣。

秦苻丕称帝于晋阳秦长乐公丕将赴长安，时幽州刺史王永自蓟走壶关，遣使招之。丕乃率邺中男女六万余口西如潞川，将军张蚝、并州刺史王腾迎入晋阳，永以骑来会，丕始知坚死。乃发丧即位。

---

1 孟冬：冬季第一个月，即农历十月。
2 建昌：古县名，治所位于今江西省宜春市奉新县西，以其户口昌盛，因以为名。
3 五胡：古代居住在北方和西北地区的五个少数民族，即匈奴、鲜卑、羯、氐、羌。
4 李克：战国初期魏国著名政治家卜子夏的弟子，魏武侯时任中山相。

燕遣南中郎将慕容和守邺。

刘显弑其君头眷而自立显，库仁之子也。既杀头眷，又将杀拓跋珪。珪遂奔贺兰部，依其舅贺讷。讷兄染干忌珪得众心，举兵围之。珪母谓曰："汝等欲于何置我而杀吾子乎？"染干惭而去。

九月，秦吕光还自龟兹，击凉州，杀其刺史梁熙而代之初，吕光以龟兹饶乐[1]，欲留居之。天竺沙门鸠摩罗什曰："此不足留。将军但东归，自有福地可居。"光乃以驼二万余头载外国珍宝奇玩，驱马万匹而还。兵至宜禾[2]，凉州刺史梁熙谋闭境拒之。高昌太守杨翰曰："光新破西域，兵强气锐，闻中原丧乱，必有异图。若出流沙，其势难敌。高梧谷口[3]险阻之要，宜先守之而夺其水。彼既穷渴，可以坐制。如以为远，伊吾关[4]亦可拒也。度此二厄，虽有子房[5]之策，无所施矣。"熙不听。美水令张统曰："行唐公洛，上之从弟，勇冠一时，若奉为盟主以率郡豪，则光虽至，不敢有异心。资其精锐，东合四州，扫凶逆，宁帝室，此桓、文之举也。"熙又不听，而杀洛于西海。光闻翰谋，惧，不敢进。杜进曰："熙文雅有余，机鉴[6]不足，终不能用。宜及其上下离心，速取之。"光至高昌，翰以郡降。至玉门，熙移檄责光擅命还师，遣其子胤率众拒之。光破擒之。武威太守彭济执熙以降，光杀之。入姑臧，自领凉州刺史。郡县皆降，独酒泉、西郡[7]宋皓、索泮不下。光攻而执之，责泮不降，泮曰："将军受诏平西域，不受诏乱凉州，梁公何罪而将军杀之？泮力不足，不能报仇。主灭臣死，固其宜也。"光皆杀之。主簿尉祐奸佞倾险，与济同执熙，光宠信之。祐谮杀名士十余人，凉州人由是不悦。

乞伏国仁自称单于国仁称单于，置将相，分其地置十二郡，筑勇士城而

1　饶乐：富饶安乐。
2　宜禾：古县名，治所位于今甘肃省酒泉市安西县西南。
3　高梧谷口：古地名，位于今新疆维吾尔自治区吐鲁番市西北。
4　伊吾关：古关隘名，位于今甘肃省酒泉市安西县北。
5　子房：即汉朝名臣张良，张良字子房。
6　机鉴：明察，明鉴。
7　西郡：古郡名，辖今甘肃省永昌县西部及山丹县一带。

都之。秦封以为苑川王，是为西秦。

河北州郡复降于秦苻定、苻绍、苻谟、苻亮皆自河北遣使谢罪，中山太守王兖固守博陵，为秦拒燕。丕以定等皆为河北牧、守。杨定自西燕亡奔陇右，收集旧众。窦衝据兹川[1]，有众数万，与定及秦州刺史王统、河州毛兴、益州王广、南秦州杨璧皆自陇右遣使邀丕，共击后秦。丕各进其位、号。定寻徙治历城，自称仇池公，遣使称藩于晋。后又取天水、略阳之地，自称陇西王。

冬，十一月，燕以慕容农为幽州牧，守龙城燕将军余岩叛，据令支，而高句丽亦击取其辽东二郡。燕王垂遣农讨岩，斩之。进击高句丽，复取二郡。还至龙城，缮修陵庙。垂以农为幽州牧，留镇[2]之。农法制宽简，清刑狱，省赋役，劝农桑，居民富赡[3]，四方流民至者数万。

十二月，燕慕容麟攻秦博陵，守将王兖死之麟攻博陵，城中粮竭矢尽，功曹张猗逾城出，聚众以应麟。兖临城数之曰："卿是秦民，吾是卿君，卿起兵应贼，而号义兵，何名实之相违也？古人求忠臣必于孝子之门，卿母在城，弃而不顾，吾何有焉[4]？今人取卿一时之功则可矣，宁能忘卿不忠不孝之罪乎？不意中州礼义之邦，乃有如卿者也。"麟拔博陵，执兖杀之。

燕定都中山燕王垂北如中山，谓诸将曰："乐浪王招流散，实仓廪，外给军粮，内修宫室，虽萧何何以加之？"乃定都焉。

丙戌十一年（公元386年）

秦主苻登太初元年。燕建兴元年。后秦建初元年。西燕主慕容永中兴元年。魏太祖道武帝拓跋珪登国元年。凉王吕光大安元年。〇旧大国四，西秦小国一，新大国一，小国一，凡七僭国。

1　兹川：即霸水，源出今陕西省西安市蓝田县东秦岭北麓，西北流经西安市入渭水。
2　留镇：泛指留驻、镇守某处。
3　富赡：形容资财丰富充足。
4　吾何有焉：对我有何损害。

春，正月，拓跋珪复立为代王珪从曾祖[1]纥罗与诸部大人共请贺讷推珪为主，大会于牛川[2]，即代王位。以长孙嵩、叔孙普洛为南、北部大人，分治其众。以张衮为左长史，许谦为右司马，王建等为外朝大人，奚牧为治民长，皆掌宿卫及参谋议。长孙道生等出纳[3]教命。

燕王垂称皇帝始置公卿百官，缮治宗庙社稷。

丁零翟辽据黎阳翟斌之死也，辽奔黎阳，太守滕恬之甚爱信之。恬之喜败猎，不爱士卒，辽潜施奸惠[4]以收众心，遂执恬之而据其郡。

二月，西燕弑其主冲，立段随为燕王冲乐在长安，且畏燕主垂之强，课农筑室，为久安计。鲜卑咸怨，将军韩延因众心杀之，立冲将段随为燕王。

张大豫起兵攻姑臧初，张天锡之南奔也，秦长水校尉王穆匿其世子大豫，与俱奔河西。至是魏安[5]人焦松聚兵迎大豫为主，攻拔昌松[6]，进逼姑臧。穆曰：“吕光粮丰城固，甲兵精锐，不如席卷岭西[7]，砺兵积粟[8]，然后东向，不及期年，光可取也。”大豫不从，自称凉州牧，使穆说谕[9]岭西诸郡，皆起兵应之，保据杨坞[10]。

代徙都盛乐代王珪徙居定襄之盛乐，务农息民，国人悦之。

三月，泰山太守张愿叛，谢玄退屯淮阴初，谢玄欲使朱序屯梁国[11]，而自屯彭城，以北固河上，西援洛阳。朝议以征役既久，欲令玄置戍而还。至是张愿以郡叛，降翟辽，北方骚动，玄谢罪，乞解职。诏慰谕，令还淮阴。

燕主垂追尊母兰氏为文昭皇后燕主垂欲迁文明段后于别室，而以兰后

1　从曾祖：曾祖父的亲兄弟。
2　牛川：古地区名，位于今内蒙古乌兰察布市集宁区一带。
3　出纳：传达帝王命令，反映下面意见。
4　潜施奸惠：暗中施行奸巧的恩惠。
5　魏安：古郡名，辖今甘肃省武威市古浪县以东的长城内外地区。
6　昌松：古县名，治所位于今甘肃省武威市东南。
7　岭西：五岭以西。
8　砺兵积粟：磨砺武器，积蓄粮食。
9　说谕：游说劝谕。
10　杨坞：古地名，位于今甘肃省武威市西。
11　梁国：古诸侯国名，辖今河南省商丘市和虞城、民权、安徽省砀山等县地。

配享太祖，议者皆以为当然。博士刘详、董谧以为："尧母为帝喾妃，位第三，不以子贵陵[1]姜原。文昭后宜立别庙。"垂怒，逼之，详、谧曰："上所欲为，无问于臣。臣按经奉礼，不敢有贰。"垂乃不复问而卒行之。又以可足浑后倾覆社稷，追废之。尊烈祖昭仪段氏为景德皇后，配享。

崔鸿曰：齐桓公命诸侯无以妾为妻。夫之于妻，犹不可以妾代之，况子而易其母乎？《春秋》所称母以子贵者，君母既没，得以妾母为小君[2]也。至于享祀，则不得为配矣。君父之所为，臣子必习而效之。宝之杀母，由垂为之渐也。可足浑氏虽有罪于前朝，然小君之礼成矣。垂以私憾[3]废之，又立兄妾之无子者，皆非礼也。

西燕人杀段随而东，至闻喜[4]，立慕容忠，复称帝燕慕容恒、慕容永杀段随，立宜都王子颙，率鲜卑男女四十余万口去长安而东。恒弟韬杀颙，恒又立冲之子瑶，永又杀之，乃立弘之子忠为帝。忠以永为丞相。永持法宽平，鲜卑安之。至闻喜，闻燕主垂已称帝，不敢进，筑燕熙城[5]而居之。永，廆弟之孙也。

夏，四月，代改称魏。

后秦王苌取长安，称皇帝鲜卑既东，长安空虚，苌取之。始称皇帝，置百官。

六月，以杨亮为雍州刺史，镇卫[6]山陵。荆州刺史桓石民取弘农，初置湖、陕二戍。

西燕弑其主忠，立慕容永为河东王。

秦河北州郡复降于燕。

关陇诸郡复起兵为秦秦主丕以王永为左丞相，传檄四方，共讨姚苌、慕

---

1 陵：欺侮，侵犯。
2 小君：妇人同于丈夫地位，以正其名，因此敬称曰小君。
3 私憾：私人间的怨恨。
4 闻喜：古县名，治所位于今山西省运城市闻喜县东北。
5 燕熙城：古地名，位于今山西省运城市闻喜县北。
6 镇卫：镇守捍卫。

容垂。于是天水、冯翊、河东、京兆、扶风咸起兵，遣使诣秦。

秋，八月，秦以苻登为南安王枹罕诸氐以河州刺史卫平衰老，议欲废之。会七夕宴，氐啖青[1]抽剑而前曰："天下大乱，非贤主不可济。卫公老矣，宜返初服[2]。狄道长苻登，王室疏属，志略雄明[3]。请共立之。有不同者，即下异议[4]。"乃奋剑攘袂，将斩异己者。众皆从之。于是推登为雍、河二州牧，率众五万下陇，攻南安，拔之。驰使请命，秦主丕即而命之，仍封南安王。

冬，十月，西燕击秦，败之。秦主丕奔东垣，将军冯该击杀之慕容永遣使诣秦主丕求假道东归，丕不许，与战于襄陵。秦兵大败，丞相王永等皆死。丕率骑数千南奔东垣，谋袭洛阳。冯该自陕邀击，杀之，执其太子宁等送建康，诏赦，不诛。

西燕慕容永称帝于长子永进据长子，即位。将以秦后杨氏为上夫人，杨氏引剑刺之，为永所杀。

海西公奕薨于吴。

秦苻登及后秦主苌战，大破之登既克南安，夷夏归之者三万余户，遂进攻后秦主苌之弟硕德于秦州，苌自往救之。登与战，大破之。啖青射苌，中之。苌走保上邽，硕德代统其众。

十一月，秦苻登称帝于南安秦尚书寇遗奉渤海王懿自杏城奔南安。登发丕丧，行服，议立懿为主。众曰："渤海年幼，未堪多难，非大王不可。"登乃即帝位，置百官。

十二月，吕光自称酒泉公初，光得秦主坚凶问，举军缟素。至是自称凉州牧、酒泉公。

秦主登伐后秦秦主登立世祖神主于军中，载以辎軿[5]，卫以虎贲，凡所欲

1　氐啖青：叫啖青的氐人。
2　返初服：辞去官职，脱去官服，穿回百姓的衣服。
3　志略雄明：志向才略宏大英明。
4　异议：对不同意见，另行讨论。
5　辎軿：辎车和軿车的并称，后亦泛指有遮挡的车子。

为，必启而后行。引兵五万，东击后秦，将士皆刻矛铠[1]为"死""休"字。每战以剑稍为方圆大阵，知有厚薄，从中分配，故人自为战，所向无前。初，长安之将败也，将军徐嵩、胡空各聚众结垒自固，既而受后秦官爵。后秦以王礼葬秦主坚于二垒之间。及登至，嵩、空以垒降。登拜嵩雍州刺史，空京兆尹，改葬坚以天子之礼。

丁亥十二年（公元 387 年）

秦太初二年。燕建兴二年。后秦建初二年。魏登国二年。

春，正月，以朱序为青、兖刺史，镇淮阴。谢玄为会稽内史。

燕寇东阿，陷之济北太守温详屯东阿。燕主垂观兵河上，分兵击之，详奔彭城，其众皆降。垂以太原王楷为兖州刺史，镇之。初，垂在长安，秦主坚尝与之交手[2]语，冗从仆射[3]光祚言于坚曰："陛下颇疑慕容垂乎？垂非久为人下者。"及燕取邺，祚奔晋，晋以为河北郡守。至是诣燕军降，垂见之流涕，曰："秦主待吾深，吾事之亦尽。但为公猜忌，惧死而负之。每一念之，中宵[4]不寐。"祚亦悲恸。垂赐祚金帛，祚辞，垂曰："卿复疑耶？"祚曰："臣昔者惟知忠于所事，不意陛下至今怀之，臣敢逃死[5]？"垂曰："此卿之忠，固吾之所求也，前言戏之耳。"待之弥厚。

秦封苻纂为鲁王初，纂自长安奔晋阳。襄陵之败，奔杏城。至是秦主登遣使拜纂为大司马，封鲁王。纂怒曰："渤海王先帝之子，南安王何以不立而自立乎？"长史王旅谏曰："南安王已立，理无中改。今寇虏未灭，不可宗室中自为仇敌也。"纂乃受命。于是卢水胡[6]彭沛谷、新平羌雷恶地等皆附于纂，

---

1 矛铠：长矛和铠甲。
2 交手：携手。
3 冗从仆射：古官名，以宦者担任，掌中宫黄门冗从，居则宿卫，守卫门户；出则骑从，在乘舆车旁保护。
4 中宵：半夜。
5 臣敢逃死：我怎么能逃过死罪。
6 卢水胡：汉代至南北朝时期活跃于西北地区的少数民族，族源复杂，既有匈奴、月氏的成分，又在民族演进中吸收了羯族、氐羌等部族。

有众十余万。

　　燕击张愿，破之。以慕容绍为青州刺史，守历城[1]青、兖、徐州郡县壁垒多降于燕。垂以陈留王绍为青州刺史，镇历城。

　　夏，四月，尊帝母李氏为皇太妃。

　　燕慕容柔等自长子归于燕燕主垂之子柔及孙盛、会皆在长子。盛谓柔、会曰："主上中兴，东西未一，吾属居嫌疑之地，为智为愚，皆将不免。不若以时东归，无为坐待鱼肉[2]也。"遂相与亡归。垂问长子人情如何，盛曰："西军扰扰[3]，人有东归之志。若大军一临，必投戈而来，若孝子之归慈父也。"后岁余，西燕杀垂子孙无遗者。

　　五月，燕使其太原王楷击翟辽，降之高平人翟畅执太守，以郡降辽。燕主垂曰："辽以一城之众，反复二国之间，不可不讨。"乃率诸将南攻辽，以太原王楷为前锋。辽众皆燕、赵人，闻楷至，曰："太原王子，吾之父母也。"相率归之。辽惧，遣使请降。

　　征处士戴逵，不至诏征会稽处士戴逵，逵累辞不就。郡县敦逼[4]不已，逵逃匿于吴。内史谢玄上疏曰："逵自求其志，今王命未回[5]，将罹风霜之患。陛下既已爱而器之，宜使其身名并存，请绝召命。"帝许之。

　　秋，七月，西秦击鲜卑三部，降之。

　　后秦主苌军阴密，以太子兴守长安。

　　魏王珪以燕师击刘显，大破之。显奔西燕刘显地广兵强，雄于北方。会其兄弟乖争[6]，魏张衮言于魏王珪曰："显志在并吞，今不乘其内溃而取之，必为后患。请与燕攻之。"珪乃遣使乞师于燕。会柔然[7]献马于燕而显掠之，燕

───────────

1　历城：古地名，位于今山东省济南市东南。
2　鱼肉：比喻欺凌，残害。
3　扰扰：纷乱貌。
4　敦逼：敦促逼迫。
5　回：收回。
6　乖争：纷争。
7　柔然：古族名，在蒙古草原上继匈奴、鲜卑等之后崛起的部落制汗国，为鲜卑别部的一支。

主垂怒，遣兵会魏击显，大破之。显奔西燕。垂立其弟为乌桓王以抚其众，徙八千余落于中山。

吕光杀张大豫。

八月，立子德宗为皇太子。

秦苻师奴杀其兄纂，后秦击走之，而降其众秦冯翊太守兰椟率众二万，与鲁王纂谋攻长安。纂弟师奴劝纂称尊号，纂不从。师奴杀而代之，椟遂与师奴绝。后秦攻之，师奴败走，其众悉降。

秦主登进据将军胡空堡[1]戎夏归之者十余万。

冬，十月，翟辽复叛燕。

十二月，后秦攻秦，拔将军徐嵩垒，嵩死之后秦姚方成拔嵩垒，执而数之。嵩骂曰："汝姚苌罪当万死，先帝赦之，授任内外，荣宠极矣。曾不如犬马识所养之恩，亲为大逆，汝羌辈岂可以人理[2]期也？何不速杀吾，早见先帝，取苌于地下治之。"方成怒，三斩嵩，悉坑其士卒。苌掘秦主坚尸，鞭挞剥裸，荐之以棘，坎土而埋之[3]。

凉州大饥，人相食。

戊子十三年（公元388年）

秦太初三年。燕建兴三年。后秦建初三年。魏登国三年。○西秦王乞伏乾归太初元年。

春，正月，康乐公谢玄卒谥"献武"。

秦主登军朝那，后秦主苌军武都。

翟辽自称魏天王辽遣使谢罪于燕。燕主垂以其反复，斩之。辽乃自称魏王，徙屯滑台。

1　胡空堡：古城堡名，位于今陕西省咸阳市彬县西南。
2　人理：做人的道德规范。
3　鞭挞剥裸，荐之以棘，坎土而埋之：用皮鞭抽打，并且剥掉衣服，露出尸体，用荆棘再包裹起来，挖了一个坑埋了起来。

吕光杀其武威太守杜进光之定凉州也，进功居多，贵宠用事[1]，群僚莫及。光甥石聪自关中来，光问之曰："中州人言我为政何如？"聪曰："但闻有杜进耳，不闻有舅。"光由是忌进，杀之。他日，与群僚语及政事，参军段业曰："明公用法太峻。"光曰："吴起无恩而楚强，商鞅严刑而秦兴。"业曰："起丧其身，鞅亡其家，皆残酷[2]之致也。明公慕之，岂此州士女所望哉？"光改容谢之。

夏，四月，以朱序都督司、雍等州军事，戍洛阳。谯王恬都督兖、冀等州军事，镇淮阴。

六月，西秦王乞伏国仁卒，弟乾归立乾归号河南王，迁都金城。秦封以为金城王。秦、凉鲜卑、羌、胡多附之。

秋，七月，两秦兵各引还两秦自春相持，屡战，互有胜负，至是各解归。关西豪杰以后秦无成功，多去而附秦。

八月，魏遣使如燕魏王珪密有图燕之志，遣九原公仪奉使至中山。还，言于珪曰："燕主衰老，太子暗弱，范阳王自负材气[3]，非少主臣。燕主既没，内难必作，于时乃可图也。今则未可。"珪善之。

己丑十四年（公元389年）

秦太初四年。燕建兴四年。后秦建初四年。魏登国四年。○凉麟嘉元年。

春，正月，燕以慕容隆为幽州牧，守龙城辽西王农在龙城五年，庶务修举[4]，表请代还[5]。燕主垂乃召农还为侍中、司隶校尉，而以高阳王隆代之。农建留台龙城，使隆录留台尚书事。隆因农旧规，修而广之，辽、碣遂安。

二月，吕光自称三河王。

1　贵宠用事：显贵而受宠信，执政专权。贵宠，显贵而受宠信。
2　残酷：凶狠冷酷。
3　材气：才能气概。
4　修举：恢复，推行。
5　代还：朝臣出任外官者重新调回朝廷任职。

秋，八月，秦主登击安定，后秦主苌袭破其辎重，秦后毛氏死之
初，后秦主苌以秦战屡胜，谓得秦王坚之助，亦于军中立坚像而祷之曰："新
平之祸，臣为兄襄报仇耳。且陛下命臣以龙骧建业，臣敢违之？"秦主登升楼
遥谓之曰："为臣弑君，而立像求福，庸有益乎？"因大呼曰："弑君贼姚苌
何不自出？吾与汝决之！"苌不应。久之，以军未有利，斩像首以送秦。至是，
登留辎重于大界[1]，自将轻骑攻安定。诸将劝苌决战，苌曰："与穷寇争胜，兵
家之忌也，吾将以计取之。"乃留兵守安定，夜，率骑三万袭大界，克之。擒
名将数十人，掠男女五万口。登后毛氏美而勇，善骑射。兵入其营，犹弯弓跨
马，率壮士力战，杀七百余人。众寡不敌，为后秦所执。苌将纳之，毛氏骂且
哭曰："姚苌，汝已杀天子，又欲辱皇后，皇天后土，宁容汝乎？"苌杀之。
诸将欲因秦军骇乱[2]击之，苌曰："登众虽乱，怒气犹盛，未可轻也。"遂止。
登收余众屯胡空堡。

冬，十一月，以范宁为豫章太守初，帝既亲政事，威权已出，有人主
之量。已而溺于酒色，委政于琅邪王道子。道子亦嗜酒，日夕与帝以酣歌[3]为
事。又崇尚浮屠，穷奢极费，所亲昵者皆姏姆[4]、僧尼。近习弄权，交通请托，
贿赂公行，官爵滥杂，刑狱缪乱[5]。尚书令陆纳望宫阙叹曰："好家居，纤儿欲
撞坏之邪[6]！"左卫将军许营上疏曰："局吏卫官[7]、仆隶婢儿，皆为守令，或
带内职。僧尼乳母，竞进亲党，又受货赂，辄使临官[8]。政教不均，暴滥[9]无罪。
且佛者，清远玄虚之神，今僧尼于五诫[10]粗法尚不能遵，而流俗竞加敬事[11]，以

---

1 大界：古地名，位于今陕西省咸阳市彬县、甘肃省平凉市泾川县之间。
2 骇乱：惊恐扰乱。
3 酣歌：沉湎于饮酒歌舞。
4 姏姆：乳母，老年仆妇。
5 缪乱：悖乱，错乱。
6 好家居，纤儿欲撞坏之邪：这么好的一个家，小孩子要把它折腾坏吗。
7 局吏卫官：局吏，官署的小吏。卫官，侍卫武官。
8 临官：做官，任职。
9 暴滥：残暴无度。
10 五诫：佛教中在家的男女教徒所应遵守的五项戒律，不杀生、不偷盗、不邪淫、不妄
语、不饮酒。
11 敬事：恭敬奉事。

致侵渔百姓，取财为惠，亦未合布施[1]之道也。"疏奏，不省。道子势倾中外，帝渐不平。侍中王国宝以谄佞有宠于道子，讽八座启道子宜加殊礼。护军车胤曰："此乃成王所以尊周公者，今主上当阳，岂得为此？"乃称疾不署。疏奏，帝大怒，而喜胤有守。中书侍郎范宁、徐邈为帝所亲信，数进忠言，补正缺失，指斥奸党。国宝，宁之甥也，宁尤疾其阿谀，劝帝黜之。国宝遂与道子谮宁出为豫章太守。宁临发，上疏曰："今边烽[2]不举而仓库空匮。古者使民岁不过三日，今之劳扰，殆无三日之休，至有生儿不复举养[3]，鳏寡不敢嫁娶。臣恐社稷之忧，厝火积薪[4]，不足喻也。"又言："中原士民流寓江左，岁久安业。谓宜正其封疆，户口皆以土断。又，人性无涯，奢俭由势。今并兼之室，亦多不赡[5]，由用之无节，争以靡丽相高故也。礼，十九为长殇[6]，以其未成人也。今以十六为全丁[7]，十三为半丁，伤天理，困百姓。谓宜二十为全丁，十六为半丁，则人无夭折，生长滋矣。"帝多纳用之。宁在豫章，遣十五议曹下属城，采求风政[8]。并吏假还[9]，讯问官长得失。徐邈与宁书曰："足下听断明允，庶事无滞，则吏慎其负[10]而人听不惑矣，岂须邑至里诣，饰其游声[11]哉？非徒不足以致益，乃实蚕渔[12]之所资。岂有善人君子而干非其事，多所告白[13]者乎？自古以来，欲为左右耳目者，无非小人，皆先因小忠而成其大不忠，先藉小信而成其大不信，遂使谗谄并进，善恶倒置，可不戒哉？足下慎选纪纲[14]，必得国士以摄

1　布施：把财物等施舍给别人。
2　边烽：边疆报警的烽火。
3　举养：抚养哺育。
4　厝火积薪：把火放在柴堆下面，比喻隐藏着很大的危险。
5　赡：丰富，充足。
6　十九为长殇：十九岁的时候死了，称作长殇。意为未成年而死。
7　全丁：对国家有完纳赋税、承担徭役义务的成年男子。下文"半丁"为岁数尚未达到全丁年龄的人。
8　风政：政绩。
9　吏假还：官吏休假回来。
10　其负：他应该负担的职责。
11　邑至里诣，饰其游声：到乡里村落听取伪饰的虚名。游声，虚浮的名声。
12　蚕渔：蚕食渔夺。形容侵吞掠夺。
13　告白：报告，汇报。
14　纪纲：州郡掾属。

诸曹，诸曹皆得良吏以掌文案[1]，又择公方[2]之人以为监司，则清浊能否，与事而明。足下但平心而处之，何取于耳目哉？昔明德马后未尝顾左右与言，可谓远识，况大丈夫而不能免此乎？"宁好儒学，性质直，常谓王弼、何晏之罪深于桀、纣。或以为贬之太过，宁曰："王、何蔑弃典文，幽沉仁义[3]，游辞浮说，波荡后生。使缙绅之徒翻然改辙，以至礼坏乐崩，中原倾覆，遗风余俗，至今为患。桀、纣纵暴一时，适足以丧身覆国，为后世戒，岂能回[4]百姓之视听哉？故我以为一世之祸轻，历代之患重，自丧之恶小，迷众之罪大也。"

秦将军雷恶地降于后秦后秦主苌使人诈招秦主登，许开门纳之。登将从之，将军雷恶地在外闻之，驰骑见登曰："苌多诈，不可信也。"苌闻之，谓诸将曰："此羌[5]见登，事不成矣。"登亦以恶地勇略过人，惮之。恶地乃降于后秦。

庚寅**十五年**（公元 390 年）

秦太初五年。燕建兴五年。后秦建初五年。魏登国五年。

春，正月，西燕主永寇洛阳，朱序击走之。还，击翟辽，又走之西燕主永引兵向洛阳，朱序自河阴[6]北济河，击败之。永走还上党，序追至白水[7]。会翟辽谋向洛阳，序乃引兵还，击走之。留将军朱党守石门，使其子略督护洛阳，身还襄阳。

二月，以王恭都督青、兖等州军事琅邪王道子恃宠骄恣，帝浸不能平，欲选时望为藩镇，以潜制之。问于太子左卫率王雅曰："吾欲用王恭、殷仲堪，

---

1 文案：官衙中掌管档案、负责起草文书的幕友。
2 公方：公正端方。
3 蔑弃典文，幽沉仁义：轻视经典，埋没仁义道德。蔑弃，鄙视，轻视。典文，经典。幽沉，埋没，埋灭。
4 回：掉转。
5 此羌：这个羌人。
6 河阴：古县名，治所位于今河南省洛阳市孟津县东北。
7 白水：古水名，位于今山西省晋城市南。

何如？"雅曰："恭风神简贵，志气方严[1]。仲堪谨于细行，以文义著称。然皆峻狭[2]自是，干略[3]不长。天下无事，足以守职。若其有事，必为乱阶矣。"帝不从。使恭镇京口。恭，蕴之子也。

夏，四月，秦将军魏揭飞攻后秦之杏城，雷恶地应之。后秦主苌击斩揭飞，恶地降秦将军魏揭飞率氐、胡攻后秦将姚当成于杏城，将军雷恶地应之，攻李润[4]。后秦主苌欲自击之，群臣曰："陛下不忧六十里符登，乃忧六百里魏揭飞，何也？"苌曰："登非可猝[5]灭，吾城亦非登所能猝拔。恶地智略非常，若南引揭飞，东结董成，得杏城、李润而据之，长安东北非吾有也。"乃潜引精兵一千六百赴之。揭飞、恶地有众数万，氐、胡赴之者首尾不绝。见后秦兵少，悉众攻之。苌固垒不战，示之以弱，潜遣骑出其后。揭飞兵扰乱，苌纵兵击之，斩揭飞及其将士万余级。恶地请降，苌待之如初。命姚当成于所营之地每栅孔[6]中树一木以旌战功。岁余，问之，当成曰："营地太小，已广之矣。"苌曰："吾自结发以来，与人战，未尝如此之快，以千余兵破三万之众，营地惟小为奇，岂以大为贵者哉？"

秋，七月，冯翊人郭质起兵应秦，不克质起兵广乡[7]，移檄三辅，曰："姚苌凶虐[8]，毒被神人[9]。吾属世蒙先帝之仁，非常伯、纳言之子，即卿校、牧守之孙也[10]。与其含耻而存，孰若蹈道[11]而死？"于是三辅壁垒皆应之，独郑县[12]

1　风神简贵，志气方严：风采优雅高贵，志向气质端方严肃。风神，神态，风采。
2　峻狭：性格严厉狭隘。
3　干略：治事的才能和谋略。
4　李润：古地名，一作李润堡，位于今陕西省渭南市大荔县西北。
5　猝：突然地，出其不意地。
6　栅孔：树立栅木的孔洞。胡三省："掘地作孔，竖木以为栅，故有栅孔。"
7　广乡：古地名，位于今陕西省渭南市华州区西。
8　凶虐：凶恶残暴。
9　毒被神人：祸害遍及天神和民众。
10　非常伯、纳言之子，即卿校、牧守之孙也：即使不是常伯、纳言的儿子，也是卿校、牧守之类官员的孙子。常伯，古官名，君主左右管理民事的大臣，以从诸伯中选拔，故名。纳言，古官名，主出纳王命。
11　蹈道：履行正道。
12　郑县：古县名，治所即今陕西省渭南市华州区。

人苟曜不从，聚众数千附于后秦。击质，质走洛阳。

八月，刘牢之击翟辽，败之。张愿来降。

九月，以王国宝为中书令，王珣为尚书仆射。

辛卯**十六年**（公元 391 年）

秦太初六年。燕建兴六年。后秦建初六年。魏登国六年。

夏，五月，秦主登及后秦主苌战，秦师败绩苟曜密召秦主登，许为内应。登自曲牢[1]赴之，军于马头原[2]。后秦主苌率众逆战，登击破之，斩其右将军吴忠。苌收兵复战，姚硕德曰：“陛下慎于轻战[3]，每欲以计取之，今失利而更前，何也？”苌曰：“登用兵迟缓，不识虚实。今轻兵直进，此必苟曜与之有谋也。缓之则其谋得成，故及其未合，急击之耳。”遂进战，大败之。登退屯郿。

西燕寇河南，太守杨佺期击破之。

魏王珪遣其弟觚如燕初，燕遣赵王麟会魏兵伐贺讷，破之。归，言于燕主垂曰：“臣观拓跋珪举动，终为国患，不若摄[4]之还朝，使其弟监国事。”垂不从。至是珪遣觚献见于燕。垂衰老，子弟用事，留觚以求良马。珪弗与，遂与燕绝。

秋，九月，黜博士范弘之为余杭[5]令弘之论殷浩宜加赠谥，因叙桓温不臣之迹。王珣，温故吏也，以为温废昏立明，有忠贞之节。遂黜弘之。

冬，十月，魏王珪击柔然，大破之，徙之云中初，柔然部人世服于代。及秦灭代，遂附于刘卫辰。魏王珪即位，高车[6]诸部皆服，独柔然不下。

---

1 曲牢：古地名，位于今陕西省西安市南。胡三省：“曲牢在杜县东北。”
2 马头原：古地名，位于今陕西省西安市长安区东。
3 轻战：轻率出战。
4 摄：拘捕。
5 余杭：古县名，治所位于今浙江省杭州市余杭区西南。
6 高车：古时对漠北一部分游牧部落的泛称，因其“车轮高大，辐数至多”而得名，初号狄历，也称敕勒、铁勒、高车、丁零等。

珪引兵击之，柔然举部遁走，珪追奔六百里。诸将曰："贼远粮尽，不如早还。"珪曰："杀副马[1]，足以为三日食矣。"乃复倍道追之，及于大碛[2]南林山下，大破之，悉徙其部众于云中。

翟辽死，子钊代领其众。

刘卫辰攻魏南部，魏王珪大破之。卫辰走死，诸部悉降刘卫辰遣子直力鞮率众九万攻魏南部，魏王珪引兵五六千人大破之。乘胜追奔，部落骇乱，珪遂直抵其所居悦跋城[3]，卫辰父子出走。分遣轻骑追之，获直力鞮，卫辰为其下所杀。珪诛其宗党五千人，河南诸部悉降，获马三十余万匹，牛羊四百余万头，国用由是遂饶。卫辰少子勃勃亡奔薛干部[4]，薛干部送于没奕干，没奕干以女妻之。

十二月，秦主登攻安定，后秦主苌击败之秦主登攻安定，后秦主苌如阴密以拒之，谓太子兴曰："苟曜闻吾北行，必来见汝。汝执，诛之。"苌既行，曜果至长安，兴诛之。苌败登于安定城东，登退据路承堡[5]。苌置酒高会，诸将皆曰："若值魏武王[6]，不令此贼至今，陛下将牢[7]太过耳。"苌笑曰："吾不如亡兄有四：身长八尺五寸，臂垂过膝，人望而畏之，一也；将十万之众，望麾而进，前无横阵[8]，二也；温古知今，讲论道艺[9]，收罗英俊，三也；董帅[10]大众，人尽死力，四也。所以得建立功业，驱策诸贤者，正望算略中有片长[11]耳。"

1　副马：骑兵部队中备乘之马。
2　大碛：又称大漠，即今蒙古高原大沙漠，斜亘于中国内蒙古自治区与蒙古国之间。
3　悦跋城：古地名，又称代来城，即今内蒙古鄂尔多斯市东胜区西泊江海子乡大成梁古城。
4　薛干部：古鲜卑部落名，聚居于今陕西省延安市东南。
5　路承堡：古地名，位于今甘肃省平凉市泾川县东南。
6　魏武王：即姚苌之兄姚襄。
7　将牢：持重。
8　横阵：横排的阵势。
9　道艺：学问和技能。
10　董帅：统率，领导。
11　算略中有片长：谋略上有那么一点点长处。算略，谋略。

壬辰**十七年**（公元 392 年）

秦太初七年。燕建兴七年。后秦建初七年。魏登国七年。

春，三月，后秦杀其将军王统、徐成后秦主苌寝疾，召兴诣行营。姚方成言于兴曰："今寇敌未灭，王统等皆有部曲，终为人患。"兴杀统及王广、苻胤、徐成、毛盛等。苌怒曰："统兄弟，吾之州里[1]。成等前朝名将，吾方用之，奈何辄杀之？"

夏，五月朔，日食。

燕主垂击翟钊，钊奔西燕燕主垂击翟钊，钊求救于西燕。西燕主永谋于群臣，尚书郎鲍遵曰："使两寇相弊，吾乘其后，此卞庄子[2]之策也。"侍郎张腾曰："垂强钊弱，何弊之乘？不如速救之，以成鼎足之势。今我引兵趋中山，昼多疑兵，夜多火炬，垂必惧而自救。我冲其前，钊蹑其后，此天授之机，不可失也。"永不从。垂军黎阳，临河欲济，钊列兵南岸以拒之。垂徙营就西津[3]，去黎阳西四十里，为牛皮船百余艘，伪列兵仗[4]，溯流而上。钊亟引兵趋之，垂潜遣王镇等自黎阳津[5]夜济，营于河南，比明[6]营成。钊亟还攻，垂命坚壁勿战。钊兵往来疲暍[7]，攻营不拔，将引去，镇等出战，慕容农自西津济，夹击，大破之，尽获其众及所统七郡三万余户。钊奔长子，岁余，谋反，永杀之。垂以章武王宙镇滑台，崔荫为司马。荫明敏强正[8]，善规谏，宙严惮之。简刑法，轻赋役，流民归之，户口滋息[9]。

秋，七月，秦主登引兵逼安定，后秦主苌拒却之秦主登闻后秦主苌

1　州里：本为行政建制，古代二千五百家为州，二十五家为里。后泛指乡里或本土，也代指同乡的人。
2　卞庄子：春秋时鲁国的卞邑大夫。后世有"卞庄刺虎"的典故流传，二虎相争，必有一伤。
3　西津：西边的渡口。
4　兵仗：兵器。
5　黎阳津：古渡口名，位于今河南省鹤壁市浚县东南古黄河畔。
6　比明：等到天明。比，等到。
7　疲暍：疲惫中暑。暍，中暑。
8　强正：刚正不阿。
9　滋息：繁殖，增生。

病，大喜，秣马厉兵，进逼安定。苌疾小瘳，出兵拒之。登惧而还，苌夜引兵蹑其后。旦[1]而候骑告曰："贼营已空，不知所向。"登惊曰："彼为何人，去来不令吾觉，谓其将死，忽然复至。朕与此羌同世，何其厄哉！"登遂还雍[2]，苌亦还安定。

　　冬，十一月，以殷仲堪都督荆、益、宁州军事仲堪虽有时誉[3]，资望[4]犹浅。到官[5]，好行小惠，纲目不举[6]。南郡公桓玄负其才地[7]，以雄豪[8]自处，朝廷疑而不用。年二十三，始拜洗马。尝诣琅邪王道子，值其酣醉，张目谓众客曰："桓温晚涂[9]欲作贼，云何？"玄伏地流汗，不能起。由是不自安，而切齿于道子。后出补义兴太守，郁郁不得志，叹曰："父为九州伯，儿为五湖长[10]！"遂弃官归国，上疏自讼[11]，不报。桓氏累世临[12]荆州，玄复豪横，士民畏之。尝与仲堪听事前戏马[13]，以矟拟仲堪[14]。参军刘迈曰："马、矟有余，精理[15]不足。"玄不悦。既出，仲堪谓迈曰："卿，狂人也。玄夜遣杀卿，我岂能相救邪？"使迈避之。玄果使人追之，不及。征虏参军胡藩过江陵，见仲堪曰："玄志趣不常，节下崇待太过[16]，非计也。"藩内弟罗企生为仲堪功曹，藩谓曰："殷侯倒戈授人[17]，必及于祸。若不早去，悔无及矣。"

1　旦：天亮的时候，早晨。
2　雍：古县名，治所位于今陕西省宝鸡市凤翔县西南。
3　时誉：当时人的称誉。
4　资望：资历和名望。
5　到官：到任，上任。
6　纲目不举：意指对大政方针缺乏切实有力的举措。
7　才地：才能和门第。地，通"第"。
8　雄豪：英雄豪杰。
9　晚涂：晚年。
10　父为九州伯，儿为五湖长：我的父亲曾是九州的盟主，而他的儿子却只不过是五湖的小头目。
11　自讼：自责。
12　临：治理，统治。
13　戏马：驰马取乐。
14　以矟拟仲堪：用长矛假装向殷仲堪直刺。矟，古兵器名，即长矛，也作"槊"。
15　精理：精心料理。
16　志趣不常，节下崇待太过：桓玄的志向兴趣不比常人，您对他尊敬优待得太过分了。
17　倒戈授人：把长戈倒转过来，木柄交给敌人。

立子德文为琅邪王，徙道子为会稽王。

李辽表请修孔子庙，不报清河人李辽上表请敕兖州修孔子庙，给户[1] 洒扫。仍立庠序，以教学者，曰："事有如赊[2] 而实急者，此之谓也。"疏奏，不省。

癸巳十八年（公元 393 年）

秦太初八年。燕建兴八年。后秦建初八年。魏登国八年。

秋，七月，秦窦衝叛，秦主登讨之。后秦使太子兴救衝，遂袭平凉[3] 秦丞相窦衝叛，称秦王，改元。秦主登讨之，衝求救于后秦。尹纬言于后秦主苌曰："太子仁厚有闻，而英略未著，请使击登。"苌从之。使兴将兵攻胡空堡，登解衝围以赴之。兴因袭平凉，大获而归，复镇长安。

冬，十月，燕主垂击西燕燕主垂议伐西燕，诸将曰："永未有衅，我连年征讨，士卒疲弊，未可也。"范阳王德曰："永，国之枝叶，僭举位号[4]，宜先除之，以一民心。"垂曰："司徒意正与我同。我虽老，叩囊底智，足以取之[5]，终不留此贼以遗子孙也。"遂发中山，次于邺。

十二月，后秦主苌卒，太子兴率兵击秦苌疾甚，还长安。召太尉姚旻、仆射尹纬等受遗辅政。谓太子兴曰："有毁此诸公者，慎勿受之。汝抚骨肉以恩，接大臣以礼，待物以信，遇民以仁，四者不失，吾无忧矣。"苌卒，兴秘不发丧，自称大将军，率众伐秦。

甲午十九年（公元 394 年）

秦主符崇延初元年。燕建兴九年。后秦主姚兴皇初元年。魏登国九年。○

---

1 给户：指定专门的人家。
2 赊：遥远。
3 平凉：古地名，即今甘肃省平凉市。
4 永，国之枝叶，僭举位号：慕容永，是我慕容皇族的偏枝旁叶，他超越本分另立尊号。
5 叩囊底智，足以取之：拍一拍口袋，觉得剩下的这一点点智谋足够对付他们。

是岁，秦及西燕亡。大三，小二，凡五僭国。

春，正月，三河王光以秃发乌孤为河西都统乌孤本鲜卑别种，与拓跋同祖，后徙河西。乌孤雄勇[1]有大志，与大将纷陋谋取凉州。纷陋曰："公必欲得凉州，宜先务农讲武，礼贤修政，然后可也。"乌孤从之。吕光遣使拜乌孤鲜卑大都统，群下皆曰："吾士马众多，何为属人？"石真若留曰："吾根本未固，大小非敌，不如受以骄之，俟衅而动。"乌孤乃受之。

夏，四月，秦主登及后秦战，败绩，奔平凉秦主登闻后秦主苌死，喜曰："姚兴小儿，吾折杖笞之耳。"乃留安成王广守雍，太子崇守胡空堡，尽众而东。后秦太子兴使尹纬据废桥[2]以待之。秦兵争水，不得，渴死什二三。纬与战，大败之。其众夜溃，登单骑奔雍。崇、广皆弃城走。登奔平凉，收遗众[3]入马毛山[4]。

五月，西燕主永及燕战，败绩燕主垂以二月部分诸将出壶关、滏口、沙庭[5]以击西燕，标榜所趋，军各就顿[6]。西燕主永闻之，分道拒守，聚粮台壁[7]，遣兵戍之。既而垂顿军邺西南，月余不进。永疑垂欲诡道由太行入，乃悉敛诸军杜[8]太行口，惟留台壁一军。四月，垂引大军出滏口，入天井关。五月，至台壁，破之。永召太行军还，自将拒之。垂陈于台壁南，遣千骑伏涧下。及战，伪退，永众追之。涧中伏发，断其后，诸军四面俱进，大破之，永走归长子。

后秦主兴立。

六月，追尊会稽太妃郑氏曰简文宣太后群臣或谓宣太后应配食元帝，

1　雄勇：勇猛威武。
2　废桥：古地名，位于今陕西省咸阳市辖兴平市西北。
3　遗众：残余的民众。
4　马毛山：古山名，又作马髦岭，即今甘肃省平凉市西北丰洞山。
5　滏口、沙庭：滏口，太行八陉之一，位于今河北省邯郸市西南石鼓山，滏水（今滏阳河）源出于此，故名。沙庭，应为"沙亭"，古地名，位于今河北省邯郸市涉县东南。
6　标榜所趋，军各就顿：公开告示各支军队的去向，并且让他们准备就绪。标榜，题写或张贴告示。
7　台壁：古地名，位于今山西省长治市黎城县西南。
8　杜：堵塞。

太子前率[1]徐邈曰："太后平素不优俪[2]于先帝，子孙岂可为祖考立配？"国学明教臧焘曰："尊号既正，则罔极[3]之情申。别建寝庙，则严祢[4]之义显。系子为祢[5]，兼明贵之所由。一举而合三义，不亦善乎？"乃立庙于太庙路西。

秋，七月，后秦主兴击秦主登，杀之。秦太子崇立，奔湟中。

八月，尊太妃李氏为皇太后居崇训宫。

燕主垂围长子，拔之，杀西燕主永永困急，求救于晋、魏。兵皆未至，将士开门纳燕兵。燕主垂执永，斩之，得所统八郡七万余户。

冬，秦主崇及陇西王杨定攻西秦，兵败，皆死。定弟盛遣使来称藩西秦主乾归攻秦主崇，崇奔陇西王杨定。定率众三万，与崇共攻乾归，大败，见杀，苻氏遂亡。乾归于是尽有陇西之地，自称秦王。定叔父之子盛先守仇池，自称秦州刺史、仇池公，乃遣使称藩于晋。分氐、羌为二十部护军，各为镇戍，不置郡县。

秦遣使如燕是后姚氏止称"秦"。

乙未二十年（公元 395 年）

燕建兴十年。秦皇初二年。魏登国十年。

春，正月，燕遣使如秦。

三月朔，日食。

以丹杨尹王雅领太子少傅[6]时会稽王道子专权奢纵，赵牙本倡优，茹千秋本捕贼吏也，皆以谄赂[7]得进。道子以牙为郡守，千秋为参军。牙为道子开东

---

1 太子前率：古官名，即太子前卫率，与左、右、后卫率各领一军，宿卫东宫，亦任征伐，地位颇重。
2 伉俪：为婚配正室。
3 罔极：人子对于父母的无穷哀思。
4 严祢：尊重先辈祭庙。祢，奉祀死去父亲的宗庙。
5 系子为称：把儿子的谥号加在母亲的谥号前面。
6 太子少傅：古官名，与太子少保、太子少师合称"东宫三少"，负责教习太子。
7 谄赂：谄媚和贿赂。

第¹，筑山穿池，功用巨万。帝尝幸其第，谓道子曰："府内乃有山，甚善。然修饰太过。"道子无以对。帝去，道子谓牙曰："上若知山是人力所为，尔必死矣。"牙曰："公在，牙何敢死？"营作²弥盛。千秋卖官招权，聚货累亿。博平³令闻人奭上疏言之，帝益恶道子，而逼于太后，不忍废黜。乃擢王恭、殷仲堪、王珣、王雅等居内外要任以防之，道子亦引王国宝、王绪为心腹。由是朋党竞起，无复向时友爱之欢矣。太后每和解之。徐邈言于帝曰："汉文明主，犹悔淮南⁴。会稽王虽有酣媒⁵之累，宜加弘贷⁶，以慰太后之心。"帝纳之，委任道子如故。

夏，五月，燕遣其太子宝击魏。秋，七月，降其别部，进军临河⁷ 魏王珪叛燕，侵逼附塞诸郡。燕主垂遣太子宝率众八万自五原伐魏。散骑常侍高湖谏曰："魏与燕世为婚姻，结好久矣。间以求马不获而留其弟，曲在于我，奈何遽击之？涉珪⁸沉勇有谋，幼历艰难，兵精马强，未易轻也。太子年少气壮，必小魏而易之，万一不如所欲，伤威损重，愿陛下图之。"垂怒免湖官。湖，泰之子也。魏张衮言于珪曰："燕狃于屡胜，有轻我心，宜赢形⁹以骄之，乃可克也。"珪从之，悉徙部落畜产，西渡河千余里以避之。燕军至五原，降魏列部¹⁰三万余家，收稷田¹¹百余万斛，进军临河，造船为济具。

秃发乌孤徙都廉川¹² 乌孤击乙弗、折掘部，降之，徙都廉川。广武¹³赵振少好奇略¹⁴，弃家从乌孤。乌孤喜曰："吾得赵生，大事济矣。"拜左司马。

---

1 东第：王侯显贵者的府第。颜师古："东第，甲宅也。居帝城之东，故曰东第也。"
2 营作：建造宫室。
3 博平：古县名，治所位于今山东省聊城市茌平县西北。
4 汉文明主，犹悔淮南：汉文帝刘恒是一位英明的君主，也会后悔自己处死淮南王刘长的事。
5 酣媒：纵酒放荡。
6 弘贷：宽恕。
7 临河：古县名，治所位于今内蒙古巴彦淖尔市辖临河市东北。
8 涉珪：即拓跋珪，拓跋珪字涉珪。
9 赢形：以瘦弱的形体示人。
10 列部：各个部落。
11 稷田：稷子田。稷，不粘的黍类，又名"穈"。
12 廉川：古地名，即廉川堡，位于今青海省海东市民和回族自治县西北。
13 广武：古郡名，辖今甘肃省兰州市永登县地。
14 奇略：奇谋，奇策。

长星见有长星见自须女¹，至于哭星²。帝心恶之，于华林园举酒祝之曰："长星，劝汝一杯酒，自古何有万岁天子邪？"

九月，魏王珪将兵拒燕。冬，十月，燕军夜遁。十一月，追至参合陂，大败之九月，魏王珪进军临河。燕太子宝列兵将济，风漂其船泊南岸，魏获其甲士三百余人，皆释而遣之。宝之发中山也，燕主垂已有疾，既至五原，珪使人邀中山之路，伺其使者，尽执之。宝等数月不闻垂起居，珪使所执使者临河告之曰："若父已死，何不早归？"宝等忧恐，士卒骇动³。珪使略阳公遵将七万骑塞燕军之南。十月，燕军烧船夜遁。时河冰未结，宝以魏军必不能渡，不设斥候⁴。十一月，暴风，冰合，珪引兵济河，选精锐二万余骑急追之。燕军至参合陂，有大风，黑气如堤，自军后来覆军上。沙门支昙猛曰："魏军将至之候⁵，宜遣兵御之。"宝不应。司徒德劝宝从之，宝乃遣赵王麟率骑三万居军后以备非常。麟亦以昙猛言为妄，纵骑游猎，不复设备。魏军晨夜兼行，至参合陂西。燕军在陂东山南水上⁶。珪夜部分诸部，令士卒衔枚束马口潜追。旦日⁷登山，下临燕营。燕军大惊，扰乱。珪纵兵击之，死者以万数。略阳公遵还兵击其前，复擒四五万人。宝等单骑仅免。珪择燕臣之有才用⁸者留之，其余悉给衣粮遣还，以招怀中州之人。中部大人王建曰："燕众强盛，不如悉杀之，则国空虚，取之为易。"乃尽坑之而还。燕司徒德言于垂曰："虏以参合之捷，有轻太子心，宜及陛下神略⁹以服之，不然，将为后患。"垂乃会兵中山，期以明年，大举击魏。

1　须女：古星宿名，二十八宿之一，北方玄武七宿的第三宿，有星四颗，位于织女星之南。
2　哭星：古星官名，属虚宿，主大哭。
3　骇动：惊动。
4　斥候：瞭望敌情的士兵。
5　候：征兆。
6　陂东山南水上：参合陂东蟠羊山南面的河边。
7　旦日：太阳初出时，天亮时。
8　才用：才干，才能。
9　神略：高超的谋略。

丙申二十一年（公元396年）

燕主慕容宝永康元年。秦皇初三年。魏皇始元年。凉龙飞元年。

春，闰三月，燕主垂袭魏平城，克之。夏，四月，还，卒于上谷。太子宝立燕主垂留范阳王德守中山，引兵密发，逾青岭[1]，经天门[2]，凿山通道，出魏不意，直指云中。魏陈留公虔镇平城，垂袭之，虔出战，败死。燕军尽收其部落。魏王珪震怖欲走，诸部皆有贰心，珪不知所适。垂之过参合陂也，见积骸[3]如山，为之设祭，军士恸哭，声震山谷。垂惭愤呕血，由是发疾，至是转笃[4]，乃筑燕昌城[5]而还，卒于上谷。宝即位。

五月，燕以慕容德为冀州牧，守邺；慕容农为并州牧，守晋阳。

燕主宝弑其太后段氏初，燕主垂先段后生子令、宝，后段后生子朗、鉴，爱诸姬子麟、农、隆、柔、熙。宝初为太子，有美称，已而荒怠[6]，中外失望。后段后言于垂曰："今国步[7]多艰，太子非济世之才也。辽西、高阳[8]，陛下贤子，宜择一人，付以大业。赵王奸诈强愎[9]，必为国患，宜早图之。"宝善事垂左右，多誉之者，故垂以为贤，谓段氏曰："汝欲使我为晋献公乎？"段氏泣而退，告其妹范阳王妃曰："太子不才，天下所知，我为社稷言之，主上乃以我为骊姬，何其苦哉！太子必丧社稷，范阳王有非常器度[10]，若燕祚未尽，其在王乎？"宝、麟闻而恨之。至是宝使麟谓段氏曰："宜早自裁，以全段宗[11]。"段氏怒曰："汝兄弟不难逼杀其母，况能守先业乎？吾岂爱死，但念国亡不久

1　青岭：古山名，又称广昌岭、五回山，位于今河北省保定市易县西南。
2　天门：古地名，位于今河北省保定市涞源县南。
3　积骸：尸骨堆积。
4　笃：病势沉重。
5　燕昌城：古地名，位于今山西省大同市西北。
6　荒怠：纵逸怠惰。
7　国步：国家的命运。
8　辽西、高阳：辽西王慕容鉴、高阳王慕容隆。下文"赵王"为慕容麟。
9　强愎：刚愎，倔强固执。
10　器度：才具风度。
11　以全段宗：保全你们段家宗族所有人的性命。

耳。"遂自杀。宝议以段后谋废适统¹，无母后之道，不宜成丧²。中书令眭邃扬言于朝曰："子无废母之义，汉安思阎后亲废顺帝，犹得配享太庙，况先后暧昧之言乎？"乃成丧。

六月，**燕定士族³旧籍**燕主宝定士族旧籍，分辨清浊⁴，校阅⁵户口，罢军营封荫⁶之户，悉属郡县。由是士民嗟怨，有离心。

三河王光自称凉天王光即天王位，国号大凉，置百官，遣使拜秃发乌孤为益州牧。乌孤谓使者曰："吕王诸子贪淫，三甥暴虐，远近愁怨，我安可违百姓之心，受不义之爵乎？"留其鼓吹、羽仪，谢遣之。

秋，八月，**魏王珪击燕**魏群臣劝魏王珪称尊号，珪始建天子旌旗，出入警跸。参军张恂劝珪进取中原，珪善之。燕辽西王农镇晋阳，部曲数万，并州素乏储备，民不能供。农又遣护军分监诸胡，民夷皆怨，潜召魏军。八月，珪大举伐燕，步、骑四十余万，南出马邑，逾句注，旌旗二千余里，鼓行而进。遣别将从东道袭幽州。

燕立子策为太子燕主宝之子清河公会，母贱而年长，雄俊有器艺⁷，燕主垂爱之。及伐魏，遣镇龙城，委以东北之任，国官⁸、府佐，皆选一时才望。遗言命宝以为嗣。而宝爱少子策，立之。会闻之，愠怼⁹，始有异志。

九月，燕慕容农及魏师战，败走，魏遂取并州魏王珪军至晋阳，慕容农出战，大败，奔还。司马慕舆嵩闭门拒之，农遂东走，魏追获其妻子。燕军尽没，农独与三骑逃归中山。魏遂取并州。初建台省，置刺史、太守、尚书郎

1　适统：正统。
2　成丧：齐备居丧之礼。
3　士族：地主阶级内部逐渐形成的世代读书做官的大族，在政治经济各方面享有特权。
4　清浊：喻人事的优劣、善恶、高下等。
5　校阅：查核，察看。
6　封荫：具有一定品秩的官吏，其父母、祖父母、曾祖父母及妻室得受封赠，子孙亦得荫袭官爵。
7　雄俊有器艺：雄俊，英武健壮，与众不同。器艺，技能。
8　国官：藩王的属官。
9　愠怼：恼怒怨恨。

以下官，悉用儒生为之。士大夫诣军门者，皆引入存慰[1]，使人人尽言，少有才用，咸加擢叙。以张恂等为诸郡守，招抚离散，劝课农桑。燕主宝闻魏军将至，议于东堂。符谟曰："魏军乘胜气锐，若纵之入平土[2]，不可敌也。宜杜险[3]以拒之。"眭邃曰："魏多骑兵，马上赍粮，不过旬日。宜令郡县聚民，千家为一堡，清野以待。彼不过六旬，食尽自退。"封懿曰："魏兵数十万，民虽筑堡，不能自固，是聚兵及粮以资之也。且动摇民心，示之以弱，不如阻关[4]拒战。"赵王麟曰："魏锋不可当，宜完守[5]中山，待其弊而乘之。"于是修城积粟，为持久之备，悉以军事委麟。

贵人张氏弑帝于清暑殿，太子德宗即位。会稽王道子进位太傅。冬，十月，葬隆平陵[6]帝嗜酒，流连内殿，外人罕得进见。张贵人宠冠后宫，时年近三十，帝戏之曰："汝以年亦当废矣，吾意更属少者。"已而醉，寝清暑殿。贵人使婢以被蒙帝面而弑之，重赂左右，曰："因魇[7]暴崩。"时太子暗弱，会稽王道子昏荒[8]，遂不复推问。王国宝夜叩禁门，欲入为遗诏，侍中王爽拒之曰："大行晏驾，皇太子未至，敢入者斩！"国宝乃止。爽，恭之弟也。太子即位，道子进位太傅、扬州牧，假黄钺。太子幼而不慧，口不能言，至于寒暑饥饱亦不能辨，饮食寝兴[9]皆非己出。母弟琅邪王德文尝侍左右，为之节适[10]。初，国宝党附[11]道子，骄纵不法，武帝恶之。国宝惧，遂更媚于帝。道子大怒，以剑掷之。及帝崩，国宝复事道子，与王绪共为邪诐[12]，道子又倚为心腹，遂参

1　存慰：存问安抚。
2　平土：平原之地。
3　杜险：堵塞险要之处。杜，堵塞。
4　阻关：凭借关隘。阻，凭借。
5　完守：巩固守备。
6　隆平陵：东晋孝武帝司马曜的陵墓，位于今江苏省南京市东紫金山西南麓。
7　魇：梦中遇到可怕的事而呻吟、惊叫。
8　昏荒：昏乱荒谬。
9　兴：起床。
10　节适：有节制而适度。
11　党附：结党阿附。
12　邪诐：邪恶而诐谀。

管[1]朝权，威震内外。王恭入赴山陵，每正色直言，道子惮之，深布腹心，而恭每及时政，辄厉声色，道子遂欲图之。或劝恭诛国宝，王恂曰："彼罪逆未彰，今先事而发，必失朝野之望。若其不改，恶布天下，然后顺众心以除之，亦无不济也。"恭乃止。既而谓恂曰："比来[2]视君一似胡广。"恂曰："王陵廷争，陈平慎默[3]，但问岁晏[4]何如耳！"山陵既毕，恭将还镇，谓道子曰："主上谅暗，冢宰之任，伊、周[5]所难。惟大王亲万机，纳直言，放郑声，远佞人。"国宝等愈惧。

魏王珪拔常山 魏王珪使冠军将军于栗䃅潜自晋阳开韩信故道，自井陉趋中山，进攻常山，拔之。郡县皆降，唯中山、邺、信都三城为燕守。珪命东平公仪攻邺，冠军王建攻信都，珪进攻中山。既而谓诸将曰："中山城固，急攻则伤士，久围则费粮，不如先取信都，然后图之。"乃引兵而南，军于鲁口[6]。高阳太守崔宏奔海渚[7]。珪素闻其名，遣吏追获，以为黄门侍郎，与张衮对掌[8]机要，创立法度。博陵令屈遵降，以为中书令，出纳号令，兼总文诰[9]。

魏别将拓跋仪攻邺，燕慕容德击破之 魏东平公仪攻邺，燕范阳王德使南安王青等夜击破之，魏军退屯新城。青等请追击之，别驾韩诨曰："古人先计而后战。魏军不可击者四：悬军远客，利在野战[10]，一也；深入近畿，顿兵死地，二也；前锋既败，后陈[11]方固，三也；彼众我寡，不敌，四也。我军自战其地，动而不胜，众心难固，城隍[12]未修，敌来无备。不如深垒固军以老之。"

---

1 参管：参与掌管。
2 比来：近来。
3 慎默：谨慎沉默。
4 岁晏：人的暮年。
5 伊、周：即伊尹、周公。
6 鲁口：古地名，即今河北省衡水市饶阳县。
7 海渚：海岛。
8 对掌：共同掌管。
9 文诰：诰令。
10 野战：在旷野中交战。
11 后陈：后援部队。
12 城隍：城墙和护城河。

德从之，召青还。

封杨盛为仇池公。

秦陷蒲阪初，永嘉之乱，汾阴薛氏聚族阻河自保，不仕刘、石、苻氏。至是后秦主兴以礼聘薛强，以为镇东将军。强引秦兵取蒲阪。

丁酉**安皇帝隆安元年**（公元 397 年）

燕永康二年。秦皇初四年。魏皇始二年。〇南凉王秃发乌孤太初元年。北凉王段业神玺元年。〇旧大国三，西秦、凉小国二，新小国二，凡七僭国。

春，正月，帝冠。

以王珣为尚书令，王国宝为左仆射。

魏拓跋仪军溃，慕容德追击，破之贺讷遣弟赖卢率骑三万会东平公仪攻邺，自以王舅，不受仪节度。仪司马丁建阴与燕通，从而间之。会赖卢营失火，建曰："赖卢烧营为变矣。"仪遂引退，赖卢亦退。建率众降燕，且言仪师老[1]，可击。范阳王德遣兵追击，大破之。

魏王珪击信都，降之。

凉王光击西秦。西秦与战，杀其弟延凉王光以西秦主乾归数反复，举兵伐之。西秦群臣请东奔成纪，乾归曰："军之胜败，在于巧拙，不在众寡。光兵众而无法，弟延勇而无谋，不足惮也。且其精兵尽在延所，延死，光自走矣。"光军长最[2]，遣子太原公纂攻金城，天水公延攻临洮、武始[3]、河关，皆克之。乾归使人绐延曰："乾归众溃，奔成纪矣。"延欲引轻骑追之，司马耿稚谏曰："乾归勇略过人，安肯望风自溃？且告者视高色动[4]，殆必有奸，宜整阵而前，使步、骑相属，俟诸军毕进，然后击之，无不克矣。"延不从。进，与乾归遇，战死，光引兵还姑臧。

1　师老：用兵时间太长，士兵疲惫。
2　长最：古地名，位于今甘肃省兰州市永登县南。
3　武始：古水名，亦称谷水，即今甘肃省武威市西北之石羊河。
4　视高色动：目光向上，脸上的表情也闪烁不定。

秃发乌孤自称西平王，攻凉，取金城是为南凉。

二月，燕主宝袭击魏军，大败，奔还燕主宝闻魏王珪攻信都，悉出珍宝及官人，募群盗以击之，营于滹沱水北。魏军至，营水南。宝潜师夜济，袭魏营。因风纵火，魏军大乱，珪弃营走。既而燕兵无故自相砍射，珪望见之，乃击鼓收众，多布火炬于营外，纵兵冲之。燕兵大败，引还，魏兵随而击之，燕兵屡败。宝惧，弃军，以二万骑奔还。时大风雪，冻死者相枕。朝臣将卒多降于魏。先是，张衮常为珪言燕秘书监崔逞之材，珪得之，甚喜，以为尚书，任以政事。珪欲抚慰新附，甚悔参合之诛，并州刺史素延坐讨反者杀戮过多，免官。燕尚书郎慕舆皓谋弑宝，立赵王麟，不克奔魏，麟由是不安。

三月，燕幽、平牧慕容会引兵至蓟。慕容麟作乱，出走。魏王珪进围中山，燕主宝奔会军，慕容详城守拒魏初，燕清河王会表求[1]赴难，而无行意，遣将军库傉官伟、余崇将兵五千为前锋。伟顿卢龙近百日，会不发。燕主宝怒，切责之。会不得已，以治行简练[2]为名，复留月余。伟使轻军前行通道[3]，且张声势，诸将皆畏避不欲行。余崇奋[4]曰："今巨寇滔天，京都危逼，匹夫犹思致命以救君父，诸君荷国宠任，而更惜生乎？若社稷倾覆，臣节不立，死有余辱。诸君安居于此，崇请当之。"伟给步、骑五百人。崇至渔阳，遇魏兵，击却之，众心稍振。会乃上道，至是始达蓟城。魏围中山既久，城中将士皆思出战。高阳王隆曰："涉珪虽获小利，然顿兵经年，士马死伤大半，人心思归，诸部离解。若因我之锐，乘彼之衰，往无不克。如持重不决，将卒气丧，事久变生，虽欲用之，不可得也。"宝然之。而赵王麟每沮[5]其议，隆成列而罢者数四[6]，众大忿恨。麟以兵劫北地王精，使率禁兵弑宝。精以义拒之，麟怒，杀精，出奔西山，依丁零余众。于是城中震骇。宝恐麟夺会军据龙

1　表求：上表请求。
2　治行简练：治行，整理行装。简练，演习训练。
3　通道：开辟道路。
4　奋：挥动，舞动。
5　沮：破坏。
6　隆成列而罢者数四：慕容隆准备好出击却被迫停止，前后一共四次。

城，乃召隆及辽西王农，谋走保龙城。隆曰："今欲北迁，亦事之宜。然龙川[1]地狭民贫，若以中国之意取足其中[2]，难望有功。若节用爱民，务农训兵，数年之中，公私充实。而赵、魏之间，厌苦寇暴[3]，民思燕德，庶几返旆[4]，克复故业。如其未能，则凭险自固，犹足以优游养锐耳。"宝然之，遂夜与太子策及隆、农等万余骑出赴会军。城中无主，百姓惶惑[5]。魏王珪欲夜入城，将军王建志在虏掠，乃言恐士卒盗府库物，请俟明旦，珪乃止。燕开封公详从宝不及，城中立以为主，闭门拒守。珪尽众攻之，不拔。使人临城谕之，皆曰："群小无知，恐复如参合之众，故苟延旬月之命耳。"珪顾王建而唾其面。

尊皇太后李氏为太皇太后，立皇后王氏。

魏兵追燕主宝，慕容会击却之。夏，四月，宝至龙城。会作乱，不克，奔中山，伏诛燕主宝出中山，清河王会率骑卒二万迎于蓟南，宝怪会有恨色，减其兵，分给辽西王农及高阳王隆，尽徙蓟中府库北趋龙城。魏石河头引兵追之，及宝于夏谦泽[6]。会整阵与战，隆、丰等将南来骑冲之，魏兵大败，追奔百余里。隆谓阳瓛曰："中山积兵数万，不得展吾意，今日之捷，令人遗恨。"因慷慨流涕。会既败魏兵，矜狠[7]滋甚。隆屡训责之，会益忿怒，遂谋作乱。宝谓农、隆曰："观道通[8]志趣，必反无疑，宜早除之。"农、隆曰："会远赴国难，逆状未彰而遽杀之，岂徒伤父子之恩，亦恐大损威望。"会闻之，益惧。夜遣其党袭杀隆于帐下，农被重创。宝欲讨会，乃伴为好言以安之。明日，召群臣食，会就坐，宝目慕舆腾斩会，伤首不死，走赴其军，勒兵攻宝。宝率数百骑驰至龙城。会引兵顿城下，城中将士皆愤怒，出战，大破之。侍御郎[9]

1　龙川：即龙城。
2　以中国之意取足其中：打算以那里作为依凭进图中原。
3　厌苦寇暴：厌苦，厌烦以为苦事。寇暴，侵夺劫掠。
4　返旆：回师。
5　惶惑：疑惑畏惧。
6　夏谦泽：即夏、谦二泽的合称，约位于今河北省三河、大厂、香河等市县间。
7　矜狠：狂傲凶狠。
8　道通：即慕容会，慕容会字道通。
9　侍御郎：古官名，为皇帝左右的武职侍从，属侍御长，随同皇帝出征。

高云复夜袭之，会众溃。奔中山，慕容详杀之。宝以云为将军，养以为子。云，高句丽之支属[1]也。

王恭举兵反。诏诛仆射王国宝、将军王绪，恭罢兵还镇王国宝、王绪依附会稽王道子，纳贿穷奢[2]，不知纪极。恶王恭、殷仲堪，劝道子裁损[3]其兵权。恭等缮甲勒兵，表请北伐。道子疑之，诏以盛夏妨农，悉使解严。恭遣使与仲堪谋讨国宝等。桓玄亦以仕不得志，欲假仲堪兵势以作乱，乃说仲堪曰："国宝与君，惟患相毙[4]之不速耳。今既执大权，无不如志，若发诏征君，何以处之？"仲堪曰："计将安出？"玄曰："孝伯[5]疾恶深至[6]，宜潜与之约，兴晋阳之甲以除君侧之恶。玄虽不肖，愿率荆楚豪杰，荷戈先驱，此桓、文之勋也。"仲堪然之，乃外结雍州刺史郗恢，内与从兄南蛮校尉觊、南郡相江绩谋之。觊曰："人臣当各守职分，朝廷是非，岂藩屏[7]所制也？晋阳之事，不敢预闻[8]。"绩亦极言其不可。觊恐绩及祸，和解之。绩曰："大丈夫何至以死相胁邪？江仲元行年[9]六十，但未获死所耳！"仲堪惮其坚正[10]，以杨佺期代之。朝廷闻之，征绩为御史中丞。觊遂以疾辞位，仲堪往省之，曰："兄病殊可忧。"曰："我疾不过身死，汝病乃当灭门。宜深自爱，勿以我为念。"郗恢亦不肯从。仲堪疑未决，会恭使至，仲堪乃许之。恭大喜，上表罪状国宝，举兵讨之。表至，内外戒严[11]。国宝惧，不知所为，遣数百人戍竹里[12]，夜遇风雨，散归。绪说国宝杀王珣、车胤以除时望，挟君相[13]以讨二藩。国宝许之。珣、胤至，不

1　支属：亲属，宗支。
2　穷奢：奢侈到了极点。
3　裁损：消减。
4　相毙：共同消亡。
5　孝伯：即王恭，王恭字孝伯。
6　深至：深厚，深远。
7　藩屏：比喻边防重镇。
8　预闻：参与其事并得知内情。
9　行年：将到的年龄。
10　坚正：坚定正直。
11　戒严：在战时或其他非常情况下采取的严密防备措施。
12　竹里：古地名，位于今江苏省镇江市辖句容市北、长江南岸。
13　君相：国君与国相。

敢害，更问计于珣。珣曰："王、殷与卿素无深怨，所竞不过势利[1]之间耳。"
国宝曰："将曹爽我[2]乎？"珣曰："是何言欤？卿宁有爽之罪，孝伯岂宣帝之
俦邪？"又问计于车胤，胤曰："今朝廷遣军，恭必城守。若京口未拔，上流
奄至，何以待之？"国宝遂上疏解职待罪。道子暗懦，欲求姑息，乃赐国宝死，
斩绪于市。遣使谢恭，恭乃罢兵，还京口。仲堪初犹豫不敢下，闻国宝死，始
抗表举兵。道子以书止之，仲堪乃还。

以会稽世子元显为征虏将军元显年十六，有俊才，为侍中。说会稽王
道子以王、殷终必为患，请潜为之备。道子乃拜元显征虏将军，以其卫府[3]及
徐州文武悉配之。

凉沮渠蒙逊叛，拔临松[4]，据金山[5]初，张掖卢水胡沮渠罗仇，匈奴沮渠
王之后也，世为部帅。凉王光以为尚书。及吕延败死，罗仇弟、三河[6]太守麴
粥谓罗仇曰："主上荒耄[7]信谗，今军败将死，正其猜忌智勇之时也。我兄弟必
不见容，不若勒兵向西平，出苕藋，奋臂一呼，凉州不足定也。"罗仇曰："吾
家世以忠孝著于西土，宁使人负我，我不忍负人也。"已而光果杀罗仇及麴粥。
罗仇弟子蒙逊，雄杰有策略，涉书史。以其丧归葬，会者万余人。蒙逊哭谓众
曰："吕王无道，多杀不辜。今欲与诸部雪二父之耻，复上世之业，何如？"
众称万岁。遂结盟起兵，攻凉临松郡，拔之，屯据金山。

燕慕容详称帝于中山中山城无定主，民恐魏兵乘之，男女结盟，人自为
战。魏王珪罢围，就谷河[8]间，封东平公仪为卫王。慕容详自谓能却魏兵，威
德已振，遂即帝位。

1　势利：权势和利益。
2　曹爽我：把我当成曹爽。此指司马懿与曹爽旧事类比。
3　卫府：卫队。
4　临松：古县名，治所位于今甘肃省张掖市肃南裕固族自治县东南，因境内临松山而得名。
5　金山：古山名，位于今甘肃省张掖市民乐县南。
6　三河：古郡名，辖今青海省海东市循化撒拉族自治县一带。
7　荒耄：昏乱，昏聩。
8　谷河：古水名，淮河北岸支流，位于今安徽省境内西北部。

　　凉段业叛，自称建康公。沮渠蒙逊以众归之凉王光遣吕纂将兵击沮渠
蒙逊，破之。蒙逊从兄男成亦合众攻建康，遣使说太守段业曰："吕氏政衰，
人无容处，瓦解之形，昭然在目。府君奈何以盖世之才，欲立忠于垂亡之国？
男成等既倡大义，欲屈府君抚临¹鄯州，何如？"业许之。男成推业为凉州牧、
建康公，以男成为辅国将军，委以军国之任。蒙逊率众归之，业以为镇西将
军。光命吕纂讨之，不克。是为北凉。

　　秋，七月，燕慕容麟袭杀详而自立。魏袭中山，入其郛而还详嗜酒
奢淫，刑杀无度，群下离心，城中饥窘。麟袭杀之，自立以拒魏。魏军大疫，
人畜多死，将士皆思归。魏王珪问疫于诸将，对曰："在者才什四五。"珪
曰："此固天命，将若之何？四海之民，皆可为国，在吾所以御之耳，何患无
民？"群臣乃不敢言。

　　八月，凉郭黁、杨轨叛凉太常郭黁善天文，国人信之。会荧惑守东井，
黁谓仆射王详曰："凉分野有大兵，吾欲与公同举大事，何如？"详从之。事
泄，被诛。黁遂据东苑²以叛。凉王光召太原公纂讨之。纂将还，诸将曰："段
业必蹑军后，宜潜师夜发。"纂曰："业无雄才，凭城自守。若潜师夜去，适
足张其气势耳。"乃遣使告业曰："郭黁作乱，吾今还都。卿能决者，可早出
战。"于是引还，业不敢出。纂司马杨统欲杀纂而推其从兄桓为主，桓怒曰：
"吾为吕氏臣，安享其禄，危不能救，岂可复增其难乎？吕氏若亡，吾为弘演³
矣。"统遂降黁。纂击黁，大破之，乃得入姑臧。凉人张捷等招集戎夏，据休
屠城，与黁共推凉后将军杨轨为盟主。

　　九月，秦太后蚪氏卒秦太后卒，秦主兴哀毁过礼，不亲庶政。群臣请依
汉、魏故事，既葬即吉⁴。尚书郎李嵩上疏曰："孝治天下，先王之高事⁵也。宜

1　抚临：出镇。
2　东苑：即姑臧城内东苑。
3　弘演：春秋时期卫国大夫，剖腹纳肝，以身为棺安葬卫懿公。
4　即吉：居丧期满。古代除去丧服后才能参与吉礼，故称。
5　高事：至高准则。

遵圣性以光道训[1]，既葬之后，素服临朝。"尹绰驳曰："嵩矫常[2]越礼，请付有司论罪。"兴曰："嵩忠臣孝子，有何罪乎？其如嵩议。"兴勤于政事，延纳[3]善言，杜瑾等以论事得显拔[4]，姜龛等以儒学见尊礼，古成诜等以文章参机密。诜刚介雅正[5]，以风教[6]为己任。京兆韦高慕阮籍为人，居母丧，弹琴饮酒。诜闻之而泣，持剑欲杀之，高惧而逃匿。

秦寇陷湖、陕。

冬，十月，魏王珪及燕慕容麟战，大破走之，遂克中山中山饥甚，魏王珪进攻之。太史令晁崇曰："不吉。纣以甲子亡，谓之疾日[7]。"珪曰："纣以甲子亡，周武不以甲子兴乎？"遂进，与慕容麟战于义台[8]，大破之，麟奔邺。魏克中山，得燕玺绶、图书、府库珍宝以万数，班赏[9]将士。麟至邺，复称赵王，说范阳王德曰："魏将乘胜攻邺，邺城大难固，且人心恓惧，不可守也。不如南趋滑台，阻河以待魏。伺衅[10]而动，河北庶可复也。"时鲁王和镇滑台，亦遣使迎德，德许之。

戊戌二年（公元 398 年）

燕主慕容盛建平元年。秦皇初五年。魏天兴元年。○南燕主慕容德元年。○旧大国三，西秦、凉、南凉、北凉小国四，新小国一，凡八僭国。

春，正月，燕慕容德徙居滑台，称燕王。麟谋反，伏诛。魏拓跋仪入邺燕范阳王德自邺率户四万南徙滑台。魏卫王仪入邺，追德至河，弗及。慕容麟上尊号于德，德用兄垂故事，称燕王，以统府行帝制，置百官，是为南

1　道训：道之准则。
2　矫常：违反常规。
3　延纳：接纳。
4　显拔：显扬并提拔。
5　刚介雅正：刚介，刚强正直。雅正，典雅纯正。
6　风教：风俗教化。
7　疾日：恶日，不吉之日。
8　义台：古地名，即野台，位于今河北省石家庄市辖新乐市东北。
9　班赏：给予赏赐。
10　伺衅：寻找可乘之机。

燕。麟复谋反，德杀之。

魏置行台于邺、中山，以和跋、拓跋仪守之魏王珪自中山南巡至高邑，得王永之子宪，喜曰："王景略之孙也。"以为本州中正，领选曹[1]事。至邺，置行台，以和跋为尚书镇之。珪还中山，将北归，发卒治直道，自望都[2]凿恒岭至代五百余里。复置行台于中山，命卫王仪镇之。

魏王珪北还，徙山东民夷十余万口以实代。

二月，燕主宝将兵发龙城，卫卒[3]段速骨作乱，众溃而还初，燕人有自中山至龙城者，言拓跋涉珪衰弱。于是燕主宝欲复取中原，调兵悉集。至是闻中山已陷，乃命罢兵。辽西王农曰："迁都尚新，未可南征，宜因成师[4]袭库莫奚[5]，取其牛马以充军资。"宝从之。北行，渡浇洛水[6]。会南燕王德遣使言："涉珪西上，中国空虚。"宝大喜，即日引还。诏诸军就顿[7]，不听罢散。农及长乐王盛切谏，以为兵疲力弱，魏新得志，未可与敌。宝将从之，慕舆腾曰："今师众[8]已集，宜独决圣心，乘机进取。"乃留盛统后事，以腾为前军，农为中军，宝为后军，相去各一顿[9]。长上[10]段速骨因众心惮征役，遂作乱，逼立高阳王隆之子崇为主。宝将十余骑奔农营，农、腾营兵亦厌役，奔溃，宝乃奔还龙城。

以王愉都督江、豫州军事会稽王道子忌王、殷之逼，以谯王尚之及弟休之有才略，引为腹心。尚之曰："今方镇强盛，宰辅权轻，宜树腹心于外以自卫。"道子乃以其司马王愉为江州刺史，都督江州及豫之四郡军事。日夜谋

1　选曹：古官署名，属尚书台，掌管选拔任命官吏。
2　望都：古县名，治所位于今河北省保定市唐县东北。
3　卫卒：护卫的兵卒。
4　成师：大军。
5　库莫奚：古族名，居住于今东北地区的少数民族，属东胡的一支，善于造车。
6　浇洛水：古水名，又名浇水、饶乐水，即今内蒙古西拉木伦河。
7　就顿：就地驻扎。顿，止宿、屯驻。
8　师众：军队。
9　一顿：一下子、一起。言距离短。
10　长上：古官名，皇帝及诸王的侍卫。

议，以伺四方之隙。

魏给新徙民田及牛。

魏封尔朱羽健于秀容川¹秀容川酋长尔朱羽健从魏王珪攻晋阳、中山有功，环其所居，割地三百里以封之。

三月，燕段速骨攻陷龙城，燕主宝出奔，尚书兰汗诱而弑之燕尚书兰汗阴与段速骨等通谋，引兵营龙城东。辽西王农夜出赴之，速骨将以循城²。农素有忠节威名，城中恃以为强，忽见在城下，无不惊愕丧气，遂皆逃溃。速骨入城，纵兵杀掠。燕主宝及长乐王盛等轻骑南走。速骨以高阳王崇幼弱，欲更立农。崇党闻之，遂杀农。兰汗袭击速骨，杀之。废崇，奉太子策，承制，遣使迎宝，及于蓟城。盛等曰："汗之忠诈未可知，不如南就范阳王，合众以取冀州。若其不捷，徐归龙城，未晚也。"宝从之。行至黎阳，遣中黄门令³赵思告范阳王德奉迎。德遣慕舆护率壮士数百人随思而北，声言迎卫，其实图之。宝既遣思，而闻德已称制，亦惧而北走。护至，无所见，执思以归。德以其练习典故⁴，欲留而用之。思曰："犬马犹知恋主，思虽刑臣⁵，乞还就上。"德固留之，思怒曰："殿下亲则叔父，位为上公，不能率先群后⁶以匡帝室，而幸根本之倾⁷，为赵王伦之事。思虽不能如申包胥之存楚⁸，犹慕龚君宾⁹之不偷生于莽世也。"德斩之。宝遣长乐王盛收兵冀州，行至钜鹿，说诸豪杰，皆愿起兵。会兰汗复遣使奉迎，宝以汗燕主垂之舅而盛妃之父，谓必无他，遂行。盛流涕固谏，不听。盛乃与将军张真下道避匿。宝去龙城四十里，汗遣弟加难率五百

1　秀容川：古地区名，指今山西北部滹沱河、牧马河以西至黄河，包括桑干河、汾河上游一带。
2　循城：绕城。
3　中黄门令：古官名，为中黄门主官。
4　练习典故：练习，熟悉谙习。典故，典制和成例。
5　刑臣：受过宫刑的阉人，即后来的太监。
6　群后：泛指公卿。
7　幸根本之倾：庆幸国家的根基倾覆。
8　申包胥之存楚：申包胥向秦国借兵打败吴国，最终保全了楚国。
9　龚君宾：即龚胜，龚胜字君宾。本为汉臣，王莽秉政时归老乡里。王莽代汉后被强征为太子师友、祭酒，拒不受命。

骑迎入外邸而杀之。杀太子策及王公卿士百余人，自称昌黎王。盛欲赴哀[1]，张真止之。盛曰："我今以穷归汗，汗性愚浅[2]，必念婚姻，不忍杀我，旬月之间，足以展吾志。"遂往见汗。汗妻乙氏及盛妃皆涕泣请盛，汗恻然哀之，乃舍[3]盛于宫中，以为侍中、亲待如旧。汗兄提骄狠荒淫，事汗无礼，盛因而间之。汗兄弟浸相嫌忌[4]。

北凉攻凉，取西郡、晋昌、敦煌、张掖。

夏，六月，凉吕纂击杨轨、郭黁，破之。

秋，七月，燕长乐王盛讨杀兰汗，摄行统制[5]燕太原王奇，楷之子，兰汗外孙也，汗以为将军。长乐王盛潜使逃出起兵，汗遣仇尼慕将兵讨之。于是龙城自夏不雨至于七月，汗日诣燕诸庙祷请[6]，委罪加难。加难闻之，怒，率所部袭败慕军。汗遣太子穆讨之。穆与汗谋杀盛，不果。李旱、张真皆盛素所厚也，而穆引为腹心。旱等潜与盛结谋。穆击破加难，还，飨将士，汗、穆皆醉，盛因逾垣[7]入东宫，与旱等杀穆。诸军闻盛得出，皆呼跃争先，攻汗，斩之。内外帖然[8]，士女相庆。盛告于太庙，因下令曰："赖五祖之休[9]，文武之力，社稷幽而复显，不独孤以眇眇之身免不同天之责[10]，凡在臣民皆得明目当世。"遂大赦，改元。以长乐王摄行统制。命奇罢兵。奇不受命，勒兵三万进至横沟[11]。盛出击，破之，执奇，赐死。

魏迁都平城魏迁都平城，始营宫室，建宗庙，立社稷。宗庙岁五祭，用

1　赴哀：奔丧。
2　愚浅：愚昧浅陋。
3　舍：安置。
4　嫌忌：猜忌。
5　摄行统制：摄行，代行职务。统制，统领制约。
6　祷请：祈祷请求神佛等。
7　逾垣：翻越墙头。
8　帖然：顺从服气，俯首收敛。
9　五祖之休：五位祖先的洪福。
10　不同天之责：报不共戴天的杀父之仇的责任。
11　横沟：古地名，位于今辽宁省朝阳市西南。

分、至及腊[1]。

　　王恭、殷仲堪及南郡公桓玄举兵反。玄陷江州桓玄求为广州[2]，会稽王道子忌玄在荆州，因从之。玄受命而不行。豫州刺史庾楷以道子割其四郡属王愉，上疏言："江州内地，而西府北带寇戎[3]，不应使愉分督。"朝廷不许。楷怒，遣其子鸿说王恭曰："尚之兄弟复秉机权[4]，欲削方镇，宜早图之。"恭以为然，以告殷仲堪及玄，皆许之。推恭为盟主，刻期同趋京师。司马刘牢之谏曰："会稽王道子，叔父也，而又当国秉政，向为将军戮其所爱，其伏[5]将军已多矣。顷所授任，虽未允惬[6]，亦无大失。割庾楷四郡以配王愉，于将军何损？晋阳之甲，岂可数兴乎？"恭不从，上表请讨王愉、司马尚之兄弟。朝廷忧惧，内外戒严。道子不知所为，悉以事委世子元显，日饮醇酒而已。元显聪警，颇涉文义[7]，志气果锐[8]，以安危为己任。附之者谓其英武，有明帝之风。仲堪闻恭举兵，勒兵趣发[9]。悉以军事委南郡相杨佺期兄弟。佺期率舟师五千为前锋，桓玄次之，仲堪率精兵二万继下。佺期自以其先汉太尉震至父亮九世皆以才德著名，矜其门地，谓江左莫及。而时流[10]以其晚过江，婚宦失类[11]，兄弟皆粗犷，每排抑[12]之。佺期常切齿，欲因事际[13]以逞其志，故亦赞成仲堪之谋。八月，佺期及玄奄至溢口，王愉无备，惶遽奔临川[14]，玄追获之。

　　　――――――――――

1　用分、至及腊：即春分、秋分、夏至、东至以及腊日，共五祭。
2　广州：古州名，辖今广东、广西两省区除广东廉江以西、广西桂江中上游、容县、北流以南、宜州西北以外的大部分地区。
3　北带寇戎：在北方与贼寇接壤。
4　机权：枢机大权。
5　伏：顺从。
6　允惬：妥帖，适当。
7　文义：文辞。
8　果锐：果断敏锐。
9　趣发：催促出发。
10　时流：世俗之辈。
11　婚宦失类：婚姻与仕途都不得意。
12　排抑：排挤压制。
13　事际：时会，情势。
14　惶遽奔临川：惶遽，恐惧慌张。临川，古地名，位于今江西省抚州市临川区西。

魏遣使循行郡国 魏王珪命有司正封畿，标道里，平权衡，审度量[1]。遣使循行郡国，察守宰不法者，亲考察黜陟之。

九月，加会稽王道子黄钺，讨王恭。恭司马刘牢之执恭以降，斩之。以牢之都督青、兖七州军事，桓玄为江州刺史，杨佺期为雍州刺史。敕殷仲堪，使回军 九月，加会稽王道子黄钺，以世子元显为征讨都督，遣王珣将兵讨王恭，谯王尚之将兵讨庾楷。尚之大破楷于牛渚，楷奔桓玄。玄大破官军于白石[2]，进至横江，尚之退走。道子屯中堂，元显守石头，珣守北郊以备之。恭素以才地陵物[3]，既杀王国宝，自谓威无不行。仗刘牢之为爪牙，而以部曲将遇之。牢之负才怀恨。元显知之，遣人说牢之，使叛恭，事成，授以恭位号[4]。牢之谓其子敬宣曰："恭为帝舅，不能翼戴帝室，数举兵向京师，吾欲讨之，何如？"敬宣曰："朝廷虽无成、康之美，亦无幽、厉之恶。而恭恃其兵威，暴蔑王室。大人亲非骨肉，义非君臣，今日讨之，于情、义何有？"参军何澹之知其谋，以告恭。恭不信，更置酒，拜牢之为兄，精兵坚甲，悉以付之，使率帐下督颜延为前锋。牢之至竹里，斩延以降。遣敬宣还袭恭。恭兵溃亡走，为人所获，送京师，斩之。恭临刑神色自若，谓监刑者曰："我暗[5]于信人，所以至此。然其本心，岂不欲忠于社稷邪？但令百世之下知有王恭耳。"诏以牢之代恭为都督、刺史，镇京口。俄而杨佺期、桓玄至石头，殷仲堪至芜湖，上表理[6]王恭，求诛牢之。牢之率北府之众驰赴京师，军于新亭。佺期、玄见之皆失色，回军蔡洲[7]。朝廷未知西军虚实，内外忧逼。桓修言于道子曰："今若以重利啖玄及佺期，二人必内喜。玄能制仲堪，佺期可使倒戈取仲堪

---

1 正封畿，标道里，平权衡，审度量：确定京师的区划，标明道路的名称和里程，统一重量衡器的标准，审定长度的单位。
2 白石：古地名，位于今安徽省马鞍山市含山县西南。
3 以才地陵物：仗恃自己的才能和地位凌辱人。陵物，藐视人，凌辱人。
4 位号：爵位与名号。
5 暗：糊涂。
6 理：申诉，辩白。
7 蔡洲：古地名，又名蔡家泾、蔡家沙，故址位于今江苏省南京市西南，原为长江中沙洲，今已并入南岸。

矣。"道子纳之，以玄为江州刺史，佺期为雍州刺史。黜仲堪为广州刺史，遣使宣诏，敕使回军。

南凉取岭南五郡 杨轨屯廉川，收集夷夏，众至万余，遣使降于南凉。轨寻为羌酋梁饥所败，西奔仙海[1]。饥遂进攻西平，南凉王乌孤欲救之，群臣惮饥兵强，多以为疑。左司马赵振曰："杨轨新败，吕氏方强，洪池以北，未可冀也，岭南五郡，庶几可取。大王若无开拓远志，振不敢言。必欲经营四方，此机不可失也。使羌得西平，夷夏震动，非我之利也。"乌孤喜曰："吾亦欲乘时立功，安能坐守穷谷[2]乎？"遂追击饥，大破之。乐都、湟河、浇河[3]太守皆以郡降，岭南羌、胡数万落皆附于乌孤。乌孤更称武威王。

冬，十月，燕长乐王盛称皇帝。

复以殷仲堪督荆、益军，仲堪等罢兵还镇 殷仲堪得诏书，大怒，趣桓玄、杨佺期进军。玄等喜于朝命[4]，欲受之。仲堪遽自芜湖南归，告喻蔡洲军士曰："汝辈不散，吾至江陵，尽诛汝余口。"佺期所部二千人先归，玄等大惧，狼狈西还，追仲堪至寻阳，及之。仲堪既失职，倚玄等为援，玄等亦资仲堪兵，虽内相疑阻[5]，势不得不合。乃以子弟交质而盟，连名上疏，申理王恭，求诛刘牢之及谯王尚之，并诉仲堪无罪。朝廷深惮之，乃复以荆州还仲堪，优诏慰谕，仲堪等乃受诏。推玄为盟主，玄愈自矜倨[6]。佺期甚恨，密说仲堪袭之。仲堪忌佺期兄弟勇健[7]，恐既杀玄，不可复制，苦禁之。于是各还所镇。玄知之，亦有取佺期之志，乃屯于夏口，引卞范之为谋主。时诏书独不赦庾楷，玄以楷为武昌太守。

1　仙海：古地名，即今青海省东部的青海湖。
2　穷谷：深谷，幽谷。
3　乐都、湟河、浇河：乐都，古郡名，辖今青海省海东市乐都区及民和回族土族自治县地。湟河，古郡名，辖今青海省海东市化隆回族自治县一带。浇河，古郡名，辖今青海省海南藏族自治州贵德、黄南藏族自治州同仁二县和甘肃省甘南藏族自治州夏河县一带。
4　朝命：朝廷的任命。
5　疑阻：疑惑隔阂。
6　矜倨：自夸倨傲。
7　勇健：勇敢强健。

　　十二月，魏王珪称皇帝魏王珪命吏部郎邓渊立官制，协音律，仪曹郎[1]董谧制礼仪，三公郎[2]王德定律令，太史令晁崇考天象，尚书崔宏总而裁之，以为永式[3]。十二月，珪即皇帝位，命朝野皆束发加帽。追尊远祖毛以下二十七人皆为皇帝。魏之旧俗，孟夏祀天及东庙，季夏[4]率兵却霜[5]于阴山，孟秋[6]祀天于西郊。至是，始仿古制，定郊庙祭飨[7]礼乐。又用崔宏议，自谓黄帝之后，以土德王。徙六州二十二郡守宰、豪杰二千家于代都[8]，东至代郡，西及善无[9]，南极阴馆，北尽参合[10]，皆为畿内。其外四方、四维，置八部师以监之。

　　妖人孙泰谋乱，伏诛初，泰学妖术于杜子恭，士民多奉之。王珣恶之，流泰于广州。王雅荐于武帝，云知养性之方，召还，累官至新安太守。泰知晋祚将终，以讨王恭为名，收兵聚货谋作乱。以中领军元显与之善，无敢言者。会稽内史谢辅发其谋，会稽王道子诱而斩之，并其六子。兄子恩逃入海，愚民犹以为泰蝉蜕[11]不死，就海中资给之。恩乃聚合亡命，得百余人，以谋复仇。

1　仪曹郎：古官名，尚书省仪曹长官通称，亦称郎中，资深者可转侍郎。
2　三公郎：古官名，尚书省三公曹长官，掌审理刑狱及拟定法律。
3　永式：永久的法度。
4　季夏：夏季的第三个月，即农历六月。
5　却霜：祈暖却寒，古时鲜卑族的一种习俗。
6　孟秋：秋季的第一个月，即农历七月。
7　祭飨：同"祭享"，供奉祭品祭神。
8　代都：古地名，魏国都城，位于今山西省大同市一带。
9　善无：古县名，治所位于今山西省朔州市右玉县西北。
10　参合：古县名，治所位于今内蒙古自治区乌兰察布市凉城县西南。
11　蝉蜕：喻脱胎换骨，多指修道成真或羽化仙去。